죽음의 취소

그리스도의 고난 · 죽음 · 부활에 대한
성경–신학적 설교와 강해

Copyright ⓒ 2002 by Wm. B. Eerdmans Publishing Co.
Originally published in English under the title *Undoing of Death* by Fleming Rutledge
Published by Wm. B. Eerdmans Publishing Co.
2140 Oak Industrial Drive NE, Grand Rapids, Michigan 49505, U.S.A.
All rights reserved.

This Korean edition is translated and used by arrangement of Wm. B. Eerdmans Publishing Co.
through rMaeng2, Seoul, Republic of Korea.

This Korean Edition Copyright ⓒ 201X by Daiseo Publishing Company, Seoul, Republic of Korea

이 한국어판의 저작권은 알맹2 에이전시를 통하여 Eerdmans와 독점 계약한 대서출판사에 있습니다.
신 저작권법에 의하여 한국 내에서 보호받는 저작물이므로 무단전재와 무단복제를 금합니다.

죽음의 취소

copyright ⓒ 대서출판사 2011

초판 1쇄 발행 2011년 3월 26일
초판 2쇄 발행 2013년 3월 11일

지은이　Fleming Rutledge
옮긴이　류호영
펴낸이　장대윤

펴낸곳　도서출판 대서
　등록　제22-2411호
　주소　서울시 서초구 방배동 981-56
　전화　02-583-0612 / 팩스 02-583-0543
　메일　daiseo1216@hanmail.net

디자인　참디자인(02-3216-1085)

ISBN 978-89-92619-45-5　03230

책값은 뒷표지에 있습니다.
잘못된 책은 교환하여 드립니다.

그리스도의 고난 · 죽음 · 부활에 대한
성경-신학적 설교와 강해

죽음의 취소

Fleming Rutledge | 류호영 옮김

본서는 미국의 저명한 설교가일 뿐만 아니라 다양한 성경적 주제들에 대한 명성 있는 강연자인 Fleming Rutledge 목사가 그리스도의 수난과 죽음, 그리고 부활에 대해 1976년부터 2001년까지 26년간 미국 전역의 여러 교회에서 다양한 상황에서 했던 성금요일의 설교들과 성금요일에 이어지는 거룩한 한 주간과 부활절 시기의 설교들을 선별적으로 모은 것이다.

The Undoing of Death

도서출판
대서

추천의 글

이 책에 실린 설교들은 뜨거움을 지닌 설교들이다. 이 설교들은 예수 그리스도의 수난에, 그리고 하나님의 뜨거운 사랑에 대해 흥미진진하고도 사려 깊은 방식으로 말하고 있다. 이 설교들은 우리에게 십자가를 통해 나타난 희생적 사랑의 능력이 어떻게, 그리고 왜 현대인들의 삶 가운데 침투해 들어왔는지를, 그리고 Fleming Rutledge목사의 말을 빌자면 어떻게 "십자가가 하나님의 새 날이 밝아 옴에 따라 배경적 조명이 되었는지"를 잘 보여주고 있다.

— Fredrick H. Borsch
(Los Angeles의 감독 교구의 주교)

탁월하고도 솔직하며 설득력 있는 설교들은 기독교회에게 드물지만 눈부신 보배이다. 바로 이 책이 이와 같은 것들로 가득 찬 설교들의 보고다. 거룩한 한 주와 부활절에 대한 Fleming Rutledge목사의 설교와 묵상들은 기독교 신앙의 핵심을 파고든다. 이 설교들은 복음의 드라마, 즉 십자가의 어두움과 부활절 빛의 광휘를 생생하게 묘사하고 있다. 그 다음은 이 설교들은 믿는 자들로 하여금 바로 이 십자가를 지고 이 빛의 광휘 가운데 기뻐하는 삶을 살도록 초청하고 있다.

— Leanne Van Dyk
(Western Theological Seminary의 조직신학 교수)

Fleming Rutledge목사는 기독교 신앙에 대해 우리가 가장 소중히 여기는 회의들을 찾아내는 데 탁월한 비결과 솜씨를 지니고 있다. 이것들을 찾아낸 다음 Fleming Rutledge목사는 우리가 가장 소중히 여기는 소망들을 밝히 드러냄으로써 이 회의들이 복음과 직면하도록 만든다. 이 책의 설교들이 제시하는 바로 이 시점에서, 즉 회의와 소망이 만나는 바로 그 시점에서 여러분은 자신들이 단지 설교자가 아니라 부활하신 주님의 음성을 친히 듣고 있다는 사실을 깨닫게 될 것이다.

— M. Craig Barnes
(Washing, D.C.의 National Presbyterian Church의 담임목사)

Fleming Rutledge목사의 설교들은 사려 깊고도 설득력 있고 성경적이며 마음에 와 닿는 설교들로 오늘날 교회를 위한 이 모든 것들의 환영할 만한 훌륭한 조합이다. 지적인 따스함 가운데 선포되는 말씀의 능력은 교회강단에서 찾아보기에 매우 드물지만, 이러한 능력이 바로 이 책에서 생생하게 드러나 있다.

— Carol Anderson
(Beverly Hills의 All Saint's Episcopal Parish의 교구목사)

나처럼 기억할 만한 감동적인 설교를 거의 듣지 못하는 이들에게, Fleming Rutledge목사의 놀라운 설교는 최소한 여러 주일의 가치를 지닌다.

— Kenneth Woodward
(Newsweek의 종교담당 편집인)

Fleming Rutledge 목사는 강력하고도 변혁적인 설교자이다. 복음주의적 전통에서 복음을 선포하는 것을 자랑스럽게 여기는 Fleming Rutledge목사는 타락이란 인간 정황에 대한 예리한 분석을 제시하고 동시에 이러한 인간 정황에 대한 하나님의 은혜로운 반응에 대한 분명한 확언을 제공하고 있다. 이러한 과정 중에서 Fleming Rutledge목사는 시인들과 현자들, 그리고 악한들을 자신과의 대화에 모두 초대하며, 우리들의 영적 선조들과의 대화에 이들 모두를 참여시키고 있다. … 25년에 걸친 설교들을 모아놓은 이 책은 점증하는 다원주의적이고 이교도적인 세계 속에서 크리스천 정체성을 형성하는 일에 우려를 갖고 있는 모든 사람들에게 가치 있는 자산이라고 믿는다.

― Martha J. Horne
Virginia Theological Seminary의 총장)

우리 교구 내에서 성금요일과 부활절 예배에 참석하는 사람들이 3천명 이상 늘었는데, 이것은 Fleming Rutledge목사가 지난 몇 년간 교구로 돌아와 십자가에서 죽으시고 부활하신 그리스도의 복음을 회중들에게 선포한 일에 크게 기인한다. Fleming Rutledge목사의 말을 빌자면, 하나님의 능력은 염려와 병리적 기질들이란 무덤으로부터 현대인들을 일으켜 약속된 풍성하고도 영원한 삶으로 이끄는 역사를 지닌다. 본서의 설교들은 우리의 상황이라는 신학적 현실을 무시하거나 회피하는 그러한 감상주의적인 현실-도피적 승차권이 아니다. 오히려 이 설교들은 죄를 직면하게 하고, 회개를 촉구하며, 소망을 불러일으켜 우리의 절망적인 예후를 교정하게 하는 치료책이다. 이 책은 설교자들에게 설교의 열정과 긴박감을 회복시켜줄 것이며, 구원을 매일의 삶에 통찰력 있게 적용할 수 있는 길을 모두에게 제시하고 있다.

― Donald Armstrong
(Colorad Springs의 Grace Episcopal Church의 교구목사)

기독교는 십자가에 그 존재 기반을 둔다. 그러나 거룩한 한 주와 부활절에 대한 설교의 어려움은 특별하다. 죄로 인한 우리 인간 상실의 온전한 의미를 어떻게 다 드러낼 수 있겠는가? 하나님께서 갈보리 산상에서 행하신 일을 어떻게 말로 표현할 수 있겠는가? 빈 무덤에 대해 어떻게 신뢰할 수 있게 말할 수 있겠는가? 바로 여기에 기독교 신앙이 지닌 가장 심오한 신비로움에 대한 뜨겁고도 무제한적이며 순도 백 퍼센트의 설교들이 놓여 있다. Fleming Rutledge목사는 결코 주저하지 않고 자신의 놀라운 지성과 폭넓은 독서량을 한데 엮어서 거의 말로 표현할 수 없는 일, 즉 하나님이 세상의 어두움을 이기셨으며, 예루살렘 성문 밖의 언덕에서 일어난 일이 근본적인 차이를 가져왔다는 점을 말로 표현하고 있다. 이 책은 헌신된 크리스천들과 진지한 구도자들 모두에게 보물창고와 같다. 이 책의 설교들은 내가 근간에 들어봤던 성금요일과 부활절에 대한 설교들 중에서 신학적으로 가장 심오하고, 영적으로 지혜로우며, 인간적으로 가장 설득력 있는 설교들이다. Fleming Rutledge목사는 우리를 기독교 신앙의 근원이요 진원지인 예수 그리스도의 죽음과 부활로 인도한다. 그녀는 우리에게 다름 아닌, 악과 고난에 대한 하나님의 전쟁이란 우주적 드라마를 제시하고 있으며 그리스도의 십자가를 통해 우리에게 이루어진 가장 기이한 승리를 제시하고 있다. 나는 사순절과 거룩한 한 주에 대한 이보다 더 좋은 설교를 상상할 수 없으며, 설교자들에게 영감을 불러일으키는 이보다 더 좋은 설교를 생각해 낼 수 없다.

- Samuel T. Lloyd III
(Boston, Copley Square의 Trinity Church의 교구목사)

저자서문

거룩한 한 주간(Holy Week)의 설교와 부활절(Easter) 설교는 어느 기준에서 보든 기독교회력 중에서 가장 큰 도전을 준다. 계절상의 특이함이 그렇고, 설교의 특이한 내용이 그렇고, 모이는 회중들의 높은 기대감 등이 설교를 전하는 사람에게 중압감을 준다. 1976년부터 2001년까지 26년간 미국 전역의 다양한 교회에서 성금요일에 설교를 할 수 있었던 것은 내게는 크나큰 특권이요 책임이었다. 이 책은 이러한 설교 경험, 그리고 성금요일에 이어지는 거룩한 한 주간과 부활절에 즈음하여 다양한 상황에서 여러 교회에서 했던 설교들을 선별적으로 모은 것이다.

십자가에서 죽으신 예수님의 사건은 주일 설교에서는 가능하지 않은 특별한 유형의 조심스럽고도 철저한 강해를 필요로 한다. 바로 이런 이유 때문에, 전통적인 세 시간짜리의 성금요일 예배와 그때 전해지는 설교는 언제나 대단히 중요한 가치를 지니게 된다. 그러나 성금요일 설교는 이제 유행이 지나 버린 듯하다. 세 시간짜리 설교 예배는 이제 그 어디에서도 찾아보기가 쉽지 않다. 성금요일을 위한 예배의식들이 그동안 많이 발전해 왔으며, 많은 경우에는 정교하게 발전된 이 예배의식들이 세 시간짜리 설교로 이루어진 성금요일 예배를 대체해 버렸다.

약 5년 전에 케네트 리치(Kenneth Leech)가 쓴 책들을 처음 대한 이후로 이 책들은 내게 크나큰 가치를 지녀왔는데, 그 책 중 특별히 *We Preach Christ Crucified*란 책을 추천하고자 한다. 그러나 예배의식이 충분하다는 이유 때문에 성 금요일에 더 이상의 설교 순서는 필요가 없다는 그의 의견에는 동의하지 않는다.[1] 예배 의식 그 자체로만은 충분하지 않은 이유는 십자가는 스스로 자명한 것이 아니기 때문이다. 사도 바울이 자신의 공동체의 회중들로 하여금 분명히 이해하기를 기대했던 것처럼, 하나님은 우리에게 "십자가의 말씀"을 선포하라는 사도적 재능과 사명을 주셨다.

오늘날 주류 교회에서 십자가에 대한 설교는 상당한 정도의 논쟁과 변증, 그리고 심지어 적대감으로 둘러싸여 있다. 거룩한 한 주간의 설교와 관련한, 상당한 정도의 "정치적인 올바름"이 존재하는 것도 사실이며, 또한 이 설교에 대한 다양한 리트머스 시험들이 시도되고 있다. 나는 십자가와 부활에 대해서 이러저러한 선입견들을 갖고 있는 독자들이 있다면, 그분들에게 이 책에 실린 설교들 중 최소한 하나 이상을 읽기까지는 판단을 유보해달라고 부탁하고자 한다. "대속적인 속죄"를 찾고자 하는 분들은 이 책에 실린 설교들 중에서 이러한 속죄 사상을 발견하게 될 것이다.

그러나 분명한 사실은 "형벌상의 대속"이라 불렸던 그러한 엄격한 학술적 형태의 대속이란 개념은 발견하지 못할 것이다. 승리자 그리스도(Christus Victor)란 주도적인 사상이 이들 설교 중에서, 특별히 부활절 설교에서 주된 역할을 하고 있다. 모범적 혹은 "주관적" 모티브(exemplary or subjective motive)란 개념도 이들 설교에서 발견될 수 있지만, 그 정도는 미미할 것이다.

내가 의도하고 바라는 바는 풍부하고 다양한 해석들을 제공하는 것인데, 그 이유는 신약과 교회전승이 우리에게 제공하고 있는 것이 다름 아닌 이러한 풍부하고도 다양한 해석들이기 때문이다. 내가 강조하고 싶은 것은 합리적이고 이성적인 "이론들"이 아니라 은유들과 이미지들이다. 죄에 대한 속죄와 그리스도의 희생적인 자기-드림, 그리고 우리의 구원을 위해 하나님께서 지불하신 값들이 크게 강조되지만, 압제로부터 해방과 죽음에 대한 승리, 그리고 악에 대한 승리와 이 땅에서 소외되고 멸시받는 자들에 대한 예수의 결속과 같은 주제들도 동일하게 관심의 대상이다. 이 책을 마치 여러 많은 해석들 중에서 어느 한 해석에 대한 좁은 의미의 개관이나 요약적 설명처럼 읽는 사람이 있다면 그 사람은 나의 의도를 곡해하게 될 것이다.

이 책에 실린 설교의 상당부분들은 새로 쓴 설교들이며, 다른 설교들, 특히 성금요일 설교들은 여러 해를 지나면서 새롭게 정리되고 새롭게 작성된 것이다. 이 중 어느 설교도 이전에 책으로 출판되거나 발표된 적이 있는 설교는 없다. 몇몇 설교들 간에는 어쩔 수 없이 부분적으로 반복되는 내용이 있는데, 그 이유는 주제들과 본문들은 시간이 흘러도 변치 않고 동일하게 남아 있기 때문이다.

예를 들어 "그리스도는 우리의 죄를 위해 죽으셨다"라는 주제는 계속적으로 나타나는 모티브인데, 이것은 하나의 종교적인 개념이 아니라 실질적인 사건으로서의 십자가상의 죽음과 부활 사건이 지닌 독특한 중요성을 생각해 볼 때 이해할 수 있으리라 생각된다. 그러나 인용되는 어느 두 성경본문도 정확히 동일하지는 않다. 대부분의 독자들이 동의하리라 생각하는데, 만약 여기 실린 설교들이 적은 분량으로 읽힌다면 이러한 반복은 강조를 위해 의도된 것임을 알 수 있게 될 것이다.

아마도 어떤 이들은 내가 소위 말하는 가상칠언에 대한 설교라는 소중한 전통을 따르지 않았다는 것을 발견하고 실망할 수도 있을 것이다. 이에 대해 간단히 설명하자면 1970년대 중반에 내가 처음 성금요일에 대한 설교를 시작했을 때에는 가상칠언에 대한 설교 전통이 너무 지나친 감이 없지 않았으며 또한 식상해진 면도 없지 않았다는 점이다. 나는 다른 접근방식이 보다 신선할 것이라고 생각했다. 지금 이 시점에서 공식적인 입장으로 되돌아가는 것이 더 나은 것 같아 보인다면, 앞으로 다가올 성금요일에는 가상칠언의 전통이 다시 지켜질 것으로 판단된다. 어떤 경우이든 이 책에는 가상칠언 중에서 다음과 같은 예수님의 두 말씀들에 대한 크나큰 강조가 나타난다: 버림받음에 대한 울부짖음("나의 하나님, 나의 하나님 어찌하여 나를 버리셨나이까?")과 "다 이루었다"는 말씀이다. 예수님의 다른 가상칠언의 말씀들은 "영광의 시간"과 "우리를 갈보리로 인도하소서" 란 설교들에서 간략하게 언급된다.

이 책을 주의 깊게 읽는 독자라면 뉴스위크지의 종교 편집자인 케네트 우드워드(Kenneth Woodward)가 그 어떤 저자보다 이 책에 실린 설교에서 매우 자주 인용되고 있음을 알게 될 것이다. 이것이 좀 이상해 보이긴 해도 그럴만한 이유가 있다. 우드워드씨는 여러 해 동안 부활절 절기 때마다 예수님과 하나님에 대해 혹은 종교 일반에 관해서 표지기사를 실어왔다. 또한 그는 시의적절하게 무언가를 기여했다는 점에서 뿐만 아니라 참으로 신학적인 그 무엇을 이야기했다는 점에서 인용될 만한 가치가 있다. 그러므로 그의 글들은 거룩한 한 주간의 설교자에게 특별히 소중한 자료가 된다.

이 책에 실린 설교들을 읽는 방법에 대한 제안

부활절 절기의 특정한 날에 따라서 그룹별로 설교를 배열하는 것은 어느 정도의 이점이 있지만, 어느 정도의 손실도 있다. 각기 다른 독자들은 이 책의 내용들을 각기 다른 방식으로 접근할 것이다. 예를 들어 내 경우도 마찬가지지만 자신의 설교 아이디어를 위해 이 책을 읽는 설교자들의 경우는 아마도 곧바로 특정한 섹션, 예를 들면 세족식이 거행되는 성목요일이란 섹션으로 가서 한 번에 한 편 이상의 설교를 읽을 것이다. 그러나 이러한 독서방식은 대부분의 다른 독자들에게는 권하고 싶지 않다. 내가 제안하는 방법은 각각의 섹션에서 한 번에 한 편의 설교를 읽되, 거룩한 한 주의 순서에 따라서 차례대로 읽어 가는 것이다.

독자들이 다양한 섹션에서 읽을 설교들을 자유롭게 선택하도록 격려하는 마음에서 하나의 이야기를 함께 나누고자 한다. 과거 1980년대, 에이즈 전염이 미국에서 최고조에 달했고, 아직 이 병을 퇴치할 만한 아무런 방법이 개발되지 않았던 때에, 나는 이 생에서는 살아서 병원을 떠날 아무런 기약이 없이 병원에 입원해 있는 한 남자를 방문한 적이 있다. 면회 시간은 길었고, 우리는 함께 성경과 주님, 그리고 신앙에 대해 이야기했다. 나는 그리스도께서는 자신의 수난을 통해 고난당하는 자들과 하나 되셨다는 사실에 대해 함께 생각을 나누는 시도도 했다. 얼마 후에 나의 교인은 놀랍게도 이렇게 말했다. "나는 정말로 십자가에 죽으신 그리스도에 관해 생각하기를 원하지 않습니다. 그것만 생각하면 나는 기분이

상합니다."

나는 물론 놀랐다. 그러나 이에 대해 응답할 만한 말이 없었던 것은 아니었다. 한 순간의 주저함도 없이 내가 그에게 "그 말은 옳습니다. 그렇다면 부활에 관해 함께 생각해 보도록 합시다" 라고 바로 말할 수 있었음에 너무도 기뻤다. 다음 날, 나는 그에게 그리스도께서 무덤에서 부활하여 나오시는 장면을 그린 마티아스 그룬발트(Matthias Grünewald)의 눈부시게 빛나는 그림 하나를 보냈다.

이것을 언급하는 것은 만약 독자가 거룩한 한 주간 섹션을 읽으면서 마음이 가라앉는 기분을 느끼기 시작한다면 그는 곧바로 그 부분을 건너뛰어 부활절 섹션으로 가도록 권면하고자 함이다. 부활절의 빛이 이제 고난 주간 위에 영속적으로 비추고 있으며, 우리에게 칠흑같이 어두운 밤중에서도 소망을 주고 있다. 예수님을 믿는 사람들에게 하나님의 새로운 날이 동터옴에 따라서 십자가는 역광을 받고 있다.

독자들에게 도움을 주고자 한 가지를 지적하고자 한다. 이 설교들은 몇몇 다른 상황에서 전해진 설교들이라는 점이다. 주일 설교라고 표시되어 있는 설교들은 주일의 회중을 염두에 둔 설교들이다. 거룩한 한 주와 부활절 주간을 위한 주중 설교들은 몇 가지 점에서 볼 때 훨씬 더 긴박한 설교들이다. 그 이유는 주중에 하나님의 말씀을 듣기 위해 교회에 오는 사람들은 설교를 듣는 데에 더 많은 경험이 있는 자들이요, 그들의 헌신은 진지하며 더 분명한 의지를 갖고 있기 때문이다.

성금요일 묵상들은 다소 짧고, 보다 많은 생각을 요한다. 그리고 보다 더 끝이 열려 있는 것들로서 각각의 묵상은 그 다음의 묵상으로 이어지고 있다. 바라는 것은 4개의 소제목으로 이루어진 성금요일 묵상들은 순서대로 한 번에 한 소제목에 속한 설교들을 모두 읽는 것이다. 이것이 바람직하다고 생각하는 이유는 한 번에 두 개 혹은 세 개의 소제목에 속한 설교들을 한꺼번에 모두 읽게 되면 너무 무리가 될 것이기 때문이다.

몇몇 설교들의 경우는 날짜가 기록되어 있는데, 그 이유는 그 설교들이 특정한 시간에 작성된 것들이기 때문이며, 이런 이유에서 해당되는 시기와 연관되는 예화들이 제시되고 있다. 대부분의 설교들은 날짜가 기록되어 있지 않은데, 그 이유는 특정한 시기와 관계없이 독립적으로 읽힐 수 있기 때문이다.

인용된 성경역본에 관해서 이야기하고자 한다. 나는 문장의 형태와 리듬은 효과적인 의사 전달을 위해서 중요하다고 생각한다. 심지어 이것들은 사상적 올바름을 요구하는 우리의 현재 문화의 욕구를 충족시키려는 과도하게 용의주도한 노력보다 더 중요하다고 믿는다. RSV 번역본이 처음 나왔을 때 문학 애호가들은 목소리를 높여 비판했다. 그러나 오늘날 이 번역본이 오역이 많지 않으면서도 KJV 번역본의 리듬과 운율을 상당부분 보존하고 있다는 일반적 인식이 존재한다. 그러므로 나는 대개의 경우 RSV를 사용하는데, 때때로 보다 더 커다란 수사적 힘을 얻기 위해 KJV을 사용하기도 한다. 몇몇 경우에 다른 번역본들도 사용되는데, 그때마다 사용된 성경번역본이 명시된다.

대문자화 한 것에 대해 한 마디 하고자 한다. 나는 때때로 단어들을 대문자화 했는데, 그 이유는 이야기하려는 바를 강조하기 위해서이다(이 방법은 설교 전달 시에는 가용하지 않지만, 글로 된 설교들의 경우에는 가용한 방법이다). 특별히 나는 종종(항상 그런 것은 아니지만) 죄와 죽음을 대문자화 함으로써 세력으로서의 이들의 독립적인 지위를 강조하고자 했다. 나는 죄와 죽음은 인간과 별도의, 그리고 인간 선택에 영향을 받지 않는 독립된 세력들로 보는데, 이 점은 바울의 서신서들, 특히 로마서 7장과 로마서의 다른 곳에서 주도적으로 묘사되는 주제이다. 죽음은 분명히 요한복음에서 하나의 세력으로 묘사되고 있으며, 이 책에 나오는 몇몇 설교들은 바로 이 주제에 의존하고 있다. 특히 "죽음의 취소"라는 제목의 설교가 그렇다.

미주 사용에 관한 설명이다. 나는 각주 대신에 미주를 사용했는데, 그 이유는 일반 독자를 위해서 보다 산뜻한 형태의 페이지를 제공하기 위해서였다. 그러나 미주에는 특정한 이슈들이나 주제들에 대해서 좀더 자세히 알고 싶어 하는 사람들을 위해 필요한 많은 자료들을 수록했다.

각각의 설교문의 표제 페이지에 나오는 권두어에 대한 설명을 하고자 한다. 한 경우를 제외하고 각각의 설교문의 표제 페이지에 해당되는 부분에 나오는 모든 인용구들, 즉 권두어들은 존 던(John Donne)의 설교문인 "Death's Duel"에서 인용했다. 이 설교는 런던에 있는 성 바오로 대성당에서 찰스 1세가 참석한 가운데 1631년 2월 25일에 행해진 것이다. 내가 알기로 아마 영어권에서 던에 필적할 만한 그 어떤 설교가도 있을 수 없다고 생각하는데, 이러한 평가는 그에 대한 나의 헌사이다. 제라드 맨리 홉킨스(Gerard Manley Hopkins)를 인용한 권두어는 부활절 설교 페이지에 명기되어 있다. 우리의 포스트모던 시기에 이 시인이 비평적 존경의 대상으로 여전히 높이 평가된다는 것은 크게 고무적인 일이다.

결론

한 가지 언급해야 할 중요한 점이 남아 있다. 앞으로 예수님의 십자가 상의 죽음에 관해 쓰일 책에서는 최종적이고도 절정을 이루는 일련의 섹션들이 십자가의 윤리 혹은 십자가-모형의 윤리 부분에 할애될 것이다. 만약 십자가가 삶 속에서 실행되지 않는다면, 다시 말해서 그리스도께서 자신의 죽음이란 방식을 통해, 즉 우리 가운데 "낮아지시고 멸시를 받으사"(고전1:28) 죽으심을 통해 자신과 하나 되게 하신 자들의 삶 속에서 구체적으로 실행되지 않는다면 그 십자가는 KKK에 의해서 불태워지는 십자가들처럼, 혹은 초토화된 이슬람교도의 거주지들에 세르비안 정교도들에 의해서 세워진 십자가들처럼 신성모독적인 대상이 되고 말 것이다.

그러나 내 생각으로는 크리스쳔 윤리가 실행되는 최상의 상황은 주일 예배와 교육, 그리고 회중들 일상의 삶이다. 거룩한 한 주의 설교는 그 자체의 특별한 성격을 지니고 있다. 이 성격은 바울이 갈라디아 교회 교인들에게 보낸 설교와 같은 경우인데, 이 설교에서 바울은 "갈라디아 사람들의 눈앞에 십자가에 못 박히신 예수 그리스도를 공적으로 보여준 바 있다"(갈3:1). 그러므로 거룩한 한 주와 부활절 설교들의 핵심적 목표는 좋은 소식(케리그마 혹은 복음) 그 자체에 집중하는 데에 있으며, 이 뿌리에서부터 그 외의 모든 것들이 생겨나게 된다. 이렇게 말하는 것은 여기 실린 거룩한 한 주 설교들에는 윤리적 문제점들에 대한 구체적인 언급이나 설명이 없다는 것을 뜻하는 것이 아니라 단지 이 문제점들이 중심적 위치를 차지하고 있지는 않다는 뜻이다. 주의 깊은 독자라면 부활절 절기 설교에서 윤리적 내용들이 이전의 설교보다 양적으로 증가하고 있음을 주목하게 될 것이다. 케리그마, 즉 복음과 윤리의 관계는 골로새서 1:3-6과 1:9-10에서 매우 분명하게 선언된다.

> 우리가 너희를 위하여 기도할 때마다 하나님 곧 우리 주 예수 그리스도의 아버지께 감사하노라. 이는 그리스도 예수 안에 너희의 믿음과 모든 성도에 대한 사랑을 들음이요, 너희를 위하여 하늘에 쌓아둔 소망을 인함이니 곧 너희가 전에 복음 진리의 말씀을 들은 것이라. 이 복음이 이미 너희에게 이르매 너희가 듣고 참으로 하나님의 은혜를 깨달은 날부터 너희 중에서와 같이 또한 온 천하에서도 열매를 맺어 자라는도다(골 1:3-6).
> …
> 이로써 우리도 듣던 날부터 너희를 위하여 기도하기를 그치지 아니하고 구하노니 너희로 하여금 모든 신령한 지혜와 총명에 하나님의 뜻을 아는 것으로 채우게 하시고, 주께 합당히 행하여 범사에 기쁘시게 하고 모든 선한 일에 열매를 맺게 하시며 하나님을 아는 것에 자라게 하시고 …(골 1:9-10)

"주께 합당한 삶"을 이끌어 나가기 위하여 우리는 "하나님을 아는 것에서", 그리고 특별히 그의 희생의 성격을 아는 지식에서 자라날 필요가 있다. 하나님의 자기-희생적인 사랑의 삶으로 들어가기 위하여 우리는 우리를 위한 그 주님의 죽으심의 의미와 새 생명을 위한 주님의 부활의 능력에 대해 더 많이 알 필요가 있다. 바라기는 하나님께서 기쁨 가운데 그가 그리스도를 통해 우리를 위해 행하신 일에 대한 우리의 지식을 성장하게 하심으로써 우리가 더욱 뜨겁게 그를 사랑하고 그의 사랑을 실천해 나가며 그의 영광을 위해 열매 맺는 삶이 되기를 기원한다.

감사의 글

과거 26년 동안 나는 미국 전역에 있는 지역 교회들이 거룩한 한 주 동안에 설교를 해 달라는 이루 측량할 수 없는 복된 초청을 받아 왔다. 이것은 매우 귀한 특권이었다. 이 모든 지역 교회들에게 나는 크나큰 감사의 빚을 지고 있다. 이들 교회 중 많은 교회들의 이름을 성 금요일 섹션의 마지막 페이지 수록하였다.

특별한 감사를 우리의 딸, 엘리자베스 헤스 루트리지(Elizabeth Heath Rutledge)에게 전하고 싶다. 그녀는 이 원고의 많은 부분을 힘써 읽었고, 오자들을 수정했으며, 의미를 명확하게 하기 위해 많은 제안들을 했고, 내게 언제나 고통의 문제에는 대답이 없다는 단순한 사실을 상기시켰으며, 우리는 언제나 고통스러운 모호함 속에 살아야 한다는 점을, 상기시켜주었다. 이 프로젝트에 대한 딸의 헌신은 내게는 말로 표현할 수 있는 것 그 이상이었다.

또한 다음과 같은 많은 분들에게 중심으로 감사의 마음을 전하고자 한다. Pennie Curry, Dorothy Martyn과 Louis Martyn, George Hunsinger와 Deborah Hunsinger, Francine Holmes 와 Doug Holmes, Ellen Charry와 Dana Charry, Jim Kay, Laura Sanders, Ellen Davis, Wallace Alston, David Tracy, Aldo Tos, Susan Grove Eastman, Susan Crampton, Richard Hays, 그리고 나의 사랑하는 자매 Betsy McColl.

이들은 나의 소명을 굳게 믿어왔고 많은 어려운 시간 속에서 나를 굳건히 붙들어 주었던 사람들이다. Hugh Nissenson은 비록 자신을 유대 혈통의 불신자라고 생각하지만, 그는 설교를 하나의 중요한 형태의 미국 문학으로 간주하는 것에 불굴의 열정을 갖고 내게 큰 격려를 해주었던 분이다. 그리고 이미 고인이 된 세 분의 나의 선생님들, Paul Lehmann, Joseph Mitchell과 Peter Forbath는 내 안에 믿음을 심어준 분들인데, 이 믿음은 그분들이 상상할 수 있었던 것보다 나에게 더 커다란 역할을 해 주었다. 이런 귀한 동료들과 다른 많은 분들이 하나님이 이 프로젝트를 이끌어 가시고자 은혜롭게 주셨던 구름 같은 증인들의 일부이다.

세 번째로 어드만 출판사와 함께 일할 수 있었던 것은 크나큰 기쁨이었다. 나는 특히 Sam Eerdmans가 어드만 출판사의 직원들의 관심과 여러 가지 배려(분명히 이것들은 William B. Eerdmans 자신으로부터 물려받은 것들임)에 부여한 그의 우아함과 수려함, 그리고 활력에 대해 깊이 감사한다. Andrew Hoogheem은 마지막 순간에 예화들과 삽화들의 출전을 찾아내고 분류하는 일에 거의 영웅적인 공훈을 남겼다. 나는 그의 해박한 지식과 그의 분별력, 그리고 나만큼이나 그림들의 이미지들과 심상들에 대해 보여준 자세한 관심에 대해 그에게 크게 감사한다. 또한 Bruce Robinson, Kathryn Vander Molen, Charles Van Hof, Allen Myers, Todd Tremlin, Amy Kent, 그리고 Jennifer Hoffman에게 크나큰 감사의 말을 전하고자 하는데, 이들은 기독교 출판업에서 최선의 출중한 프로정신과 헌신을 지속적으로 보여줌으로 내게 크나큰 놀라움을 주었다.

많은 저자들이 감사의 글을 자신들의 배우자들이 보여준 한없는 인내와 지원에 대해 마음으로부터 우러나오는 감사와 함께 끝내는데, 나는 이 시점까지 이러한 감사의 참다운 깊이에 대해 온전히 깨닫지 못했다. 작가와 함께 산다는 것은 매우 어려운 일이다. 여기에다 설교자와 함께 산다는 특별한 어려움을 덧붙이고자 한다. 독자들은 이와 같은 책이 출판되는 것을 볼 수 있을 정도로 결혼생활이 지속되려면 필요한 것이 무엇인지를 어느 정도 인식하고 있으리라 생각한다. 나의 남편인 Dick은 마치 이 프로젝트가 자신의 삶에서 가장 중요한 사명 중 하나인 것처럼 그렇게 이 책의 출판을 지원했다. 나는 그에게 중심으로 감사한다.

책 소개와 역자 서문

　역자는 성경을 바르게 읽는 일에 깊이 헌신해 있으며 동시에 개혁주의 신학 전통을 가장 성경적이라 굳게 믿고 있는 성경신학자로서 본서가 비록 성경-신학적 강해의 성격을 지녔다하더라도 분명 형식상 설교집에 해당하는 본서를, 그것도 미국 성공회에 소속된 목사의 설교집을 번역하기로 한 것 자체가 이미 많은 것을 함의하고 있다고 본다. 이러한 몇 가지 함의를 중심으로 책에 대한 소개와 역자 서문을 대신하고자 한다.

　먼저 본서에 대해 간단히 소개하고자 한다. 본서는 미국의 저명한 설교자일 뿐만 아니라 다양한 성경적 주제들에 대한 명성 있는 강연자인 Fleming Rutledge 목사가 그리스도의 수난과 죽음, 그리고 부활에 대해 1976년부터 2001년까지 26년간 미국 전역의 여러 교회에서 다양한 상황에서 했던 성금요일의 설교들과 성금요일에 이어지는 거룩한 한 주간과 부활절 시기의 설교들을 선별적으로 모은 것이다.

　본서는 41편의 설교를 총 7부로 나누어 구성하고 있다. 1부에는 종려주일(이 주일은 저자에 따르면 엄밀한 의미에서 고난주일임)의 설교 4편이 담겨 있고, 2부에는 종려주일에 이어지는 고난주간의 월요일부터 수요일까지 3일간의 설교 3편이 담겨 있다. 3부는 고난주간의 목요일을 성공회 전통에 따라 성목요일(혹은 세족례 목요일)로 특징화하여 이 날에 적합한 3편의 설교를 담고 있다. 4부는 고난주간의 금요일, 곧 성금요일(the Good Friday)의 설교 19편을 일곱 개의 묵상들, 여섯 개의 묵상들, 세 개의 묵상들, 추가적 설교들이란 항목으로 각각 나누어 싣고 있으며,

이에 덧붙여 당시 상황인 2001년 9월 11일의 세계무역센터 테러가 일어났던 시기에 행해진 설교 한 편을 싣고 있다. 5부는 부활절 주일(the Easter Day) 설교 2편을, 6부는 부활절 주일 다음날인 월요일부터 금요일까지 5일간의 설교 5편을 싣고 있다. 마지막으로 7부는 부활절 후 오순절까지의 50일간에 적합한 5편의 설교를 싣고 있다.

여기서 특히 6부(부활절 주간에 적합한 설교들을 담고 있음)와 7부(부활절에서 오순절에 이르는 부활절 계절에 적합한 설교들을 담고 있음)에 실린 설교들에 대한 이해가 잠시 필요하다. 통상적으로 예수님의 부활에 관한 설교는 5부에 실린 부활절 설교로 충분하다고 생각한다. 이에 반해 저자는 부활절 이후 한 주간을 특별히 부활절 주간으로 명명하여, 예수의 부활이 가져온 우주적 차원의 새로운 질서에 집중적으로 조명하는 것이 필요하고, 그 후 오순절까지의 기간 동안 예수의 제자들로 표현되는 진정으로 예수를 따르는 소수의 사람들이 부활의 삶을 구현하는 일에 집중적으로 조명하는 것이 필요하다고 보고 있기에 6부와 7부를 덧붙여 구성하고 있다.

본서는 비록 형식상 설교들을 모은 것이지만 엄밀한 의미에서 이 설교들은 복음서의 그리스도의 수난기사에 대한 깊이 있는 신학적 성찰을 통해 이루어진 성경-신학적 강해라 부르는 것이 보다 타당하다. 이 점은 본서가 그리스도의 사건의 뿌리를 보다 큰 차원의 하나님의 창조-구속 사역의 특성에 깊이 두고 있다는 사실에 기인한다.

하나님은 온 피조세계를 자신의 의의 왕국으로 창조하셨으며 이 왕국의 확립을 위해 언약적 천명 가운데 자신을 헌신하셨는데, 사망의 세력인 사탄과 죄가 이 왕국에 잠식해 들어옴으로써 하나님의 피조세계에 대한 다스림은 사탄과 죄의 사주를 받는 인간의 악의적 저항에 직면하게 된다. 성경은 예수 그리스도의 사건은 이러한 죄의 궁극적 악함을 만천하에 드러낼 뿐만 아니라(cf. "그가 정사와 권세를 벗어 버려 밝히 드러내시고…" 골2:15), 인류의 죄를 짊어지시고 죄에 대해 죽으심으로 죄를 이기신 역설적인 승리의 방식이며, 이를 통해 예수 안에서 우리가 죄에 대해 죽음으로 죄가 더 이상 우리를 다스리지 못하게 되었다고 말하고 있다. 바로 이러한 예수 그리스도의 죄의 대한 궁극적 고발과 죄에 대한 승리의 방식이야말로 성경적 사고의 정수라 할 수 있는데, 이 두 가지 점이 본서의 전편에 걸쳐 모든 설교에 깊이 스며들어 있다.

이제 본서의 몇 가지 특징과 아울러 이들이 지닌 중요한 신학적 함의들을 간략히 언급하고자 한다. 첫째로 본서는 그리스도의 수난과 죽음, 그리고 부활이라는 기독교 복음의 핵심적 성격인 전복성(subversiveness)을 극명하게 보여주고 있다. 그리스도의 사건은 단순히 좁은 의미의 구속적인 사건 정도가 아니다. 오히려 그리스도의 사건은 인간 타락이 지닌 근본적 죄인 인간-주도적 삶의 구도의 허상을 폭로하고 전복시킨 우주적 사건이다. 그리스도의 사건은 오직 하나님-주도적 혹은 하나님-의존적 삶으로의 회귀가 하나님의 창조세계의 회복과 구원이라고 선포하고 있다. 이러한 복음의 전복성은 기본적으로 복음의 역설과 연결되어 있는데 이 점을 저자는 다음과 같이 잘 표현하고 있다.

> 십자가상의 죽음이란 역설은 하나님 자신 가운데서 이루어진 하나님에 의한 하나님 자신의 버림, … 바로 그것입니다. 이것은 세상의 방식으로는 말이 되지 않습니다만 그러나 바로 이것이 우리로 하여금 이 어두운 세상에서 굳건히 설 수 있도록 해주는 '기이한 역사'입니다(pp. 233-234).

계속해서 저자는 말한다.

우리 신앙의 핵심이 지닌 역설이 있다면 그것은 하나님의 아들이 "이 세상의 통치자"라고 표현되고 있는 이 악한 세력을 정복하시되 바로 이 세력에게 자신을 정확하게 내어 맡기심으로 정복하셨다는 것입니다(p. 262).

둘째로 본서는 하나님-중심적, 그리고 그리스도 중심적 사상을 기저에 담고 있다. 저자는, 그리스도는 우리의 죄를 위해 죽으셨다는 표현으로 요약되는 그리스도의 구속 사역을 논하면서도 "우리의 죄를 위해"라는 점에서 논의를 시작하는 것보다 그리스도의 죽음과 죄 사이의 연관관계를 먼저 논하는 것이 옳다고 지적한다. 그 이유는 기독교의 복음은 우리와 함께 시작하는 것이 아니며, 특별히 우리의 죄의 문제와 시작하는 것이 아니라 하나님과 그의 선하심과 함께 시작하기 때문이라고 저자는 말한다(p. 150). 이런 점에서 저자는 "사람이 하나님 앞에서 부끄러움을 느낄 때 그것은 은혜 가운데 성장한다는 확실한 표징"이라고까지 말한다(p. 159).

또한 저자의 이러한 하나님-중심적, 그리고 그리스도-중심적 사상은 속죄에 대한 저자의 이해에서도 잘 드러난다. 전통적인 속죄 교리에 따르면 그리스도의 속죄는 진노하시는 아버지가 희생자이신 아들에게 저주를 퍼붓는 사건(punitive atonement)으로 이해하고 있는 데 반해 저자는 그리스도의 속죄는 하나님과 그리스도에 의한 단일한 자기-희생적 사랑의 사건이라고 말한다. 이를 설명하면서 저자는 '하나님은 죄를 알지도 못하신 자로 죄를 삼으셨습니다' 라는 표현은 십자가상에서 예수께서 "나의 하나님, 나의 하나님, 어찌하여 나를 버리셨나이까?"라고 울부짖었던 순간 이루어졌던 일, 곧 하나님의 아들이신 예수 그리스도께서 "죄가 되신" 사건으로 처음이자 마지막으로 하나님 아버지로부터의 분리의 경험을 말한다고 주장한다. 이 사건의 핵심에는 아버지의 뜻과 아들의 뜻이 하나라는 사실이 놓여 있으며, 이 사건은 아버지와 아들이 함께 행하시는 하나의 행동이라고 주장한다(p. 174).

셋째로 본서는 그리스도 사건의 종말론적 성격에 천착하고 있다. 크리스천들은 과거 그리스도를 통해 이미 결정된 미래를 현재 가운데 살고 있는 자들이다. 왜냐하면 그리스도의 사건은 새 시대의 도래를 가져왔기 때문이다. 신약 성경, 특히 예수의 수난기사에 나타나는 우주적 대변혁(해가 어두워지고, 지진이 일어나고 바위가 갈라지는 사건들)에 대한 기술과 묘사들은 하나님이 자신의 온 피조세계에 직접 개입하신 것에 대한 은유적 표현으로 우주가 그 정상궤도를 벗어나서 다른 방향으로 돌기 시작했으며, 시대의 전환이 일어났음을 강력하게 암시하고 있다. 이제 사탄이 다스리던 옛 시대가 끝나고 하나님이 친히 다스리는 새 시대가 도래 했으며, 우리는 이 두 세대의 전환점에 살고 있다는 것이다.

저자에 따르면 전환점에 살고 있는 우리의 문제는 시각인데, 이전 세대에서 시간의 움직임은 언제나 과거에서 현재를 거쳐 미래로 나아간다. 즉 우리가 오늘 행하는 것은 어제 일어났던 일에 의해서 영향을 받고 있으며, 오늘 하는 일이 내일 일어날 일에 영향을 미치게 된다는 생각이다. 그러나 새 시대의 도래와 함께 우리는 과거와 현재를 통해서 미래를 바라보는 대신에 미래를 통해서 과거와 현재를 판단하고 결정할 수 있다. 다시 말해 과거와 현재는 하나님이 그리스도 안에서 행하신 일에 기초해 미래에 행하실 일에 의해 결정될 것이라고 생각하는 것이다. 저자는 이 점을 다음과 같이 잘 표현하고 있다.

> 바로 이 일이 나사렛 예수께서 자신의 고뇌어린 마지막 숨을 거두셨을 때 예루살렘 밖 골고다 언덕에서 일어난 것이다. 다가올 세대가 세상의 기초들을 뒤흔들고 오랫동안 봉인되었던 무덤에서 죽은 자들을 일으키는 능력 가운데 옛 시대 안으로 침투해 들어오고 있는 것입니다. 이제 이후로 우주의 의미는 과거-현재-미래라는 이전의 익숙한 패턴 속에서가 아니라 "악한 현 세대"(갈1:4) 에 대한 진기하고도 전혀 예상치 못했던 침입, 즉 하나

님의 미래의 침투 사건 가운데서 발견되게 되는 것이지요(p. 252).

넷째로 본서는 크리스천 혹은 예수의 윤리에 대한 이해에서도 매우 성경적인 토대를 제공하고 있다. 저자는 크리스천 혹은 예수의 윤리에 대한 이해의 핵심을 십자가를 통한 죄와 사망에 대한 값의 지불이라고 주장한다. 그러기에 폭력의 순환, 부정의의 순환, 보복의 순환은 예수님의 몸 가운데서 중단되었으며, 죄와 사망의 옛 세상이 십자가 위에서 끝이 났다. 저자는 바로 이것이 크리스천의 선언, 곧 하나님이 값을 지불하셨다는 선언이라고 주장한다. 그렇다면 크리스천의 윤리는 "우리가 말과 행동으로 악의 순환이 예수님의 십자가상의 죽으신 몸을 통해 정해진 최후에 이르렀다는 사실을 증거"(pp. 178)하고 구현하는 삶이라 할 수 있다.

다섯째로 본서는 하나님의 은혜의 수단인 말씀 선포와 성례전에서 특히 개혁주의 신학의 교회전통에서 정당한 평가를 받고 있지 못한 성례전에 대한 생각을 일깨우게 만든다. 크리스천들은 말씀 선포와 성례전의 참여를 통해 하나님의 은혜를 경험하며, 이것들은 크리스천 공동체의 예배 가운데서 이루어지는 매우 독특한 예배 행위들이다. 그러나 유감스럽게도 개혁주의 전통의 교회 예배는 주로 설교라는 형태의 말씀 선포에 일차적 관심이 주어지고, 성례전의 예배 행위는 단지 몇 번의 연중행사로 치러지는 성찬식으로 대체되는 경향을 보인다. 그러나 크리스천의 예배가, 근본적으로 하나님이 예수 그리스도 안에서 행하신 최종적 구원 행위와 그로 인한 새 생명과 새로운 삶을 회상시키고 상기시킴으로써 이에 대해 감사하고 새 삶에 대한 헌신에 관한 것이라면 말씀 선포뿐만 아니라 성례전은 그 중요성이 더욱 부각되어 마땅하다. 저자는 이 점을 다음과 같이 잘 표현하고 있다.

부활절에 그리고 매 주일마다 그리스도의 교회가 함께 모여 하는 일은 바로 이러한 깨달음[예수의 부활은 썩어질 옛 세상, 즉 절망과 죽음의 세상으로부터 벗어나 새로운 세계를 바라볼 수 있게 하며 나아가 죽음으로부터 돌이켜서 유일한 참되고 영원한 생명의 원천을 향해 나아갈 수 있다는 점을 알게 된 것을 축하하고 이 깨달음의 확신을 축하하고 찬양하는 일입니다. 말씀 선포와 성례전을 통해 분명하게 드러나는 성경의 증언만이 우리에게 무덤에서 주님이 부활하신 사건에 대한 진리를 말해줄 수 있습니다(pp. 369-370).

이러한 성례전에 대한 바른 이해는 설교가 어떠해야 하는가에 대한 이해를 증진시킨다. 설교는 크리스천들에게 하나님이 역사 가운데서 행하신 구체적인 창조-구속의 사건들에 대한 회상을 도와 하나님의 은혜로운 섭리와 역사가 성도들의 삶 속에서 절감되도록 하는 것에 일차적 목적이 있다. 설교는 새로운 어떤 이론이나 개념을 가르치는 것이 아니다. 과거의 역사적 사건을 성도들이 회상하며 형상화하도록, 그래서 그 사건이 오늘날 삶의 구체적인 힘이요 삶의 원동력임을 믿게 하는 것이다.

본서는 바로 이러한 일들에 대한 생생한 예증이라 할 수 있다. 어떻게 문자로 머물러 있는 성경 본문이 살아있는 말씀으로 바뀔 수 있는지에 대한 예증이요, 어떻게 문자로 표현된 역사적 사건들이 현재의 성도들 가운데 살아 약동하는 실제적 사건이 될 수 있는지를 생생하게 예증하고 있기 때문이다. 본서는 역자로 하여금 정말 설교가 어떠해야 하는지를, 또한 설교가 하는 일이 무엇인지를 다시 한 번 깨닫게 했다는 점에서 매우 고무적이었다.

그러나 한 가지 아쉬운 점은 이 책의 원서는 이러한 말씀의 형상화를 돕는 차원에서 적절한 미술 걸작들을 삽화로 싣고 있는데, 이 삽화들은 저작권이 원서의 출판사에 있지 않고 미술품을 소장한 박물관에 있기에 부득이 저작권 문제로 삽화를 번역서에 싣지 못했다는 점이다. 대신 본서는 삽화에 대한 출처와 설명들을 부록에 실어서 관심 있는 독자들에게 적게나마 도움을 주고자 했다.

아무쪼록 본서를 통해서 기독교 복음의 핵심인 그리스도의 수난과 죽음, 그리고 부활의 의미가 더욱 분명해지고, 그리스도를 따라 산다는 것이 무엇인지에 대한 이해가 증진되기를 바란다. 또한 예수 그리스도의 복음의 전복적 성격을 배우기를 원하는 모든 분들과 성경-신학적인 설교를 하기 원하는 모든 목회자들에게 본서가 널리 읽히기를 바란다. 그리하여 본서를 통해 세속적인 사상과 성경적-기독교적 사상이 혼재되어 있는 한국 교회의 목회강단이, 그리고 교인들이 성경적 관점으로 바르게 개혁되기를 간절히 소망한다.

역자 서문을 마치며 이 책의 출판을 기꺼이 맡아주신 도서출판 대서의 장대윤 사장님과 편집실 직원들에게 감사의 마음을 전하며, 번역의 초고 형태인 문자적 번역들을 최종형태의 수려한 설교문체로 전환하는 일을 훌륭하게 수행한 윤 선생에게도 이 자리를 빌어 심심한 감사를 전한다.

추천의 글 _ 4
저자 서문 _ 8
이 책에 실린 설교들을 읽는 방법에 대한 제안 _ 12
결론 _ 16
감사의글 _ 18
책 소개와 역자 서문 _ 21

1부 • 33
거룩한 한 주의 첫째날:
보통 종려주일이라 불리는 고난 주일

종려주일의 눈물 _ 35
새로운 세계질서 _ 44
우리를 갈보리로 인도하소서 _ 54
바보들의 행렬 _ 64

2부 • 77
거룩한 한 주의
월요일, 화요일, 수요일

왕의 대속물 _ 79
메시아가 그의 성전에 오시다 _ 93
하나님의 어린양 _ 106

3부 • 117
거룩한 한 주의 목요일:
흔히 세족례 목요일 혹은 성목요일이라 함

주여, 내 발만 아니라 _ 119
수치의 밤, 영광의 밤 _ 129
주님이 베드로를 바라보셨습니다 _ 141

4부 • 151
성 금요일

일곱 개의 묵상들 _ 153
바지가 벗겨진 그분 / 수치와 침 뱉음 / 속죄의 염소와 희생제사 / 평범한 범죄자 / 누군가가 값을 지불해야 합니다 / 저주받은 메시아 / 찢어진 마음

여섯 개의 묵상들 _ 199
멸시를 받아 싫어버린 바 된 메시아 / 하나님이 예수를 죄 되게 하셨도다 / 영문 밖에 / 나쁘지 않고 괜찮아 / 저주와 대속 / 스텔스 폭격기

세 개의 묵상들: 갈보리 산상의 세 징표들 _ 244
정오의 어둠 / 성전 휘장 / 열린 무덤들

성금요일을 위한 추가적 설교들 _ 265
영광의 시간 / 위대한 교환 / 스스로의 도움(Self-Help)을 십자가에 못 박기

2001년 9월 11일: 제로지점에 서 있는 십자가 _ 301

5부 • 315
부활의 날: 부활절

죽음의 왕국의 한밤중 _ 317
얼굴과 얼굴을 맞대고, 손에 손잡고 _ 324

6부 • 335
부활절 주간

가능성 너머에 _ 337
예수님을 알아보기 _ 348
죽음의 취소 _ 362
우리의 통제를 벗어난 _ 372
유쾌하게 되는 날 _ 385

7부 • 397
위대한 50일이라 불리는
부활절계절

비천한 주일 혹은 고상한 주일? _ 399
내가 맛본 것은 나 자신이었습니다 _ 411
그 어떤 다른 곳으로부터 오는 평화 _ 422
반드시 그렇지는 않습니다 _ 434
기쁨에 이르는 숨겨진 길 _ 445

미주 _ 455
부록: 삽화 설명 _ 497

1부
거룩한 한 주의 첫째 날:
보통 종려주일이라 불리는 고난 주일

그의 모든 생애가 계속적인 수난이었다

- 존 던

:: 이 책에 나오는
종려주일 설교문들에 대한 소론

감독교회의 경우에 예전적인 성향을 지닌 다른 전통들과 마찬가지로 종려주일에 이루어지는 축하 행렬은 예배가 시작되는 시점에서 커다란 축제 분위기 속에서 이루어집니다. 그러나 종려 주일이 지닌 핵심적 특징은 이 행렬 바로 뒤이어 이루어지는 수난기사에 대한 장엄하고도 극적인 성경본문 낭독입니다. 낭독되는 성경본문은 공관복음서들(마태, 마가, 누가복음) 중에 하나이며, 3년 주기로 한 복음서씩 낭독됩니다(요한복음의 수난기사는 성 금요일에 낭독된다). 이 수난기사 낭독은 예수, 빌라도, 베드로 등등의 역할을 다양한 연기자들과 해설자가 나누어 맡아 이루어집니다. 모인 회중들은 성경본문 중의 군중 역할을 하는데 이들은 정해진 순간에 "그를 십자가에 처형하라"고 소리치는 배역을 맡게 되지요.

| 1998년도 수난 주일

종려주일의 눈물

가까이 오사 성을 보시고 우시며 가라사대
"너도 오늘날 평화에 관한 일을 알았더면 좋을 뻔하였거니와 지금 네 눈에 숨기웠도다.
날이 이를지라 네 원수들이 토성을 쌓고 너를 둘러 사면으로 가두고
또 너와 및 그 가운데 있는 네 자식들을 땅에 메어치며
돌 하나도 돌 위에 남기지 아니하리니
이는 권고 받는 날을 네가 알지 못함을 인함이니라" 하시니라. 눅 19:41-44

종려주일은 참으로 이상한 날입니다. 종려주일의 보다 정확한 이름은 수난주일이지요. 우리는 이 주일에 예수님의 고난과 죽음의 이야기를 항상 접하게 됩니다. 전에 종려주일에 행렬의 선두에서 십자가를 들고 서 있었던 한 청소년이 저에게 했던 말이 생각납니다. 그 청소년은 십자가를 들고 선 채로 "이 순간 어떤 기분을 지녀야 하는지 알 수가 없습니다" 라고 제게 말을 건넸지요. 그 청소년은 종려주일의 양면성을 아주 잘 포착하고 있었던 겁니다. 사람들은 축제 분위기에 이끌려 왔는데, 십자가의 죽으심이란 이야기에 의해 충격을 받게 되지요. 축제와 죽음! 오늘 우리는 일요일에 예수를 메시아요 왕으로 환호했던 무리들이 금요일에 "그를 십자가에 처형하라"고 소리쳤다는 분명한 사실에 놀라게 됩니다. 그런데 이 날은 마음을 무기력하게 하는 그런 날이 아닙니다. 〈참조: 렘브란트의 "십자가 처형"〉

먼저 누가와 다른 복음서 기자들의 증언을 생각해 보도록 합시다. 모든 종려주일 예배의 핵심은 마태복음, 마가복음, 누가복음이 전하는 수난기사를 봉독하는 일인데, 그 어떤 주보다 이 주에 우리는 이들 성경 저자들이 우리에게 전하고자 하는 바의 핵심에 이르게 됩니다. 복음서 모두는 바로 이 절정의 순간을 향해서 움직여 나아가지요. 이들 모두는 예수님 생애의 그 어떤 부분보다도 예수님의 고난과 십자가상의 죽으심에 대해 집중적으로 조명합니다. 이것은 우연이 아닙니다. 교회의 맨 처음 시기부터 예수의 삶은 그의 죽음에서 중요성을 얻게 되었다고 인식되어 왔고, 사도들과 복음서 기자들은 그들의 독자들이 이 세상에서 그 어떤 것보다도 이 죽음의 의미를 이해하기를 진정으로 바라고 또 바랐습니다.[2] 여러분은 이러한 바람이 있습니까? 예수님의 죽음의 의미를 진정으로 이해하고 싶은 마음이 여러분 안에 있는가 말입니다.

이 주에 매일매일 그리스도의 수난을 깊이 묵상하면서 경건하게 헌신하고 있습니까? 그렇다면 여러분들은 예수님의 고난과 죽음의 사건들을 더 깊이 이해하게 될 것입니다. 그리고 분명히 여러분들은 보다 깊은 의미에서 복된 자신을 발견하게 될 것입니다. 그러나 문제는 모든 사람이 자원하는 마음으로 헌신하지 않는다는 데에 있지요. 사도 바울이 전하는 대로 "십자가라는 말"은 언제나 우리의 마음을 상하게 합니다. 이 말은 사람들에게 결코 구미에 맞는 메시지가 아니니까요. 여러분에게 십자가라는 말은 어떻습니까?

목요일에 남편이 저에게 전화를 걸어서 도움이 될 만한 좋은 설교 예증 거리가 있다고 이야기했습니다. 남편이 동네에 있는 한 쇼핑센터에 간 적이 있었는데, 선물과 카드를 파는 한 가게에서 "우리는 편안한 부활절을 만들어 드립니다"라는 광고 문구를 보았다고 합니다. 제가 생각하기에 그 문구는, 사람들이 그 가게에서 달걀과 꽃들, 그리고 카드들과 토끼 인형 모두를 한꺼번에 쇼핑할 수 있다는 의도였겠지만, 저희는 가능한

한 십자가로부터 멀리 도망가려는 인간의 경향성에 대한 전형적이고도 고전적 실례를 보는 듯해서 충격을 받았지요. 최소한의 의미에서 생각해 보면 부활절은 손쉬운 것이 사실입니다. 모든 사람들이 부활절을 사랑하기 때문이지요. 그러나 단지 핵심 구성원들만이 세족식의 목요일과 성금요일을 위해 교회에 나타날 뿐입니다.

여러분들은 종려주일이 기독교 교회력의 트로이 목마라고 말할 수도 있을 것입니다. 우리는 축제 분위기 때문에 매혹을 느끼지만, 사실 그것을 알기 전에 우리는 길고 긴 극적인 수난기사에 의해 갑작스러운 도전과 충격을 받게 됩니다. 종려주일은 독립된 한 날이 아닙니다. 종려주일은 거룩한 한 주(Holy Week)로 들어가는 문과 같은 도입 단계이지요. 그런데 안타깝게도 수많은 사람들은 이 점을 이해할 만한 기회를 가지지 못했습니다. 아마 여러분들 중에 어떤 분들은 이러한 사람들 중에 속해 있을지도 모릅니다. 저는 항상 종려주일 예배에 대해 신실한 교인들이 보이는 반응에 대해 궁금하게 생각해 왔습니다.

지난 해 종려주일 예배가 끝난 후 교회 현관 앞에서 사람들과 악수하며 서 있었는데 한 중년 여성이 몸을 구부리며 제 귀에 "저는 그를 '십자가에 못 박으시오' 라고 결코 말하지 않습니다. 또한 그렇게 말할 수도 물론 없을테고요."라고 속삭이듯 말한 적이 있습니다. 그 중년 여성은 분명히 제가 그를 칭찬하리라고 기대했던 것 같습니다. 불행하게도 그 중년 여성은 요점을 놓치고 있었던 것이지요. 그 중년 여성은 자신을 일반 대중보다 우위에 있는 선한 사람 중 하나로 생각하고 있었습니다. 그녀는 좋은 의도를 갖고 있었겠지만 "내가 의인을 부르러 온 것이 아니라 죄인을 부르러 왔다."라는 예수님의 말씀을 이해하지 못했던 것입니다.

예수께서 나귀를 타시고 예루살렘으로 들어가셨을 때 예수님은 오늘날 유명인사들이 받는 것과 동일한 종류의 환호를 받았습니다. 말하자면 예수님은 군중들의 대단한 환호를 받으셨던 것이지요. 그러나 그분은 거기에 마음을 두지 않았습니다. 그분은 자신에게 무엇이 일어날 것인가를 정확히 알고 있었던 듯싶습니다. 종려주일에 대한 누가복음의 증언에 따르면 예수께서는 우리에게 이렇게 말씀하고 계십니다.

"가까이 오사 성을 보시고 우시며 가라사대 너도 오늘날 평화에 관한 일을 알았다면 좋을 뻔하였거니와 지금 네 눈에 숨겨졌도다. 날이 이를지라. 네 원수들이 토성을 쌓고 너를 둘러 사면으로 가두고, 또 너와 및 그 가운데 있는 네 자식들을 땅에 메어치며 돌 하나도 돌 위에 남기지 아니하리니 이는 권고 받는 날을 네가 알지 못함을 인함이니라"(눅 19:41-44).

이 구절은 종려주일 예배의 목적을 아주 잘 보여주는 성경 구절이지요. 다시 말해 교회로 하여금 자신의 평화를 가능하게 만드는 것이 무엇인지를 알게 하고, 교회의 권고의 때, 즉 하나님의 방문의 시점을 알게 하려 하는 것이 목적인 것이지요. 여러분에게 이상하게 들릴지 몰라도 교회가 자신의 평화를 발견하게 되는 곳은 다름 아니라 바로 십자가의 고뇌 가운데서입니다. 이것은 명백한 사실입니다.

예수께서 우셨다는 기록은 복음서 중에 두 번 나타나는데, 그 중 한 번이 이 본문입니다.[3] 분명히 이 표현은 대단히 특별한 표현입니다. 누가복음은, 예수께서는 예루살렘을 위해 우셨다고 말하고 있습니다. 이 예루살렘 도성은 어떤 도성인가요? 이곳은 하나님의 거룩한 도성이지요. 최소한 그래야 마땅한 장소입니다. 그러나 이 도성은 매우 오랜 동안의 불순종의 역사를 갖고 있고, 실망의 역사를 갖고 있는 도성이 되고 말았지요. 예루살렘은 자신의 거룩한 소명을 철저히 무시했으니까요.

수천 년간 하나님은 선지자들을 통해서 메시아요, 구세주이시며 구속자이신 그분을 만날 준비를 시켜왔습니다. 그러나 마침내 그분이 오셨을 때 예루살렘은 꾸며낸 거짓 증거를 대며 그분을 잡아들였고, 한밤중에 심문하고 죽도록 매질하여 마치 연쇄 살인범과 폭파 테러범들을 처형하듯이 상상을 초월할 정도로 잔인하게 그분을 십자가에 처형하게 됩니다. 그러나! 예수께서는 자신을 위해 울지 않으시고, 그러한 예루살렘을 위해 울고 계십니다. 그분은 얼마 있지 않아 "십자가에 처형하라"고 소리 지른 자들을 위해 눈물을 흘리시게 됩니다. 다시 말해 그분은 우리를 위해 울고 계시는 것이지요. 바로 저와 여러분을 위해서 말입니다. <참조: Durer(뒤러)의 "그리스도의 예루살렘 입성">

그 어느 누가 여러분들을 위해 운 적이 있나요? 여러분이 잘못해서 여러분의 어머니를 실망시켜서 어머니께서 우신 적은 없으신가요? 여러분의 아버지께서 여러분의 문제 때문에 여러분을 위해 우신 적은 없나요? 혹시 아버지에게 학대를 당한 딸이 울고 있지는 않나요? 결코 잘못한 것이 없는데 아버지에게 야단을 맞아서 속상한 아들이 울고 있지는 않습니까? 전쟁터에서 혹은 비행기 사고로 죽은 친구 때문에 여러분들은 우신 적은 없습니까? 마약이 횡행하는 사회 속에 휩쓸려 버려진 아들 때문에, 혹은 학교에서 쫓겨난 자녀들 때문에 우시지는 않았나요? 끔찍한 부정을 행한 자 때문에 울지는 않았나요? 요네스보로(Jonesboro)의 두 젊은 희생자들 때문에 모든 사람이 슬픔에 쌓이기도 했습니다만, 그 살인 사건을 저질러 지금 감옥에 있는 두 소년들에 대해서는 어떤가요? 그들을 위해서도 여러분들은 우시나요?[4] 이상의 모든 눈물들과 도처에서 수많은 사람들이 흘린 눈물들이 모두 하나가 되어 오늘 예수님의 눈물 속에 녹아들어가 있습니다. 예수님은 우리를 위해 우십니다. 하나님의 아들 되신 그분이 바로 여러분을 위해 울고 계시는 겁니다.

최근에 저는 '60 Minutes'라는 TV 프로그램을 시청한 적이 있는데 이 프로그램은 알제리에서 지금까지 자행된 끔찍한 학살에 관한 것이었습니다. 크리스틴 아만포어(Christiane Amanpour)가 한 남자를 인터뷰 했는데, 이 사람은 군인들이 들어와서 자신의 아내와 자녀들 모두를 죽이는 장면을 직접 목격한 사람입니다. 그 사람은 아만포어에게, 자신이 가족들을 구할 수 없어 망연자실한 상태에서 숨어서 학살 과정을 지켜봐야만 했던 학살 현장과 핏자국들과 은신 장소를 보여주었습니다. 그 남자는 이 모든 것들을 저널리스트나 관광 안내자처럼 그렇게 다소 냉정하고도 담담하게 이야기했기에 방청자들은 그가 왜 그토록 아무런 감정을 보이지 않는지 대단히 의아해 했습니다.

그 남자가 이야기를 마친 후 카메라는 그를 뒤로 하고 다른 것들을 계속해서 보여주었고, 몇 분이 지난 후 카메라는 다시 고개를 숙인 채 작은 테이블에 앉아있는 그를 비추었습니다. 카메라가 좀 더 가까이 다가가자 소리 없이 흐느끼는 그의 모습이 비추어졌습니다. 아무 말도 필요하지 않았습니다. 조용한 울음 속에는 결코 위로 받을 수 없는 슬픔과 고통의 세계가 있습니다. 눈물이야말로 감동적입니다. 눈물은 또한 호소력을 지니지요. 법정의 판사들이 피고의 형량을 낮추려고 할 때 판사들은 피고의 눈물을 보기 원합니다.

예수님의 눈물은 모든 인류의 비극을 담고 있습니다. 그분은 위에서 언급한 바 있는 알제리 남자와 그의 가족을 위해 울고 계십니다. 또한 이 사람의 가족을 학살한 자들을 위해서도 울고 계십니다. 한 분 예수님의 눈물 속에 인간의 고통과 철저히 하나 되는 하나님의 결속과 연대가 있으며, 또한 여기에 인간의 죄에 대한 하나님의 결속도 있습니다. 그러나 문제는 우리의 권고의 때, 즉 하나님의 방문의 시점을 우리가 알지 못한다는 점이지요. 우리는 십자가에서 죽는 그런 메시아를 원하지 않습니다. 어떤 식으로든 우리는 부활절이 편안하고도 지내기 손쉬운 날이 되기를 원할 뿐입니다. 여러분은 어떤가요? 십자가에 죽는 메시아를 원하고 있나요? 편안하게 부활절을 지내기 원하고 있나요?

왜 우리는 십자가를 좋아하지 않을까요? 왜 우리는 고난 주간의 성금요일을 신속히 건너 뛰어 모든 것이 아름다운 부활절로 달려가고 싶어할까요? 글쎄요, 많은 이유들이 있겠지만, 종려 주일에 관해 분명한 한 가지 사실이 있다면 그것은 정말로 십자가에 익숙해진다는 것은 저와 여러분들과 같은 사람들이, 우리 주님이 십자가가 매달려 계신다는 사실에 책임이 있음을 이해하는 것을 의미합니다. 바로 이런 이유 때문에 우리는 수난 기사를 읽으면서 "그를 십자가에 못 박으라"고 소리 지르는 무리의 역할을 맡게 되는 것입니다.

앞서 말한 한 중년 여성이 예수님을 십자가에 못 박으라고 말할 수 없었던 것에 대해 저는 진정으로 가슴 아프게 생각합니다. 그 중년 여성은 십자가가 교회의 평화를 만든다는 점을 이해하지 못했던 것이지요. 그녀는 예수께서 그녀를 위해 울고 계시다고 생각하기를 원하지 않았던 것입니다. 그러나 그렇게 생각하는 것은 십자가의 본질을 놓치는 것이고 이것을 놓치는 것은 안에서부터 철저히 새로워질 수 있는 기회를 놓치는 것입니다.

예수님에게 부활절은 "손쉽거나" 편안한 날이 아니었습니다. 예레미야 애가의 저자는 말합니다. "무릇 지나가는 자여 내게 임한 근심 같은 근심이 있는가 볼지어다"(1:12 KJV).⁵⁾ 부활절은 인류역사상 가장 비싼 대가를 지불한 날입니다. 그러나 기적 중에 기적은 그 날이 값없이 우리에게 주어졌다는 점입니다. 우리는 아무런 대가를 지불하지 않습니다. 단지 하나님의 전부를 희생한 날입니다.

여러분, 우리는 하나님의 궁극적인 희생을 받을 가치가 없습니다. 이것을 분명하게 알고 계신가요? 우리는 그런 가치가 없는 존재들이지요. 그러나 …… 그런데도 하나님은 자신의 광대하시고 무조건적인 사랑 때문에 값을 지불하셨습니다. 여러분과 저의 눈물은 대개의 경우 감상적일 뿐이지만 예수님의 눈물은 하나님의 마음 깊은 곳에 있는 뜨거운 자비와 긍휼에서 흘러나온 눈물입니다. 메시아는 인류의 죄를 위해 우셨는데, 이 죄 때문에 예수님은 예루살렘에 이르러 인류의 구원을 위해 죽으셨습니다. 그분을 예루살렘에 이르게 한 것은 우리가 죄 가운데 공모했기 때문입니다. 광야로 내몰리는 속죄양처럼 그분이 어깨에 짊어지신 것이 바로 우리 자신들의 죄입니다. 그분은 여러분과 저를 위해 우십니다. *주님께서는 우리 모두의 죄악을 그분에게 담당시키셨습니다* (사 53장).

사랑하는 성도 여러분, 저는 서로서로에 대한 여러분들의 믿음과 수고와 사랑의 봉사와 사역을 잘 알고 있습니다. 제가 여러분들에 대한 신뢰를 갖고 있음은, 또한 여러분들이 이번 주 여러분의 권고의 때, 즉 하나님의 방문 시점을 결코 놓치지 않게 될 것은, 제가 여러분들의 이러한 수고와 사역을 알고 있기 때문입니다. 6) 바로 이런 것들이 "여러분의 평화를 낳게 하는 것들"입니다. 평화는 도피하는 중에, 혹은 부인하는 중에, 혹은 거짓된 소망 중에서가 아니라 오직 십자가 안에서만 발견됩니다. 여러분, 이것을 반드시 기억하도록 합시다.

여러분들은 어떤 짐을 지고 계신가요? 그것을 그분에게 내려놓으십시오. 그분이 그 짐을 이미 떠 안으셨습니다. 혹시 여러분, 어떤 은밀한 눈물과 한을 억누르고 계신가요? 그분이 알고 계십니다. 그분이 다 이해하고 계십니다. 그분이 갈보리로 걸어가시면서 그 모든 것들을 지고 가셨습니다. 그러니 이제 "고통이나 부끄러움 혹은 손실을 회피하지 마십시오. 대신 십자가를 지고 그분에 대해 배우시기 바랍니다."7)

아멘.

: 후기

2001년 4월호에서 *The Atlantic Monthly*는 데이비드 브룩스(David Brooks)의 글을 표지글로 실었는데, 이 사람은 부르조아 계층의 보헤미안 성향의 베이비붐 세대들에 대한 좋은 연구서인 *Bobos in Paradise*의 저자입니다. 이 저널 중에 "The Next Ruling Class: Meet the Organization Kid"라는 글에서 브룩스는 종교(구체적으로 말하자면, 기독교)에 대한 미국의 젊은 엘리트 집단들의 성향을 기술하고 있습니다.

프린스턴 대학교의 로버트 우드노우(Robert Wuthnow)교수는, 이들은 한 세대 이전의 학생들보다 "소위 말하는 영성"에 훨씬 더 깊은 관심을 지니고 있지만, (기자는 계속해서 말합니다) "그들이 지닌 믿음의 성격은 특별히 낙관적인 성향을 보여주고 있다"고 지적하고 있습니다.

우드노우 교수는 또 이렇게 말합니다. "우리는 결코 죄와 악, 그리고 심판에 대해 듣지 못합니다. 오직 사랑과 성공, 그리고 행복해지는 것들에 관한 것뿐입니다." 이것은 여러 점에서 염려스러운 현상입니다. 먼저 사람들은 사랑에 대해 그리 많이 알지 못하고 있다는 뜻인데, 그 이유는 참된 사랑(아가페)은 필연적으로 고통을 수반하기 때문입니다. 다른 한편으로 이것은 비록 사람들이 바쁘게 (그리고 존경할 만하게) 기아에 놓인 사람들을 위해서 주방에서 봉사하고, Habitat for Humanity 단체를 위해 건물을 짓고 있지만 실상 그들은 인간 사회 도처에 깊이 스며들어 있고, 수많은 사람들을 가난과 학대 속으로 몰아넣고 있는 구조적인 죄와 악들에 대해서 별 의식을 갖고 있지 않다는 것을 의미합니다. 특별히 우드노우 교수의 분석은 '사람들의 영성은 그 핵심에 십자가가 없다' 라는 점을 의미합니다.

이 글의 기고자인 데이비드 브룩스는 다음과 같은 결론을 내립니다. "이것들은 우리의 학교들이 반드시 제공해야 할 가장 좋은 것들일 수 있습니다. 그러나 사람들은 광적인 행복과 성공 추구 속에서 죄란 언어와 죄와의 싸움을 통한 인격-형성이란 언어를 잃어버린 사회에서 살고 있습니다."[8] 주목할 것은 2001년 10월 30일에 방영된 CNN의 대담 기사에서 데이비드 브룩스는 이 세대의 젊은 엘리트들은 아마도 9월 11일의 테러 사건의 후유증 때문에 철저하게 변해버렸다고 진술하고 있습니다. 분명히 바로 이곳이 교회들이 설 자리요, 바로 이곳이 교회에게는 새로운 기회입니다.

| 1991년도 종려주일

새로운 세계질서

본문 : 마가의 수난기사

        기독교 교회력에 따른 모든 날 중에서 바로 이 날, 종려주일이 아마도 가장 혼란스러운 날인 것이 분명합니다. 여러분들은 어떤가요? 심지어 교리에 대해 어느 정도 잘 정리된 교인들조차도 매년 이 종려주일에 교회에 올 때마다 왜 우리가 이 자리에 앉았는지를 잊어버리는 경향이 있지요.

    우리는 축제 분위기 속에서 이 날을 시작합니다. 종려주일은 언제나 사람들을 즐겁게 하는 날이었습니다. 승리에 넘치는 행렬과 감동적인 음악, 그리고 종려나무가지들과 반복적인 호산나 환호성 등은 모두 이날의 축제 분위기를 잘 보여주는 것이지요. 그러나 매년 장엄하고도 대단히 긴 극적인 수난기사의 낭독으로 갑자기 빠져드는 우리의 모습을 발견할 때마다 우리는 충격을 받습니다. 이 날은 고통스러운 날입니다. 이 날은 승리로 시작해서 비극적인 최후로 끝을 맺습니다. 우리는 흥겨운 파티를 위해 준비하고 들어왔으나 마치 장례식에 가는 사람처럼 떠나게 됩니다. 우리는 기쁨 가운데 들어왔지만 비탄에 잠겨 자리를 뜨게 됩니다. 무엇보다 이날은 가장 당혹스러운 날 중 하나입니다. 특히 준비되지 못한 자들에게 이 날은 정말로 위협적이기까지 하지요.

이 날에 일반적인 관행을 따라 음울한 부분들은 그분위기를 순화시킴으로써 "긍정적인 부분은 극대화하고, 부정적인 측면들은 제거시키는 것"이 한편으로 매력적으로 보일지 모르겠습니다. 많은 교인들이 이런 일들을 시도해왔습니다. 만약에 교회에게 주어진 고대의 예전적인 지혜가 없었다면, 아마 우리는 **종려주일**과 **부활주일**에 연속적으로 예배에 참석하면서도 나사렛 예수가 이 두 주일 사이에 놓인 성금요일에 일반 범법자처럼 그렇게 버려지고 심문을 받아 처형되었다는 사실을 철저하게 간과해 버릴 수도 있었을 것입니다.

그러나 기념비적인 예전 전통은 우리가 이런 오해를 하지 않도록 해주지요. 초기부터 기독교회는 이러한 기만적인 축제의 날에 우리가 행하는 모든 것들의 핵심에 수난 기사를 정확히 자리매김 시켜왔습니다. 이 날에 대한 적절한 이름은 정말로 종려주일이 아니고, 수난 주일입니다. 이런 점에서 교회는 모든 사람들이 예수님께서 십자가상에서 죽으신 것이 주된 사건임을 듣도록 선포합니다. 성금요일이 없다면 종려주일에서부터 부활절로의 이어짐은 결코 있을 수 없습니다.

예수님의 죽음이 지닌 중요성에 대한 기독교회의 선포는 너무도 충격적이기에 때때로 사람들은 이 죽음이 어떻게 그렇게 흔한 주제가 되었는지에 대해 의아해 합니다. 크리스천들은 2천년 동안 수많은 사람들의 믿음을 북돋우려는 긴박감 속에서 이 메시지를 앞세워왔지만, 심지어 평범한 교인들조차 십자가가 천명하는 바가 정말로 얼마나 엄청난지에 대해 잊어버리는 경향이 있습니다. 신약에 따르면 예수님의 십자가상의 죽으심은 인류 보편 역사의 전환점입니다.[9]

부시 대통령이 "새로운 세계질서"라고 한 말에 대해 수많은 냉소적인 글들이 실렸습니다. 그 중에 제가 본 정치 만평을 소개하지요. 거기에 묘사된 장면은 한 레스토랑이었습니다. 테이블에 두 남자가 앉아 있는데, 한 사람은 팔레스타인이고 다른 한 사람은 이스라엘인이었습니다. 부시 대통령은 웨이터로 등장하는데, 주문을 받기 위해서 펜과 노트를 손에 들고 있었습니다. 웨이터(부시 대통령)는 두 남자에게 말합니다. "여러분이 말하는 **새 세계란 오더**를 받을까요? 이스라엘인과 팔레스타인은 성난 표정으로 서로를 노려보며, "똑같은 것으로"라고 대답합니다.

기독교 복음이 천명하는 바는 예수님의 십자가상의 죽음은 유일한 새 세계질서의 시작이었다는 것입니다. 그러나 모든 것들은 여전히 전과 똑같아 보입니다. 신문의 제목들은 언제나 그랬듯이 암울하기만 하지요.

> 여자와 딸이 어머니를 죽이고, 아이를 유괴하다
> 걸프전쟁에 참전했던 병사가 디트로이트 거리에서 총에 맞아 죽다
> 밀워키 지방의 경제적 붐이 저소득층들을 소외시키고 있다
> 지체부자유아들에 대한 프로그램들이 심각한 축소를 겪고 있다
> 유엔보고에 따르면, 이라크에서는 묵시론적 황폐에 가까운 일이 재현되고 있다
> "끔찍한 장면들의 도시"인 Liberia의 Monrovia

새로운 세계 질서라구요? 이와는 달리 세상이 더 많이 바뀌면 바뀔수록 세상은 더더욱 똑같이 머물러 있는 듯합니다.[10] 종려주일의 모순들이 신문과 방송에 반영되어 나타나고 있습니다. 범죄와 폭력, 빈곤과 전쟁, 그리고 죽음의 이야기들 속에 묻혀있는 우리는 또 다른 유형의 뉴스 제목들을 보게 됩니다.

> 지역교회들은 거룩한 한 주를 지키기 위해 준비하고 있다

축복된 계절의 음악들로 인해 바쁜 오르간 연주자들과 합창단원들
요한 바오르 2세 교황은 장엄한 세족식에 참여하다
예루살렘은 거룩한 한 주 동안에 있을 순례자들의 유입에 준비하다

도대체 이 두 종류의 뉴스 제목들은 서로 무슨 관계가 있을까요? 실제의 세상은 자신들의 일들로 분주한데, 기독교회들은 이것들과 무관하게, 그리고 구태의연한 방식으로 여전히 유별나게 자신의 이상한 관행만을 추구하며 자신의 길만을 고집하고 있지는 않은가요? 아니면 종려주일이 담고 있는 그러한 끝없는 모순들이 비록 이상스럽기는 하지만, 성금요일에 군중들이 보인 추악함들이 그들의 종려주일 호산나 환호에 연결되어 있는 방식과 똑같은 방식으로 세상의 악과 고통 가운데 어느 정도 반영되고 있다고 생각해 볼 수 있지 않을까요?

최근에 알려진 놀라운 사실은 아프리카 기니의 투르(Toure) 대통령의 고문실이 발견된 것입니다. 그는 자신의 행적과 관련해 극소수의 사람들을 제외한 대부분의 사람들을 아주 교묘하게 우롱해왔는데 급기야 그가 죽자마자 수천 명의 사람들이 그의 공포의 고문실에서 죽임을 당했다는 사실이 알려지게 된 것입니다. 그 내막을 살펴보면 참으로 끔찍할 정도입니다. 창 없는 작은 감방에서 한 죄수는 *자신의 피*로 "하나님이 나를 구하신다"라는 글을 써 놓았습니다.

이번 주 예수 그리스도의 교회는 진리를 알고 있다는 천명의 중심부, 곧 그 핵심의 본체 주위에 모여 있습니다. 오늘 우리는 세속적인 세상의 안목들이 지켜보는 가운데서 하나님의 아들이신 예수 그리스도는 하나님이 정하신 죽음을 담당하고 계시고, 이 죽음 가운데 하나님과 사람, 그리고 인류의 운명에 대한 진리가 온전히 계시되어 있다는 증언을 선포하고 있습니다.

만약 예수 그리스도의 죽음이 어떤 식으로든 "하나님이 나를 구하신

다"라는 이름 없는 한 희생자의 피맺힌 절규와 연결되어 있지 않다면 우리는 감히 이러한 증언을 선포하지 못할 것이고, 선포해서도 안 되며, 그렇게 할 수도 없을 것입니다. 만약 예수 그리스도에 대한 진리가 말로 형언할 수 없는 이러한 절망적인 고통 가운데서 선포될 수 없다면 이런 진리는 선포되어서도 안 될 것입니다.

제게 한 친구가 있는데, 그를 '사라'라고 칭하도록 하지요. 이 친구는 30대 되었을 때 류마티스성 관절염과 재생 불량성 빈혈, 그리고 온갖 질병을 갖고 있었습니다. 30년 동안 그녀는 내가 아는 그 어떤 사람보다도 더 큰 신체적 고통과 육체적 질병들로 고통당하고 있었습니다. 우리는 그녀를 위해 계속적으로 기도했지만 차도는 보이지 않았습니다. 그녀의 남편은 "우리가 기도하면 할수록 그녀의 상태가 더 나빠집니다"라고 말하기까지 했습니다. 저는 제가 사랑하는 이 친구를 한 번도 잊은 적이 없습니다. 만약 우리의 기독교 신앙이 그녀에 대해서 할 말이 없다면 그 어떤 다른 사람에 대해서도 할 말이 전혀 없게 될 것입니다. 궁극적으로 인간에게 무슨 소망이 존재한단 말입니까? 단지 상태가 더욱 악화되어만 가는 사람들에게 어떤 위로의 말을 줄 수 있겠습니까? 감옥에 있던 죄수가 이 세상 속에서는 구함을 받지 못했다는 분명한 사실에 비추어 볼 때 피로 쓴 "하나님이 나를 구하신다" 라는 글귀 앞에서 도대체 무슨 말을 할 수 있을까요? 만약 우리 크리스천들이 말로나 행동으로 이러한 질문들에 대해서 답할 수 없다면, 만약 예수 그리스도에 대한 우리의 믿음이 이런 도전들 속에서 무너져 내린다면, 그런 믿음은 소유할 가치가 없는 믿음일 것입니다.

여러분들은 마가가 전하는 수난기사의 낭독에 함께 참여하셨습니다. 이 부분을 다시 한 번 잘 경청하시기 바랍니다.

나가는 자들은 자기 머리를 흔들며 예수를 모욕하여 가로되 아하 성전을 헐고 사흘에 짓는 자여, 네가 너를 구원하여 십자가에서 내려오라 하고, 그와 같이 대제사장들도 서기관들과 함께 희롱하며 서로 말하되 저가 남은 구원하였으되 자기는 구원할 수 없도다. 이스라엘의 왕 그리스도가 지금 십자가에서 내려와 우리로 보고 믿게 할지어다 하며 함께 십자가에 못 박힌 자들도 예수를 욕하더라. 제 육시가 되매 온 땅에 어둠이 임하여 제 구시까지 계속하더니, 제 구시에 예수께서 크게 소리 지르시되 엘리 엘리 라마 사박다니 하시니 이를 번역하면 나의 하나님 나의 하나님 어찌하여 나를 버리셨나이까? 하는 뜻이라(막 15: 29-34).

여기서 결코 그 깊이를 측량할 수 없는 예수님의 소리치심, 즉 버려짐에 대한 울부짖음이 바로 우리의 믿음의 확실한 증거 자료와 근거입니다. 겟세마네 동산에서 하나님의 아들이신 예수님은 "하나님이 나를 구하신다"라고 아버지께 울부짖으셨고, 결코 피할 길이 없다는 대답을 듣게 됩니다.

만약 오늘 분명한 한 가지 사실이 있다면 그것은 바로 이것입니다. 우리는 자신의 피조물들이 지닌 고뇌에서 멀리 떨어져 계신 그런 하나님을 선포하지 않습니다. "나의 하나님 나의 하나님 어찌하여 나를 버리셨나이까?" 라는 십자가상의 이 말씀 속에서 우리는 인간 고통의 극단적 한계와 자신을 철저히 동일시하시는 메시아 되신 그리스도의 모습을 보게 됩니다. 그는 진정으로 *자신의* 피로 "하나님이 우리를 구하신다"라는 말씀을 쓰신 것입니다.

마가는 정확히 바로 이러한 극단적인 행위 속에서 예수님이 주님이시라는 점을 우리에게 보여주기를 원하고 있습니다. 마가복음 전체는 예수님의 버림받으심에 대한 절규와 그분의 부끄러운 죽음이 절정이 되도록 그렇게 구성되었습니다. 바로 이러한 '철저히 버려짐'이란 상황 속에서 비로소 예수님은 가장 온전히, 그리고 가장 진정으로 하나님의 아들이심이

드러나게 되는 것입니다. 11)

　버려짐에 대한 십자가상에서의 예수님의 절규는 버려진 한 사람이 외치는 가슴 아픈 한탄만이 아닙니다. 물론 이러한 측면이 있지요. 그러나 이것만이 전부는 아닙니다. 예수님의 죽음 속에서 우리가 보고 듣는 바는 피조물의 저주받은 상태와 자신을 동일시하는 것만이 아닙니다. 물론 이러한 측면도 있지만 이것 또한 전부가 아닙니다. 우리는 그분의 죽음 속에서 궁극적으로 버려진 상태가 지닌 형언할 수 없는 처절한 운명으로부터 자신의 자녀들을 구원하시기 위해 결정적으로 개입하시는 하나님의 모습을 보고 듣게 됩니다. 이처럼 인류 역사상 가장 기이한 일에 대해 상상할 수 있는 것 중에서 가장 기이한 가르침이 바로 십자가 상의 절규를 통해 보이는 하나님의 결정적 개입입니다.

　네 복음서 저자들의 증언이면서 기독교회의 증언이 있다면 그것은 바로 이 사건, 다시 말해 하나님의 버림받은 죽음의 사건 속에서 우주의 운명의 저울이 결정적으로 반대 방향으로 기울어졌으며, 그 결과 죽음과 죄악, 그리고 사망이 이제는 더 이상 최후의 말이 아니며, 또한 결코 향후에도 그렇게 될 수 없게 되었다는 것입니다.

　우리가 오늘날 사람들이 이것을 믿으리라고 기대할 수 있을까요? 그렇다면 그 증거는 어디에 있을까요? 기독교 메시지는 하나의 새로운 세계질서를 선포합니다. 그러나 실제적인 데이터들은 아무것도 바뀐 것이 없다고 말합니다. 사람들은 여전히 동일한 이전의 폭력과 잔인, 보복, 그리고 죽음 등을 휘두르고 있습니다. 자신의 피로 "하나님이 나를 구하시도다"라고 쓰는 사람들이 존재하는 한 어떻게 우리가 예수 그리스도 안에서의 구원에 대해 말할 수 있을까요? 우리는 단지 맹목적인 신앙 속으로 한걸음 물러서야만 하는 걸까요? 단지 하나님이 언젠가는 모든 것을 바르게 하실 거라고 말해야 하는 걸까요?

　저는 확신하건대 우리는 그 이상을 말할 수 있다고 생각합니다. 비록 제가 피로 쓰인 이런 말들과 같은 감당할 수 없는 현실에 직면한다고 해도 동시에 제가 분명히 확신하고 기억하는 것은 이러한 "현재의 악한 세대"(갈 1:4) 속에서도 예수 그리스도라는 실체와 그분의 능력을 분명히 믿고 있다는 많은 이유들이 존재한다는 점입니다. 물론 이 실체와 능력은 하나님의 종들의 연약함 속에 여전히 감추어져 있습니다.

저는 그리스도의 십자가가 하나님의 새로운 세계질서를 열었다고 믿습니다. 십자가는 이전에는 존재하지 않았던 새로운 것을 세계 가운데 도입시켰습니다. 저는 주의 길을 따르는 자들 때문에 이것이 사실임을 분명히 믿습니다. 예를 들면 수잔 레크론(Susan Leckrone)을 말씀드리고 싶은데, 그녀는 뉴욕시 교회의 일원으로서 지금은 리베리아(Liberia)에 있는 몬로비아(Monrovia, 기억하시겠지만 끔찍한 학살 장면들의 시)에 있으며, 거기서 수돗물이 공급되지 않아 큰 그릇에 물을 받아 몸을 씻고, 간호사로서 예수님의 사랑을 잔인한 시민전쟁의 희생자들에게 나누어주고 있습니다. 그녀는 저에게 편지해서 거기에 있는 크리스천들은 여전히 주를 찬양하고 있다고 전해 왔습니다.[12]

또한 저는 시민권 운동에 관해 읽었던 한 이야기 때문에 새로운 세계가 그리스도를 통해 이 땅에 도래했다는 점을 믿습니다. 자유를 위해 피 흘렸던 자들은 자신의 투쟁 중에 어느 시점에 이르러 중요한 사실을 발견했습니다. 즉 악에 대한 최고의 무기 중 하나는 전복적인 유머라는 점입니다. 베이야드 러스틴(Bayard Rustin)은 그것을 다음과 같이 말하고 있습니다.

> 비밀결사단체인 KKK가 몽고메리로 행군해올 때 우리가 그들이 몰려오고 있다는 사실을 알게 되었고, 마틴 루터 킹 목사와 나는 함께 앉아 그에 대해 생각한 바 있습니다. 우리는 무릎을 치며 말했습니다. 모든 사람들에게 주일의 복장을 하고 교회의 층층대 위에 서게 합시다. 그리고 결사단원

들이 오면 그들을 박수로 환영합시다. 드디어 그들이 왔고, 얼마간을 행군한 뒤에 아무런 제지를 받지 않았지만 그들은 그냥 그곳을 떠나 버렸습니다. 그들은 그들이 전혀 예기치 못했던 새로운 그 일을 이해할 수 없었던 것입니다. 그들은 공포와 두려움을 조장할 수 없었던 것입니다. [13]

그것은 정말로 새로운 일이었습니다. 바로 그것이 **새로운 세계질서**입니다. 세계 도처에 증인들이 있습니다. 즉 자신들의 삶 자체가 이러한 질서의 실체와 능력을 보여주는 증언들인 그런 사람들 말입니다.

또 한 사람, 존 퍼킨스(John Perkins)를 생각하고자 합니다. 그는 미시시피의 멘덴홀(Mendenhall)에 살고 있는데, 그는 다음과 같이 기록합니다. "경찰관들이 나를 죽도록 때린 그날 밤은 하나님이 나에게 백인들에 대한 연민을 주신 밤입니다."

디이트리히 본 회퍼(Dietrich Bonhoeffer)는 나치 감옥에 있으면서 간절히 드린 기도들을 통해서 그가 교수형을 당하기 전 바로 그 시간에 모여 있는 자들을 크게 감동 시킨 바 있습니다. 특별히 작은 키에 검은 피부를 갖고 있는 투투 대주교를 생각할 수 있는데 그는 그의 대적자들을 사랑했고, 그를 저주하는 자들을 축복하였습니다. 그 이유는 하늘 도성, 즉 참된 새로운 세계질서에 대한 계속적인 비전을 통해 날마다 흑인차별정책과 분연히 싸울 수 있는 힘을 공급받았기 때문입니다. [14]

마지막으로 나의 사랑하는 친구 사라와 그녀의 남편 샘을 생각해 볼 수 있습니다. [15] 그녀가 죽기 바로 직전에 저는 그녀와 함께 있었습니다. 저는 많은 점에서 그녀가 하나님이 그녀 자신을 버렸다고 생각했다고 믿습니다. 그러나 그녀는 단 일 분도 교회와 기도하는 자들의 믿음과 그녀를 사랑했던 자들의 믿음, 그리고 무엇보다도 기나긴 인생에 충분할 정도의 믿음을 소유했던 그녀의 남편의 믿음을 결코 포기하지 않았습니다. 그녀는 1986년 부활절에 죽었습니다. 그리고 남편 샘은 그녀의 묘비에

"행복한 아침입니다. 환영합니다." 라는 비문을 적어 넣었습니다.

그리스도 안에서 나의 사랑하는 형제자매 여러분! 저의 온 마음과 힘과 혼을 다해 여러분에게 간절히 말씀드리고자 합니다. 이 거룩한 한 주는, 비록 세상은 여전히 그 갈 길을 가고 있지만, 존재의 의미를 볼 수 있는 눈을 가진 자들에게 계시됩니다. 신문의 제목들이 지닌 참된 중요성이 밝게 드러나는 때는 바로 나사렛 예수께서 자신의 고독한 길을 걸어가실 때입니다.

오늘 수난 기사의 낭독에서, 또한 예수께서 최후의 만찬을 드시고 가룟 유다에게 배반당하시던 목요일 밤에, 그리고 십자가에 벌거벗은 채로 매어달려 자신의 생명을 쏟아 부으시던 금요일 오후에, 하나님은 역사하시고 계셨습니다. 이 한 주의 사건들 속에서 고통당하는 자들의 울부짖음은 행복한 한 아침이 있게 될 것이라는 약속에 따라서 구원하실 수 있었고 현재도 구원하실 수 있으시며 미래에도 구원하실 수 있는 오직 그분에 의해서 들리게 되었습니다. 그러나 그것은 그분의 죽음을 통해서만이 가능한 일입니다.

그렇다면 이 한 주 그분을 따라 그분의 십자가 밑에 나아가시기 바랍니다. 온 마음으로 함께 모여 우리 주님을 바라보시되 온 세상을 위해서 자신을 버리신 그분을 바라보시기 바랍니다. 마음과 혼과 뜻을 다해 한데 모여 믿음과 신뢰 가운데서 "정말로 이 분이 하나님의 아들"이심을 고백하시기 바랍니다.

아멘.

| 수난주일(종려주일)

우리를 갈보리로 인도하소서

이제는 너희 때요 어둠의 권세로다 눅 22:53
오늘 네가 나와 함께 낙원에 있으리라 눅 23:43

    우리 모두는 지금까지 성지 예루살렘에서 일어나고 있는 사건들에 대한 뉴스들을 숙지하고 있을 겁니다. 저는, 여러분들이 뉴스 기사들이 더더욱 기독교와는 점점 관계가 없어지고 있다는 사실을 주목하셨는지 궁금하군요.

    저는 지난 주 아주 좋은 기사 하나를 읽었습니다. 이 기사에서 글쓴이(유대인임)는 예루살렘 시를 동과 서로 나누어 각각을 팔레스타인들과 유대인들에 나누어주자고 진지하게 제안합니다. 현실적인 정치적 입장에서 볼 때 그의 제안은 상당한 설득력을 갖고 있습니다만, 저에게 충격적이었던 것은 여덟 페이지 길이의 기사에서 예루살렘이 크리스천들에게 어떠한 중요성을 지니고 있다는 점을 전혀 언급하지도 않고, 심지어 그러한 암시도 주지 않는다는 점입니다.[16] 그 글은 마치 기독교가 그 출생지였던 도시에서는 전혀 존재하지 않는 듯한 인상을 주고 있었습니다.

    사순절의 첫째 날로 성회일(Ash Wednesday)이라 불리는 재의 수요일 며칠 전, 단골로 다니는 중국인의 세탁소에서 세탁물을 찾아오다가 이와 비슷한 생각이 떠올랐습니다. 그 곳은 구석구석이 전부 부활절 토끼들과 달걀들, 그리고 행복한 부활절을 위한 기원의 글들로 장식되어 있었습니다. 친절한 중국인 주인은 이러한 장식들이 모든 미국인들이 부활절에 기대하는 것들일 것이라 단정하고 있었기에 이를 통해 생겨난 예전적인 위반사항들에 대해 아무런 인식이 없었던 것이 분명합니다.

무언가 잘못되어 가고 있다는 제 생각은 부활절 카드를 구하기 위해서 이 가게 저 가게를 찾아 전전하면서 더욱 심화되었습니다. 그리스도의 부활과 관련이 있는 카드의 분량은 보통의 카드가 진열된 선반들에 비교해 볼 때 아주 극소량이거나 아니면 거의 없다고 해도 과언이 아니었습니다. 심지어 몇몇 교회 책방들은 부활절 카드보다는 봄의 계절에 관한, 그리고 자연 만물의 소생에 관한 통속적인 글들을 담고 있는 카드들을 훨씬 더 많이 진열하고 있었습니다. 다시 언급하지만 참된 기독교는 전혀 존재하지 않고 있는 듯싶었습니다.

최근 몇 달 저는 오늘날 우리의 문화 속에서 회자되는 가장 설득력 있는 이야기들이 어떻게 광고와 선전들을 통해서 들리는 이야기인가에 관한 몇 가지 글들을 읽은 바 있습니다. 반드시 의식하고 있는 것은 아니겠지만, 우리 모두는 이 이야기들을 통해서 우리에게 우리가 누구이며, 우리가 무엇을 원하고 있고, 우리의 삶의 목표가 무엇이어야 하는가를 말하도록 허용해왔습니다.

폴로 제품의 옷들을 입는다는 것은 금전적인 안락함을 상징하는 랄프 로렌(Ralph Lauren)의 세계로 들어간다는 희망을 제공해줍니다. 레인지 로버(Range Rover)를 산다는 것은 끝없는 가능성의 지평을 의미합니다. 특별히 미용 목적의 성형수술은 지난 십년 사이에 급격히 발전하는 독립된 광고 분야를 창출해냈습니다. 물론 돈이 들어가긴 해야 하겠지만, 이제 젊음과 아름다운 외모가 외과 의사의 수술용 칼이 미치는 곳에 영원히 놓인 듯합니다.

그 어느 누구도 이런 잘못된 인식과 이에 관한 이야기들에 의해서 영향을 받지 않은 사람이 없습니다. 비록 이론적으로 어떤 사람이 믿는 크리스천이라고 해도 말입니다. 대중매체가 주는 메시지는 성경과 교회의 성례전이 주는 메시지들을 압도할 수 있습니다. 이것은 마치 기독교가 전혀 존재하고 있지 않는 것과 같습니다.

이 모든 것들이 보여주는 요지는, 성도 여러분들은 오늘 매우 중요한 선택을 하셨다는 점입니다. 여러분들은 이 아침 성경이 제시하는 *이 다른 이야기*에 의해서 형성되는 사람들의 공동체로서 이 자리에 함께 나와 있습니다. 2000년 전 예루살렘에서 일어났던 이상한 사건들의 이야기인, *이 다른 이야기* 말입니다.

우리는 여기서 다시 한 번 중요한 사실을 배우게 됩니다. 세속문화가 우리에게 무어라고 말하든지 예수님의 이야기는 여전히 지금까지 들려온 이야기 중에서 가장 위대한 이야기이며, 언제나 그럴 것이라는 점입니다. 여러분들이 이것을 확실히 믿는다면, 혹은 여러분들이 믿을 수 있다면, 아니 어떤 식으로든 이것을 믿게 될 *가능성*을 갖고 있다면, 여러분들은 부활절이 진정으로 의미하는 바에 의해서 붙들리기 위해서 거룩한 한 주의 모든 행사들, 특별히 목요일과 금요일의 행사들에 참여하기를 원하게 될 것입니다(그런데 세족목요일이라 불리는 성목요일 예배는 가족을 위한 저녁 예배입니다. 비교할 수 없는 극적인 드라마와 친밀한 규모의 이 예배는 특별히 청소년층의 자녀들에게 적합한 예배입니다).

오늘날 크리스천들은 대안의 이야기들로 사면초가 상태에 놓여있으며, 이 이야기들은 대개의 경우 매우 선정적이고 매우 강력한 힘을 갖고 있습니다. 바로 이 점에서 우리 자신들이 *이 다른 이야기* 속에, 다시 말해 예수님의 *이 특별한 수난 기사*와 예루살렘에서의 처형 이야기에 깊이 젖어들고 잠겨야 할 이유가 있는 것입니다. 왜냐하면 이 이야기가 없다면 기독교회도, 기독신앙도, 나아가 부활절도 존재하지 않을 것이기 때문입니다.

우리가 전하는 복음은 수천 년 전 유대 땅이라 불리는 한 로마의 복속 지역에서 우주적 의미를 지닌 특정한 사건들이 일어났다고 말합니다. 이 특정한 지역에 대한 우리의 관계는 역설적입니다. 다시 말해 이 관계가 우리의 구원이야기의 핵심*이기도 하고 그렇지 않기도 하다*는 점입니다.[17] 아무리 수많은 사건들이 예루살렘이라는 지정학적인 도시를 괴롭혔다고 해도 예수님의 이야기의 의미는 전혀 변하지 않고 그대로 놓여있습니다.

저는 현대 이스라엘의 문제점들에 대한 해결책을 찾는 일의 중요성을 평가절하하지 않습니다. 이스라엘은 성경의 땅인 팔레스타인을 사랑하는 모든 사람에게 아주 고통스러운 대상입니다. 시편 기자가 말하듯이 (시122:6), 우리 크리스천들은 예루살렘의 평화를 위해 간절히 기도해야 하며, 성금요일에 그렇게 하듯이 이를 위해 일하고 희생해야 합니다.

그러나 이스라엘은 두 종류의 이스라엘이 있습니다. 하나는 지상의 이스라엘이요, 다른 하나는 하나님의 미래 승리에 속한, 초월적이고 온전한 이스라엘입니다.[18] 2000년 전 종려주일에 지상의 예루살렘은 하늘의 예루살렘에 의해서 양분되었으며, 이것은 온 세상에 대한 영원한 결과를 낳게 된 것입니다.

여러분들은 보잘 것 없는 갈릴리 출신의 한 가난한 떠돌이 설교자였던 나사렛의 예수께서 어떻게 우스꽝스럽기까지 한 행렬의 선두에 서서 예루살렘 도성으로 들어가셨는지를 알고 있습니다. 예컨대 모든 것들을 미리 아신 우리 주님은 그의 제자들에게 명하셔서 나귀를 데려오라 하셨고 (그들은 너무 가난해서 나귀를 소유할 수는 없었습니다), 데려온 나귀를 타고 도성의 무리들과 함께 제자들이 그를 메시아라고 환호하는 가운데 예루살렘으로 들어가셨습니다. "구속주요 왕이신 주께 모든 영광과 찬송과 존경이 있으리로다!"

우리가 얼마 전에 동일한 찬양을 노래했을 때 이 찬양에 대해 여러분들은 얼마나 많은 생각을 하셨나요? 그 날 예루살렘의 군중들은 이 환호성에 대해 얼마나 많은 생각을 했을까요? 바로 그 첫 번째 종려주일에 "호산나"라고 외쳤던 자들은 본질상 성금요일에 예수를 죽이라고 소리쳤던 바로 그 자들이었습니다. 종려주일의 예배는 여러분들에게 어떻게 우리가 한 순간에 한 말을 하고 바로 다음 순간에 다른 말을 할 수 있는지를 보여주고자 의도되고 구성된 예배입니다. 이것이 바로 죄악된 인간의 본성입니다.

종려주일은 세상 구원을 향한 최후 드라마의 첫 번째 장면입니다. **거룩한 한 주일**의 이야기가 바로 여기서 시작됩니다. 예수께서는 자신의 최후를 맞게 될 곳인 예루살렘으로의 입성을 의도적으로 꾀하셨을 뿐만 아니라 정복자들이 사용하는 전마가 아니라 스가랴가 예언한 바 있는 비천한 나귀를 일부러 타기로 계획하셨습니다. "보라 네 왕이 네게 임하나니 그는 겸손하여서 나귀를 타나니 나귀의 작은 것 곧 나귀 새끼니라"(슥 9:9).

이러한 의도적 행동을 통해서 예수께서는 두 가지를 극적으로 표현하고 계십니다. 첫째로 그분은 정말로 선지자들이 예언한 바 있는 메시아이지만, 동시에 그는 사람들이 바라던 그런 유형의 메시아는 결코 아니었다는 점입니다.

빌립보서가 주는 두 번째 교훈이 오늘 우리에게 아주 완벽하게 잘 선택된 교훈입니다. 사도 바울이 이 이야기의 전체를 짧은 두 문장으로 축약해서 보여주는 다음의 구절을 잘 경청하시기 바랍니다. "… 그리스도 예수 … 그는 근본 하나님의 본체시나 하나님과 동등됨을 취할 것으로 여기지 아니하시고, 오히려 자기를 비어 종의 형체를 가져 사람들과 같이 되었고, 사람의 모양으로 나타나셨으매 자기를 낮추시고 죽기까지 복종하셨으니 곧 십자가에 죽으심이라"(빌 2:5-8).

종려주일 예배는 이에 대해 매우 두드러지는 역할을 하고 있습니다. 이 예배는 종려행렬이 지닌 축제적인 분위기와 참혹한 십자가의 이야기를 한데 연결하고 있지요. 종려주일 예배에 아무런 준비 없이 나온 사람이라면 누구나 놀라운 충격에 빠져들 것이라고 저는 생각합니다. 그것은 오늘 어느 누구도 죄 없는 사람이 없기 때문이지요. "이스라엘의 왕이여! 다윗의 왕의 아들이시여!"라고 환호했던 우리 모두가 바로 뒤이어 "그를 십자가에 못 박으라!"고 소리치는 자들입니다.

정말로 누가복음의 저자는 이 점을 다음과 같이 분명히 밝힙니다. "저희가 큰소리로 재촉하여 십자가에 못 박기를 구하니라"(눅 23:23). 매우 중요한 사실이 있습니다. 예수를 죽이라고 소리쳤던 자들이 "유대인들"이 아니라는 점입니다. 그들은 우리였습니다. 교회에서 가장 중요한 주일은 종려주일이라는 분명한 의식이 팽배한데 그 이유는 어떤 다른 주일도 우리가 이러한 악한 본성을 직시하고 대면하게 하는 주일이 없기 때문일 것입니다. 여러분들은 "종려주일"이 정말로 예명에 불과하다는 것을 이제 알 것입니다. 이 날의 참된 이름은 바로 수난 주일입니다. 바로 이런 이유 때문에 우리는 방금 전에 "나로 하여금 잊지 않게 하시고, 나를 갈보리로 인도하소서"라고 찬양한 것입니다. [19]

우리를 갈보리로 인도하소서. [20] 갈보리에 이르는 길은 두 가지 있습니다. 한 가지는 사건을 보기 위해서 거기에 구경꾼으로 가기만 하고, 어떤 식으로든 그 사건에 연루되어 있다는 것을 생각하지 않는 것입니다. 다른 한 가지 길은 잘못을 뉘우치는 죄인의 심정으로 가면서 그리스도의 죽음을 우리가 묵과했음을 인정하고 그리스도가 절대적으로 필요하다는 것을 인식하는 것입니다. 이렇게 하는 가장 확실한 방법이 있다면 그것은 이 수난 기사 속에서 우리의 위치를 이해하는 것입니다.

우리 함께 누가가 전하는 수난기사의 한 구절을 봉독하겠습니다. 예수께서 그 잡으러 온 대제사장들과 성전의 군관들과 장로들에게 이르시되 너희가 강도를 잡는 것 같이 검과 몽치를 가지고 나왔느냐 내가 날마다 너희와 함께 성전에 있을 때에 내게 손을 대지 아니하였도다 그러나 이제는 너희 때요 어둠의 권세로다 하시더라(눅 22:52-53).

이제는 너희의 때요, 어둠의 권세로다. 이 구절을 잠시 동안 함께 생각해 보기로 하지요. 복음서 저자들은 모두 두 가지의 우주적 권세들 사이에서 벌어지는 갈등의 핵심 부에 정확히 예수님을 위치시킵니다. 악의 세력들은 예수를 대항하여 총력전을 벌이고 있습니다.

이에 대해 C. S. Lewis는 이렇게 말한 바 있습니다. "악마들을 대수롭지 않게 보는 것은 지옥의 고통 중에 가장 커다란 고통 중 하나입니다. … 모든 세상의 기저에 놓인 악마의 얼굴, 즉 그 얼굴만 보아도 그 얼굴을 본 사람은 결코 회복될 수 없는 불행을 당하게 되는 그 끔찍한 얼굴이 놓여 있습니다."[21]

예수께서는 지상 사역 중에 언제나 이들에 대한 자신의 능력을 펼쳐 보이시면서 이 악마들을 내어 쫓으셨습니다. 이제 그분은 자신을 그들에게 내어 주시고자 합니다. 이런 점에서 목요일 밤에, "이 잔을 내게서 옮기시옵소서"라고 기도하신 것입니다.

몇 달 전 한 서점에서 저는 십자가상의 죽음에 대한 그림들이 있는 책 한 권을 발견하고, 그것을 사서 집에 가져와 처음부터 끝까지 보기 시작했습니다. 그림들은 예수님의 지상 사역의 연대기적 순서에 따라 처음부터 끝까지 배열되어 있었습니다. 그 책의 전반부에 있는 그림들의 대부분은 이전에 본 적이 있는 것들이어서 제게 특별한 느낌을 주지 않았습니다. 그것들은 다소간 모두 동일해 보였습니다.

그러나 마지막 페이지로 가면서 보다 현대적인 형태의 그림들이 저의 관심을 끌기 시작했는데, 그 중 특별히 한 그림을 결코 잊을 수 없습니다. 그 그림은 너무도 끔찍한 장면이기 때문에 영상 장비가 준비되어 있긴 하지만, 그것을 교회에서 여러분들에게 보여드릴 수가 없습니다. 그 그림은 십자가 처형의 장면을 그대로 재현하고 있는 듯 했습니다. 그 중 한 가지는 이 땅에 계셨을 때 실제로 그렇게 하셨던 것처럼 주님은 허리에 두르는 간단한 옷조차 걸치고 있지 않으셨습니다.

다른 한 그림은 사람을 십자가에 못 박는 일이 지닌 사악함과 잔인함이 이전에는 결코 보지 못했던 방식으로 아주 분명하게 드러나 보인다는 점입니다. 또한 형언할 수 없는 잔악한 모습의 로마 군인들이 잘 묘사되어 있습니다. 이 그림은 "이제는 너희의 때요, 어둠의 권세로다"라는 말씀에 대한 생생한 예화입니다. 〈참조: 로비스 고린토(Lovis Corinth)의 "Large Martyrdom"〉

우리 대부분은 고문당해 죽어가는 장면을 한 번도 본 적이 없을 겁니다. 가능하다면 이후에도 이런 장면을 결코 보지 않기를 기원합니다. 그러나 우리는 예외 없이 똑같이 어둠의 세력들에 연루되어 있습니다.

뉴욕 타임지에 한 글이 게재되었는데, 이 글은 이전에 원자폭탄이 개발되었던 적이 있는 지역을 관광 차원에서 보존하자는 운동에 관한 글이었습니다. 한 상원 의원이 이전에 나가사키에 투하되었던 원자폭탄을 위해 플루토늄이 만들어졌던 B. Reactor 지역에 대해 이렇게 말하고 있습니다. "아마 그 장소는 하루를 재미있게 보낼 수 있는 그런 장소는 아닐 겁니다. 오히려 그 곳은 유태인 대학살의 박물관과 같은 장소가 될 것입니다." 그러나, B. Reacter 박물관 협회의 이사장은 자신 있게 과학기술적인 업적에 대해 이렇게 술회합니다. "여러분들이 원자로 앞에 서게 될 때 여러분들은 바로 이것이 인간이 할 수 있는 것이라는 점을 인식하게 될 것입니다. … "[22]

그렇습니다. 여러분들이 십자가 처형의 그림을 보게 될 때 여러분들은 바로 이것이 인간들이 할 수 있는 것이라는 점을 인식하게 됩니다. 분명히 로마 사람들은 자신들이 고안해낸 잔인한 처형 방식으로 제국 내에 질서를 유지할 수 있다는 자신들의 능력을 자랑스러워하며 이것을 집행했을 것입니다. 확신하건대 이 처형은 끔찍한 처형입니다. 그러나 이런 바람직하지 못한 사람들은 하나의 억제 수단으로 이해되고 그렇게 다루어질 뿐입니다. 인간은 이런 식으로 생각합니다. 많은 신학자들과 사실상 모든 위대한 문학 예술가들이 지적하고 말해왔듯이 우리 인간들은 변덕스러운 사망의 세력의 광기에 따라 살아갑니다.

이제는 너희의 때요, 어둠의 세력이니라. 예수께서는 자신을 내어 주셨습니다. 자신의 몸과 혼 전부를 이 어둠의 세력들에게 내어 주셨습니다. 그분은 악마의 얼굴을 들여다보시고자 자신을 철저히 준비시키셨습니다. 이것이 바로 하나님이 우리를 속박하고 있는 이 악한 세력에서 우리를 구원하기 위해서 선택하셨던 방식입니다. 하나님은 자신을 거기에 굴복시키셨습니다. *이제는 너희의 때요, 어둠의 세력이니라.*

다가오는 이 한 주 동안 그리스도의 교회는 어둠의 세력들에 대한 하나님의 아들의 승리를 축하하고 이것을 극적으로 표현합니다. 성도 여러분, 어떠한 세속적인 이야기나 대안의 이야기들도 여러분들의 마음과 생각 속에서 이 승리의 이야기에 대해 우위를 점하지 못하도록 하시기 바랍니다.

"우리가 잊지 않기 위해, 우리를 갈보리로 인도하소서." 교회는 결코 여러분들을 잘못된 곳으로 인도하려 하지 않습니다. 우리는 악을 정면으로 바라보고 대처하도록 부름 받았습니다. 우리는 우리 주님의 편에 서서 악을 직시하도록 부름 받았습니다. 우리는 인간들이 할 수 있는 것이 무엇인가를 보도록 초청된 자들입니다. 우리는 우리 자신들을 주님을 배반했던 가룟 유다처럼 볼 수 있어야 합니다. 또한 그를 정죄하고 재판했던 종교 지도자들처럼, 예수를 부인했던 베드로처럼, "십자가에 못 박으라"고 소리쳤던 무리들처럼, 그리고 예수를 모욕하고 조롱했던 강도처럼 우리 자신을 볼 수 있어야 합니다.

그러나 누가복음의 저자는 수난 기사를 통해서 우리가 어떠한 변명도

하지 않고 자신을 하나님의 아들의 자비와 긍휼에 내어 맡긴 다른 강도처럼 우리 자신을 바라보라고 초청합니다. 회개한 강도는 다른 강도가 예수를 저주하는 것을 들었을 때, 누가는 다음과 같이 증언합니다.

    그가 그를 꾸짖어 가로되, 네가 동일한 정죄를 받고서도 하나님을 두려워 아니하느냐? 우리는 우리의 행한 일에 상당한 보응을 받는 것이니, 이에 당연하거니와 이 사람의 행한 것은 옳지 않은 것이 없느니라 라고 하고 가로되, 예수여 당신의 나라에 임하실 때에 나를 기억하소서 하니, 예수께서 이르시되 내가 진실로 네게 이르노니 오늘 네가 나와 함께 낙원에 있으리라 하시니라(눅 23:40-43).

    성도 여러분, 오늘 우리 모두 이 강도처럼 되기 바랍니다. 우리를 사랑하셔서 자신을 우리를 위해 내어주신 왕 되신 그분의 연회장으로 나아가시기 바랍니다. 이제 어둠의 때는 이 분에게서 자신의 모든 힘을 소진해 버렸기에 이제 더 이상 아무런 힘이 없으며, 이 분이 자신의 영원한 예루살렘으로 부르신 자들에 대해 어떻게 할 힘을 완전히 상실해 버렸습니다. 이 분의 부르심은 영원합니다.

아멘.

바보들의 행렬

본문: 마태의 수난기사

여러분, 사람들은 지금 우리가 무엇을 하고 있다고 생각할까요? 유럽의 모든 마을들이 종려주일 행렬의 의미를 생각하며 이 행렬에 참여한 적이 있었습니다.[23)] 오늘날 종려주일 예배에 참여하는 사람들은 전체 인구에 비해 대단히 적은 숫자입니다. 우리가 함께 모여 음악 반주 없이, 다양한 음정과 템포로 "모든 영광과 찬양과 존귀"라는 찬송을 부르려는 동안에 우연히 차를 몰고 교회 옆을 지나가는 대부분의 사람들은 우리가 무슨 일을 하고 있는지 알지 못하고, 혹은 그에 관심을 갖지도 않지요. 저는 지나가는 차에서 이루어지는 대화를 한번 상상해 보았습니다.

아이들: 아빠, 이 사람들 뭐하는 거예요?

아빠(전에 감독교회 교인이었음): 오늘은 종려주일이야. 사람들은 나뭇가지나 종려나무 등을 흔드는 시늉들을 하고 있지.

아이들: 왜요?

아빠: 왜냐하면 예수께서 일종의 행렬 속에 계셨기 때문이지.

아이들: 무엇 때문에요?

아빠: 잊어버렸어. 너희 엄마에게 물어보렴.

아이들: 우리 맥도날드 가고 싶어요!

여러분들에게 후한 점수를 못 드려 죄송합니다만 혹시 여러분들 중에도 종려주일 행렬에 대해 잘 몰라 자신이 조금 어리석다는 느낌을 받으신 분은 없으신가요? 만약 여러분들이 자녀와 함께 이 행렬에 참여했다면 여러분들은 그런대로 잘 해냈을 겁니다. 그 이유는 아마 이러한 일이 자녀들에게 유익할 것이라고 생각했기 때문이겠지요. 그러나 자녀들 없이 혼자 참여하신 분은 '내가 정말 이것을 하고 싶은 것일까?' 라고 내심 의아해 할지도 모릅니다. 아마 이런 이유 때문에 어떤 이들은 행렬 의식이 끝나기를 기다려 일부러 조금 늦게 예배드리러 들어오기도 합니다.

최초의 종려주일에는 분명히 상당한 정도의 큰 열정적인 무리들과 이들의 호산나 외침들이 있었습니다.[24] 마태는 온 도성이 요동치고 흔들거렸다(마 21:10)[25]고 전하고 있습니다. 이 복음서 저자는 이스라엘의 메시아가 자신의 도성으로 들어가고 계시다는 것을 우리에게 말합니다.

우리가 아무리 최선을 다한다 해도 우리 예배 행렬 의식을 통해 당시와 똑같은 정도의 극적인 분위를 재현해 낼 수는 없는 것이지요. 그런 극적 분위기를 가져서 안 된다는 뜻이 아닙니다. 단지 제가 말씀드리고자 하는 것은 예수께서 땅에 계실 때 그의 마지막 주간의 첫날에 일어났던 일들은 여러 측면에서 우리의 조그만 재현 행위를 통해서는 금방 분명해지지 않는 의미로 가득 차 있다는 점을 이해하기 위해서는 특별한 노력을 기울여야 한다는 점입니다. 분명히 여러분들은 종려나무 행렬뿐만 아니라 마태복음의 수난기사의 장엄한 낭독에 참여한 바 있기 때문에 이미 이러한 여러 계층의 의미들을 맛보셨을 것이라고 생각합니다.

"예수께서 이 말씀을 다 마치시고 제자들에게 이르시되 너희의 아는 바와 같이 이틀을 지나면 유월절이라 인자가 십자가에 못 박히기 위하여 팔리우리라 하시더라"(마26:1-2). 이 말씀은 종려주일에 대한 탁월한 진술입니다. 심지어 종려주일 행렬 가운데에도 전조의 단서가 존재합니다. 우리가 잠시 후 함께 부르게 될 아름다운 찬송이 이것을 잘 묘사하고 있습니다.

> 타셨도다! 장엄하신 모습으로 타셨도다.
> 화려한 행렬 가운데 죽음을 향해 나귀 타셨도다.
> 하늘의 천군천사들이
> 슬픔과 우려 섞인 표정으로,
> 다가올 거룩한 희생을 내려다보네.[26)]

이 얼마나 비틀린 역설인가요! 영광의 왕이 "배반당해 죄인들에 손에 넘겨지고" 있습니다(마 26:45). 이 역설을 가장 잘 알고 있는 분은 예수님 자신입니다. 그는 친히 이것을 선택하신 분입니다. 그분은 잡히시던 순간에 겟세마네 동산에서 베드로에게 "너는 내가 내 아버지께 구하여 지금 열 두 영 더 되는 천사를 보내시게 할 수 없는 줄로 아느냐. 내가 만일 그렇게 하면 이런 일이 있으리라 한 성경이 어떻게 이루어지리요" 라고 말씀하셨습니다(마 26:53-54). 천군천사들의 개입은 결코 없을 것입니다. 이들은 다만 "슬픔과 우려 섞인 표정으로" 바라다 볼뿐 예수님을 구출하기 위해 개입하는 것은 금지되었지요.

Padua의 Scrovegni(Arena)에 있는 그리스도의 생애에 관한 프레스코 기법으로 그려진 그림들에서, 위대한 화가 지오토(Giotto)는 초반부에서는 예수를 보호하는 천사들의 모습을 보여준 뒤에 프레스코 기법으로 죽으신 그리스도의 모습을 묘사함으로써 극한 슬픔 속에서 씨름하는 모습의 천사들을 보여줍니다. 만약 천사들과 동일시되는 일이 가능하다면 바로 여기가 가장 알맞은 장소일 것입니다. 이 그림에서 우리는 아무런 행동도 취하지 못하는 상태에서 근처를 서성거릴 수밖에 없는 천사들의 모습 속에서 고뇌에 찬 무기력함을 느끼게 됩니다.

제가 아는 이 그림에 대한 해석 중 가장 분명한 사실은, 이 그림은 하나님의 아들 자신의 선택에 의해서 철회된 하나님의 손길을 느끼게 만든다는 점입니다. 하나님은 우리라면 분명히 실행했을 방식과 정확히 배치되는 방식을 선택하셨습니다. 손이 등 뒤로 묶인 채 본디오 빌라도 앞에서 계시는 예수님의 모습 속에서 우리는 이 세상의 왕국이 묶이고 철저히 무기력한 충격적인 하나님 나라의 모습과 정면으로 맞서 있는 장면을 보게 됩니다. 힘과 무력 가운데 자신을 드러내는 세력이 연약한 가운데 자신을 드러내는 권세와 대면하고 있는 것이지요. 〈참조: Thessaloniki의 "Ephitaphois"와 Giotto의 "Detail from Pieta(Lamentation)"〉

마태복음의 저자인 마태는 예수님의 신분을 다윗의 자손이요, 왕적 신분을 지닌 메시아로, 나아가 하나님의 아들로 특별히 강조하여 밝히는 것으로 잘 알려져 있습니다. 특히 마태복음에서 분명한 사실은, 예수님은 나귀를 타고 예루살렘에 입성하는 일에 대한 모든 세세한 사항들에 대해서 제왕적 권위를 갖고 계셨다는 점입니다. 이 행렬에서 가장 기이한 장면이 바로 이것입니다. "왕"께서 나귀 등을 타고 계실 뿐만 아니라 따르는 그분의 가까운 무리들은 특징적인 하층 계급류의 인상을 보여주고 있습니다. 이 무리들은 어부들과 세리들, 부정한 여인들과 거리를 방황하는 사람, 정신병자들과 다양한 유형의 천민들로 이루어졌습니다. 정말로 행렬은 우스꽝스러운 모습을 지니고 있습니다.

우리는 이 점을 분명히 기억해야 하지만 그렇다고 이것을 미화할 필요는 없습니다. 그러나 예수께서는 이 모든 것들을 계획하셨습니다. 이것은 자신이 어떤 종류의 왕인지를 보여주기 위한 예수님의 세심한 방식이었습니다. 그분은 이러한 특이한 행렬을 준비함으로써 그의 왕국은 세상의 나라들과 아주 다르며, 세계제국과는 아무런 상관이 없다는 것을 보여주시고자 했습니다. 정말로 그분은 부끄럽고도 혹독한 가난과 배고픔 속에서 예루살렘에 입성하셨습니다. 27) 그런데 그분은 왕이십니다. 그러나 우리는 묻지 않을 수 없습니다. *어떤 종류의 왕이었나?*

마태는 계속해서 말합니다. "예수께서 총독 앞에 섰으매 총독이 물어 가로되 네가 유대인의 왕이냐? … 그러나 (예수께서) 한 마디도 대답지 아니하시니 총독이 심히 기이히 여기더라"(27:11-14). 심문의 현장에서 예수께서 보여주신 침묵은 복음서 저자들 모두 기록하고 있습니다. 예수님은 제기된 질문들에 대해, 그리고 이 질문들이 어떻게 날조되었는지에 대해 전혀 응답하지 않으셨지요. 그분은 자신의 왕권에 대한 인간들의 선입견들로 자신의 신분과 정체성이 정의되도록 허용하지 않으셨습니다. 그분의 왕적 통치가 의미하는 바는 이 세상의 세력들이 보여주는 동정어린 배려와 재량에 자신을 내어줌으로써 그에 따른 고난과 고통에 의해서만 이 드러나게 될 것입니다. 자신의 모든 신적 특권들을 포기하고, 다음과 같이 마태가 수난 기사에서 서술하고 있는 온갖 형태의 모욕과 멸시에 자신을 내어 맡기신 것은 그분의 자유롭고도 주권적인 선택이었습니다.

> 이에 총독의 군병들이 예수를 데리고 관정 안으로 들어가서 온 군대를 그에게로 모으고 그의 옷을 벗기고 홍포를 입히며 가시 면류관을 엮어 그 머리에 씌우고 갈대를 그 오른손에 들리고 그 앞에서 무릎을 꿇고 희롱하여 가로되 유대인의 왕이여 평안할지어다 하며 그에게 침 뱉고 갈대를 빼앗아 그의 머리를 치더라. 희롱을 다한 후 홍포를 벗기고 도로 그의 옷을 입혀 십자가에 못 박으려고 끌고 나가니라(마 27:27-30).

이 말씀을 다시 한 번 깊이 묵상하기 바랍니다. 전능하신 창조주의 참 아들께서 저주받은 인간 피조물들에 의해서 침 뱉음을 당하도록 자신을 내어 주셨습니다. 이 인간 피조물들은 사실 자신들의 이러한 행동들을 통해 인간됨마저도 포기해버리는 자들이지요. 야만성을 극명하게 보여준 자들입니다. 그러나 그분은 이들을 사랑하셔서 이러한 엄청난 굴욕을 기꺼이 당하셨고, 이러한 무리의 배척과 참혹한 죽음을 기꺼이 담당하셨습니다.

"호산나 다윗의 자손이여"라고 환호했던 사람들은 종려주일 바로 그 날에는 이 믿기 어려운 모습의 메시아를 상상할 수 있었을 것이 분명합니다. 물론 금요일에는 상상할 수 없었겠지만 말입니다. 그들에게 나귀가 주는 교훈이 있었다 할지라도 아마 그것은 그들에게 그리 오래 남아 있는 교훈은 아니었던 것 같습니다. 이 말은 예수께서 자신들이 원했던 위풍당당한 지도자의 모습이 아니었기에 "그를 못 박으라"고 소리쳤다는 뜻입니다(마 27:22-33).

저와 여러분들도 똑같은 일을 했을 것입니다. 이런 이유 때문에 우리가 오늘 이 두 가지의 역할을 모두 해본 것입니다. 우리는 예루살렘에 있었던 사람들과 결코 다르지 않습니다. 우리는 신적 능력과 왕적 권위를 보여줄 수 있는 믿을 만한 증거를 원합니다. "저가 이스라엘의 왕이로다 지금 십자가에서 내려올지어다"(마 27:42) -능력을 보여줘라, 너의 대적들을 쓰러뜨려 보라- "그리하면 우리가 믿겠노라. 네가 정말로 하나님의 아들이라면 십자가에서 내려와 자신을 구원하라"(마 27:42).

그러나 그분은 십자가에서 내려오지 않았습니다. 그래서 지금 우리 앞에 세상적 관점에서 이해한 왕권과 십자가에 매달려 계신 그분의 상황 사이에 놓여있는 불일치가 너무도 분명합니다. 우리는 다음과 같이 수난기사 중 가장 심금을 울리는 부분에 이르게 됩니다.

제 육시로부터 온 땅에 어둠이 임하여 제 구시까지 계속하더니, 제 구시 즈음에 예께서 크게 소리 질러 가라사대 엘리 엘리 라마 사박다니 하시니,

> 이는 곧 나의 하나님, 나의 하나님, 어찌하여 나를 버리셨나이까 하는 뜻이라(마 27:45-46).

여러분들은 이 말씀을 함께 봉독했을 때 온전히 이 말씀을 받아들이셨나요? 마태복음이나 마가복음 어디에도 십자가상의 이 최후의 울부짖음 이외에는 다른 말이 기록되어 있지 않습니다. 이 두 복음서 저자가 이것을 다소 부드럽게 표현했다고 생각하지는 않습니까? 분명히 누가는 이것이 너무 적나라하다고 생각했는지 이 부분을 전부 생략하고 있습니다.28) 그러나 마태와 마가는 십자가상의 일곱 말씀(가상칠언) 중에서 이 부분을 그대로 보존해서 기록하고 있습니다. 이 두 저자들에게 버림받음에 대한 울부짖음이 열쇠를 쥐고 있는 듯합니다. 여기서 우리는 엄청난 모순, 즉 우리의 신앙이 지닌 가장 뿌리 깊은 반-종교적 측면을 우리에게 펼쳐 보여주는 그러한 모순을 발견하게 됩니다. 이 울부짖음 속에서는 전혀 상식이 존재하지 않는다는 점을 인식할 필요가 있습니다. 많은 사람들이 이 울부짖음을 나름대로 이성과 상식으로 이해하고 설명하려고 시도해왔지만, 성공한 경우는 거의 없습니다.29)

여러분들이 아무리 종교 역사를 연구한다 할지라도 이와 같은 예는 결코 찾아낼 수는 없을 겁니다. 하나님이 하나님을 대항하여 맞서는 이런 경우는 상상할 수도 없는 일입니다. 하나님이 하나님에 의해서 버림받은 사건입니다. 십자가가 매달리신 하나님 말입니다.

만약 여러분들이 이 사건에 의해 최소한 어느 정도의 혐오감을 느끼지 못했다면 여러분들은 그리스도의 십자가를 충분할 정도로 자세히 생각하고 묵상하지 않았다는 뜻입니다.30) 이런 이유 때문에 바울은 이 사건을 거리끼는 것 혹은 스캔들(헬라어로 *skandalon*)이라고 부르고 있습니다. 바울은 이 사건을 또한 미련한 것이라고 부르고 있습니다. "십자가의 도가 멸망하는 자들에게는 미련한 것이라." 그러나 바울은 계속해서 말합니다. "기록된 바 내가 지혜 있는 자들의 지혜를 멸하고 총명한 자들의 총명을 폐하리라 하였으니 … 하나님께서 이 세상의 지혜를 미련케 하신 것이 아니뇨? … 왜냐하면 하나님께서 전도의 미련한 것으로 믿는 자들을 구원하시기를 기뻐하셨기 때문이라"(고전 1:18-21).

이런 점에서 아마도 우리가 다소 어리석은 기분을 느꼈던 것이 당연한지도 모르겠습니다. 바울은 계속해서 말합니다. "지혜 있는 자가 어디 있느뇨? 선비가 어디 있느뇨? 이 세대에 변사가 어디 있느뇨? … 유대인은 표적을 구하고 헬라인은 지혜를 찾으나 우리는 십자가에 못 박힌 그리스도를 전하니 유대인에게는 거리끼는 것이요 이방인에게는 미련한 것이로되, 오직 부르심을 입은 자들에게는 유대인이나 헬라인이나 그리스도는 하나님의 능력이요 하나님의 지혜니라. 하나님의 미련한 것이 사람보다 지혜 있고 하나님의 약한 것이 사람보다 강하니라"(고전 1:20-25).

여기에 말로 형언할 수 없는 측면이 존재합니다만 우리는 이것을 최선을 다해 말로 표현하고자 합니다. 많은 사람들은 이 차원을 보는 것을 원하지 않습니다. 만약 우리들이 이 차원을 기꺼이 보고자 한다면 이 나라에서 자행되는 사형제도에 그렇게 쉽게 동의하지는 못할 겁니다.

우리가 예수님의 죽음에서 보고 듣는 바는 단순히 예수께서 이 세상의 희생자들에 대해 갖고 계신 결속만이 아닙니다. 이것만이 전부가 아닙니다. 우리는 버림받음에 대한 울부짖음 속에서 자신의 십자가의 죽음을 통한 이 세상의 무고한 희생자들과의 동일시*뿐만 아니라* 또한 이들에게 고통을 가한 자들*과의* 동일시를 보고 듣게 됩니다.

이러한 상상할 수 없는 사실이 특별히 사도 바울에게 중요하게 나타나고 있습니다. 이 사실이 바울에게 특별히 중요한 가치를 지니고 있는데, 그 이유는 바울은 이 사실이 십자가가 그렇게도 파격적이었던 이유라는 것을 알고 있었기 때문입니다. 예수께서 십자가에서 담당하신 것은 무고한 자들의 고통*뿐만 아니라,* 또한 고통을 가한 자들의 사악함도입니다.

이 점에 대해서는 누가가 특별히 중요한데, 그는 이 점을 십자가상의 예수님의 말씀 중에 분명히 밝히고 있습니다. "아버지여, 저들을 용서하소서. 저들이 그들이 행하는 바를 알지 못하나이다"(눅 23:34). 이것은, 예수께서는 자신의 죽음을 통해서 자신을 나의 고통뿐만 아니라 나의 죄와 하나 되게 하셨다는 것을 의미합니다. 왜냐하면 나 자신과 여러분들 자신, 그리고 우리 모두들이 *때때로* 다른 사람들의 *피해자*들이면서 또한 *때때로* 다른 사람들의 *가해자*들이요, *때때로* 이 양자가 되기 때문입니다. 우리가 이러한 모습을 인식할 때 예수께서 서기관들에게 말씀하셨던 것처럼 "하나님 나라에게 멀지 않은" 자들이 될 것입니다(막 12:34).

세상에서 가장 충격적인 형태의 기독교 증언이 있다면 그것은 바로 피해자가 가해자를 용서하는 일입니다. 이 사실은 심지어 최악의 상태에 있는 세상도 때때로 인정하는 점이지요. 이것이 미국 시민권 운동(the American Civil Rights movement)의 힘이었습니다. 대부분이 크리스천들이었던 이 운동의 지도자들은 같이 행렬에 참여하는 자들이 백인들에 대한 증오심으로 행동하지 않도록 유의했습니다.

이들 중 한 사람이 화니 루 헤머(Fannie Lou Hamer) 여사입니다.[31] 미시시피 감옥에서 매를 맞아 거의 초죽음이 되었고, 글을 읽지 못하는 물납소작인이었기에 상류층 흑인들에게 모욕을 당하기도 했고, 선거인 등록 운동을 하면서 목숨을 내어 걸고 자원봉사자들을 교육시키면서도 깊은 신앙을 따라 살았던 헤머 여사는 이렇게 말한 바 있습니다. "백인들이 나를 미워한다는 이유 때문에 그들을 내가 증오하는 것은 문제의 해결책이 아닙니다. 너무도 많은 증오들이 횡행합니다. 오직 하나님만이 흑인들을 참고 견디게 하셨습니다. … 여러분들은 그들(백인들)을 사랑해야 하는데, 그들은 그들이 무엇을 하고 있는지를 알지 못하기 때문입니다."[32]

심지어 최악의 상태에 있는 세상도 이것의 도덕적 힘을 인정하고 있습니다. 바로 이런 이유 때문에 넬슨 만델라는 역사상 가장 훌륭한 인물 중 하나로 영원히 기억될 것입니다. 그에 대해 잠시 생각해볼까요? 만델라는 아무런 잘못도 없이 단순히 그가 믿는 바 때문에 27년간 감옥에 유폐된 생활을 한 뒤에도 한 점의 비통함이나 보복의식 없이 첫 번째 공식 제언으로 감옥에서 자신을 가두고 감시했던 간수를 대통령 취임식에 귀빈으로 초대했던 사람입니다. 이런 이유 때문에 온 세상이 그를 존경합니다. 전하는 바에 의하면 수많은 국가 원수들이 그 어떤 사람보다 더 만델라와 함께 사진 찍기를 바란다고 합니다.

그러나 남아프리카 공화국의 대주교 데스몬드 투투(Desmond Tutu) 역시 동일하게 존경할 만한 인물인데 어떤 점에서는 더더욱 존경할 만합니다. 그 이유는 오랫동안 투쟁의 선봉에 서 있으면서 수 십 년간에 걸쳐 갈등의 양 진영에 있는 사람들에 의해서 오해를 받고 중상모략을 당하는 수모를 참고 견디어 왔기 때문입니다. 이 기간 동안에 한 번도 그는 비폭력과 화해를 위한 신학적 대변인의 역할을 포기한 적이 없습니다.

그의 책 *No Future Without Forgiveness*에서 투투 대주교는 인종차별 정책 하에서 일어났던 잔악상들을 만천하에 드러내고 알리는 단체였던 Truth and Reconciliation Commission의 의장직에 얽혀 있는 이야기를 털어놓은 바 있습니다.[33] 이 위원회 앞에 제출된 증언에는 두 가지 유형이 있었습니다. 피해자들과 그들의 가족들이 겪는 비통한 개인적인 이야기들과 자신들의 범법행위들을 고백함으로써 사면을 받고자 하는 자들에 대한 공직 박탈들입니다. 이 위원회는 특별히 잘못을 행한 자들로 하여금 회개하고 돌이켜서 공적으로 용서를 구하도록 만드는 일에 관심을 기울였습니다. 투투 대주교는 다음과 같이 서술하고 있습니다.

> 수많은 피해자들이 보여주는 엄청난 아량과 관용에 위원회 사람들은 항

상 놀랍니다. 물론 용서할 수 없다고 말한 사람들도 있었습니다. 이 점은 용서는 … 결코 값싸거나 손쉬운 일이 아니라는 중요한 사실을 제게 가르쳐 주었습니다. 참된 화해는 값싸지 않습니다. 이런 화해는 하나님에게 자신의 독생자를 희생시키는 비용을 치르게 했습니다.

용서를 한다는 것은 잊어버리는 것을 뜻하지 않습니다. 용서는 이미 행해진 일을 묵과하는 것을 의미하지 않습니다. 용서란 가해자들을 이해하려고 노력하는 것을 포함하며, 그들의 입장에서 이해하려고 하며, 가해자들의 가해 행위를 낳게 만들었던 상황들, 즉 가해자들이 처해 있었던 억압의 상황들과 영향들을 고려하기 위한 공감과 감정이입을 갖는 것을 의미합니다.

용서한다는 것은 감상적인 일이 아닙니다. … 용서는 가해자들이 행한 그대로 되갚아 주는 여러분의 권리를 포기하는 것을 의미합니다. 그러나 다름 아닌 바로 잃어버린 손실 그 자체가 피해자를 자유하게 만듭니다.

투투 주교는 계속해서 말합니다.

피해자는 용서하는 선결 조건으로 가해자의 뉘우침과 고백에 의존합까? … 예수께서는 자신을 십자가에 못 박은 자들이 용서를 구하기까지 기다리시지 않았습니다. 그들이 못을 때려 박을 때 이미 그분은 자신의 아버지께 그들을 용서해달라고 기도하실 준비가 되어 있었으며, 심지어 그분은 그들은 자기들이 무슨 일을 하고 있는지를 알지 못한다는 변호까지 하셨습니다. 만약 가해자가 죄를 고백할 때만이 피해자가 용서한다면 피해자는 가해자의 광적인 변덕에 끌려 들어가게 될 것이고, 또 피해의 악순환으로 끌려 들어가게 될 것입니다. (후략)[34]

바로 여기 우리의 현 시대 속에서 하나님의 어리석음의 눈부신 한 예를 보게 됩니다. TRC에 대한 투투 주교의 설명은 회원들이 겪어야 했던 엄청난 비난과 조소에 대한 언급들로 가득 차 있습니다만, 그의 책은 나귀에 타신 메시아를 뒤따르고자 하는 자들에 대한 하나의 귀감으로 영원히 남게 될 것입니다. 바로 이곳에 거룩한 한 주의 근본적인 핵심이 놓여 있습니다. 십자가상에서 우리 주님은 저주받아 하나님으로부터 버림받은 자들의 입장에 서 계십니다. 그분은 사형수 감방에 있는 자들, 그리고 가족들에 의해서 버림받고, 사회로부터 쫓겨나 그 어느 누구도 그들과 함께할 자가 없는 그런 자들의 자리에 서 계십니다. 자신의 가해자들을 용서해달라는 예수님의 기도와 함께 버려지심에 대한 그분의 울부짖음은 우리로 하여금 자신의 사랑을 인간 영혼의 가장 캄캄한 장소들, 심지어 음부 그 자체까지도 펼쳐나가시는 하나님의 마음 깊은 곳으로 이끌어 들입니다.

여러분들은 행렬 예식 초두에 어리석은 기분을 느끼셨습니까? 그것이 바로 해결의 실마리입니다.

> 우리는 십자가에 못 박힌 그리스도를 전하니 유대인에게는 거리끼는 것이요 이방인에게는 미련한 것이로되 오직 부르심을 입은 자들에게는 유대인이나 헬라인이나 그리스도는 하나님의 능력이요 하나님의 지혜니라(고전 1:23-24).

예 그렇습니다. 우리의 오늘 행렬은 바보들의 행렬입니다. *호산나 다윗의 아들이요, 주님의 이름으로 오시는 자는 복되도다. 지극히 높은 곳에서 호산나!*

아멘.

2부
거룩한 한 주의
월요일, 화요일, 수요일

생명의 주인 되신 하나님, 바로 그 주님이 죽을 수 있다는 것은 기이한 생각입니다.
홍해가 갈라질 수 있다는 것(출14:21),
태양이 멈춰 설 수 있다는 것(수10:21),
풀무불이 일곱 배 나 뜨거워지나 타지 않았다는 것(단3:19),
굶주린 사자가 물지 않았다는 것(단6:22) 등은 기적과 같은 이상한 일이지만,
그러나 하나님이 죽을 수 있다는 것은 기적 중에 기적입니다.
하나님이 죽을 수 있다는 것은 이러한 기적 중 고양된 형태의 기적입니다.

- 존 던

:: 독자들에 대한 소고

이 설교문들은 주중 저녁 집회에 모인 회중들에게 전했던 설교들입니다. 대개의 경우 회중들이 주중의 저녁 집회에 참여했다는 것은 이들이 얼마나 설교를 듣는 일을 마음에 깊이 두고 있으며, 이 일에 자발적으로 참여하고 설교를 진지하게 경청했는가를 단적으로 보여주는 예라고 할 수 있겠지요. 더욱이 이 집회들은 긴 성만찬과 같은 예식들이 없이 한두 편의 찬송과 약간의 기도 후에 집중적으로 설교를 듣는 예배였습니다. 그러므로 제 2부의 설교들은 이 책에 나오는 주일예배 설교들보다 길고 훨씬 밀도 있는 설교들이라고 할 수 있습니다.

| 1989년 거룩한 한 주의 월요일

왕의 대속물

인자의 온 것은 섬김을 받으려 함이 아니라
도리어 섬기려 하고 자기 목숨을 많은 사람의 대속물로 주려 함이니라 막 10:45

너희가 알거니와 너희 조상의 유전한 망령된 행실에서 구속된 것은
은이나 금같이 없어질 것으로 한 것이 아니요,
오직 흠 없고 점 없는 어린 양 같은 그리스도의 보배로운 피로 한 것이니라 벧전 1:18-19

너희는 값으로 산 것이 되었도다 고전 6:20; 7:23

    일명 예수님의 성의로 알려진 Shroud of Turin에 매혹된 많은 사람들이 이것이 단지 8백년 밖에 되지 않았다는 것을 알게 되면 아마 실망할 것입니다. 그러나 다른 사람들은 안도의 숨을 쉬게 됩니다. 몇몇 로마 가톨릭 교회의 지도자들이 이 성의가 여전히 경배의 대상이며 기적을 만들어 낼 수 있다고 말하고 있는 현실에 비추어 볼 때, 종교개혁에 관해서 여전히 해야 할 말이 많이 있음을 보게 됩니다. 예를 들어 프로테스탄트 진영 교회의 주장에 따르면 탄소측정법은 이 세마포가 1세기 때에 것이라는 점을 보여주었지만, 여전히 이것이 예수님의 시신을 덮고 있었던 것이란 아무런 증거가 없습니다. [35]

    예수님에 대한 믿음은 이러한 추앙할 만한 유물에서 오는 것이 아니라 성경에 뿌리를 두고 있어야 하며, 거기에 기초해야 합니다. 또한 성경에 의해서 검증되고 또 검증되어야 하며, 모든 세대에 걸쳐 사려 깊게 사고되고 또 사고되어야 합니다. 그러나 하나님의 "살아있고 운동력 있는 말

씀"이 그 안내자가 되어야 합니다(히 4:12). 36)

그러나 이런 유물들과 중세시기에 대해 이야기하면서 저는 잔다르크의 열렬한 팬이 되어 있음을 우연히 알게 되었습니다. 수년에 걸쳐 저는 그녀에 관해서 많은 것들을 읽은 적이 있습니다. 그 내용 중에는 특별히 그 어떠한 역사적 인물들보다 훨씬 더 우리가 친근하게 접할 수 있는 부분이 있는데, 그것은 재판정의 심문에 대한 잔다르크의 답변입니다. 그렇지만 잔다르크의 삶에 대해 읽으면서 저는 "종교개혁에 대해 하나님께 감사드립니다"란 생각이 끊임없이 떠올랐습니다. 잔다르크는 비록 훌륭했고 경건한 사람이었지만 글을 읽을 수 있는 사람이 아니었습니다. 그래서 성경은 그녀에게 닫힌 책이었지요. 그녀는 신학에 대해서는 아는 것이 거의 없었습니다. Rheims의 대성당에 있는 채색 유리와 온갖 유물들도 그녀에게 아무런 신학적 의미를 전달하지 못했습니다. 37)

마찬가지로 그 곳에는 보다 내면적인 신학적 의미를 가르칠 수도 있는, 그러한 십자가에 달리신 예수님에 대한 그림들이나 조각들도 없었습니다. 만약 이러한 의미를 마음에 두고 있는 사람이 있다면 그 사람에게는 초상들이나 심상들은 커다란 심적 반향을 불러왔을 겁니다. 그러나 그렇지 않을 경우에 이런 이미지들은 두 차원적 요소를 지닌 채로 그냥 남아 있을 뿐입니다.

논란거리인 니코스 카잔차키스(Nikos Kazantzakis) 영화 *The Last Temptation of Christ*에 관한 많은 글들이 여러 잡지에 기고된 바 있습니다. 38) 제가 읽은 거의 모든 글들은 이 영화를 칭송했습니다. 기고자들은 이 영화가 "대단히 훌륭하고", "심오하며", "크게 감동을 준다" 등등의 칭찬을 아끼지 않았습니다. 많은 사람들이 이 영화에 대해 하나의 "영적인 경험"이라고까지 말한 바 있습니다.

그러나 도대체 이러한 영적 경험들의 내용이 무엇인가요? 이 경험들은 우리를 감동시켜서 도대체 무엇을 생각하고 느끼게 하는 건가요? 이 경험들은 우리로 하여금 무엇을 행하도록 도전하며 자극하나요?

한 여자는 이 영화를 통해서 "예수 그리스도에 대한 커다란 연민"을 갖게 했다고 말합니다. 제가 생각하기에 이것은 하나의 시작일 뿐입니다. 이것과 종려주일의 경험을 한번 대조해 보시기 바랍니다. 종려주일에 우리의 초점은 예수님에 대한 우리의 연민에 있지 않습니다. 종려주일 예배는 연민을 갖거나 다른 감정을 갖고 하나의 구경꾼으로 둘러보는 그러한 사치스러움을 갖지 않도록 고안되어 있습니다. 오히려 이 예배의식은 우리로 하여금 이야기 자체 속으로 깊이 들어가게 하며, 우리를 참여자로 만듭니다. 더욱이 이 예배는 우리의 참여가 온화하고도 좋은 역할의 참여가 아님을 보게 만들지 않습니까? 우리는 종려주일에 "그를 십자가에 못 박으소서!" 라고 크게 외쳐 소리 지르며, "내가 주를 십자가에 못 박았나이다"라는 가사의 찬송을 부릅니다.

Arc의 순교자, Joan(일명 잔다르크)의 죽음 이래로 그녀는 프랑스에서 성인으로 존경을 받아왔지요. 알렉산더 두마스(Alexander Dumas)는 "잔다르크는 프랑스의 그리스도입니다. 그는 왕조의 범법 행위들을 속량했으니 예수께서 세상의 죄를 속량하셨던 것과 같다고 할 수 있습니다."39) 이렇게 쓰고 있습니다.

이 말이 맞는 말입니까? 만약 그렇지 않다면 왜 그럴까요? 이 문제의 답에 대해 우리는 어디서 도움을 받을 수 있을까요? 이런 종류의 주장을 어떻게 판단해야 할까요? 여러분들은 미술관에 가서 그림들을 구경하시나요? 영화관에 가서서 영화도 보시나요? 역사에 관한 책들도 읽으시나요? 그렇다면 여러분들은 어디서 정보를 얻으시나요?

그런데 신약성경을 제외하고는 인간 예수에 관한 정보가 전혀 존재하지 않는다는 것을 여러분들은 알고 계신가요?40) 초기 문헌들을 통해서 우리는 세례요한에 대한 약간의 정보들을 갖고 있습니다만, 성경 이외의 당대 어떤 문헌들에서도 예수님에 관해서는 아무런 자료가 없습니다. 41)

성경상의 증언을 떠나서는 예수님에 대해서 알 수 있는 것이 전혀 없다는 것이 이미 드러난 사실이지요. 그런데 여전히 어떤 사람들은 자신들에게 맞는 예수를 재구성하기 위해서 부질없는 노력을 고집합니다.

지난 주 레스토랑에서 저는 오래 전에 우리 교회에서 운영하는 성경공부 반에 참석하다가 그만 둔 한 부인과 오랜 대화를 나눈 적이 있습니다. 그녀는 *The Last Temptation of Christ*란 영화를 극찬했고, 또한 제가 그 영화를 꼭 봐야 한다고 강변했습니다. 그녀가 성경공부 반에 다시 돌아온다면 제가 그 영화를 가서 꼭 보겠다고 그녀에게 태연하게 말할 수 있었으면 좋았을 것이라는 생각마저 듭니다. 물론 문제는 이러한 제안이 공정한 제안이 아니라는 점이지요. 영화는 두 시간 남짓한 시간에 시사하는 많은 즐거움을 주지만, 성경은 우리로 하여금 일평생에 걸친 연구와 변화를 요구하기 때문입니다.

거룩한 한 주의 이번 월요일에 우리 모두 어제 종려주일에 우리가 시작한 바를 계속해 나가시기를 바랍니다. 그리스도의 십자가의 이야기와 이것이 의미하는 바에 대해 보다 깊이 탐구할 수 있기를 바랍니다. 오늘 우리의 성경본문은 놀라운 말씀을 담고 있습니다. 예수님 자신이 말씀하고 계신데, 그분은 자신의 죽음에 대해 설명하고 계십니다.

> 인자의 온 것은 섬김을 받으려 함이 아니라 도리어 섬기려 하고 자기 목숨을 많은 사람의 대속물로 주려 함이니라(막 10:45).

이 구절을 좀 더 깊이 상고해보지요. "인자"란 단어 대신에 "잔다르크(Joan of Arc)"란 단어를 넣어서 읽어 보세요. "잔다르크는 자기 목숨을 프랑스를 위한 대속물로 주려 함이니라." 최소한 저에게 이 말은 이상하게 들립니다. 그녀가 어디서 왔다고요? 그리고 어디로 갔다고요? 프랑스의 한 시골로부터 왔다고요? 그리고 어디로 갔다고요? Chinon이라고

요? Orleans라고요? Rheims라고요? 당시 누가 프랑스를 인질로 잡고 있었습니까? 잔다르크의 죽음이 영국에게 지불된 대속물이었나요? 그것이 프랑스의 "구원"에 어떻게 영향을 미칠 수 있었나요? 프랑스는 정말로 그녀의 죽음을 통해 구해졌나요? 아마 이런 질문들을 통해 단순하게 들리는 예수님의 말씀이 실상은 해석하기에 그리 쉽지 않다는 점을 볼 수 있게 만듭니다.

인자는 "자기 목숨을 많은 사람들의 대속물로 주려고 오셨습니다." 우선 생각해봅시다. '인자'란 누군가요?[42] 예수님 당시에 "인자"란 표현은 대망하던 하늘의 인물을 가리키는 신성한 칭호였습니다. '인자'는 오실 메시아로서 신적인 능력과 특권을 갖은 분으로 이해되었습니다. 예수께서 "인자가 왔다"라고 말씀하셨을 때, 이것은 "메시아가 하늘로부터 내려왔다"라는 말과 같은 뜻이었습니다. 다시 말해서 그분은 베들레헴이나 나사렛 혹은 프랑스의 시골 마을에서 오셨다는 뜻이 아니라 "하나님으로부터" 오셨다는 뜻입니다.

"인자"란 용어를 사용함으로써 예수님의 제자들은 다니엘서 7장에 나오는 인물, 즉 "하늘의 구름을 타고 오사" 모든 권세와 나라가 그에 주어졌던 장엄한 인자 같은 이에 대한 장렬한 묘사를 상기했을 것입니다. 다니엘 7장의 묘사에서 우리는 곧바로 한 걸음 더 나아가 승리를 거둔 천사들과 천사장들의 선두에서 영광스럽게 지휘하시는 그런 신적 인물을 생각해 볼 수도 있을 것입니다.

그러나 이런 모습은 예수님이 말씀하시는 것이 아닙니다. 그분은 정확히 정 반대를 말씀하고 계십니다. "인자의 온 것은 섬김을 받으려 함이 아니라 도리어 섬기려 하고 자기 목숨을 많은 사람의 대속물로 주려 함이니라."

이제 "대속물"(ransom)이란 말을 잠깐 생각해 보기로 하지요. 대속물의 목적은 무엇인가요? 분명히 이것은 구원 혹은 구출을 위한 것입니다.

이 말이 담고 있는 기본적인 개념은 다음과 같습니다.

1. 한 사람이나 집단이 다른 세력의 통제 아래 있게 된다.
2. 그 사람이나 집단은 행동할 수 있는 자유를 상실하게 된다.
3. 그 사람이나 집단은 자기 자신의 힘이 철저히 부적절하고 부적합하다는 것을 알게 된다.
4. 그러므로 자유는 오직 외부 힘의 개입을 통해서만 얻어질 수 있다.

가장 분명한 현대적인 유비를 찾자면 그것은 아마도 한 빌딩 속에 붙잡혀 있는 인질의 경우일 것입니다. 이 인질은 스스로를 구해낼 수 없습니다. 그래서 반-테러 부대가 건물 외부에서 안으로 침투해 들어가야 합니다. 마찬가지로 예수께서, 그가 오셨다고 말씀하셨을 때 그분은 자신이 다른 지리적인 장소에서 오셨다는 뜻이 아니고, *다른 영역의 통치권*에서부터 오셨다는 것을 의미합니다.

나치 하에서 볼모나 인질 상태로 잡혀있었던 유럽을 생각해 보시기 바랍니다. 당시 여기저기서 용맹스러운 저항 운동들이 있었지만, 그들이 나치 통치권의 영역 내에서 저항 운동을 벌이는 한, 진정한 의미의 희망은 없었습니다. 외부에서의 침입이 있어야만 했습니다. 즉 유럽을 인질로 잡고 있는 세력들로부터 유럽을 해방시킬 수 있는 상륙 작전이 필요했던 겁니다.

C. S. 루이스(Lewis)의 나니아(Narnia) 이야기들도 동일한 전제에 기초한 이야기들이지요. 나니아의 거주민들은 사악한 여왕에게 속박되어 있었으며, 그녀의 억압적인 다스림을 피할 수 없었습니다. 그들은 강한 사자인 아슬란(Aslan)이 오기만을 기다려야 했습니다. 일단 아슬란의 침입이 시작되자 그 주민들은 자신들이 자유롭게 될 것임을 알았지요.

신약은 예수님의 구속사역을 이와 대단히 유사한 방식으로 보고 있습니다. 온 피조세계가 속박 가운데 놓여 있습니다. 자연이나 인류 모두가 자유롭지 못합니다. 우리 모두는 공중 권세 잡은 자들, 즉 죄와 악과 죽음의 지배하에 놓여있습니다. 오직 창조주 자신의 침입 혹은 개입을 통해서만 피조세계가 구출될 수 있습니다.

이것이 바로 사도 바울이 말하는 바의 의미입니다. 피조세계의 바라는 것은 피조물도 썩어짐의 종노릇 한 데서 해방되어 하나님의 자녀들의 영광의 자유에 이르는 것이니라 (롬 8:21). 여기서 바울은 "고통 중에 신음하는" 온 피조세계를 묘사하고 있습니다.

하나님의 아들의 성육신을 통해서 우주적 침입이 시작 되었습니다. 이 아들의 십자가의 죽으심을 통해 상륙 거점인 교두보가 확보된 겁니다. 그리고 부활 사건에서 우리는 최후 승리와 해방의 첫 열매들을 보게 됩니다. 43)

이런 것들은 예수님과 관련한 가장 최근의 학문적 이론에 관한 TV 다큐멘터리나 영화나 혹은 유물과 유품들의 숭배와 같은 것들에서 배울 수 있는 것들이 결코 아닙니다. 오직 예배 공동체의 문맥 속에서 읽히고 들리는 성경으로부터만 우리는 우리의 억압 상태와 우리의 구원과 구속에 관한 이러한 사실들을 배울 수 있습니다. 오직 성경 속에서만 그리스도의 희생의 의미가 분명해집니다. 그 안에서 죄와 사망을 정복하기에 충분한 힘과 능력의 다스림이 결정적으로, 최종적으로 완전하게 나타난 것입니다.

그러나 한 가지 궁금하게 생각할 것이 있습니다. 우리가 잠시 우리의 논지에서 벗어났다고 생각하지 않으십니까? 처음에 우리는 대속물에 관해 이야기하다가 갑자기 침입에 관해서 말하고 있습니다. 우리가 서로 다른 주제를 혼용해 사용함으로 무언가를 혼동하고 있는 것은 아닌가요? 글쎄요, 사실 그렇습니다. 그러나 이런 이유는 성경이 항상 그렇게 하고 있기 때문일 뿐입니다.

예를 들어 예수님 자신은 자신의 선한 목자 강화 (요 10장)에서 먼저 자신이 양의 문이라고 말씀하십니다. 그런 뒤에 몇 구절 뒤에서 예수님은 자신이 목자라고 말씀하십니다. 히브리서는 레위기서에 나오는 속죄 염소와 희생 제물로 드리는 양을 혼용하고 있습니다. 이미지나 은유 사용에서 유동적입니다. 서로 혼합된 이미지들은 우리가 한 번에 여러 가지 것들을 떠올릴 수 있게 해주는데 이에 대해 우리 설교자들은 감사할 뿐입니다.

그러나 해가 갈수록 상상력이 없는 무미건조한 사람들은 우리 설교자들에게는 어려운 대상들입니다. 예수님의 죽음이 사탄에게 지불된 대속물이었다고 생각했던 초기의 중요 신학자들이 있었습니다.[44] 그러나 오늘날에 이르기까지 대부분의 평범한 크리스천들은 "대속물"이란 말씀을 일종의 비유적 표현으로 이해해왔습니다. 빈센트 테일러(Vincent Tayler)는 이 말씀을 "반짝이는 힌트"라고 불렀습니다.[45]

이 저녁에 우리는 이 말씀의 표면적 의미를 지나 그 저변에 흐르는 보다 깊은 의미를 발견하고자 합니다. 대속물이란 개념이 지닌 강조점은 *값을 지불하고 구해냈다*란 의미입니다.[46] 베드로전서는 이 점을 잘 설명해주고 있습니다. "너희가 알거니와 너희 조상의 유전한 망령된 행실에서 구속된 것은 은이나 금같이 없어질 것으로 한 것이 아니요, 오직 흠 없고 점 없는 어린 양 같은 그리스도의 보배로운 피로 한 것이니라"(벧전 1:18-19).

여기서 또 우리는 이미지와 심상들의 혼용, 즉 대속물과 희생양의 혼용을 보게 됩니다. 이 구절은 우리 부모들과 조부모들, 나아가 인류의 시조에까지 이르는 모든 사람들을 속박 가운데 구속하고 있는 원죄("망령된 행실들")란 개념을 담고 있습니다.

특별히 사도바울은 악한 세력들에게 속박되어 있는 인간의 모습을 그리면서 십자가를 구원의 순간으로 묘사하고 있습니다. 크게 강조하듯이 계속적으로 두 번씩이나 바울은 고린도 교회 교인들에게 "너희는 값으로 산 것이 되었나니"라고 말합니다(고전 6:20; 7:23). 여기서 다시 한 번 대속 혹은 값이란 개념은 하나의 은유로서 지불된 값은 속량을 받게 되는 대상의 가치와 동일하다는 개념을 담고 있습니다. [47] 이곳에, 바로 이 대속의 이야기에 우리가 참여할 수 있는 길이 있습니다.

우리는 죄와 죽음에 속박되어 인질로 잡혀 있었습니다. 이 두 세력은 그들의 온 힘을 다해 일어나 자신들의 무기를 무서울 만큼 효과적으로 휘둘러댔습니다. 그래서 결국 모든 사람이 줄지어 하나님의 아들을 처형하는 일을 묵인하는 대열로 떨어졌습니다. 성금요일에 – 여기서 우리는 심상들이 편재된 정도로 혼용됨을 보게 됩니다 – 그분은 한 번에 두 대상이 되셨습니다. 한편으로 그분은 한 명으로 구성된 대-테러 부대가 되셨으며, 다른 한편으론 그분은 담대히 걸음을 내딛어 기꺼이 죽임을 당하시는 인질이 되셨습니다. 그분은 동시에 대-테러 부대와 인질, 양자가 되셨습니다. [48]

만약 여러분들이, 이 말이 세상적인 의미에서는 말이 되지 않는다고 하더라도 그것은 맞는 말입니다. 우리는 단순히 말로 표현하기 위해서 이렇게 확대 해석하고 있는 것뿐입니다. 예수께서 하신 기이한 대속물에 관한 말씀은 이성적 범주로 환원시킬 수 없습니다. 이 말씀이 우리에게 전하려는 바는 바로 이것입니다. 하나님은 노예 상태에 있는 자신의 자녀들을 구하시기 위해서 이전에는 전혀 알려지지 않았던 가장 최고 수준의 희생의 대가를 지불하시며, 자신을 이 구속사건에 스스로 친히 포함시키셨다는 것입니다.

단순히 그분이 우리를 자유하게 하시기 위해서 오신 것만은 아닙니다. 그분은 아직까지는 알려지지 않은 방식으로 사실상 우리를 대신하셨는데, 이것은 마치 우리의 파괴된 작은 생명들을 무한한 가치를 지닌 선물로 취급하신 것과 같습니다. 이것은 우리를 위해 하나님 자신의 생명을 부어주신 사건이요, 최고의 굴욕을 겪으신 것이며, 음부에 들어가는 사건이었습니다.

오직 그리스도의 십자가를 바라봄으로써만 우리는 우리를 속박 가운데 구속하고 있는 세력들의 엄청남을 알게 됩니다. 우리는 이것들로부터 탈출했습니다. 대신 그분이 희생되었습니다. "대속물"의 크기는 우리의 속박됨의 크기와 동일합니다. 바로 이것이 동일한 가치를 지닌 지불된 대가였습니다. 우리는 그분에게 이 만큼의 가치를 지니고 있는 것입니다.

또한 우리가 함께 공모하여 그리스도를 십자가에 죽게 한 일에 대해서도 그 대가가 이미 지불되었습니다. 인간의 보편적 상황은 죽음의 지배 하에 있는 속박의 상황입니다. 그러나 자신의 죽음과 부활을 통해서 우리 주님은 이 지배를 뒤엎으셨습니다. 그분은 어둠의 세력들에 대한 자신의 지배권을 획득하셨고, 공고히 하셨습니다. 그분은 결코 전복될 수 없습니다.

히브리서 저자는 이렇게 말합니다. "그는 하나님의 영광의 광채시요 그 본체의 형상이시라 그의 능력의 말씀으로 만물을 붙드시며 죄를 정결케 하는 일을 하시고 높은 곳에 계신 위엄의 우편에 앉으셨느니라"(히 1:3).

"드디어 고대하던 아슬란(Aslan)이 상륙했습니다."[49] 모든 것이 이제 달라졌습니다. 우리의 싸움은 계속됩니다. 그러나 속담에 있듯이 우리는 "대단히 낙관적입니다." 디데이(D-Day)는 끝이 아닙니다. 제 2차 세계 대전에서 벌게(Bulge)의 최후의 일전이 여전히 불가피했지만 적군은 이미 패퇴하기 시작했고 연합군은 용맹스러운 확신으로 싸움을 할 수 있었습니다.

윈스톤 처칠(Winston Churchill)은 1942년에 영국 국민에게 이렇게 말했습니다. "이것이 끝이 아니며, 끝의 시작도 더더욱 아닙니다. 그러나 이것은 시작의 끝이라고 말할 수 있습니다." 그의 말을 확대 해석해 적용하자면 예수 그리스도의 십자가와 부활 사건은 하나님의 나라가 충만해

질, 바로 그 종말의 참된 시작입니다.

플래너리 오코너(Flannery O'Connor)는 이렇게 말한 바 있습니다. "픽션에서 나의 주제는 사탄에 의해 거의 지배를 받고 있는 영토에서 이루어지는 은혜의 행동이다."[50] 그녀 작품의 거의 전부가 우리가 전혀 예측하지 못할 바로 그때 우리를 향해 다가오는 하나님의 전복적인 역사를 밝히는 데 주력하고 있습니다.[51]

이러한 은혜의 침입 사건은 바로 사도 바울이 정확하게 말하고 있는 바입니다. 그가 로마에 있는 교인들에게 말하고 있는 바가 2천년 후에 와서 지금 우리의 싸움과 갈등 속에서 우리를 위해 역사하고 있는 바로 그 살아있는 말씀입니다.

> 그런즉 이 일에 대하여 우리가 무슨 말하리요 만일 하나님이 우리를 위하시면 누가 우리를 대적하리요? 자기 아들을 아끼지 아니하시고 우리 모든 사람을 위하여 내어 주신 이가 어찌 그 아들과 함께 모든 것을 우리에게 은사로 주지 아니하시겠느뇨? 누가 능히 하나님의 택하신 자들을 송사하리요 의롭다 하신 이는 하나님이시니 누가 정죄하리요? 죽으실 뿐 아니라 다시 살아나신 이는 그리스도 예수시니 그는 하나님 우편에 계신 자요 우리를 위하여 간구하시는 자시니라. 누가 우리를 그리스도의 사랑에서 끊으리요 환난이나 곤고나 핍박이나 기근이나 적신이나 위험이나 칼이랴(롬 8:31-35).

바울이 어떻게 크리스천의 삶을 하나의 싸움으로 보고 있는가를 주목하시기 바랍니다. 예수님에 대해 불쌍한 마음을 갖는 것은 그 자체로는 잘못된 것이 아니라고 생각합니다. 그러나 그것은 잘못된 방향으로 흘러가는 생각입니다. 또한 우리를 향한 예수님의 불쌍히 여기심을 강조하는 것은 보다 나은 생각일지 몰라도 이것 역시 불충분합니다.

십자가 위에서 예수님은 단순히 긍휼을 보여주신 것만이 아닙니다. 자신의 생명을 대속물로 지불하시고 우리를 위해 음부에 내려가심으로써 그분은 인류를 멸망시키려는 악한 세력들에서 우리들을 효과적으로 구해내셨습니다. 이와 같은 일은 그 어떤 죽음에서도 유사한 사례를 찾아볼 수 없는 초유의 일입니다.

아마 이 메시지가 오늘 특별한 이 밤에 여러분들에게 적합한 메시지는 아닐지도 모릅니다. 다시 말해 여러분들이 하나의 영적 경험을 찾고 있다면 이 메시지가 여러분에게 맞지 않을지 모릅니다. 또한 여러분들이 보다 일반적인 의미의 종교적 메시지에 관심이 있는 경우에도 마찬가지로 죄와 악의 세력들에서 구출되는 수단으로써 십자가 위에서 고통 가운데 죽으신 예수님의 죽음의 소식은 여러분의 귓전을 그냥 스쳐지나갈 뿐입니다.

그러나 만약 여러분들이 이러한 악한 세력들의 손길에 연약한 상태로 철저하게 노출되어 있는 여러분의 모습을 느낀다면, 만약에 여러분들이 건강이 약해지고 행복이 쇠퇴하는 위협 아래 놓여있는 그러한 깨어지기 쉬운 경계선에 살고 있다는 것이 무슨 의미인지를 알고 있다면, 또 만약에 여러분들이 스스로의 힘으로는 도저히 피할 수 없는 그러한 감옥 속에 붙잡혀 있다고 느낀다면, 그렇다면 인자의 이러한 오심은 바로 이러한 여러분들을 위한 것입니다.

이 점에 대해 더 드릴 수 있는 말씀이 있습니다. 잔다르크와 같은 위대한 인물들은 안전하고도 친밀한 장소를 뒤로 하고, 담대히 악한 것들과 타락하고 부패한 것들과 분연히 맞서 싸웠던 인물들입니다. 온 시대에 걸쳐 비록 이름 없이, 그러나 자유와 인류의 번영에 깊이 관심을 기울였던 그리스도의 백성들은 하나님의 백성을 대적하는 원수들과의 싸움에서 하나님의 편에 서서 싸웠던 자들입니다.

만약 여러분들이 자신의 존재에 대해 상당히 행복해하지만 마음속으로는 다른 사람들에게 일어나고 있는 일 때문에 고통스러워하고 괴로워한다면 여러분들 역시 그리스도의 저항군으로 부름 받은 자들입니다. 만약 여러분들이 미국과 영국, 프랑스, 그리고 여러분들과 본질상 같은 자들을 위해서만이 아니라 또한 소외 계층으로서 고통당하며 살다 죽어가는 세계 인구의 3분의 2에 해당하는 흑인들과 유색인들을 위해 주리고 목마르다면(마 5:6), 그렇다면 여러분들은 우리 주님의 진영에 참여할 준비가 되어 있는 자들입니다.

이런 말이 여러분들에게는 너무 거창하게 들릴지 모릅니다. 여러분들은 누군가 다른 사람들이 이 일을 여러분보다 더 잘할 수 있을 것이라 생각할지도 모릅니다. 여러분들은 작은 행동이나 적은 기여, 그리고 조용한 움직임들은 이 일에 적합지 않다고 생각할지도 모릅니다. 그러나 결코 그렇게 생각하지 마시기 바랍니다.

거창한 일, 그리고 큰일은 이미 하늘과 땅을 지으신 우리 주님께서 이루어 놓으셨습니다. 그분은 이미 중무장된 야포를 갖고 오셨습니다. 우리의 역할은 대개의 경우 보병의 역할 정도입니다. 그러나 이 점을 반드시 기억하시기 바랍니다. 여기서 말하는 중무장된 야포는 세상적인 의미의 무기 시스템을 말하는 것이 아닙니다. 그리스도의 무기들은 고통당하는 사랑의 무기들입니다. 평범한 사람들이 하는 작은 행동들이 별 소용이 없어 보일지도 모릅니다. 또한 우리를 압도한 뒤 더 큰 정복들을 위해 달려가는 무관심하거나 적의적인 세계와 직면해서 우리는 헛된 싸움을 싸우고 있다고 생각될지도 모릅니다.

바울은 이렇게 말하고 있습니다. "기록된 바 우리가 종일 주를 위하여 죽임을 당케 되며 도살할 양같이 여김을 받았나이다"(롬 8:26). 이것이 참된 실상입니까? 바울은 계속해서 말합니다. 절대 그렇지 않다고 말입니다. 여러분들도 절대 그렇게 생각해서는 안 됩니다. 하나님의 어린 양이 우리를 위해 이미 죽임을 당하셨습니다. 이런 이유 때문에 바울은 다음과 같이 말하고 있습니다.

> … 이 모든 일에 우리를 사랑하시는 이로 말미암아 우리가 넉넉히 이기느니라. 내가 확신하노니 사망이나 생명이나 천사들이나 권세자들이나 현재 일이나 장래 일이나 능력이나, 높음이나 깊음이나 다른 아무 피조물이라도 우리를 우리 주 그리스도 예수 안에 있는 하나님의 사랑에서 끊을 수 없으리라(롬 8:37-39).

아멘.

| **거룩한 한 주의 화요일**

메시아가 그의 성전에 오시다

너희의 구하는 바 주가 홀연히 그 전에 임하리니…
그의 나타나는 때에 누가 능히 서리요?
그는 금을 연단하는 자의 불과 표백하는 자의 잿물과 같을 것이라… 말 3:1-2
이것을 여기서 가져가라 내 아버지의 집으로 장사하는 집을 만들지 말라 요 2:16

주후 1세기에 예수님, 그분은 특정한 역사적 상황 하에서 이 땅에 오셨습니다. 우리는 이 점을 꼭 기억해야 하는데, 그 이유는 지난 2세기 간에 걸쳐 이루어진 "역사적 예수"에 대한 다양한 탐구 노력들이 결국은 우리로 하여금 막다른 골목에 다다르게 했기 때문입니다. 그러나 우리는, 예수님은 단순히 총칭적 의미의 종교적인 한 인물이 아니라 누구나 쉽게 알 수 있는 당시 로마 정부의 지배하에 있었던 팔레스타인의 대단히 구체적인 한 유대인이었다는 사실에 감사해야 할 것입니다. 이 점을 반드시 인식해야 하는데 특별히 유대적 입장에서 더욱 그렇습니다. 거룩한 한 주는 수백 년 동안 유대인들에 대한 분노가 분출되는 기간이었는데, 이 것은 이런 일이 다시는 되풀이 되지 않기 위해서라면 우리 마음에 지속적으로 기억해야만 할 부끄러운 유산입니다.

히브리 성경은 예수님과 그의 제자들이 알고 있었던 유일한 성경입니다. 히브리 성경은 모든 유대인들이 마음으로 알고, 매년 하루하루를 거기에 따라 살아갔던 거룩한 경전입니다. 그러나 이 성경 중 어떤 부분들은 오늘날 그런 것처럼 당시에도 다른 어떤 부분들보다 더 선호되었습니다.

오늘 저녁, 우리는 히브리 성경의 예언서 부분을 폭넓게 가로지르고 있는 강력하면서도 대단히 도전적인 예언 전승을 살펴보려고 합니다. 그런데 이 부분은 모든 사람들이 잘 알고 있긴 하지만 거기에 대해서는 깊이 생각하기를 원하지 않는 부분이지요. 우리가 본문을 함께 생각할 때 여러분들은 이 예언 전승이 예수님 당시의 종교적인 사람들에게 그랬던 것처럼 오늘날 우리에게도 동일하게 적용될 수 있다는 점을 인식하게 될 것입니다.

이 예언 전승은 두 가지 양상을 지니고 있습니다. 첫째로 이 전승에 따르면 하나님은 자신의 택한 백성들에 대해서 의로운 분노를 갖고 계셨는데, 그 이유는 하나님의 한없는 인내와 자비에도 불구하고, 그들은 하나님의 의로우심에 대해서보다는 자신들이 임의로 설정한 예배 양식들에 훨씬 더 관심을 기울였기 때문입니다.

이사야는 이 점에 대해 다음과 같이 말하고 있습니다.

> 여호와께서 말씀하시되 너희의 무수한 제물이 내게 무엇이 유익하뇨? 나는 수양의 번제와 살진 짐승의 기름에 배불렀노라 … 내 마음이 너희의 월삭과 정한 절기를 싫어하나니 그것이 내게 무거운 짐이라 내가 지기에 곤비하였느니라 … 너희가 많이 기도할지라도 내가 듣지 아니하리라 … (사 1:11-15)

지속적으로 선지자 이사야는 백성들의 종교에 대한 이러한 심판의 말씀을 발합니다. 이 심판의 경고는 구약에 나타나는 가장 두드러진 주제 중 하나입니다. 또 하나의 예가 이사야의 한 본문에 나타납니다. " … 이 백성이 입으로는 나를 가까이하며 입술로는 나를 존경하나 그 마음은 내게서 멀리 떠났도다"(사 29:13).

세 번째의 예는 아모스에 나오는 유명한 본문입니다. 내가 너희 절기를 미워하여 멸시하며 너희 성회들을 기뻐하지 아니하나니 … 네 노래 소리를 내 앞에서 그칠지어다. 네 비파 소리도 내가 듣지 아니하리라. 오직 공법을 물같이 정의를 하수같이 흘릴지로다(암5:21-24).

미가서에 따르면 하나님의 심판은 이스라엘 집의 사제들 위에 특별히 무겁게 내립니다.

> 그 제사장은 삯을 위하여 교훈하며
>   그 선지자는 돈을 위하여 점치면서
> 오히려 여호와를 의뢰하여 이르기를
>   "여호와께서 우리 중에 계시지 아니하냐?
> 재앙이 우리에게 임하지 아니하리라" 하는도다(미 3:11).

이 예언 전승의 두 번째 양상에 따르면 하나님은 단순히 멀리서 이러한 왜곡된 예배에 대해 반대하시지 않습니다. 그분은 이에 대해 무엇인가를 행하십니다. 예를 들어 예레미야 선지자는 하나님이 크나큰 예루살렘 성전을 허무시고, 그 백성들을 그의 목전에서 내어 쫓으실 것이라고 선포하고 있습니다(렘 7:14-15).

그리고 미가 선지자는 다음과 같이 외치고 있습니다.

> 여호와께서 그 처소에서 나오시고 강림하실 것이라
> 그 아래서 산들이 녹고
>   골짜기들이 갈라지기를,
> 불 앞의 밀 같을 것이라
> 이는 다 야곱의 허물을 인함이요,

이스라엘 족속의 죄를 인함이라(미 1:3-5).

이 구절들은 저를 매우 걱정되게 만듭니다. 상당 부분이 피상적인 제 복음 사역 때문에 제가 하나님의 심판 아래 서 있음을 잘 알고 있기 때문입니다. 만약 여러분들이 제가 이런 말을 하는 것이 여러분들에게 어떤 감동을 주기 위해서라고 생각한다면 그것은 대단한 오해입니다.

미가가 전하는 제사장들에 대한 본문(3:12)은 이런 식으로 끝을 맺습니다. "너희 (제사장들)로 인하여 … 예루살렘은 폐허의 무더기가 되리라." 감독교회는 폐허의 무더기가 될 것이라고 말하는 사람들이 있습니다. 문제는 이렇게 말하는 사람들이 종종 자신들은 옆에서 안전하게 서서 다른 사람들이 멸망당하는 것을 지켜보게 될 것이라고 생각하고 있는 듯하다는 점입니다. 글쎄요, 아마 우리 모두가 때때로 이렇게 생각하지 않았나 싶습니다.

우리는 이러한 예언의 말씀들을 과거의 일들로 치부해 버리거나 다른 몇몇 그룹의 사람들에게 주어진 것으로 생각합니다. 만약 우리가 그렇게 하면 우리는 크리스천으로서의 우리의 소명을 잃어버리는 것입니다. 크리스천이 해야 할 첫 번째 것이 있다면 그것은 한걸음 더 나아가 *우리* 모두가 이런 심판 아래 있다는 것을 인정하는 것입니다. 바로 이것이 정확히 성회일로 불리는 재의 수요일에 우리가 하는 일들입니다.

베드로전서의 저자가 표현하고 있듯이 "하나님의 집으로부터 심판을 시작할 때가 도래하였습니다"(벧전 4:17). 그 어떤 사람의 집에서부터가 아니라 *우리 자신의* 집에서부터 심판이 시작됩니다.

인간 본성의 적나라함을 보인 후 이 예언적 주제는 뒤의 배경으로 흘러들어갑니다. 그렇지만 잊힌 것은 아닙니다. 이 예언 전승들을 소중히 여겨 이것들을 기록으로 남겨 후대로 전수시켰으며 이것들은 회당 예배에서 지속적으로 낭송되었고, 사람들은 그것들을 경청하였습니다.

시간이 흘러감에 따라 이 전승 주위에 새로운 신앙체계가 형성되어 갔으며, 드디어 때가 되어 하나님이 실제로 "그의 하늘 보좌로부터 내려 오사" 그의 대리인을 이 세상에 보내셨고, 주님의 이 대리인은 하나님의 메시아로서 후에 가서 "인자"로 불리게 됩니다(단 7:13). 이 인자는 하나님이 방문하실 미래의 위대한 한 날에 나타나실 것입니다. 그분은 주의 예배를 정결케 하실 분이십니다. 52)

이것이 좋은 소식인가요 아니면 나쁜 소식인가요? 여러분들은 어떻게 생각하십니까? 대부분의 사람들은 나쁜 소식은 듣기 싫어하는데, 그 나쁜 소식이 다른 어떤 사람에 대한 것이 아니라면 싫어하는 것은 충분히 이해할 수 있는 일입니다. 이러한 좋지 못한 인간의 성향, 즉 다른 사람들의 불행에 대해 기쁨을 느끼는 것을 *Schadenfreude*(남의 불행을 기뻐함)라 부르는데, 이것이 도처에 존재한다는 것은 원죄를 아주 잘 보여주는 한 예입니다. 우리는 나쁜 소식들은 할 수 있는 한 다른 사람들에게 털어내 버리려 합니다.

주후 1세기 팔레스타인에 살았던 대부분의 선량한 유대인들은 메시아가 오셔서 악한 로마의 지배를 종식시키고 그들에게 도덕적으로 종교적으로 우월한 적절한 장소를 회복시켜 주실 것이라고 믿고 있었습니다. 이것 역시 저와 여러분들이 생각하는 바가 아닐까요? 은밀히 혹은 어느 정도 공공연히 우리 모두는 우리의 방식들이 최상의 것이라고 생각지 않나요? 물론 우리는 다른 사람들의 방식들을 우리가 존경한다고 말합니다만, 우리가 진정 위협을 당하는 순간 관용은 멀리 사라져 버립니다. 감독교회가 하나의 고전적 예일 것입니다.

저는 예배 스타일에 관계된 이슈들 때문에 사실상 분쟁 중에 있는 많은 교회들을 알고 있습니다. 평신도 지도자들이 "찬양음악"이나 기타, 그리고 영상기를 사용해서 지교회 교인들을 즐겁게 하려는 새로운 예배 형태를 도입할 수 있도록 허용될 것이지만 새로운 "예배 갱신"이 더욱 확대되어서 교인들로 하여금 전통적인 예배의식을 멀리하게 할 정도로 위협적이게 되면 사람들은 서로에 대해서 공격의 비수를 들이대기 시작합니다.[53]

우리가 어느 편에 서있든지 이슈가 무엇이든지 우리는 죄에 지배를 받아 우리의 입장을 고수하며, 우리 역시 회개할 필요가 있는 존재라는 점을 받아들이기를 거부합니다. 우리는 메시아가 우리를 인정해 주실 것이고, 또한 우리가 행하고자 하는 모든 것들을 인정하실 것이라고 확신합니다. 우리가 누구이든지 간에 하나님은 우리를 "폐허의 무더기"로 만드실 것이라는 생각은 우리로서는 감히 상상할 수도 없는 생각일 뿐입니다. 우리는 우리가 아닌 다른 어떤 사람이 그렇게 될 것이라고만 생각합니다.

말라기는 구약 선지자들의 마지막 선지자들 중 하나로 우리에게 알려져 있지요.[54] 다른 선지자들처럼 말라기는 당시 종교의 부패와 타락을 신랄하게 공격했으며, 또한 하나님이 실제로 그의 성전에 임하여 모든 것들을 바르게 하실 한 때를 예언하고 있습니다. 그는 놀라운 구절 하나를 기록한 바 있는데, 이 구절은 헨델의 메시아라는 칸타타의 가사로 영원히 빛나고 있습니다.

> 만군의 여호와가 이르노라 보라 내가 내 사자를 보내리니 그가 내 앞에서 길을 예비할 것이요 또 너희의 구하는 바 주가 홀연히 그 전에 임하리니 곧 너희의 사모하는 바 언약의 사자가 임할 것이라(말 3:1).

분명히 "너희가 구하는 바", 곧 주님이라는 좋은 소식이 약속되고 있습니다. 만약 그분이 우리가 구하는 바로 그분이라면 그분은 필경 우리가 학수고대해 왔던 분이고, 우리가 전적으로 의존해 있는 분이실 겁니다.

그러나 말라기는 계속해서 다음과 같이 말합니다.

> 너희의 구하는 바 주가 홀연히 그 전에 임하리니 … 그의 임하는 날을 누가 능히 당하며 그의 나타나는 때에 누가 능히 서리요 그는 금을 연단하는 자의 불과 표백하는 자의 잿물과 같을 것이라. 그가 은을 연단하여 깨끗하게 하는 자 같이 앉아서 레위 자손을 깨끗케 하되 금, 은 같이 그들을 연단하리니 그들이 의로운 제물을 나 여호와께 드릴 것이라(말 3:2-3).

헨델의 오라토리오를 좋아하시는 여러분들은 이 부분에서 불꽃처럼 강렬하게 타오르는 선율을 분명 기억하실 겁니다. 그렇지만 때때로 친숙한 음악이 지닌 아름다움이 너무도 커서 그 깊은 의미를 우리는 가끔 놓치게 되지요. 이 구절이 의미하는 바는 메시아가 오실 그 때는 고통스러울 것이라는 점입니다. 용광로 속에서 쇳물이 녹아내리는 것과 같은 고통이 있을 것이라는 뜻입니다. 사실상 이 본문은 너무도 불편한 구절이기에 레위지파의 제사장들이 이 구절을 삭제하지 않았다는 것은 놀라운 일입니다. [55]

이제 이러한 구약 배경을 염두에 두시면서 우리가 지금 주후 33년경의 팔레스타인의 수도에 있다고 상상하시기 바랍니다. 그곳은 지금의 우리가 살고 있는 도시와 같지 않습니다. 당시 예루살렘은 단지 하나의 교회밖에 없었으며, 모든 사람이 그 교회에 출석했습니다. 유월절 주간이었으며 무리들로 가득 차 술렁거렸지요.

예루살렘 성전은 여행자들의 관람 선호 1위였고 최고조에 달한 종교의 본산이었습니다. 거기에는 인류가 지닌 모든 종교적 본능들이 전시되어 있었습니다. 성소에서는 예전적 춤이 있었고, 성전 마당에서는 퍼포먼스 예술이 진행되고 있었으며, 회당 회중석에서는 요란한 미사가 드려지고 있습니다.

사람들은 본당 입구의 넓은 홀에서 여행안내 책자를 구입할 수 있으며, 교회당의 좌우 주변에서 팔고 있는 요리책도 구입할 수 있고, 교구회

관에서 자동차에 붙이는 각종 스티커들을 살 수 있습니다. 헬스와 다이어트 전문가들이 주일학교 부속건물에서 회합을 갖고, 요가를 하는 사람들은 체육관에서 만납니다. AA그룹이란 불리는 알코올중독자모임은 오디오-비디오 룸에서 모임을 갖습니다. 지하에서는 기도 모임이 있고, 교회마당에서는 꽃박람회가 있으며, 응접실에서는 집단 테라피가 있습니다. 그리고 다섯 군데에 있는 현금지급기에서 사람들은 돈을 인출할 수 있습니다.

이 얼마나 놀라운 성전이요 교회입니까! 아마 하나님도 매우 즐거워하셨을지 모르겠습니다. 그러나 갑자기 이 소란은 무엇입니까? 사람들이 소리 지르며 이리저리 뛰어가고, 짐승들이 발에 채이고, 여기저기서 서로 부딪치고 충돌하고, 쪼개진 장작들이 나뒹굴고, 동전들이 바닥에 굴러다니고, 테이블이 뒤엎어지고, 도처에 음식들이 쏟아져 있는 등 완전히 난장판의 모습입니다. 하나님의 이름으로 도대체 어떤 일이 일어나고 있기에 이런 형국입니까?

우리는 이 소란이 일어난 쪽으로 눈을 돌립니다. 우리의 시선은 성전 중앙에 카리스마를 갖고 얼굴에는 노기를 띤 채 거친 숨을 몰아쉬시며, 한 손에는 여러 갈래의 가죽을 한데 엮어 만든 거친 채찍을 들고 계신 분에 머물게 됩니다. 우리는 그가 행하신 일을 목격한 증인들에게 듣게 됩니다. 그분은 여느 다른 보통의 구경꾼들이나 예배자들처럼 성전 내로 걸어 들어오셔서 땅에 있는 골풀들을 주어 그것들을 한데 엮어서 채찍을 만들어(물론 그 어느 누구도 칼이나 곤봉 등을 성전 경내로 들여올 수 없었기 때문입니다), 아무런 잘못 없는 장사치들을 모두 채찍으로 몰아내기 시작했다고 합니다. 이렇게 해서 이러한 난장판이 생겨난 겁니다.

왜 이 분이 당시 현장에서 체포되지 않았는지에 대해서는 알 길이 없습니다. 그분은 그렇게 충격적인 방식으로 행동하실 수 있는 충분한 권리가 있으신 것처럼 그렇게 행동하셨습니다. 심지어 그분은 그의 아버지의 집인 그 성전에 대해 다음과 같은 말씀을 하기까지 했습니다. "내 아버지의 집으로 장사하는 집을 만들지 말라"(요 2:16).

분명히 그분에게는 제왕적 분위기, 즉 감히 접근할 수 없으며 사람들로 하여금 재삼 생각하게 만드는 카리스마와 권위가 서려있습니다. "너희의 구하는 바 주가 홀연히 그 전에 임하리니 … 그의 임하는 날을 누가 능히 당하며 그의 나타나는 때에 누가 능히 서리요 그는 금을 연단하는 자의 불과 표백하는 자의 잿물과 같을 것이라."

종교적 지도자들이 그에게 나아갑니다. 그러나 그에게 손을 대지는 않습니다. 대신 그들은 그에게 여러 질문들을 하고 있는 듯합니다. 좀 더 가까이 다가가서 그들이 말하는 것을 들어보기로 합시다. 그들의 주된 관심사는 그의 기이한 권위가 어디서 왔는가를 알아보고자 하는 듯합니다. "이에 유대인들이 대답하여 예수께 말하기를 네가 이런 일을 행하니 무슨 표적을 우리에게 보이겠느뇨? 예수께서 대답하여 가라사대 너희가 이 성전을 헐라 내가 사흘 동안에 일으키리라"(요 2:18-19).

이러한 수수께끼 같은 대답과 함께 그분은 아무런 제약을 받지 않고 무리를 지나 그의 길을 가셨고, 성전 관리들은 그 자리에 남아 이렇게 서로에게 말합니다. "이 성전은 사십육 년 동안에 지었거늘 네가 삼 일 동안에 일으키겠느뇨?"(요 2:20).

여러분, 예루살렘 성전에서 그 유명한 날에 예수께서 행하신 바는 그분이 화를 내셨다는 점이 아닙니다. 여러분들은 종종 "성전 청결" 사건이 이런 식으로 해석되는 것을 듣습니다. 즉 "봐라, 인간 예수가 어떠한지를! 그도 모든 사람들처럼 똑같이 화를 내시지 않는가?" 그러나 그것은 그렇지 않습니다.

그 날에 예수께서는 분명한 어조로 그리고 명백하게 자신이 성전의 주 되심을 선포하셨습니다. [56] 예수님의 행동 그 자체보다도 이 점이 바로 더욱더 종교지도자들을 무력하게 만든 것입니다. 예수께서 돈 바꾸는 자들의 상을 뒤엎으셨을 때, 그분은 *나는 선지자가 예언한 바 있는 바로 그 언약의 메신저니라* 라고 말씀하고 계십니다. 57)

예수께서는 자신의 행동을 통해서 *나는 나의 아버지께 드리는 예배를 성결케 하기위해서 왔노라*고 말씀하고 계십니다. 이 말씀은 선지자 말라기의 선포였습니다. "그가 … 레위 자손을 깨끗케 하되 금, 은 같이 그들을 연단하리니 그들이 의로운 제물을 나 여호와께 드릴 것이라"(말 3:3).

유감스럽게도 저와 여러분들은 예수님 당시의 사람들이 그랬던 것보다 더 이런 종류의 일을 좋아하지 않습니다. 우리는 우리 자신이 연단하는 자의 연단을 받을 필요가 있다고 결코 생각하지 않습니다. 그러나 아마 여러분들도 인정하다시피 우리는 정결하게 될 필요도 있고, 좀 부드럽게 되어야 할 필요도 있으며, 모난 부분들이 다듬어지고, 찌그러진 부분들이 반듯하게 펴져서 흠 없이 될 필요는 있을 겁니다. 그렇지 않나요?

그러나 고강도의 용광로는 필요로 하지 않습니다. 우리는 예수께서 오셔서 우리가 앉아 있는 의자를 뒤엎어 버리기를 원하지 않습니다. 아니보다 더 정확히 말해서 다른 사람의 의자는 뒤엎을 수 있지만, 내 의자는 아니라고 생각합니다. 우리는 우리의 예배가 우리가 원하는 현재의 방식 그대로의 모습을 갖추도록 최선을 다 해왔으며, 우리는 그 어느 누구도, 심지어 하나님의 아들이라도 우리가 준비해놓은 예배를 망치는 것을 원하지 않습니다.

그렇다면 우리에게 남겨진 것은 무엇인가요? 여러분, 우리가 어디에 설 수 있다고 생각하시나요? 이 모든 것들이 오늘 우리에게는 오직 슬픈 소식인가요? 우리 모두는 만약 우리가 그날 예루살렘 성전에 있었다면, 우리 역시 자신을 메시아라고 생각하고 있는 듯한 이 소요를 일으키는 사람을 제거하기 위해 음모를 꾸미는 사람들의 일부가 되었겠지요. 여러분, 이 점을 알고 있기에 이러한 불편한 상태에서 우리 자신을 포기해 버리시겠습니까? 이것은 하나님은 우리에 대해 진노하시며 우리는 그를 기쁘게 하지 못할 뿐만 아니라 기쁘게 할 수도 없고 이 땅에는 참된 예배가 없다는 사실만을 뜻합니까? 〈참조: 렘브란트의 "성전에서 돈 바꾸는 자들을 내어 쫓으시는 그리스도"〉

교회가 거룩한 한 주의 중간에 이 어려운 교훈의 말씀을 낭송하는 것은 결코 우연이 아닙니다. "언약의 메신저"되신 이 분은 우리 모두, 즉 우리 교회의 행사들과 우리가 즐겨 부르는 찬송들과 우리가 드린 헌물들, 그리고 이 아름다운 교외 지역에서 우리가 누리고 있는 사회적 위치들을 주님 되신 우리 하나님보다 더욱 사랑하는 우리가 앉아 있는 모든 좌석을 둘러엎으셨습니다.

재의 수요일인 성회일에 우리는 거룩한 사순절을 지키겠다고 우리 자신을 헌신하였습니다. 여러분은 이 날들을 어떻게 지내고 계십니까? 여러분들의 경우는 잘 모르겠지만, 저는 지금까지 사순절마다 실패했습니다. 매해 사순절마다 실패했습니다. *저는 제가 연단하는 자의 불에 연단 받을 필요가 있다는 점을 잘 알고 있습니다.*

그러나 이 점을 잘 들으시기 바랍니다. 기도드리는 저의 책상을 뒤엎으신 그분이 바로 이 거룩한 한 주간에 *나를 대신해* 배반당하고 저주받고 굴욕을 당하시며 버림받고, 죽임을 당하시기 위해서 자신의 길을 걸어가신 바로 그분이라는 점입니다.

선지자 미가는 다음과 같이 이 점을 아주 극명하게 표현하고 있습니다. "이스라엘 족속의 죄를 인하여 … 여호와께서 그 처소에서 나오시고 강림하실 것이라." 하나님의 아들이 자신의 처소로부터, 하늘로부터, 하늘 영광으로부터, 하늘 높이 있는 자신의 장엄하신 보좌로부터 내려오셔서 우리의 타락한 형상을 입으셨습니다. 이로써 온 세상이 제 3일에 새 생명으로 다시 살림을 받기 위함이었습니다. 성전과 교회의 퇴락한 예배를 대신하셔서 예수께서는 자신의 생명, 즉 자신의 몸 그 자체를 내어 놓으시되 성부 하나님에 대한 참된 정결한 예배로서 자신을 내어 주셨습니다.

바로 이것이 다음의 요한복음의 구절들이 말하는 바입니다.

> 이에 유대인들이 대답하여 예수께 말하기를,
> "네가 이런 일을 행하니 무슨 표적을 우리에게 보이겠느뇨?"
> 예수께서 대답하여 가라사대,
> "너희가 이 성전을 헐라 내가 사흘 동안에 일으키리라."
> 유대인들이 가로되,
> "이 성전은 사십육 년 동안에 지었거늘 네가 삼 일 동안에 일으키겠느뇨?"
> 하더라.
> 그러나 예수는 성전 된 자기 육체를 가리켜 말씀하신 것이라. 죽은 자 가운데서 살아나신 후에야 제자들이 이 말씀하신 것을 기억하고 성경과 및 예수의 하신 말씀을 믿었더라(요 2:18-22).

그리고 심지어 지금 이 저녁에 바로 이 메시아께서 자신의 성전에 오십니다. 성육신하시고, 십자가에 못 박혀 죽으시고, 부활하신 *예수 그분께서 친히* 성부 하나님에 대한 참된 예배가 되셨습니다. 연단하는 자의 불은 바로 이 분께서 자신을 통해 우리에게 베푸신 바입니다.

예, 그렇습니다. 제가 예배드리기 위해 앉아있는 자리가, 즉 나의 모든 겉치레들, 나의 모든 버팀목들, 나의 모든 방어벽들, 나의 모든 가면들, 특히 나의 우상들 모두가 샅샅이 벗겨져 폭로될 자리입니다. 하나님은 우리 중 어느 누구도 우리 자신의 우상숭배적인 관심과 이익들을 추구해 살면서 하나님은 끊임없이 언제나 주변에 머물도록 허용하지 않으실 것입니다.

그러나 좋은 소식, 기쁨의 소식, 그리고 우리를 자유롭게 하는 소식이 있습니다. 채찍을 손에 쥐신 그 메시아는 "세상 죄를 지고 가는 하나님의 어린양"(요 1:29)이라는 점입니다. 그분은 자신의 성전에 오셨고, 그의 강렬한 빛 속에서 우리는 우리 자신의 죄 된 현재 모습을 보게 됩니다. 그러나 심판 가운데 그분이 오심은 동시에 단회적으로 우리의 참된 예배를 위해 자신의 몸과 피를 드림입니다.

기독교 공동체가 이 메시아의 정결하게 하시고 연단하는 불로 정제하심에 내어 맡기는 것이 바로 예수가 주님이라는 사실을 세상에 증거하는 것이고, 그분은 우리가 그분처럼 의롭고 거룩해질 때까지 우리를 결코 내어두지 않으실 것이라는 사실을 세상에 널리 증거 하는 일입니다. 심지어 지금 바로 이 순간에도 우리 모두가 예수님의 최초의 제자들의 반열에 참여하여 동일한 고백을 하라는 요청이 우리 앞에 있습니다. 바로 이 밤에 "제자들이 이 말씀하신 것을 기억하고 성경과 및 예수의 하신 말씀을 믿었더라"(요 2:22)라는 말씀이 우리 모두에게도 동일하게 적용될 수 있기를 축원합니다.

아멘.

| 거룩한 한 주의 수요일

하나님의 어린양

이튿날 요한이 예수께서 자기에게 나아오심을 보고 가로되
 보라 세상 죄를 지고 가는 하나님의 어린양이로다 요 1:29
아들아, 번제할 어린양은 하나님이 자기를 위하여 친히 준비하시리라 창 22:8
피 흘림이 없은즉 죄사함이 없느니라 히 9:22

세계 어디에서나 기독교 예술작품이 있는 곳에서는 언제나 어린양의 모습이 표현되지요. 깃발과 함께 있는 어린양이나 깃발과 함께 누워있는 어린양, 혹은 책들 위에 누워있는 어린양의 모습들입니다. 이 모습을 지칭하는 라틴어 이름은 하나님의 어린양이란 뜻의 Agnus Dei입니다. Agnus Dei는 우리가 성만찬 때 종종 부르는 오래된 찬송의 이름이기도 합니다. 이 Agnus Dei란 단어는 바하나 하이든, 베르디 등등의 위대한 음악가들이 만든 모든 미사곡들의 일부를 구성하고 있기도 합니다.

세상 죄를 지고 가는 하나님의 어린양이시여,
    우리에게 자비를 베푸소서.
세상 죄를 지고 가는 하나님의 어린양이시여,
    우리에게 자비를 베푸소서.
세상 죄를 지고 가는 하나님의 어린양이시여,

우리의 기도를 받으소서.

유명한 19세기 설교자인 알렉산더 맥클라렌(Alexander Maclaren)은 다음과 같이 말한 바 있습니다. "세상 죄를 지고 가는 하나님의 어린양"이란 이 구절은 모든 기독교 설교의 결정체입니다. … 나의 책무와 모든 설교자의 책무는 이 본문의 의미를 바르게 이해할 수만 있다면 바르게 이해해서 동일한 메시지를 반복해 전하며 거기에 관심을 집중하는 것입니다. … 우리가 지금 여기에 한자리에 모여 앉은 유일한 이유가 있다면 그것은 다름 아니라 여러분들을 위해, 세상 죄를 지고 가는 하나님의 어린양을 바라보라고 여러분들을 제가 권면하는 것뿐입니다. [58]

그러나 우리 중 얼마나 "이 구절을 바르게 이해하고" 있을까요? 우리 중 많은 사람들은 "하나님의 어린양"이란 이 말씀을 너무도 많이 듣고 말했기 때문에 이런 식으로든 아니면 저런 식으로든 간에 어떤 식으로든 이 구절에 대해 생각하지 않을 정도가 되었지요. 심지어 우리는 "하나님의 어린양"이란 표현이 수많은 방식으로 해석되고 있는 것조차 모릅니다. 사실 이러한 해석의 상당수는 아주 잘못된 해석이기조차 합니다.

예를 들어 감상적인 빅토리아 시대에는 예수를 어린양으로 생각하는 것이 일반적이었는데, 그 이유는 그분은 예컨대 온화하고 유순하며 얌전하다고 생각했기 때문입니다. 이런 종류의 문화적 편견은 우리에게 "하나님의 어린양"에 대해 아주 잘못된 이해를 갖게 할 수 있지요.

아마 오늘날의 경우 우리의 문화적인 문제는 이러한 감상적 이해에 있다기보다는 성경적 지식이 결여되어 있다는 점일 것입니다. 제가 개인적으로 독실한 교인들을 조사해본 바에 따르면 하나님의 어린양이란 이미지가 의미하는 바가 무엇인지를 아는 사람이 대단히 적었습니다. 오늘날 "하나님의 어린양"이란 말은 듣는 사람들은 이에 대해 아무런 생각을 떠올리지 않습니다.

그러나 신약시대의 경우에는 좀 다릅니다. 이 말을 들은 사람들은 수많은 연상들을 떠올림으로, 아주 깊은 차원에서 마음과 생각으로 생생하게 이 이미지를 즉각적으로 생각해 낼 수 있었지요. 다음의 몇 가지들은 요한 당시의 사람들이 알고 있었던, 그렇지만 우리는 알고 있지 못한 연상들입니다.

첫째로, 그들은 하나님의 구원을 온 세상에 가져오시며 모든 악을 영원히 멸망시키실 분, 즉 신적인 능력과 권위를 갖고 있는 메시아가 오실 것이라는 점을 알고 있었습니다. 이 정도는 우리가 모두 추측할 수 있기에 이 점은 별로 놀라운 일이 아닐 겁니다.

그러나 우리가 잘 모르고 있는 것은 이 메시아를 승리하여 의기양양하고 정복하는 어린양으로 묘사하는 다양한 문헌들이 당대의 사람들에게 잘 알려져 있었다는 점입니다. 이런 이미지는 우리에게 매우 낯선 이미지입니다. 왜 당시의 사람들은 승리와 정복을 나타내기 위해서 이러한 변덕스럽고 보잘 것 없는 동물을 사용했을까요?

만약 여러분들이 당시 유대 묵시문학의 일환인 에녹서를 본다면 이런 이미지가 분명해질 것입니다. 사실 여러분들이 여러분들의 상상력을 발휘해서 당시 유대인들처럼 우리들이 포위되어 위험한 상황에 놓여있다고 생각하고, 이 책을 읽으면 아마 재미있을 것입니다.

에녹서에서 하나님의 백성은 선한 구약 전승에 따라서 풍유적으로 일군의 양 무리, 즉 보호와 관심을 필요로 하는 양떼로 묘사됩니다.[59] 어린 양들의 탄생은 물론 새로운 세대를 상징합니다. 그러나 어린 양들을 잡아 죽이고 멸망시키는 사나운 들짐승들의 살육 때문에 이러한 소망은 위협을 받게 되지요. 어린 양들은 보호해 달라고 어미 양들을 향해 애처롭게 울부짖습니다. 그러나 어미 양들도 어찌 할 수 없습니다. 그 때 어린 양 중 한 마리가 자신의 뿔을 키우기 시작합니다(성경에서 여러분들이 뿔과 같은 것을 보게 되면, 그것들은 권세와 다스림을 의미합니다). 그리고 이제 장성한 이 위대한 뿔 달린 어린양에게 검이 주어지고, 이 양은 하나님의 양 무리의 모든 대적들을 물리치고 멸망시킵니다.

우리는 이런 종류의 이야기에 익숙하지 않습니다만 예수님 당시와 가깝게 살았던 당시 사람들에게는 이런 이야기는 매우 친숙한 이야기입니다. 만약 여러분들이 계시록을 잘 알고 있다면 여러분들은 정복하는 어린양, 즉 사탄과 모든 형태의 악과 죄, 그리고 죽음에 대해 승리를 쟁취하는 어린양을 잘 알 겁니다. 바로 이런 이유 때문에 기독교 상징 속에 나오는 어린 양은 깃발을 지니고 있는데, 이 깃발은 전쟁 깃발입니다. 전쟁의 승리자는 패배자의 깃발을 빼앗아 갑니다. 메시아가 "사탄의 깃발을 노획하셨습니다."[60]

둘째로, 요한계시록은 우리에게 어린양이란 이미지가 지닌 두 번째의 보다 깊은 의미에 대해서 수많은 실마리들을 제공합니다. 계시록에 나오는 하나님의 승리의 어린양도 여전히 죽임 당한 이미지와 표징들을 담고 있습니다. 죽임 당한 어린양은 당시 신약의 크리스천들에게는 어떤 의미를 지녔을까요?

비록 오늘날 다수의 교인들이 '피'라는 주제에 대해 거부감을 갖기는 하지만 히브리서는 "피 흘림이 없이는 죄 사함이 없다"(히 9:22)는 점을 분명히 밝히고 있습니다. 천년 그 이상 이스라엘 사람들은 속죄의 수단으로 하나님께 짐승을 잡아 제사를 드려왔습니다. 피를 제단과 땅에 쏟아 부었으며 마지막으로 언약궤의 시은좌 위에 속죄의 수단으로 피가 뿌려졌습니다.[61] 더욱이 어린 양들은 아침과 저녁으로 일 년 내내 매일같이 성전에서 제물로 드려졌는데, 이것이 제사장들의 주된 임무였습니다.

속죄제로서 드려지는 어린양이란 이미지는 우리에게 TV 광고가 친숙하듯이 그렇게 예수님 당시의 사람들에게 친숙한 이미지였습니다. 그러므로 "세상 죄를 지고 가는 하나님의 어린양"이란 해석이 필요 없을 만큼 그 의미가 분명했으며, 단지 질문이 있다면 나사렛의 예수가 과연 이러한 어린양일 수 있었는가 하는 점뿐이었습니다.

셋째로 보다 더 극적인 이미지는 유월절 어린양이란 이미지입니다. 여러분, 여러분 스스로를 홍해로 도망 나가는 전날 밤에 애굽의 노예로 있는 이스라엘 백성 중 하나라고 생각해 보시기 바랍니다. 62) 그 흥분과 감동, 그리고 분주히 준비해야 할 일들, 그리고 염려와 걱정들, 즉 꾸려야 할 짐도 별로 없는데 무엇을 갖고 갈인가를 생각하며 광야 길을 위해서 누룩을 넣지 않은 빵을 굽고, 어린아이들을 조용히 시키고, 장차 다가올 자유를 생각하면서도 미지의 세계에 대한 두려움으로 걱정하면서, 더욱 이 죽음의 천사가 그들과 애굽 사람들의 머리 위를 지나갈 것이라는 생각 등등으로 그들은 흥분하고 긴장했습니다. 63)

이런 상태에서 그들이 기다리고 있는 동안 누가 그들을 죽음의 천사로부터 지켜줄 것인가? 바로 *어린양의 피*였습니다. 이 얼마나 전율케 하는 이미지입니까! 여기에 출애굽기가 말하는 이야기를 들어보시기 바랍니다.

> 모세가 이스라엘 모든 장로를 불러서 그들에게 이르되 너희는 나가서 너희 가족대로 어린 양을 택하여 유월절 양으로 잡고, 너희는 우슬초 묶음을 취하여 그릇에 담은 피에 적시어서 그 피를 문 인방과 좌우 설주에 뿌리고 아침까지 한 사람도 자기 집 문 밖에 나가지 말라. 여호와께서 애굽 사람을 치러 두루 다니실 때에 문 인방과 좌우 설주의 피를 보시면 그 문을 넘으시고 멸하는 자로 너희 집에 들어가서 너희를 치지 못하게 하실 것임이니라.
> …
> 너희는 이 일을 규례로 삼아 너희와 너희 자손이 영원히 지킬 것이니, 너희는 여호와께서 허락하신 대로 너희에게 주시는 땅에 이를 때에 이 예식을 지킬 것이라. 이 후에 너희 자녀가 묻기를 이 예식이 무슨 뜻이냐 하거든

> 너희는 이르기를 이는 여호와의 유월절 제사라 여호와께서 애굽 사람을 치실 때에 애굽에 있는 이스라엘 자손의 집을 넘으사 우리의 집을 구원하셨느니라 하라 하매 백성이 머리 숙여 경배하니라(출 12:21-27). **64)**

그러므로 분명히 세례요한의 외침을 들은 사람 중에서 (혹은 제 4복음서를 읽는 자들 중에서) 유월절 어린양은 애굽으로부터의 구원을 위한 희생 제물이었다는 사실을 모르는 사람은 아무도 없었을 것입니다. **65)** 그러므로 세상 죄를 지고 가는 하나님의 어린 양이란 예수님의 이미지는 죄를 위한 피의 제물이란 이미지와 속박과 억압으로부터 벗어나 자유롭게 될 것을 위한 유월절 어린양이란 이미지의 조합입니다. **66)** "우리의 유월절 (어린양)이신 예수 그리스도는 우리를 위해 희생 제물이 되셨도다. 이러므로 우리가 유월절을 지키는도다"(고전 5:7-8). **67)**

그러나 심지어 이것도 전부는 아닙니다. 우리는 네 번째의 주제를 생각해야 할 것입니다. 성경 전체를 통해서 가장 널리 애송되는 본문 중 하나인 이사야 53장에 보면 멸시를 받고 버림받는 하나님의 고난 받는 종, 즉 간고를 많이 겪었으며 질고를 아는 자요, 마치 도수장에 끌려가는 어린양과 같으며, 스스로 자신에게 다른 사람들의 죄를 담당시키신 분인 신비한 인물인 하나님의 고난 받는 종이 나옵니다. 이 유명한 이미지 속에서 초기 크리스천들은 자신들의 주님이신 예수 그리스도를 보았으며, 또한 이사야 선지자가 계시를 통해 그리고 믿음 가운데 봤던 것을 처음으로 이해하게 되었다고 느꼈습니다. "세상 죄를 지고 가는 하나님의 어린양을 보라."

성경의 주된 주제 중 하나는 자신의 최악의 상태로부터 스스로를 구출해 낼 수 없는 인간의 무력함입니다. 외적인 것들이 바뀌면 바뀔수록 놀랍게도 사람들은 더더욱 이전과 동일하게 머물러 있습니다. 성적인 혁명이나 변화하는 여자의 역할, 그리고 사이버테크놀로지의 출현과 같은 것들은 우리의 상상을 초월할 정도로 사회를 확실히 바꾸어 놓았습니다. 그러나 20세기를 통해 우리가 배운 바가 있다면 그것은 문명화된 인류는 지금까지는 드러나지 않았을지 몰라도 그 끝이 없는 깊은 사악함을 지니고 있다는 점입니다. 인간의 도덕적인 진보와 성장이란 신화는 유태인 대학살의 현장인 아우슈비츠에서 끝나버렸습니다. 지성사의 가장 위대한 철인들은 인간 본성에 대한 낙관론은 전도서가 말하듯이 "우매자의 제사 드림"(전 5:1)이라는 사실을 인식했습니다.

성경의 증언에 따르면 스스로에게 맡겨진 인간과 인류는 자기 파멸의 길로 치닫는 소용돌이 속에 붙잡혀 있는 존재와 같습니다. 창세기 1장부터 11장까지가 이 점을 잘 보여주고 있으며 사도 바울도 로마서 1장부터 3장에서 이 점을 생생하게 보여주고 있습니다. 요한복음에서 예수께서는 "육으로 난 자는 육이라"고 말씀하고 계십니다(요 3:6). 우리는 우리 자신의 구원을 이룰 수 없습니다. 오직 하나님의 개입만이 이 일을 할 수 있습니다. 〈참조: Matthias Grunewald의 "Isenheim Altarpiece"에 나오는 십자가 장면〉

이것이 하나님의 어린양이신 예수의 성육신과 그의 사역의 배경입니다. 그분은 인류 역사 만큼이나 오래된 온갖 종교와 제사들, 그리고 온갖 제의들로 가득 찬 세상 속에 오셨습니다. 심지어는 이스라엘의 거룩하신 그분에 의해서 제정된 희생 제사 제도들을 포함한 이 모든 희생 제사들에는 여전히 구조적인 문제점이 존재합니다. 히브리서는 이 문제점을 자세히 서술하고 있습니다. 다음의 본문이 이것의 한 예입니다.

> 율법은 장차 오는 좋은 일의 그림자요 참 형상이 아니므로 해마다 늘 드리는 바 같은 제사로는 나아오는 자들을 언제든지 온전케 할 수 없느니라. 그렇지 아니하면 섬기는 자들이 단번에 정결케 되어 다시 죄를 깨닫는 일이 없으리니 어찌 드리는 일을 그치지 아니하였으리요. 그러나 이 제

사들은 해마다 죄를 생각하게 하는 것이 있나니, 이는 황소와 염소의 피가 능히 죄를 없이 하지 못함이라(히 10:1-4).

옛 언약하에 있는 희생제사들의 경우, 희생제사는 정확히 반복적으로 또 다시 드려야 했기 때문에 죄는 계속되고 있다는 사실을 매일매일 상기시켜준 셈입니다. 인류의 역사 전반에 걸쳐서 세계 모든 곳에서 각양각색의 온갖 희생 제사들을 신들에게 드렸으니 바다에 던져진 꽃부터 짐승들의 피와 인간의 육체에 이르기까지 온갖 것들이 희생 제물이 되었습니다. 인류 역사 전반에 걸쳐서 세계 모든 곳에서 무언가가 잘못되어 있고, 무언가가 결여되어 있으며, 누군가가 더 필요하며, 더 큰 보상이나 사죄 혹은 속죄의 행위가 이루어져야 한다는 인식이 항상 있어왔지요. 그리고 이러한 행위가 매일 혹은 매 주마다 항상 반복되어야 했으니 … 도대체 어떤 유형의 희생제물이 *단회적이고 영속적인* 효과를 지닐 수 있겠습니까?

앞으로 이틀 후인 성금요일에 여러분들은 하나님의 명령에 따라 자신의 아들 이삭을 제물로 바치기 위해 먼 길을 떠나는 이야기(창 22:1-19)를 봉독하게 될 것입니다. 오래 전부터 이 이야기는 예수님의 십자가에 죽으심을 기념하는 날에 읽히도록 정해져 왔습니다. 우리는 이 이야기를 통해서 말로 형용할 수 없는 어떤 생각이 아브라함의 마음을 사로잡고 있는지를 오직 하나님만이 아시는 중에, 아버지와 아들이 함께 길을 가는 장면을 보게 됩니다. 아버지와 아들이 함께 길을 가면서 아무 것도 모르는 아들이 "아버지여, 나무와 칼은 여기 있사오나 제물로 드릴 어린 양은 어디 있나이까?"라고 묻습니다. 고통 중에 아브라함은 대답을 합니다. 아브라함은 자신의 사랑하는 아들의 마음을 진정시키고자 마음 깊은 곳에서부터 조심스럽게 생각해서 이 대답을 하지만, 정작 아브라함 자신은 이 대답의 온전한 의미를 알 수 없었을 것입니다. 그러나 그 후 모든 세대의 크리스천들은 그 의미를 알았습니다. "아들아, 하나님이 번제를 위해 스스로 어린양을 준비하실 것이라.”

예수 그리스도를 통해 하나님은 자신의 희생제물을 준비하셨습니다. 그분은 자신의 신적 지위를 버리시고 우리를 대신해 자신의 죄가 아니라 우리들의 죄, 바로 그 죄의 저주 아래 무방비 상태로 서 계시고자 이 세상에 오셨습니다. 그분은 세상의 시작부터 그를 위해 준비된 위치로 분연히 나아가셨는데 그 이유는 *예수 안에서 하나님*은 자신에게 죄를 지우고, 죄를 담당하시기 위해서 행동하시기 때문입니다.

이삭이 아무 것도 몰랐던 것과는 달리 하나님의 아들이신 그분은 아무것도 모르고 있지 않으셨습니다. 삼위의 제 2격 되신 성자, 그분은 성부의 뜻과 동일한 뜻을 갖고 행동하십니다. 묵시론적이며 정복하는 어린양으로서 그분은 죄를 패퇴시키고, 근절시키고 박멸시키십니다. 유월절 어린양으로서 그분은 우리와 죽음의 세력 사이에 서 계십니다. [68] 제물로 바쳐지는 어린 양으로서 그분은 자신의 피를, 죄로부터 우리를 영원히 깨끗하게 하기 위한 *단회적이고도 영속적인* 제물로 주셨습니다. 예, 그렇습니다, 단회적이고도 영속적으로 말입니다.

헬라어로 *ephapax*인 이 용어는 히브리서에서 강조하기 위해 네 번씩이나 반복 사용됩니다. [69] 토마스 크랜머(Thomas Cranmer)는 그의 성례전에 관한 표현에서 그리스도의 자기-희생이 지닌 순전하고도 온전하며 최종적인 효력과 효과를 아주 잘 지적합니다. "단번에 드려진 그분 자신의 단회적 희생은 충만하고도 완전하며 충분한 희생 제사였다."

> 저가 저 대제사장들이 먼저 자기 죄를 위하고 다음에 백성의 죄를 위하여 날마다 제사드리는 것과 같이 할 필요가 없으니 이는 저가 *단번에* 자기를 드려 이루셨음이니라 (히 7:27).

그리스도께서는 참 것의 그림자인 손으로 만든 성소에 들어가지 아니하시고 오직 참 하늘에 들어가사 이제 우리를 위하여 하나님 앞에 나타나시고, 대제사장이 해마다 다른 것의 피로써 성소에 들어가는 것같이 자주 자기를 드리려고 아니하실지니 그리하면 그가 세상을 창조할 때부터 자주 고난을 받았어야 할 것이로되 이제 자기를 *단번에* 제사로 드려 죄를 없게 하시려고 세상 끝에 나타나셨느니라(히 9:24-26).

많은 사람들이 이 모든 것들이 실제로 어떻게 가능한지를 알고 싶어 합니다. '2천년 전의 어떤 한 사람의 죽음이 어떻게 오늘날의 죄와 죽음과 상관이 있을 수 있겠는가?' 라는 질문이지요. 저는 이러한 설명 때문에 수없이 비웃음을 당했는데, 특히 죄가 여전히 줄어들지 않고 그 세력을 발휘하고 있다는 사실 때문에 그래왔습니다.

먼저 교회는 분연히 일어나 이러한 비난을 받아들일 수 있어야 합니다. 성직자들 사이에 있는 성적 남용과 학대들, 교인들 사이에 있는 공공연한 인종차별들, 철면피 같은 병적인 자기중심적인 성향, 파당 간에 이루어지는 싸움들, 그리고 대학살을 부추긴 혐의를 받고 있는 신부와 수녀들뿐만 아니라 주교들 등에 대한 비난 말입니다.[70]

그리스도의 대속의 죽음의 효력은 결코 크리스천들의 행위를 통해서 증명될 수 없습니다. 예수를 하나님의 어린양으로 인정하는 것은 오직 믿음을 통해서, 즉 우리에게 완전히 새롭게 창조된 미래를 약속하신 바 있는 창조주 하나님에 대한 믿음을 통해서만이 확언될 수 있습니다.

지속적인 악에 대한 질문에 대해서는 결코 만족스러운 "해답"이 존재하지 않습니다. 우리에게 어떠한 "해답"도 주어지지 않습니다. 그러나 대신 우리에게 하나님의 아들이 주어졌습니다. "세상 죄를 지고 가는 하나님의 어린양을 보라!"[71] 여기서 "보라"는 의미는 단순히 "보는 것"을 말하지 않습니다. 이 말은 일종의 계시적인 성격을 지니고 있습니다. 그것은 "보고 믿으라"는 뜻입니다.

맥클라렌(Maclaren)의 말을 다시 빌리자면, "우리가 오늘 지금 여기에 함께 모여 있는 유일한 이유가 있다면 그것은 제가 여러분들로 하여금 세상 죄를 지고 가는 하나님의 어린양을 바라보라는 권면을 하기 위해서일 것입니다."

설교자들은 자신들의 설교를 위해 많이 기도합니다. 그러나 우리는 설교가 좋은 설교가 되게 해달라고 기도하는 것이 아니라 설교를 통해 예수 그리스도가 분명히 드러나기를 기도합니다. 설교의 요점은 설교자들이 간절히 바라는 것만큼이나 교회 문 앞에서 듣기를 원하는 칭찬의 소리들이 아닙니다. 설교의 요점은 여러분들 자신이 바로 그리스도의 죽으심의 대상이었다는 사실을 보고 믿는 데에 있습니다. 이것을 분명하게 아셔야 합니다. 거룩한 한 주간의 설교에서 여러분을 향해 팔을 내밀고 있는 자는 설교자가 아니라 예수 그리스도 안에서 여러분께 다가가는 하나님의 말씀입니다.

자신을 희생 제물로 드림으로써 그분이 담당하신 것은 그 어떤 다른 사람의 죄가 아니라 바로 여러분들의 죄입니다. "어린 양의 피로 씻음을 받은 것은" 바로 여러분입니다. 이삭처럼 죽음의 문턱에서 대속물로 자신의 어린양을 준비하셨던 그 하나님에 의해서 낚아 채임을 받은 자는 바로 여러분들입니다. 오늘밤 어떻게 하나님께서 위대한 교환을 이루셨는지를, 그리고 죄에 대한 희생제물이 되심으로써 여러분들이 그 안에서 새로운 생명과 새로운 의를 얻게 되었는지를 듣고 알게 된 자는 바로 여러분들이십니다. 하나님의 어린양, 그분을 바라보십시오.

아멘.

3부
거룩한 한 주의 목요일:

흔히 세족례 목요일
혹은 성목요일이라 함

응하시는 하나님은 자유롭게 역사하시며,
그가 뜻하시는 자를 징벌하시기도 하고 살리시기도 합니다.
그렇다면 하나님은 자신을 살리지 않으실까요? 그렇게 하지 않으실 겁니다. …
그분은 자신을 살리지 않으실 겁니다, 그분은 자신을 살릴 수가 없을 겁니다.
그리스도의 죽음보다 더 자율적이고 더 자발적이며 더 즉각적인 것은
아무 것도 없습니다.
그가 자발적으로 죽으셨다는 점은 분명 사실입니다.
그러나 우리가 그분의 아버지이신 성부와 그분 자신 사이에서
이루어졌던 협약을 고려할 때, 그분에게 짐 지워진 일종의 필연성이 존재합니다.
그리스도는 이 모든 것을 겪어야만 하셨습니다.
그렇다면 우리는 이러한 고난과 죽음의 의무와 필연성의 출발점을 말할 수 있겠습니까?
이것이 언제 시작되었다고 말할 수 있겠습니까?
확신하건대 그리스도는 이 모든 고난을 받아야 한다는
이 경륜과 섭리는 영원한 것이었습니다.
이보다 앞선 다른 영원한 그 어떤 것이 존재했겠습니까?
무한한 사랑, 영원한 사랑만이 있을 뿐입니다.
무한한 사랑이라는 이 집을 따라 기쁨으로 걸어갑시다.

- 존 던

:: 독자들에 대한 소고

성목요일(Maundy Thursday) 예배에서 말씀과 성만찬의 예식을 갖고 때때로 세족식을 함께 거행한 뒤 끝으로 극적인 테니브리 예식(어둠 속의 예식들)으로 예배를 마치는 것이 관례입니다. 교회는 모든 아름다운 장식들을 걷어버리고, 모든 조명들도 점차 꺼지며 회중들은 어둠과 침묵 가운데 교회를 떠나게 됩니다.

성목요일의 다른 이름인 '세족례 목요일'은 최후의 만찬에서 행하신 예수님의 말씀에서 연유합니다. "내가 너희에게 새 계명을 주노니 내가 너희를 사랑한 것 같이 너희도 서로 사랑하라." 라틴어로 "새 계명"은 mandatum novum 으로 성목요일 예배를 위한 입당송의 첫 소절이기도 합니다. "Maundy"란 mandatum의 중세 영어 표현입니다.

| 성목요일 예배

주여, 내 발만 아니라

예수는 아버지께서 모든 것을 자기 손에 맡기신 것과
또 자기가 하나님께로부터 오셨다가 하나님께로 돌아가실 것을 아시고,
저녁 잡수시던 자리에서 일어나 겉옷을 벗고 수건을 가져다가 허리에 두르시고,
대야에 물을 담아 제자들의 발을 씻기시고 그 두르신 수건으로 씻기기를 시작하
시니라. 요 13:3-4

이 밤이 주말 저녁이 아니라 주중의 저녁이라는 사실을 고려할 때 오늘 이 밤에 많은 성도들이 나오신 것이라 생각할 수 있지만, 종려주일이나 부활절 예배시의 회중만큼 많지는 않습니다. 어쨌든 괜찮습니다. 최초의 성목요일 예배 때에도 그리 많은 회중이 모였던 것은 아닐테니까요.

확신하건대 교회에서 이 밤보다 더 좋은 밤은 없습니다. 여러분 자신을 예수님 자신의 사랑하는 제자들로 생각하시되 단순히 초대된 것이 아니라 실상은 그분이 여러분들을 원하시기에 이 자리에 *이끌려 나오시고, 떠밀려 나온 것*이라고 생각해 보시기 바랍니다.

이에 대해 요한복음에서 이렇게 예수께서 말씀하십니다. "너희가 나를 택한 것이 아니라, 내가 너희를 택하여 세웠도다"(15:16). 표면상 여러분들은 여러분들이 의무감에서 혹은 습관적으로 혹은 호기심에서 이 밤에

여기에 나왔다고 생각할 수도 있겠지만 이것들이 진정한 이유는 아닙니다. 진정한 이유는 그리스도 자신이 여러분들을 이 자리로 불러 모으시고 그분이 친히 준비하시고 베푸신 식탁에 그분과 함께 앉아 그분이 주시는 떡을 떼고 포도주를 마시게 하셨기 때문입니다. 특별히 이 성목요일 예배에 청춘남녀들이 앉아 있는 것을 보게 되어 특별히 마음이 기쁩니다.

여러분 한 사람 한 사람을 이 자리에 우리와 함께 계신 우리 주 예수 그리스도의 이름으로 뜨겁게 환영합니다. 그분은 약속하신 대로 성령의 능력을 통해 지금 이 자리에 우리와 함께 계십니다. 주님은 이 땅에 계실 때 최후 만찬을 위해 제자들을 다락방에 불러 모으셨듯이 이 밤에 그의 식탁에 우리를 가까이 불러 모으셨습니다. 이것은 우리가 하나님의 나라에서 그분과 함께 테이블에 앉아 있게 될 그 날에 있을 식탁교제를 미리 맛보는 일입니다.

그러나 여러분도 잘 알다시피 우리가 살고 있는 실제의 세상에는 식탁교제와 관련된 많은 문제점들이 있지요. 누가 누구 옆에 앉을 것인가? 12살 된 아이가 성인용 테이블에 앉아야 하는가 아니면 어린이용 테이블에 앉아야 하는가? 만약 레스토랑에서 식사가 이루어진다면 누가 좋은 자리에 앉을 것이고, 누가 주방 가까운 자리에 앉을 것인가? 만약 파티의 경우라면 헤드 테이블은 어디에 놓을 것이며, 누가 그 자리에 앉을 것인가? 만약 모임이 정말로 크고 귀한 모임이라면 A급 명단과 B급 명단이 있을 것입니다. 이러한 문제점들이 있다는 뜻입니다. 사람들이 모이는 식사의 경우는 이처럼 언제나 구조적인 경쟁적 요소가 들어있습니다.

예수님의 제자들도 이런 종류의 일들에서 예외가 아니었습니다. 복음서에 따르면 제자들 중 두 명이 개인적으로 예수께 와서 하나는 그의 우편에 그리고 다른 하나는 좌편에 앉게 해달라고 요청한 바 있지요, 모두 잘 아실 겁니다. 이들은 높은 좌석을 놓고 다른 열 명의 제자들과 경쟁하였던 것입니다.

분명히 지금도 어떤 사람들은 다른 사람들보다 지위와 특권에 대해 더 각별한 신경을 쓰지만 예외 없이 모든 사람들은 테이블에서 자리를 잡는 것과 관련해 어느 정도는 신경을 쓰게 마련입니다. 우리가 느끼는 이러한 불편 때문에 우리는 그에 관한 규정들을 만들어내서 결과적으로 우리의 위치에 대해 확신을 갖는 방향으로 살아가고 있습니다.

우리가 어떻게 좋은 자리에 대해 확신할 수 있습니까? 아마 좋은 자리에서 대접을 받으려면 특별한 정도의 돈이 들어갈 수도 있고, 어쩌면 규정된 양의 시간을 들여야 할지도 모르며, 자신이 있어야 할 자리, 자신에게 알맞은 위원회 등에 관여해야 할 겁니다. 때때로 겉모양이나 현란한 패션들이 판단 기준일 수도 있고, 또 때로는 어떤 힘 있는 사람을 알고 있는가, 어떤 권력층에 줄이 닿아있는가 등이 좌석의 위치를 정하는 기준일 수 있습니다. 우리는 대통령의 사면에 대한 최근의 소요들을 접하면서 권력에 이르는 수많은 통로들에 대해 들어보지 않았습니까? 권력층 핵심에 줄을 대고 있는 사람들이 사면을 얻게 되지요. 72)

기독교 공동체 안에서도 우리는 종종 이러한 가치 등급과 서열들에 대해서 보다 더 치밀하게 대응하려 시도하지만 인간의 본성이 원래 그러하기에 마음대로 되지 않을 때가 많습니다. 제가 전에 사역하던 뉴욕시의 교구에는 수많은 계층과 조직들이 있었습니다. 즉 기도 그룹에 속한 자들과 그렇지 않는 자들, 헌혈한 사람들과 그렇지 않은 사람들, 사회적으로 명사인 자들과 그렇지 않은 자들 등등 말입니다. 거기서 우리들이 성 목요일 예식에서 세족례를 가졌던 최초의 시간을 분명히 기억하고 있습니다. 〈참조: Fra Angelico의 "최후의 만찬"〉

그때 세족례는 약간의 소요를 불러 일으켰습니다. 어떤 사람들은 그것을 좋아했지만 또 어떤 사람들은 특별히 그것을 좋아하지 않았습니다. 어떤 사람들은 속히 일어나 앞으로 나가 자발적으로 그 일에 참여했으나 어떤 사람들은 전혀 그렇게 하지 않았고 또 그렇게 하기를 거절했습니다. 사실상 분위기가 아주 우스꽝스러웠습니다. 사람들, 특히 이 예식을 행하기 원하지 않았던 사람들은 그 예식에 대해 정말로 초조해 했습니다. 이런 사람들은 자신들이 낮은 부류의 사람들처럼 보이게 된다고 생각했습니다.

감독교회의 예배 의식 중 평안의 인사(the Peace)가 처음 도입되었을 때도 이 인사를 하는 것이 유사한 문제를 일으킨 적이 있습니다. 아마 여러분들은 수 년 전 이 인사 때문에 교회가 치러야 했던 일들을 잊었을지 모릅니다. 상당수의 사람들이 그것을 아주 싫어했습니다. 이것은 평안 대신에 분쟁을 일으킬 정도로 위협적이었습니다. "주의 평안"이라고 서로에게 인사하기를 좋아하는 사람들은 자신들이 의로운 자들 가운데 있다고 느꼈으며, 이 중 많은 사람들은 볼썽사납게 자화자찬적인 성향을 보였습니다. 반면 이러한 인사를 나누기를 원하지 않았던 사람들은 그들이 다른 사람들에 의해서 진정한 크리스천이 아닌 유사-크리스천들, 즉 적절한 생각과 느낌들이 부족하되 틀에 박히고 숨 막히며 경직된 자들이라고 간주된다고 생각했습니다.

이상의 예들 중 어떤 것들은 피상적인 것들이지만 어떤 것들은 신학적인 이슈와 관련되어 있습니다. 최종적으로 분석해 보면 진정한 이슈는 하나님 앞에서의 가치의 문제입니다. 버지니아 주의 리치몬드 시에서 살던 결혼한 젊은 시절에 저는 아주 크나큰 장애를 갖고 있는 사람들을 위해서 그들의 집에서 자원 봉사하는 일을 하곤 했습니다. 일주일에 한 번씩 장애인들의 집을 방문했습니다. 그 중 한 여인은 발에 심각한 장애를 갖고 있었습니다. 저는 그녀의 집을 방문해 발 목욕을 시켜주었습니다. 발을 씻겨주는 일이 제게는 결코 싫은 일이 아니었습니다. 그녀의 발은 아주 깨끗했으며, 그녀의 발을 물로 씻기면 그녀는 어느 정도 좋아지는 듯 보였습니다. 그런데 저의 남편과 동행하게 되면서 저는 또 다른 지역으로 옮겨 가게 되었고, 그 후로 그 누구의 발도 씻기지 않았습니다.

발을 씻기는 일은 가치의 문제를 일으킵니다. 저 하늘에 올라가 제 이름이 불릴 그 때 제가 40년 전에 발을 씻겼던 일 때문에 점수를 딸 수 있을 것 같습니까, 아니면 그것을 어떻게 다시 해 볼 수 있을까 해서 이리저리 돌아보는 편이 나을 것 같습니까? 사람의 발이 얼마나 더럽다고 생각되어야 할까요? 여러분들은 이런 종류의 문제들로 곤궁에 빠지게 되는 자신의 모습을 보게 됩니다.

이런 문제들 때문에 발을 씻기는 이야기는 어떤 이들에게는 언제나 나쁜 소식처럼 보입니다. 예수께서 제자들에게 말씀하십니다. "내가 주와 또는 선생이 되어 너희 발을 씻겼으니 너희도 서로 발을 씻기는 것이 옳으니라. 내가 너희에게 행한 것같이 너희도 행하게 하려 하여 본을 보였노라"(요 13:14-15).

이 말씀이 저를 놀라게 합니다. 저는 이 말씀이 문자적으로 나가서 발을 씻기라는 것을 의미하지 않는다는 것을 압니다. 이 말씀은 정말로 불쾌하고 어려울지도 모르는 일들을 다른 사람들을 위해서 하라는 것을 의미합니다. 제가 이것들 중에 얼마를 해야만 할까요? 얼마동안 제가 그것들을 지속적으로 해야 하나요? 아픈 사람의 처방전을 대신 받아주는 것을 발 씻기는 것으로 간주할 수 있을까요? 아니면, 보다 더 지저분하고 불쾌한 그 어떤 것과 관계해야 하나요? 이 발 씻기는 이야기는 저의 마음을 무겁게 합니다. 저는 이것을 그냥 지나치는 것이 더 쉽다는 것을 알게 되었습니다.

그러나 이 밤에 놀라운 소식이 있습니다. 오랜 세월에 걸쳐 성경 해석자들은 다음과 같은 사실에 거의 동의합니다. 즉 발을 씻기는 이야기가 지닌 *첫 번째 메시지*는 그것이 예수의 죽음에 대한 하나의 해석이라는 점입니다. 주님께서 만찬식탁에서 일어나 하인의 수건을 허리에 동이시고, 제자들의 발 앞에 무릎 꿇고 앉으셨습니다. 그분은 이것을 맨 처음 행하심으로써 제자들에게 자신의 죽음의 의미를 가르치셨습니다. 주님께서 제자들의 발을 다 씻기신 후에 다시 그들과 함께 식탁에 앉으신 뒤 "내가 너희에게 행한 것같이 너희도 행하게 하려 하여 본을 보였노라"고 말씀하셨다는 사실은 정말로 중요한 사실입니다. 저는 이 점을 부차적인 것으로 생각하지는 않습니다.

그러나 이에 대한 모든 해석자들은 이 점은 주님의 행동의 *주된 의미가 아니라 부차적인 의미*라는 데 동의하고 있는 듯합니다. 일차적 의미는 하나님의 아들이 그의 하늘 보좌에서부터 몸을 구부려 우리 죄악에서 우리를 깨끗하게 하신다는 점이라고 모두 생각합니다.

다시 말해 주된 의미는 우주의 주인 되신 주님이 우리를 죄의 오염에서 정결하게 하시기 위해 가장 비천한 일을 겪으실 준비를 하시고 있다는 점이 주된 의미라는 것입니다. 주된 의미는 하나님과 함께 태초에 계셨던 영원한 말씀이신 그분이 육신이 되어 "은혜와 진리가 충만한 가운데 우리 중에 거하셨을"(요 1:14) 뿐만 아니라 또한 십자가에서 죽으시기까지 우리를 사랑하사 우리를 섬기셨다는 점입니다.

그래서 요한복음의 저자는 발을 씻기는 이야기를 "유월절 전에 예수께서 자기가 세상을 떠나 아버지께로 돌아가실 때가 이른 줄 아시고 세상에 있는 자기 사람들을 사랑하시되 끝까지 사랑하시니라"는 말로 시작하고 있습니다"(13:1). 이렇게 함으로써 요한은 발 씻는 이야기가 놓여야 할 적당한 문맥에 위치시키면서 그 다음에 비로소 이야기를 전개해 나가게 됩니다.

이와 동일한 주제를 다른 방식으로 표현하는 다른 많은 성경본문들이 있습니다. 종려주일에 여러분들은 사도 바울의 서신에 속한 다음과 같은 유명한 구절이 낭송되는 것을 듣게 됩니다. "예수 그리스도는 근본 하나님의 본체시나 하나님과 동등 됨을 취할 것으로 여기지 아니하시고, 오히려 자기를 비워 종의 형체를 가져 사람들과 같이 되었고, 사람의 모양으로 나타나셨으매 자기를 낮추시고 죽기까지 복종하셨으니 곧 십자가에 죽으심이라"(빌 2:6-8).

이 본문에서 사용된 동일한 단어들을 주목하시기 바랍니다. 그는 하나님의 본체(헬라어로 *morphe*)이시나 종의 형체(*morphe*)를 입었도다. 이러한 바울의 가르침이 예수께서 종의 사역을 행하셨던 이 밤보다 더 극적으로 실행된 곳은 복음서 어디에서도 찾아볼 수 없습니다.

우리가 종려주일에 역시 낭독하게 되는 누가복음의 수난기사에 나오는 예수님 자신의 말씀을 들어보시기 바랍니다. "앉아서 먹는 자가 크냐 섬기는 자가 크냐? 앉아 먹는 자가 아니냐? 그러나 나는 섬기는 자로 너희 중에 있노라"(눅 22:27). 이 모든 것은 발을 씻기시는 우리 주님을 통해서 실행되고 있습니다. 그분의 행동은 자신의 죽음의 의미를 드러내 보여줍니다.

이제 예수께서 베드로와 행하신 대화를 생각해 보기로 하지요. 우리 모두는 베드로를 잘 알고 있습니다. 그는 언제나 제일 먼저 말하고 말한 것에 대해 제일 먼저 후회하는 사람입니다. "예수께서 시몬 베드로에게 이르시니 가로되 주여 *주께서 내 발을 씻기시나이까*? 예수께서 대답하여 가라사대 *나의 하는 것을 네가 이제는 알지 못하나 이후에는 알리라*." 우리는 이 대화를 통해서 발을 씻기는 사건에는 단순히 예수께서 제자들에게 가서 그와 같이 행하라고 말씀하시는 것, 그 이상의 훨씬 더 중요한 의미가 있음을 알게 됩니다. 만약 예수께서 행한 대로 가서 그대로 행하라는 것이 전부였다면 제자들이 이것을 이해하는 데 어려움이 있었을 리가 없습니다.

그러나 특별히 예수의 자기-드림과 관련한 사건인 발 씻기는 행동의 주된 의미는 예수의 죽음과 부활 이후에야 비로소 분명해지게 됩니다. 그래서 항상 그러하듯이 철저히 오해하고 있는 베드로는 "내 발을 절대로 씻기지 못하시리이다" 라고 말하게 됩니다. 헬라어에 정통한 학자들은 이 말이 아주 강력한 부인이라는 점을 지적합니다. 저와 여러분들이 아마 그랬을 것 같이 베드로 역시 주님의 사역을 강력하게 거절하고 있는 것이지요. 그러나 예수님은 대답하십니다. "내가 너를 씻기지 아니하면 네가 나와 상관이 없느니라." 여기서 이 행동의 상징적인 중요성이 더욱 분명하게 드러나고 있습니다. 우리는 예수님에 대해 세례요한이 명명한 말을 상기하게 됩니다. "세상 죄를 지고 가는 하나님의 어린양"(요 1:29).

자신이 실수했다는 것을 즉각적으로 알아차린 베드로는 이와 같이 말합니다. "주여 내 발뿐 아니라 손과 머리도 씻겨 주옵소서!"-베드로는 결코 어중간하게 불완전하게 말하는 법이 없습니다. 그는 변화산상에서 세 개의 초막을 짓기를 원했습니다. 그는 예수를 부인하기보다는 차라리 죽을 것이라고 말했으나, 그는 세 번씩이나 예수를 부인합니다. 씻는 것이 무엇을 의미하는지도 모르면서도 그는 몸 전체를 씻기를 원했습니다. 예수께서 베드로에게 말씀하십니다. "이미 목욕한 자는 발밖에 씻을 필요가 없느니라. 온 몸이 깨끗하니라. … "[73]

그러므로 우리 주 예수 그리스도의 형제자매들이여, 우리가 서로서로에 대해 마땅히 행해야 할 봉사와 사역에 대해 말하기 전에 먼저 우리는 예수께서 우리에게 행하신 사역의 의미 가운데 깊이 들어갈 필요가 있습니다. 발을 씻기는 것은 "하나님의 아들이 당할 치욕과 굴욕에 대한 하나의 비유입니다."[74] 발을 깨끗이 씻긴다는 것은 성금요일에 행하실 피와 물로 씻기는 것을 나타냅니다.[75] 예수님의 영광은 그가 굴욕을 당하시는 가운데에서 드러나 보입니다. 그가 옷을 벗어버리신 것은 그의 육신을 내려놓은 것을 나타냅니다.[76] 반드시 기억하시기 바랍니다. 이것은 그의 지상의 생애 중에 그의 제자들에게 행하신 예수님의 최후의 행동이라는 사실 말입니다.

요한은 그것이 "예수께서 그들을 끝까지 사랑하셨다"라는 사실에 대한 증거라고 말하고 있습니다. 여기서 끝까지란, 그의 육신의 힘이 닿는 끝까지, 그의 지상 생애의 능력이 미치는 데까지, 그의 지상 생애의 마지막까지란 뜻입니다. 그러나 한 걸음 더 나아가 세상 끝까지, 시간의 가장 마지막 경계선까지, 그리고 그의 재림을 넘어서는 그 이상의 무한한 시간에 이르기까지, 그분은 우리를 끝까지 사랑하십니다.

이 밤에 우리는 제자들이 그 마지막 밤에 그랬던 것처럼 주님의 식탁 주위에 모여 앉았습니다. 이 밤과 같은 그러한 밤은 없습니다. 여기 우리 앞에 세상에서 가장 소중한 기회가 놓여 있습니다. 우리는 예수께서 우리를 위해 행하신 바에 참여하도록 초청되었습니다.

이 밤에 혹시 우리는 베드로가 미처 깨닫기 전에 그랬던 것처럼 그렇게 완고해져서 '어느 누구도 나를 씻기지 못할 것이다. 이미 교회 사무실에도 통보를 했지. 내 앞에서 목사님이 무릎을 꿇는 모습을 보기 싫다. 누군가 나를 씻기려면 내 방식대로 씻겨야 할 것이다'라고 말할지도 모릅니다. 77) 그렇지 않으면 주님이 우리를 위해 겸손히 자신을 주신 것처럼 성만찬 예식을 통해 우리 마음속에 주님을 겸손히 받아들이든지 할 것입니다. 다시 한 번 방금 전에 들었던 성가대의 찬양 가사를 음미하시기 바랍니다.

> 오 주님, 희생제물 되신 당신께만 나아갑니다.
> [우리는] 이것이 우리의 죄를 위한 당신의 고통임을 압니다.
> 왜냐하면, 오 주님, 그것들은 우리의 죄요,
> 우리의 일들이요, 우리의 일들이기 때문입니다.
> 왜 당신께서 우리의 죄를 위해 고초를 당하셔야 합니까?

이 밤, 조명들이 하나씩 꺼짐에 따라서 우리들은 주님은 어떻게 끝까지 우리를 사랑하셨는지를, 다시 말해 우리를 너무도 사랑하셨기에 스스로 우리의 죄를 담당하게 되셨는지를 기억하게 될 것입니다. 여러분들은 그분이 어떻게 우리를 대신하여 어둠 속에 들어가셨는가 하는 이야기

속으로 끌려 들어가는 자신의 모습을 발견하게 될 것이며 그것이 어떻게 여러분들로 하여금 보다 더 자발적으로 다른 사람의 어둠 속으로 들어가게 하는가를 알게 될 것입니다. 또한 여러분은, 우리를 자유하게 하시고 정결하게 하셔서 영원토록 자신의 가족의 일원으로 우리를 만드시기 위해 예수께서 종의 형체 곧 노예의 형체를 입으셨듯이 여러분들로 하여금 자원하는 마음으로 다른 사람들을 섬기도록 하는지를 깨닫게 될 것입니다. 〈참조: Dirck Bouts의 "주님의 최후만찬"〉

성목요일과 성금요일이 여러분들에게 어떠한 공포와 전율도 불러일으키지 않을 것입니다. 그 이유는 이들 핵심에는 지금까지 세상이 알지 못했던 가장 위대한 약속이 놓여있다는 것을 여러분들이 알고 있기 때문입니다. 우리 모두는 이 밤에 발 씻김이 필요합니다. 우리 중 어느 누구도 다른 어떤 사람보다 발 씻김의 필요가 더 적거나 더 많지 않습니다. 우리가 성찬의 식탁에 나아올 때 우리는 서열상 A그룹 혹은 B그룹으로 분류되지 않습니다. 한 테이블, 하나의 은사, 한 주님, 한 믿음, 하나의 세례가 있을 뿐입니다.

마음을 열어 바로 이 밤에 역사하기 시작하는 여러분들을 위한 그분의 사랑과 여러분을 위한 그분의 봉사와 헌신, 값없이 주어진 그분의 성결케 하는 은혜, 여러분의 새 생명을 위한 그분의 새롭게 하는 능력을 받아들이시기 바랍니다. 그 전에는 결코 이 자리를 떠나지 말기 바랍니다.

아멘.

| 성목요일

수치의 밤, 영광의 밤

예수께서 나가사 습관을 좇아 감람산에 가시매 제자들도 좇았더니
그 곳에 이르러 … 무릎을 꿇고 기도하여 가라사대
아버지여 만일 아버지의 뜻이거든 이 잔을 내게서 옮기시옵소서
그러나 내 원대로 마옵시고 아버지의 원대로 되기를 원하나이다 하시니
[사자가 하늘로부터 예수께 나타나 힘을 돕더라
예수께서 힘쓰고 애써 더욱 간절히 기도하시니 땀이 땅에 떨어지는 피 방울같이 되더라] 눅 22:39-44

성 목요일, 이 밤은 기독교력에서 가장 위대한 밤, 셋 중에 하나입니다. 그러나 일반적으로 모이는 회중의 수에서는 크리스마스 전야의 수많은 사람들이나 부활절 전야의 사람들만큼 많지는 않지요. 여러분들과 같이 세족식 예배에 교회에 나오려고 노력하는 대부분의 사람은 어떤 형태로든 이미 헌신된 크리스천이라고 분명히 믿습니다. 그래서 이 예배의 설교자는 모인 회중들이 즐거워하는 서론적 이야기들을 생략하고 바로 핵심적인 선포로 나아갈 수 있지요.

교회에서 이 밤보다 더 좋은 밤은 없습니다. 예수께서 예루살렘의 다락방에서 식탁에 앉으셨던 그 밤에 그의 가까운 몇몇 제자들만이 그 자리에 함께 했지요. 여러분들이 이 밤에 자신들을 이러한 몇몇 안 되는 가까운 사람들이라고 생각하는 것이 잘못되었다고 저는 생각하지 않는데, 그 이유는 여러분들이 다른 사람들보다 더 가치가 있어서라기보다는 단

지 그분의 신비로운 뜻과 목적 가운데에서 그분이 여러분들을 선택해서 지금 이 자리에 있게 하셨기 때문입니다.

이것은 숭고한 사랑의 밤입니다. 바로 이 밤에 하나님의 아들은 여러분들과 저를 위해서 자신의 생명을 내려놓을 준비가 되어있다고 선언하시는 밤입니다. 바로 이것이 우리에게 아주 근본적인 차원에서 서로 형제와 자매가 되게 하는 것입니다. 또한 예수께서 우리를 자신에게 아주 가까이 이끄시듯이 우리 각자를 서로서로에게 가깝게 다가가도록 만드는 것입니다. 아마도 그 어떤 밤보다도 바로 이 밤에 우리는 훨씬 더 예수님의 마음을 들여다 볼 수 있게 되지요.

이 밤은 가족의 밤입니다. 요한복음의 저자는 이 밤에 예수께서는 자신이 양자와 양녀로 불러 모아 이룬 작은 가족에 대해 이렇게 말씀하셨다고 기록합니다. "새 계명을 너희에게 주노니 서로 사랑하라 내가 너희를 사랑한 것같이 너희도 서로 사랑하라"(요 13:34). [78]

모든 가족들이 온전한 모습을 지니기 위해서 노력해나갈 경우에 자녀들에 대한 부모의 사랑은 헌신적이며 무조건적이어야 하지요. 제가 겨우 10대였을 무렵, *Three Came Home*라는 책을 읽었던 기억이 납니다. 이 책은 일본의 강제수용소에서 살아남았던 한 어머니와 두 자녀에 관한 책이었는데, 지금 저는 그 중 오직 한 가지만 기억하고 있습니다.

지금도 제 마음에 남아있는 내용은, 수용소에서 7년을 살았던 그 어머니가 비타민 한 병을 어떻게 해서 겨우 수용소에 몰래 들여와서 자녀들에게는 한 알씩 먹이면서 정작 어머니 자신은 한 알도 먹지 않은 것입니다. 저는 이 점이 너무도 감동적이어서 50년이 지난 지금도 생생히 이 이야기를 기억하고 있습니다. 바로 이것이 모든 부모들이 자신의 자녀들을 위해서 하는 일들입니다.

그렇다면 하늘에 계신 우리 아버지께서는 그의 독생자를 통해서 우리에게 얼마나 더 많이 자신을 내어주시겠습니까! [79] 우리는 하나님의 호의를 입기 위해서 서로 사랑하라는 명령을 받고 있는 것이 아닙니다. 우리는 이미 하나님의 온전한 사랑 때문에 그의 은혜를 힘입고 있는 존재들이지요.

"내가 너희를 이미 사랑한 것 같이, 너희도 서로 사랑하라" 그분은 말씀하셨습니다. "내가 너희를 이미 사랑한 것 같이"란 상반절의 말씀이 "너희도 서로 사랑하라"는 후반절의 말씀을 가능하게 합니다. 요한은 이렇게 말합니다. "우리가 사랑함은 그가 먼저 우리를 사랑하셨음이라"(요일 4:19).

새로운 가족이 이 밤에 탄생하게 되는데 이 가족 안에서는 어떠한 배반도, 어떠한 사랑의 실패도, 어떠한 속임과 부정도 존재하지 않습니다. 이 가족은 하늘에 계신 한 아버지를 모시고 있는 형제자매들로 이루어진 가족이지요. 우리를 너무도 사랑하시기에 비타민을 매일 우리에게 주시기 위해서 이 밤에 모든 준비를 하시고 있는 한 형제이신 그분을 모시고 있는 가족입니다. 요한은 이렇게 말합니다. "그가 우리를 위하여 목숨을 버리셨으니 우리가 이로써 사랑을 알고 우리도 형제들을 위하여 목숨을 버리는 것이 마땅하니라"(요일 3:16).

기독교력에서 그 어떤 밤보다 이 밤의 예배는 하나님이 예수님의 피를 통해서 이루시는 새로운 관계에 직접적으로 그 초점을 맞추게 됩니다. 이 밤에 여기 모인 모든 사람들이 여러분들의 형제이고 자매입니다. 기독교 복음의 의미는 사적인 종교적 경험이 아니라 그리스도의 피를 통해 이루어지는 새로운 공동체입니다. 인간관계에 대한 우리의 이해 방식의 전부가 이 밤에 새롭게 정의되고 새로운 형태를 갖추게 됩니다.

이 점이 여러분들이 방금 읽고 들은 복음서에서 매우 구체적으로 표현되고 있습니다. "왕들과 권세 있는 자들이 주권을 행하는도다"라고 주님은 말씀하십니다. 권세 있는 자들은 세상이 인정하고 보상하는 방식대로 그렇게 행동합니다. 우리 모두는 이 점을 잘 알고 있습니다. 바로 이것이 세상이 운용되는 방식입니다.

그러나 주님께서는 분명히 말씀하십니다. "너희는 그렇지 않을지니 너희 중에 큰 자는 젊은 자와 같고 두목은 섬기는 자와 같을지니라. 앉아서 먹는 자가 크냐 섬기는 자가 크냐 앉아 먹는 자가 아니냐? 그러나 나는 섬기는 자로 너희 중에 있노라." 이 말씀은 누가복음에 나타나 있습니다(눅 22:25-27).

그러나 마가복음에서는 동일한 이야기이지만 다른 말들이 첨가되어 나타나지요. 예수께서는 2천년 동안 우리의 관심을 끌어왔던 신비롭고도 계시적인 말씀을 하고 계십니다.

> 너희 중에는 그렇지 아니하니 너희 중에 누구든지 크고자 하는 자는 너희를 섬기는 자가 되고, 너희 중에 누구든지 으뜸이 되고자 하는 자는 모든 사람의 종이 되어야 하리라. 인자의 온 것은 섬김을 받으려 함이 아니라 도리어 섬기려 하고 *자기 목숨을 많은 사람의 대속물로 주려 함이니라*(막 10:43-45).

자기 목숨을 많은 사람의 대속물로 주려 함이니라, 이 말씀은 무슨 뜻일까요?[80] 우리 주님께서는 "많은 사람"이란 말을 *모든 사람*보다 적은이란 의미로 말씀하시는 것이 아닙니다. 이것을 기억하시기 바랍니다. 그의 제자들은 *적었지만* 그의 피로 구원을 얻게 되는 자는 많을 것입니다. 아주 *많을* 것이라는 뜻이지요.

그리스도의 죽음을 통해 값이 지불되고 속죄된 사람들 중에는 그분에게 속해 있지만 2천 년 전 그 날 밤 거기에 있지 않았던 자들도 포함되어 있습니다. 이것이 기적 중에 기적입니다. 이 밤에 이 자리에 나와 있는 우리들도 그 가운데 포함되어 있다는 뜻입니다. 여러분과 제가 그 가운데 포함되어 있습니다. 정말 놀라운 기적 아닌가요?

이것을 우리가 어떻게 알 수 있나요? 우리가 이 밤에 그분의 몸과 피, 즉 우리에게 주어진 영원한 생명의 보증인 성찬에 참여할 것이기 때문입니다. 그분은 그 날 밤 잔을 제자들에게 주셨습니다. 그리고 그분은 이 밤에 우리에게도 동일한 잔을 주십니다. 이 잔에 대해 누가복음은 이렇게 말합니다. "이 잔은 내 피로 세우는 새 언약이니 곧 너희를 위하여 붓는 것 이니라"(눅 22:20).

이제 우리의 시선을 돌려 최후의 만찬 이후에 바로 일어났던 일에 대해 생각해 보기로 하지요. 누가복음의 수난기사에 따르면 예수께서는 "그의 습관을 좇아" 감람산으로 나아갔고, 제자들도 크나큰 두려움과 전율 속에 그분 뒤를 터벅터벅 따라 갔습니다. 주님은 미리 정하신 곳에 이르러 제자들에게 머물러 기도하라고 말씀하시고, 자신은 좀 더 멀리 나아 가셨습니다. 〈참조: Daniele Crespi의 "최후의 만찬"〉

> 예수께서 저희를 떠나 돌 던질 만큼 가서 무릎을 꿇고 기도하여 가라사대, "아버지여 만일 아버지의 뜻이거든 이 잔을 내게서 옮기옵소서 그러나 내 원대로 마옵시고 아버지의 원대로 되기를 원하나이다" 하시니라. [사자가 하늘로부터 예수께 나타나 힘을 돕더라. 예수께서 힘쓰고 애써 더욱 간절히 기도하시니 땀이 땅에 떨어지는 피 방울같이 되더라.] [81]

왜 예수께서는 그의 죽음 직전에 이처럼 고민하시고 고통스러워하셨을까요?[82] 마태, 마가, 누가, 그리고 히브리서의 저자는 모두 예수께서 당하셨던 이러한 커다란 고통과 고뇌에 대해 증언하고 있습니다.

필립스 성경(J. B. Phillips) 역본의 마가복음에는 예수께서는 "공포에 질리셨고, 크게 의기소침해지셨다"라고 번역되어 있습니다. 헬라어 성경은 당시 상황 묘사에 매우 강한 톤을 사용하고 있습니다. 히브리서는 "그는 육체에 계실 때에 자기를 죽음에서 능히 구원하실 이에게 심한 통곡과 눈물로 간구와 소원을 올렸고, 그의 경외하심을 인하여 들으심을 얻었느니라. 비록 그가 아들이시라도 그가 겪은 고난을 통해서 순종을 배웠나니 …"(히 5:7-8)라고 표현합니다.

여러분들은 왜 예수께서 이처럼 고통을 당하신다고 생각하십니까? 단지 죽음에 대한 두려움 때문이 아닙니다. 많은 사람들과 심지어 악한 범죄자들조차도 냉담하고도 두려움 없이 자신들의 죽음을 맞이했습니다. 왜 신약의 저자들은 고민하시고 고통당하시는 예수님에 대한 이러한 과거의 기억을 그대로 보존하여 기록했을까요? 아마 이 부분은 생략할 수도 있었을 것입니다. 그러나 신약의 저자들은 이 부분을 특별히 강조하고 있습니다.

어제 아침, 성경공부 그룹에서 이 문제를 함께 생각했습니다. 훌륭한 통찰력들과 생각들이 개진되었습니다. 어떤 사람은 "우리가 재판을 받을 경우 우리는 변호인을 선임합니다. 그러나 그분은 한 명의 변호인도 없었습니다."라고 말했습니다. 예수께는 어떠한 구세주도 전혀 있지 않았다는 뜻이었습니다. 또 다른 참석자는 "예수께서는 포기할 수 있는 것 중에서 가장 커다란 것을 포기하셨습니다. 그분은 우리 가운데 오시기 위해서 자신의 신적인 특권들과 능력을 포함한 신성을 포기하셨습니다."라고 말했습니다. 사도 바울이 말했듯이 "그는 하나님의 근본 본체이시나 … 종의 형상을 입으셨습니다"(빌 2:6-7). 세 번째 사람은 예수님의 죽음은 자신의 사역에 대해 성공적이었던 모든 것들을 취소해 버렸다는 것을 의미한다고 말했습니다.

이 지적에 이어 십자가 처형의 성격에 대한 논의가 있었습니다. 우리 대부분은 처형 수단으로서의 십자가 처형에 대해 그리 많이 알고 있지 않습니다. 이에 대해서는 내일 성금요일 정오 예배에서 더 자세히 말할 것입니다만 지금은 단지 이 점만을 기억하시기 바랍니다. 십자가 처형은 우리가 알고 있는 모든 형태의 처형 수단보다도 더 심한 경멸과 멸시가 내포

되어 있다는 것 말입니다. 십자가 처형은 공적인 장소에서 집행되어 결과적으로 모든 사람들이 십자가에 죽는 사람을 멸시하고 모욕하는 것에 가담하게 됩니다. 바로 이것이 이 처형 형태의 목적입니다. 즉 부끄럽게 하고, 모욕을 주고, 마침내 인간성을 말살해버리려는 것입니다.

얼마나 크나큰 아이러니입니까! 예수께서는 유일하게 참으로 온전한 인간이셨습니다. 그러나 십자가 처형 방식은, 이 십자가 위에 있는 대상은 *심지어 인간도 아니다*라고 지나가는 자들에게 선언할 목적으로 채택되었다는 것입니다. 십자가 처형이 우리에게 보여주는 것은 인간 마음속에 숨어있는 궁극적인 잔악함입니다. 이것이 바로 우리가 하나님의 아들을 죽음에 이르게 할 수 있었던 방식입니다.

제자들의 입장에서 볼 때 분명히 예수님의 십자가 죽음은 그의 가르침에 대한 총체적인 말살을 의미할 수 있습니다. 더욱 놀라운 사실은 그분의 죽으심은 예수에 대한 기억이 완전히 사라져버림을 의미할 수도 있다는 점입니다. 아무리 강조해도 부족함이 없는 사실이 있는데, 그것은 바로 이러한 참혹한 죽음의 형태는 종교적 인물들이 마땅히 걸어가야 할 길은 아니라는 점입니다. 이 죽음은 더 큰 의식 속으로 들어가는 깨우침이 아니며, 따뜻하게 감싸는 한 영에 대해 잠잠히 순응하는 것도 아닙니다. 또한 보다 높은 영역으로 옮겨가는 금빛 찬란한 자리 옮김도 아닙니다. 이것은 피 흘림과 침 뱉음, 모욕과 조롱, 배설물, 가장 처절한 멸시, 그리고 천대라는, 말로 형언할 수 없는 시련과 고통입니다. 왜입니까? *왜 그렇습니까?*[83)]

이에 대한 대답을 완벽하게 제시하기는 결코 쉽지 않지요. 신학자들은 이에 대해 수많은 입장을 표명해왔습니다. 그러나 어제 모였던 성경공부 그룹은 핵심에 가까이 있었습니다. 참석자 중 한 명이 말하기를 만약 죄가 (종종 의미되는 대로) 하나님과의 분리라면, 그날 밤 겟세마네 동산에서 기도하시며 고민하셨던 예수께서는 성부 하나님으로부터 분리되시는 준비를 하고 계셨다는 것입니다.

　십자가상의 죽으심의 신비를 우리가 다 이해할 수는 없습니다만 신약의 증인들은 그 죽음은 *죄를 위한* 것이었다고 반복적으로 증언하고 있습니다. 이 무시무시한 처형 방식의 의미는 분명히 십자가의 추함과 인간 죄의 추함 사이에 있는 상관관계 가운데 놓여있습니다.

　죄는 아주 재미없는 토픽이지요. 때때로 교회는 죄에 관해 말하는 것이나 심지어 언급하는 것을 피하기 위해 발버둥치고 있는 듯합니다. 죄를 언급할 때도 우리는 가능한 한 가볍게 건너뛰고 보다 더 즐거운 것들로 화제를 바꾸지요. 그러나 이 밤에 저는 성목요일 세족례에 참석하신 그룹은 이 문제를 충분히 받아들일 수 있는 마음의 준비가 되어있다고 생각하기에 죄에 대해 말하고자 합니다.

　여기에는 몇 가지 이유가 있습니다. 죄는 하나님을 알지 못하는 자들에게는 의미 없는 개념입니다. 죄는 아브라함, 이삭, 야곱, 그리고 우리 주 예수 그리스도의 아버지 되신 하나님의 거룩하심과 의로우심을 떠나서는 결코 정의될 수 없습니다. 죄는 일반적인 의미의 불순종, 반역 혹은 나쁜 행위가 아닙니다. 죄는 하나님, 곧 거룩함과 의로움 가운데 우리와 자신의 언약을 맺으셨던 바로 그 하나님의 시각에서 볼 때의 불순종, 반역, 그리고 악한 행위입니다. 이 진리를 잘 들으시기 바랍니다. 그러기에 죄를 안다는 것은 이미 은혜의 상태에 있는 것입니다.

　이 점을 다시 한 번 생각해 보겠습니다. 어떤 사람이 하나님 보시기에 죄인이라는 것을 안다는 것은 이미 그 사람이 은혜의 상태에 있다는 것을 의미합니다. 60세 이상 된 감독교회 교인들은 비록 이상한 방식이기는 해도 일반 고백서를 낭송하고 우리 자신들을 "불행한 범법자들"이라고 말할 수 있는 것이 얼마나 좋은지를 잘 알고 있을 것입니다.

　저에게는 "나는 내 죄를 고백하기를 *좋아해*"라고 말하는 귀한 친구가 있습니다. 그가 그렇게 말하는 이유는 그가 하나님을 알고 있기 때문입니다. 그는 예수 그리스도 안에 있는 하나님의 선물을 알고 있었습니다.

성회일의 시편인 시편 51편의 말씀을 들어보시기 바랍니다. "내가 내 죄과를 아오니 내 죄가 항상 내 앞에 있나이다. 내가 오직 주께만 범죄하여 주의 목전에서 악을 행하였사오니 주께서 선고하실 때 주는 의로우시며, 주께서 판단하실 때 주는 흠이 없나이다." 다윗 왕이 하나님을 알았던 것처럼 정말로 하나님을 아는 사람만이 이러한 말을 할 수 있을 것입니다. [84]

주께서 선고하실 때 주는 의로우시며, 주께서 판단하실 때 주는 흠이 없나이다. 이 구절에 관해서는 내일 더 자세히 생각해 볼 것입니다. 이 밤에 우리는 "왜 예수께서 겟세마네 동산에서 무릎을 꿇으시고 피땀을 흘리시며 아버지께 간청하고 계십니까?" 라고 묻고자 합니다. 그 이유는, 예수님은 죄에 대한 하나님의 심판을 자신이 떠맡기 위해 준비하셨기 때문입니다.

중요한 한 본문인 로마서 8:3에서 사도바울은 "… 곧 죄를 인하여 자기 아들을 죄 있는 육신의 모양으로 보내어 육신 가운데 죄를 정죄하사"라고 기록합니다. 우리는 "육신 가운데 죄를 정죄하사"란 말이 무슨 의미인지를 온전히 이해할 수는 없지만 분명히 이 말은 우리 주님께서 겟세마네 동산에서 고뇌하시면서 그분이 육신 가운데 직면하게 될 그 무엇과 연관되어 있다고 생각합니다.

그것은 단순히 끔찍한 십자가 처형만이 아닙니다. 예수께서 겪으실 '아버지에게서 분리됨'이 바로 상상할 수 없을 정도의 끔찍한 일입니다. 하나님의 아들이신 그분은 자신의 육신 가운데 죄에 대한 하나님의 진노와 저주를 받으실 것이고, 그렇게 하심으로써 그분은 우리에게서 그 진노와 저주를 제거해 주시게 됩니다. 이에 대해 사도 바울은 "그러므로 이제 그리스도 예수 안에 있는 자에게는 결코 정죄함이 없도다"(롬 8:1)[85]라고 말합니다.

오늘 여러분들도 잘 아는 것처럼 우리는 그리스도의 희생을 통해 새롭게 만들어진 새로운 백성으로 한 자리에 불러 모아졌습니다. 하나님은 예수님의 육신 가운데서 죄를 정죄하셨고 우리는 자유하게 되었습니다.

모든 크리스천의 행동의 이면에 있는 원동력, 즉 우리의 놀라운 반응이 있다면 그것은 바로 *감사*(gratitude)입니다. 감사는 매우 개인적인 동기부여입니다. 감사는 예수 그리스도의 거룩한 한 주간의 비전에서 생겨나는데, 이 비전은 우리 너머에, 그리고 우리 위에 있는 빛의 영역으로 상처 없이 날아 올라가 버리거나 인간 고통과 무관한 그러한 비전이 아니지요. 땅 위에서 무릎 꿇고 버림받아 흐느끼시며 피눈물 가운데 아버지에게 간청하시고, 무장 해제되고 무방비 상태에서 죄와 죽음을 맞기 위해 준비하시며, 여러분과 저의 대적과 최후의 일전을 위해 자신을 추스르시는 예수님의 모습 가운데 있는 비전입니다.

우리는 우리 자신의 영적인 분투를 통해서는 죄와 사망으로부터 자유를 얻지 못합니다. 승리는 우리에게 선물로 주어진, 다시 말해 하나님의 독생자이신 예수 그리스도의 고난과 죽음을 통해서 우리를 위해 성취된 값없는 선물로 주어지는 것입니다. [86]

우리 주님께서 우리를 위해서 행하신 이 복된 소식에 반응하면서 감사하며 드리는 예배를 통해 우리는 이제 모두 함께 성만찬의 찬양을 하려고 합니다. 여러분들이 이 찬송을 부를 때 그 가사를 깊이 생각하시기 바랍니다. 가사들은 주님께서 우리를 위해 행하신 바에 대한 이야기를 들려주고 있으며, 또한 우리가 그분에게 돌려 드리는 응답의 내용을 담고 있습니다.

기도가 담긴 찬송의 후렴구는 다음과 같습니다. "당신은 저를 위해 당신 자신을 내어 주셨습니다. 이제 저는 제 자신을 당신께 드리나이다." 어떻게 여러분 자신을 그분에게 드릴 것인가에 대해서는 염려하지 마시기 바랍니다. 그분이 자신이 정하신 때에 여러분들에 보여주실 것이니까요.

이 밤에 가장 중요한 것이 있다면 그것은 그분에게, 그분의 "신실하신 사랑"에, 그분의 궁극적인 선물에, 우리와 우리의 구원을 위해 행하신 그분의 종결된 사역에 우리의 초점을 맞추는 것입니다. 우리가 이 찬송을 부를 때에 우리는 또한 서로서로 간의 긴밀한 관계를 인식하게 될 것인데, 그 이유는 이것이 고독한 개인 개인들의 행위가 아니라 가족 전체가 함께 하는 행위이기 때문입니다. 우리는 그분이 우리를 함께 불러 모으신 이후에도 이전과 동일하게 머물러 있을 수 없습니다. 여러분이 서로 간에 보이는 사랑은 그분이 우리에게 보여주신 사랑에 대한 직접적인 반영입니다.

주의 피인 이 잔이 자비 가운데 흐르게 하시고
주의 은혜로운 몸인 이 떡이 자비 가운데 나누어지게 하시며
오! 은혜로우신 주여, 내게 주의 한없는 사랑의 정표가 있게 하소서
주는 나를 위해 주님 자신을 내어 주셨으니
이제 나는 나 자신을 주께 드리나이다

주께서 죽으심으로 내가 살았나이다
복되신 주여, 주는 나를 구원하기 위해 오셨나이다
주께서 줄 수 있는 하나님의 모든 사랑을
주님은 자신의 슬픔 가운데 내게 주셨나이다
주는 나를 위해 주님 자신을 내어 주셨으니
이제 나는 나 자신을 주께 드리나이다
주의 이마를 두른 가시관 때문에
주님이 창에 찔리고 못 박히셨기에
주의 고통과 죽으심 때문에
오! 그리스도여, 이제 내가 주의 변치 않는 사랑을 간구하나이다

주는 나를 위해 주님 자신을 내어 주셨으니
이제 나는 나 자신을 주께 드리나이다87)

아멘.

| 성목요일

주님이 베드로를 바라보셨습니다

한 시쯤 있다가 또 한 사람이 장담하여 가로되
이는 갈릴리 사람이니 참으로 그와 함께 있었느니라
베드로가 가로되 이 사람아 나는 너 하는 말을 알지 못하노라고
방금 말할 때에 닭이 곧 울더라
주께서 돌이켜 베드로를 보시니
베드로가 주의 말씀 곧 오늘 닭 울기 전에
네가 세 번 나를 부인하리라 하심이 생각나서
밖에 나가서 심히 통곡하니라 눅 22:59-62

    저는 이 밤에 여러분 중에 한 명의 낯선 사람입니다. 저는 전에 한 번도 이 교회에 와 본 적이 없습니다. 그러나 또 다른 면에서 저는 여러분에게 낯선 사람이 아니며, 여러분들도 저에게 낯선 분들이 아닙니다. 그 이유는 그 어떤 다른 밤보다 바로 이 밤에 우리는 더더욱 한 가족이기 때문입니다. 글쎄요, 어쩌면 우리들은 우리의 유태계 이웃들과 함께 "왜 이 밤이 다른 밤들과 다를까요?" 라는 물음을 함께 할지도 모르겠습니다.

    바로 이 밤에 예수께서 처음으로 그의 가족들을 하나님의 나라에서 자신과 함께 식탁에 둘러앉도록 초청하셨습니다. 이 밤은 가장 숭고한 사랑의 밤이요, 바로 이 밤에 하나님의 아들은 여러분과 저를 위해 자신을 내어 놓으실 준비가 되어있다고 선언하신 밤입니다. 이 때문에 우리는 가장 본질적이고도 심오한 의미에서 형제자매가 되었으며, 예수께서 우리를 자신에게 아주 가까이 부르듯이 우리 각각은 식탁 주위에 서로서로

얼굴을 맞대고 함께 둘러앉았습니다. 이렇게 해서 우리는 그분을 알게 됩니다.

예수 그리스도께서는 이 주에 모든 주간지의 표지 기사가 되지요. 그러나 신문이나 잡지에 실린 예수님에 관한 글들을 읽는다고 해서 거기에서 진짜 예수님을 발견할 수는 없지요. 오직 우리는 그분의 살아계신 임재 가운데, 즉 말씀과 성례전을 통해서 우리에게 알려지는 그분의 임재 가운데, 함께 식탁에 둘러앉게 될 때, 그 때 그분을 알게 됩니다.

이 밤에 우리는 참된 인간됨의 의미를, 그리고 참된 신성의 의미를 보게 됩니다. 다시 말해 하나님의 아들이요 인자이신 나사렛 예수라는 특별한 한 분 가운데 완전하고도 온전한 형태로 드러난 참된 인성과 신성의 의미를 알게 되는 것이지요.

정말로 이 밤은 그 어떤 밤과도 다른 밤입니다. 종교 역사상의 그 어떤 곳에서도 우리는 이와 같은 밤을 볼 수 없습니다. 다시 말해 하늘로부터 오신 전능하신 하나님께서 하인의 옷을 허리에 두르신 채 무릎을 꿇고 비천한 인간들의 더러운 발을 씻기신 일, 즉 사회에서 가장 낮은 사람들만이 행하던 일을 몸소 하신 이 밤과 같은 밤은 없습니다.

여러분, 이것을 이해하십니까? 이것은 종이나 하인의 일입니다. 그러나 예수님이 그 일을 행하셨습니다. 요한복음의 저자는 이렇게 말하고 있습니다. "저희 발을 씻기신 후에 옷을 입으시고 다시 앉아 저희에게 이르시되 내가 너희에게 행한 것을 너희가 아느냐? … 내가 주와 또는 선생이 되어 너희 발을 씻겼으니 너희도 서로 발을 씻기는 것이 옳으니라. 내가 너희에게 행한 것같이 너희도 행하게 하려 하여 본을 보였노라"(요 13:12-15). 그리고 그분은 제자들에게 말씀하십니다. "새 계명을 너희에게 주노니 서로 사랑하라 내가 너희를 사랑한 것같이 너희도 서로 사랑하라"(요 13:34).

정말로 이 밤은 가족의 밤입니다. 마땅히 갖추어야 할 모습을 갖추고 있는 가족의 경우에는 자녀들에 대한 부모의 사랑은 자기-희생적이고 무조건적이지요. 아버지는 딸을 구하기 위해서 달리는 기차에 뛰어들며, 어머니는 자신의 몸을 던져 아들을 총부리로부터 구출해 내며, 동생은 언니나 형을 위해 자신의 골수를 내어줍니다.

그렇다면 하늘에 계신 우리 아버지께서는 얼마나 더 자신의 아들을 통해 우리에게 자신을 내어주시겠습니까! 예수께서는 그분의 사랑의 너비와 깊이를 보여주는 증거로 제자들의 발을 씻기셨습니다. 새로운 가족이 이 밤에 생겨납니다. 이 가족은 하늘에 계신 한 아버지를 모신 가족이요, 형제간의 사랑이 세상의 모든 사랑보다 더 크고 무조건적인 그러한 사랑을 지니고 있는 형제들로 이루어진 가족입니다. 〈참조: Lorenzo Ghiberti의 "최후의 만찬"〉

이 밤의 설교 본문은 단지 한 구절로 이루어져 있는데, 이 구절은 최후의 만찬 후 그날 밤 예수님의 가족의 한 구성원에게 일어난 일에 대한 이야기 중에 하나입니다. 여러분, 예수께서 배반당하신 성목요일에 일어난 이 이야기를 좀 더 자세히 살펴보기 바랍니다. 본문인 누가복음에 따르면 "주님께서는 베드로를 쳐다보셨습니다." 주님의 생애의 마지막 그날에 있었던 예수님의 가족은 그리 인상적인 그룹이 아니었습니다.

제자들의 실패에 대한 이 통탄스러운 이야기가 베드로에 대한 이야기 중에 아주 잘 나타나 있습니다. 네 명의 복음서 저자들이 모두 이것을 기록하고 있습니다. 누가의 증언을 들어보시기 바랍니다.

> 예수를 잡아 끌고 대제사장의 집으로 들어갈 새 베드로가 멀찍이 따라 가니라. 사람들이 뜰 가운데 불을 피우고 함께 앉았는지라 베드로도 그 가운데 앉았더니, 한 비자가 베드로의 불빛을 향하여 앉은 것을 보고 주목하여 가로되 이 사람도 그와 함께 있었느니라 하니, 베드로가 부인하여 가로되 이 여자여 내가 저를 알지 못하노라 하더라. 조금 후에 다른 사람

이 보고 가로되 너도 그 당이라 하거늘 베드로가 가로되 이 사람아 나는 아니로라 하더라. 한 시쯤 있다가 또 한 사람이 장담하여 가로되 이는 갈릴리 사람이니 참으로 그와 함께 있었느니라. (마태는 베드로가 이 시점에서 저주하고 맹세하기 시작했다고 기록하고 있습니다). 베드로가 가로되 이 사람아 나는 너 하는 말을 알지 못하노라고 방금 말할 때에 닭이 곧 울더라. 주께서 돌이켜 베드로를 보시니 베드로가 주의 말씀 곧 오늘 닭 울기 전에 네가 세 번 나를 부인하리라 하심이 생각나서, 밖에 나가서 심히 통곡하니라(눅 22:54-62).

그 때에 주께서 돌이켜 베드로를 쳐다보시니라. 이 구절은 죄 있는 인간의 원형적인 모습을 폭로하고 있습니다. 그 날 밤 최후의 만찬 이후에 있었던 일을 다시 한 번 상기하시기 바랍니다.

이에 저희가 찬미하고 감람산으로 나아 가니라. 때에 예수께서 제자들에게 이르시되 오늘 밤에 너희가 다 나를 버리리라 … [그러나] 베드로가 대답하여 가로되 다 주를 버릴지라도 나는 언제든지 버리지 않겠나이다. 예수께서 가라사대 내가 진실로 네게 이르노니 오늘 밤 닭 울기 전에 네가 세 번 나를 부인하리라. 베드로가 가로되 내가 주와 함께 죽을지언정 주를 부인하지 않겠나이다 하고 모든 제자도 이와 같이 말하니라(마 26:30-35).

여러분들은 이와 같이 어리석은 말을 하신 적이 없습니까? 물론 여러분들도 이렇게 말한 적이 있을 것입니다. "난 결코 국민들에게 거짓을 말하지 않습니다"라고 말하는 사람은 단지 정치인들만이 아니지요. 저와 여러분 모두가 이런저런 형태로 확신에 찬 목소리로 약속을 하고, 그 약속을 지키지 않지요.

여러분, 자녀들에게 약속했지만 지키지 못한 것들에 대해 그들에게 물어보십시오. "기쁠 때나 슬플 때나 부요할 때나 가난한 때나 아플 때나 건강할 때나 … 죽음이 우릴 갈라놓을 때까지"라고 고백한 사람들의 절반이 지금 이혼했습니다. 여자에게 "당신을 사랑해" 라고 열렬히 말해놓고 그 다음날 아침에 까맣게 잊어버리는 남자들에 대해 생각해 보시기 바랍니다.

저는 이 설교를 위한 예화를 준비하면서 제가 결코 하지 않을 것이라고 말해 놓고 뒤에 가서 행한 온갖 잘못된 일들을 떠올리려는 시도를 해 봤습니다. 문제는 제가 여러분들에게 자원하는 마음으로 말하고 그대로 실천한 것이 아무것도 없다는 점입니다.

그렇다면 최선의 의도를 갖고 있었던 베드로에게 일어났던 일은 어떻게 된 것입니까? 절대로 배반하지 않을 것이라고 강력하게 약속한 이후 불과 몇 시간이 안 되어서 베드로는 그의 주님과 함께 감옥에 들어가게 된다는 위협에 직면해 꼬리를 감추고 주님께서 예언하셨듯이 자신을 욕되게 했습니다.

그날 밤 베드로가 보인 반응들은 대단히 복잡했다는 점을 주목하시기 바랍니다. 잡다한 음모자들이 처음 어둠 속에서 예수님을 체포하려고 감람산에 나타났을 당시 베드로는 처음에는 그들을 저지하려는 용감하고도 성급한 시도를 했던 것으로 보입니다. 그의 공격적이고 충동적인 성격은 우리에게 인상적이지요. 바로 이런 이유 때문에 그는 인기 있는 성경의 인물 중 하나였습니다. 분명히 그는 최소한 어떤 점에서 자신을 남성적인 당당한 사내라고 생각했을 것입니다. 아마도 그는 그의 어머니가 가장 사랑하는 아들이었을 것입니다.

우리 모두는 베드로와 같은 사람들, 즉 용맹스러운 본성과 리더십 능력을 지니고 있는 천성적으로 좋은 사나이들로서, 그렇지만 얼마 후에는 아내들에게 성가신 존재로 여겨지는 그런 사람들을 알고 있습니다. 대제사장의 집 밖에 서서 세 번씩이나 거짓말을 하면서 세 번째에는 "나는 이 사람 예수와 아무런 관련이 없다"라고 열렬하게 저주까지 하며 거짓말했던 사람이 바로 이 사람입니다.

그 때에 주께서 돌이켜 베드로를 쳐다보셨습니다. 여러분들, 그 당시의 예수님의 시선을 상상해 보시기 바랍니다. 그 시선이 어떻게 이 무기력한 제자의 마음을 꿰뚫어 보았는가를 생각해 보시기 바랍니다. 어느 누군가가 여러분들을 그렇게 바라본 적이 있습니까? 그러한 시선은 말로 설명할 필요가 없습니다. 그 시선은 분명히 말하고 있습니다. "베드로야, 이제 네가 알겠지, 네가 얼마나 한심한 협잡꾼이요 얼마나 가증한 반역자인지를 내가 알고 있다는 것을 네가 이제야 알겠니?" 그 시선은 저와 여러분들이 우리가 얼마나 좋은 사람들인가 생각하도록 우리 자신을 속이기 위해서 크고 작은 형태로 사용해왔던 다양한 형태의 방어책에서 그 가면을 벗겨버립니다.

저의 아버지도 하나의 시선을 갖고 계셨습니다. 그분은 그 시선을 그리 자주 사용하지는 않으셨지만 그 시선은 무서웠습니다. 그 시선이 더더욱 무서웠던 이유는 저의 아버지는 모든 사람들에게, 그리고 저에게 사랑받고 존경 받았던 분이기 때문입니다. 그분의 시선을 떨쳐버리거나 그 시선에 상응한 보답을 하는 것은 가능하지 않았습니다. 그 시선은 폐부 깊숙이 파고들었는데, 그 이유는 그 시선은 실망한 사랑의 시선이었기 때문입니다. 저의 아버지는 오래 전에 돌아가셨지만 이날까지 저는 그분을 실망시키고 싶지 않은 소망으로 언제나 힘을 얻고 삽니다.

그러나 이것은 예수께서 베드로를 쳐다보셨을 때 일어났던 일에 대한 개략적인 희미한 설명일 뿐입니다. 예수님의 시선은 세상이 만들어지기 전 태초부터 계셨던 성삼위의 깊은 곳에서부터 온 시선입니다. 그날의 우리 주님의 시선은 성육하셔서 말씀되신 그분의 시원적인 빛으로 안에서부터 점화된 시선이었습니다. 그 시선은 이 밤의 예배 처음 부분에서 우리가 행한 기도와 함께 어우러지는 시선이기도 하지요. "오! 하나님, 우리 모든 마음들이 주께 열려있습니다. 모든 바람들을 주께서 아시고 계십니다. *어떤 비밀도 주께 숨겨질 수 없습니다.*"

우리가 매우 자주 이야기하는 이 말, 즉 "어떤 비밀도 주께 숨겨질 수 없습니다" 란 표현에 대해 여러분은 무슨 생각을 하시나요? 이 말이 정말로 무슨 뜻인지 잠시 동안 생각해 보시기 않겠습니까? 어떤 의미에서 우리는 다른 사람들로부터 뿐만 아니라 우리 자신들로부터 비밀들을 숨기는 데 우리 삶의 전부를 보내고 있다고 할 수 있습니다. 그러나 하나님께 숨길 수 있는 것은 아무것도 없습니다.

베드로는 숨기려 했지만 주님은 그를 자신의 시선을 통해 찾아내셨습니다. 예수님의 시선은 히브리서가 말하는 대로 "좌우의 날선 검"처럼 베드로의 마음 깊은 곳을 관통합니다. 또한 "혼과 영과 및 관절과 골수를 찔러 쪼개기까지 하며 또 마음의 생각과 뜻을 감찰하니, 지어진 것이 하나라도 그 앞에 나타나지 않음이 없고 오직 만물이 우리를 상관하시는 자의 눈앞에 벌거벗은 것같이 드러남" 같이 되었습니다(히 4:12-13).

우리가 어떻게 이렇게 꿰뚫는 시선을 피할 수 있겠습니까? 베드로가 피할 수 없었던 것처럼 어느 누구도 그 시선을 피할 수는 없습니다. *무엇인가 우리에게 일어나야 합니다.* 즉 우리가 받을 자격이 없고 얻을 수도 없으며, 기대할 만한 아무런 권리도 없는 그 무엇인가가 일어나야 한다는 뜻입니다. 바로 이것이 사순절의 사십 주야 동안에 우리가 배우고 있는 바입니다.

재의 수요일에 우리가 무릎 꿇고 토로했던 기나긴 죄의 고백과 함께 시작한 우리는 주님의 불꽃같은 시선 앞에서 우리 자신을 살펴봤고, 먼지와 재를 뒤집어쓰고 회개를 해왔습니다. 바라기는 여러분들 중 많은 분들이 여러분들의 자신의 삶 속에서도 이러한 사순절의 일들이 일어나기를 축원합니다.

이 밤은 가족의 밤입니다. 가족은 일종의 도가니로써 그 안에서 실패와 죄의 문제가 해결되어야만 하는 곳입니다. 가족 삶의 바로 핵심에 죄 용서에 대한 필요가 놓여있습니다. 가족 삶이 건강해지려면 반드시 남편과 아내가 서로서로를 용서해야 하며, 부모가 자녀를 용서하고, 부모가 용서의 모범을 보임으로써 자녀들이 어떻게 용서할 수 있는가를 배울 수 있게 해야 합니다. 부모들이 자녀들에게 말이나 모범을 통해서 잘못을 고백하고 죄의 용서를 빌도록 가르치지 못하는 것은 참으로 불행한 일인데, 그 이유는 자녀들이 부모를 용서해야만 할 경우와 시점이 반드시 돌아올 것이기 때문입니다.

이 밤은 이런 것들에 대해 생각하고 이런 문제들을 주님께 아뢸 수 있는 좋은 밤입니다. 왜냐하면 주님의 십자가에서 우리는 죄의 용서를 위한 그분의 자비의 높이와 너비 그리고 깊이를 볼 수 있기 때문입니다.

용서는 값싼 행위가 아닙니다. 이 점을 잊지 마시기 바랍니다. 심지어 우리의 일상의 삶 속에서도 용서는 용서하는 자에게 언제나 희생을 요구합니다. 모든 용서는 용서되어야 하는 것이 어느 정도이냐에 달려 있습니다. 아주 작은 실수에 대해 자녀들을 용서한다는 것은 어렵지 않습니다. 저의 남편이 자동차 열쇠를 제게 주지 않고 출근해 버린 것에 대해 그를 용서하는 일에는 아무 문제가 없습니다. 단지 잠시 동안 짜증만이 있을 뿐이지요.

그러나 만약 잘못이 중요한 문제라면 이야기는 달라지지요. 간음이나 알코올 중독 혹은 학대와 같은 일은 용서하기가 쉽지 않습니다. 오랜 기간의 소홀함과 무관심 혹은 잔인함을 용서하기도 쉽지 않고요. 이런 경우에 용서는 진정 엄청난 희생을 요구합니다. 심지어 용서에 대한 이러한 인식을 지닌다 해도 우리가 용서받기 위해서 예수께서 겪으셨던 일에 대한 대략적인 깨달음 정도만 가질 수 있을 뿐입니다.

오직 십자가 위에 계신 그분을 쳐다봄으로써만 우리는 우리의 실패에 대해 지불된 값을 알 수 있게 됩니다. 정말로 그때 지불된 값은 가장 값비싼 대가였습니다. 그것은 주님께는 베드로의 구원과 우리의 구원에 준하는 가치를 지니고 있습니다.

이 밤에 예수께서 여러분과 저를 어떻게 보고 계신지를 생각해 보시기 바랍니다. 그분은 우리가 지금까지 행했던 것 중에 가장 최악의 것들을 보고 계십니다. 우리의 가장 악한 모습을 보고 계십니다. 그분은 우리가 우리 자신을 보는 것보다 훨씬 더 분명히 우리를 보고 계신데, 그 이유는 대부분의 사람들은 자신의 잘못들에 대해 끊임없이 부정하고 부인하는 상태 속에 살고 있기 때문입니다.

예수님의 시선은 진리, 곧 우리가 우리 자신의 도덕적 우월성을 증명할 수 있는 것처럼 그렇게 가장하려는 우리의 연약한 시도들에 대해 참된 진리를 드러내 줍니다. 바로 그 시선을 통해서 모든 인류의 재판장 되신 그분은 우리가 얼마나 사기꾼 같은 자들인가를 철저히 드러내 보이십니다.

그러나 예수님의 시선은 단지 순전한 판단과 심판의 시선만이 아닙니다. 만약 그랬다면 우리는 아마 그것을 견뎌 낼 수 없었을 것입니다. 그 시선은 또한 회복과 재건, 그리고 교정의 시선입니다. 우리에게 전해진 베드로 자신의 확실한 증언의 이 이야기는 베드로의 굴욕과 수치의 순간은 동시에 그의 회복의 시작이었다는 살아있는 증언입니다.

여러분이 믿든지 믿지 않든지 우리는 모두 하나님에 의해서 정죄되고 그에 의해서 잘못된 자로 판명되었다는 점이 바로 우리 구원의 본질입니다. 우리가 구속함을 얻게 된 것은 바로 이러한 정죄와 심판을 통해서입니다. 재판관 되시는 그분은 베드로가 배반하는 순간에 그에 대한 정죄와 심판을 자신에게 담당시키고 계십니다. 〈참조: "최후의 심판"〉

이 밤에 성만찬에 참여하고자 이 전에 우리 함께 모였는데, 이 귀한 진리가 여러분의 의식 가운데 깊이 자리 하기를 바랍니다. 즉 주 예수 그리스도께서 그분이 죽으시기 전날 밤에 우리를 여기 한자리에 불러 모으셨다는 점 말입니다. 그분은 자신의 최후만찬 시에 이와 같이 아주 인간적이고 오류투성이의 제자들을 자신의 식탁으로 가까이 부르셨던 것처럼 동일하게 우리를 불러 모으셨습니다. 그분은 우리를 쳐다보십니다. 그분은 볼 수 있는 모든 것들을 보고 계십니다. 그리고 말씀하십니다. 오라, 이것이 나의 몸이요, 이것이 나의 피, 곧 죄 용서를 위해서 너희를 위해 흘린 나의 피니라.

그분에게 우리의 모든 마음들이 열려 있고 모든 바람들이 알려져 있으며, 그분 앞에서 어떠한 비밀도 숨겨질 수 없습니다. 그리스도 안에서, 주님께서 돌이켜 우리를 바라다보심에 따라 우리의 가면이 벗겨지고 맙니다. 바로 그 꿰뚫는 시선 속에 살리고 구원하는 발견과 정결하게 하는 진상의 폭로가, 구원하는 정죄와 심판이 놓여있습니다. 바로 그 시선 속에 베드로의 구원과 우리의 구원이 있습니다.

바로 이런 이유 때문에 죄를 회개하고 고백하는 것이 우리의 기쁨이 됩니다. 바로 이런 이유 때문에 우리는 이 밤에 흰색 곧 정결과 찬양을 나타내는 흰색을 사용합니다. 우리의 가운들이 어린양의 피로 깨끗이 씻겨서 눈부시게 됩니다. 이런 이유 때문에 우리는 "하나님 참으로 감사합니다"라고 말하게 됩니다.

아멘.

4부
성 금요일

정오 무렵 빌라도는 판결을 내렸고
사람들은 서둘러 처형을 집행함에 따라서
정오경에 이미 그분은 십자가에 달리셨습니다.
이제 십자가 위에 성스러운 몸이 달리셨으니
이 몸은 자신의 눈물과 땀 가운데 다시 세례 받은 몸이요
자신의 피로 영원히 썩지 않고 보존되어 살아 있는 몸입니다
거기에 동정과 연민이 있었으니
이 연민과 동정은 너무도 현저하고 너무도 명백히 드러나 있기에
그의 상처들을 통해 볼 수 있을 정도입니다.
그리고 그 영광스러운 눈들은
태양조차 이 눈들보다 오래 존재하는 것이 부끄러워
그의 빛과 함께 떠나버림에 따라
자신들의 빛마저 잃어버리고 점점 흐려졌습니다.
결코 우리로부터 떠나 계시지 않았고,
우리의 형상을 입으심으로 우리에게 새로운 길로 오셨던
바로 그 하나님의 아들은 (자신의 아버지의 손에서 벗어난 적이 없는)
자신의 영혼을 내어주시되 새로운 방식으로
즉 자원하여 영혼을 그의 아버지의 손에 의탁함으로 내어주셨습니다. ···
그는 숨을 거두셨으며
하나님이 한 영을 첫 번째 아담에게 불어넣으셨듯이
이 두 번째 아담은 자신의 영혼을 하나님께
즉 하나님의 손에 불어넣으셨습니다.

- 존 던

:: 독자들에 대한 소고

이 성금요일의 구성은 네 부분으로 나누어집니다. 첫 번째와 두 번째 부분인 "일곱 개의 묵상들"과 "여섯 개의 묵상들"은 전통적으로 3시간이 걸리는 정오 예배 때에 기도와 찬양, 그리고 성가대의 합창과 함께 연속적으로 전해지도록 쓰인 것들입니다. 정오부터 오후 세시까지의 세 시간은 예수께서 십자가에 매달리셨던 시간을 나타내지요. 세 번째 부분인 "세 개의 묵상들: 갈보리의 세 표징들"은 보다 짧은 정오 예배 때에 전하기 위해 준비된 것입니다.

이상의 세 부분들은 세 개의 구별된 연속적인 묵상들입니다. 다시 말해 순서대로 하나씩 하나씩 연속적으로 읽히면 가장 좋지만, 하나의 구성 안에서 이들 중 하나 이상을 읽는다는 것은 대부분의 독자들에게 다소 무리가 있을 수 있기 때문에 개별적으로 읽힐 수도 있습니다. 실제로 성금요일 설교들을 순서대로 한 후에 부활절 설교를 하는 것이 좋습니다.

네 번째 부분인, "성금요일을 위한 더 많은 설교들"은 세 개의 긴 설교로 이루어져 있는데, 이것들은 서로 독립된 것들로 한 시간 정도의 예배를 위해 고안된 것들입니다.

일곱 개의 묵상들

내가 너희 중에서 예수 그리스도와 그의 십자가에 못 박히신 것 외에는 아무것도 알지 아니하기로 작정하였음이라. 고전 2:2

첫 번째 묵상
바지가 벗겨진 그분

여러분들은 절정의 시간에 이 자리에 나옴으로써 보다 좋은 편을 택하셨습니다. 오늘과 같은 날은 없습니다. 역사상 이와 같은 날은 전에도 없었고 앞으로도 없을 것입니다. 수많은 사람들이 단명했습니다만 예수님의 죽음에 대해서만이 온 세상의 구원을 위한 죽음이었다고 말할 수 있습니다. 오늘 이 자리에 여러분들이 함께 하심으로 여러분들은 이러한 주장이 진정으로 '참'이라는 가능성에 대한 여러분들의 확신과 헌신을 증명해 보이신 것입니다.

물론 대부분의 사람들은 오늘 이 자리에 나와 있지 않습니다. 사람들은 평상시와 같이 일하거나 쇼핑을 하거나 음식을 먹거나 체육 시설에서 운동을 하거나 은행에서 업무를 보고 있거나 하는 등 자신들의 일들을 하고 있지요. 언제나 이와 같은 날들이 계속됩니다.

예수께서 십자가에 달리셨을 때도 대부분의 사람들은 심지어 그 일에 대해 아는 바가 전혀 없었고, 단지 자신들의 일에만 정신이 팔려 있었습니다. 십자가에 처형된 사람들은 하찮은 사람들이었으며, 이런 이유에서 현재 우리들은 이분 예수 이외에는 십자가에 죽은 사람의 이름을 한 명도 알고 있지 못합니다. [88]

그렇다면 이분의 죽음과 이분의 십자가 처형은 도대체 무엇이기에 선택된 몇몇 사람들을 매년 이 성금요일에 지속적으로 불러 모아 이 자리에 있게 할까요? 여러분의 짧은 이 시간을 가치 있게 만드는 그 어떤 메시지가 이 사건에 담겨있나요?

신약성경은 그리스도의 죽음을 설명하기 위해서 하나의 공식 어구를 사용하고 있는데, 그 어구는 너무도 친숙하기에 우리는 잠시 멈추어 그것이 무슨 의미인지조차를 생각하지 않습니다. 우리가 말하는, 그리스도께서는 *우리의 죄를 위해* 죽으셨다는 공식 어구 말입니다.

그리스도의 죽음과 죄 사이의 연관관계는 너무도 영속적으로 그리고 너무도 강력하게 성경 안에서 굳어져 있어서 우리가 이미 너무나도 익숙해진 것에서 벗어나려면 바로 그 지점에서 새롭게 탐구를 시작하는 것이 옳을 듯합니다. 그러나 우리는 거기서 시작하지 않을 것입니다. 그 이유는 기독교의 복음은 우리와 함께 시작하는 것이 아니며, 특별히 우리의 죄와 시작하는 것이 아니라 하나님과 그의 선하심과 함께 시작되기 때문입니다.

죄는 최초의 말도 최후의 말도 아닙니다. 최초와 최후의 말이 있다면, 그것은 "주는 은혜로우시며 자비하시며 노하기를 더디 하시며 인자하심이 크시도다. … 여호와께 감사하라 그는 선하시며 그 인자하심이 영원함이로다"라는 말입니다. 이 놀라운 말씀이 구약성경에서 나오고 있다는 점을 주목하시기 바랍니다(시 145:8; 136:1). 우리는 맨 처음에 은혜로우신 하나님과 함께 시작합니다. 오직 거기에서부터 우리는 하나님에 대한 인간의 반항이란 이야기로 움직여 나아갑니다.

죄란 주제는 우리 시대에 그다지 인기가 없지요. 우리는 죄가 하나님에 대한 반항으로 널리 이해되던 시대에서 아주 멀리 떨어져 있습니다. 그 시대에는 죄는 하나님의 선하신 명령들에 불순종하고, 그의 언약을 위반하며, 하나님의 피조세계의 다른 피조물들과의 관계에 해를 끼치는 것들이라고 이해되었지요. 우리는 죄란 개념을 잃어버리고 있는데, 그 이유는 우리가 하나님에 대한 지식을 잃어버리고 있기 때문입니다.

나이트라인 방송의 사회자인 테드 카펠(Ted Koppel)은 한 취임연설에서 놀라운 이야기를 한 바 있습니다. 십계명은 열 가지의 제안이 아니라는 점 말입니다. 하나님에 대한 우리의 현금의 문화적 이해는 너무도 유약하고 미세하며 너무도 모호하기에 결과적으로 우리는 명령을 발할 수 있는 아무런 권리를 갖지 못하게 되어버렸습니다. 여러분들은 그렇지 않습니다만, 솔직히 말해서 대부분의 사람들은 오늘날 이런 사고와 생각들을 조용히 앉아서 들으려 하지 않습니다. 성 금요일에 교회에 나오는 사람들은 무언가가 잘못되어 있으며, 올바르게 교정될 필요가 있다는 점을 인식합니다. 만약 여러분들이 이러한 인식을 갖고 있지 않다면 이 자리에 나와 있지 않았을 것입니다.

많은 선의의 크리스천들은 죄에 대한 확고한 이해에서 멀어지려는 일반적인 경향을 예의주시하지요. 그러면서도 하나님에 대한 반항이라는 죄에 대한 정의를 약화시킴으로써 자신들의 구미에 맞추려는 시도를 합니다. 오늘날 교회에서 죄를 이해하는 인기 있는 방식에 따르면, 죄는 "한 사람의 잠재역량에 준하여 살지 않는 것"이라고 생각합니다. 이것이 우리 시대에서 죄에 대한 고전적인 정의가 아닙니까? 이 말은 "네가 할 수 있는 선에서 최선을 다하라"는 말의 반대말입니다. 그러나 정말 그렇습니까? 여러분들이 여러분들의 잠재역량에 준하여 살았는지 살지 않았는지를 누가 결정하고 판단할 것입니까? 궁극적으로 여러분들이 이것을 결정해야 할 사람들이 아니겠습니까?

우리가 우리의 잠재역량에 준하여 사는 것과 우리의 최선을 다하는 것에 관해 이야기할 때 우리는 이미 정신적으로 피할 여지나 예외 사항들, 혹은 도피처들을 마련하고 있는 셈입니다. 우리 스스로 세운 계획들에 들어맞지 않는 일이 생겨났을 경우 우리는 그것은 내 생리에 맞지 않다고 말합니다. 끈질긴 의혹의 시선들을 피하려고 우리는 "완벽한 사람은 없지"라고 말합니다. 저는 운명하는 침상에서 "나는 할 수 있는 한 최선을 다했다"라고 말한 한 여인의 말을 기억합니다. 제게 분명한 사실은, 이 여인은 자신의 그 말이 자신이 최선을 다하지 못했다라거나 자신의 최선은 *충분하지 못했다*라는 가능성에 대한 하나의 효과적인 핑계나 방어책이 될 수 있을지를 전혀 확신할 수 없었다는 것을 뜻한다는 점입니다.

기독교회의 성경은 인간본성에 대해 아주 다른 견해를 보여주고 있습니다. 인간 본성에 대한 성경의 견해에는 어떠한 도피처들이 우리에게 제공되지 않는다는 인식이 확연히 존재합니다. 예수께서는 "주님, 저는 최선을 다했습니다"라고 기도하라고 가르치지 않고, "하나님이여, 죄인인 저를 불쌍히 여기소서"(눅 18:13)라고 기도하라고 가르칩니다.

사도 바울은 "의인은 없나니, 하나도 없도다"(롬 3:10)라고 기록하고 있고, 사도 요한은 "만일 우리가 죄 없다 하면 스스로 속이고 또 진리가 우리 속에 있지 아니할 것이요"(요일 1:8)라고 기록하고 있습니다. 그 중 가장 핵심을 찌르는 말씀은 바울이 말하는 다음의 구절, "… 차별이 없으니, 곧 모든 사람이 죄를 범하였으매 하나님의 영광에 이르지 못 하니라"(롬 3:22-23)입니다. 바로 여기에 문제 해결의 열쇠가 있습니다.

만약 우리가 하나님을 안다면 우리는 인간의 잠재역량을 판단기준으로 사용하지 않고, 하나님의 영광을 판단기준으로 삼을 것입니다. 즉 예수 그리스도 안에서 우리에게 특별히 그리고 구체적으로 알려진 하나님의 영광 말입니다. 이에 대해 사도요한은 이렇게 말합니다. "… 우리가 그의 영광을 보니, 아버지의 독생자의 영광이요 은혜와 진리가 충만하더라"(요 1:14).

죄에 관한 성경 구절 중에서 우리의 이목을 끄는 구절은 우리가 잠시 후에 듣게 될 구절인데 이 구절은 전통적으로 성금요일에 낭송하는 이사야 53장에 나와 있습니다. "양 같이 우리 모두는 길을 잃어 버렸고 각기 모두 제 길로 가버렸도다."[89]

우리 모두는 제각기 자신의 진로를 추구해 나가기를 원합니다. 우리는 자기-의지에 이끌려 살아가지요. 심지어 다른 사람들과의 관계에서도 우리의 동기는 언제나 그 안에 비열한 생각, 즉 우리는 우리 자신에 대해서 언제나 보상을 바라는 욕망으로 더럽혀 있습니다. 제 개인적으로도 제가 하는 모든 일에서 자기-이해관계라는 이러한 요소를 피한다는 것이 인간적으로 말해 불가능하다는 것을 발견했습니다. 아마 바로 이런 이유 때문에 이사야는 그의 예언서에서 "우리의 의는 다 더러운 옷 같으며"(64:6)라고 기록하고 있는 듯합니다.

그리고 각기 제 길로 가버리는 모습 이외에도, 또한 우리는 공동의 차원에서도 철저하게 소외의 모습을 지니고 있지요. 우리는 우리의 최선의 모습에서 소외되어 있을 뿐만 아니라 서로 간에도 소외되어 있으며, 더 중요하게는 하나님께로부터 소외되어 있습니다. 길을 잃은 양의 이미지는 방향과 처지를 모두 함께 잃어버렸고, 오랫동안 길을 벗어나 다시 길을 찾지 못하는 피조물들의 이미지입니다. 설교할 때 양의 어리석음에 대해 말하는 것이 일반적입니다. 그러나 성경은 양이 어리석다고 말하지 않습니다. 성경은 양이 길을 *잃어버렸다*고 말하고 있습니다.

진정한 사람 사이에 교제의 모습들은 어떤 것일까요? 저와 같은 뉴욕 거주자들은 대부분의 시간을 아주 거칠고도 자기 마음대로, 그리고 자기 방식대로 살아가는 데 익숙해 있습니다. 그러나 동료에 대한 연민의 감정이 일어나는 순간은 다른 때가 아니라 곧 한 그룹에 속한 구성원 전체가 개개인의 관심에서 벗어나 보다 커다란 문제와 관심사에 관심을 갖게 될 때입니다.

이에 대한 좋은 예를 2차 대전 중 공습에 처한 영국과 세계 무역센터에 대한 9·11테러공격 이후의 뉴욕에서 찾아볼 수 있습니다. 이러한 질문을 한 번 해보면 어떨까 합니다. 위기상황 이후에 우리를 여전히 하나로 묶어놓을 수 있는 것은 무엇인가? 모든 인류, 심지어 서로를 증오하는 그룹들까지도 하나로 연합되게 할 수 있는 공동의 관심사는 무엇인가? 라는 질문 말입니다. 그 어느 때와 달리 9·11테러의 여파 속에 있는 뉴욕의 모습 속에서 사람들은 매우 드문 경우이긴 하지만 상당한 정도의 선한 모습을 발견할 수 있었습니다. 그러나 몇 주 지나지 않아 소방관들과 경찰관들은 서로 싸우고, 그동안 모금한 성금에 대한 남용과 오용에 대한 근거 없는 심각한 중상모략들이 난무함으로써 많은 비영리단체들이 사분오열 되었습니다.

성경의 증언에 따르면 인류를 한데로 묶는 공동의 줄은 인간의 필요입니다. 우리의 잠재역량을 구현하지 못하는 우리의 실패와 하나님의 영광을 나타내지 못하는 우리의 실패가 우리 모든 인간들의 특징이지요. 우리가 대단히 존경하는 위대한 성인들은 이 점을 인정한 최초의 사람들입니다. 외견상의 차이는 있을지 모르지만, 우리 모두는 절박한 상황들 속에 있습니다. 실제로 많은 사람들이 그렇게 하고 있듯이 비록 우리가 우리 자신은 괜찮다고 그럭저럭 확신시킬 수 있다 할지라도 하나님은 우리를 바라보시며 그렇지 않다고 생각하십니다.

저는 우연히 흥미로운 대화를 들은 적이 있습니다. 구색을 모두 갖춘 정장 차림의 상류층의 한 남자가 다른 사람에게 화난 목소리로, "내 사위 녀석은 정서적으로 불구자야!"라고 소리쳤습니다. 그때 이 소리를 들은 다른 사람은 조용히 "우리 모두는 정서적으로 불구자들이지!" 라고 답했습니다. 저는 그 사람의 지혜에 놀라워했습니다. 그 사람은 인간을 한데 묶는 공동의 줄에 대해 우연히 진리를 말한 셈입니다. 우리 모두는 어떤 식으로든 불구자들입니다. 우리 모두는 버팀목들을 사용하고 있습니다.

신학교 시절의 일입니다. 강의 중에 무례한 한 학생이 교수님을 공격한 적이 있는데, 그 학생은 교수님이 종교를 '하나의 버팀목'으로 사용하고 있다고 비난했습니다. 지금도 여전히 인상적으로 남아있을 정도로 그 교수님은 아주 신속하게 답변하셨습니다. "자네가 절대적으로 맞네. 그렇다면 자네의 버팀목은 무엇인가?"

만약 우리가 어떤 특정한 사회 속의 어떤 특정한 이웃 사이에서 행해지는 교회예배에 오늘 참여하고 있다면, 우리는 거기 모여 있는 회중들의 겉모습을 보면서 모든 사람들이 버팀목들에 의존해 살아가고 있다는 생각을 갖게 될 것입니다. 물론 여기 우리가 속해 있는 이 풍족한 교구의 경우 우리의 연약함은 아주 잘 감추어져 있지요. 저는 오늘 모인 여러분들 속에서 그렇게 크게 궁핍해 보이는 분들의 모습을 찾아 볼 수 없습니다.
〈참조: Andrea Mantegna의 "갈보리"〉

그러나 여러분들도 아는 것처럼 교회에 올 때 겪는 곤욕스러움이 하나가 있다면 그것은 여러분들이 목사를 속일 수 없다는 점입니다. 목회자들은 여러분의 환한 얼굴 이면에 놓인 것을 알고 있습니다. 그 이유는 자신의 소명에 부합한 목회자들은 자신들의 영혼을 들여다보며 그 속에서 "암흑의 정수"를 본 자들이기 때문입니다.

걸프 전쟁 당시, 뉴욕커(New Yorker)란 잡지의 기고자 중 한 명이 스페인 시민전쟁 중에 조지 오웰이 묘사한 한 사건을 회상하게 되었습니다. 오웰은 그가 전선에서 보았던 바를 글로 쓰고 있는데, 그 글에 따르면 적군인 파시스트의 한 군인이 참호에서 뛰쳐나와 완전히 노출된 상태에서

축조된 방어벽을 타고 달리고 있었는데, 그는 아마도 한 장교에게 메시지를 전달하고 있었던 듯합니다. 그는 잘 맞지 않는 바지 하나만을 걸치고 있었는데, 그가 달리는 동안 바지가 내려가지 않도록 한 손으로 바지춤을 움켜쥐고 있었습니다. 오웰은 이렇게 쓰고 있습니다. "나는 그 자를 쏠 수 없었다. 나는 여기 전장에 파시스트를 쏘기 위해서 왔지만, 자신의 바지춤을 붙잡고 있는 그 자는 파시스트가 아니다. 그는 분명히 나와 같은 평범한 사람일 뿐이요, 여러분과 같은 사람이다. 여러분들도 그를 쏠 마음은 없을 것이다."

하나님이 우리를 보실 때 그분은 우리의 신분이나 은행 계좌나 클럽 멤버십, 혹은 여행 별장이나 순 자산 등을 보시지 않습니다. 그분은, 자신의 영적인 벌거벗음을 가리기 위해서 허우적대는 연약하고 허약한 피조물들을 바라보십니다. 예수께서 우리 가운데 사시려고 하늘에서 내려오셨을 때 그분은 바로 이런 수준에서 사셨습니다. 하나님의 아들은 자신의 모든 신적인 특권들을 포기하시고 가장 궁핍한 중에 있는 우리와 함께 하시는 동료-피조물이 되기 위해 세상에 오셨습니다. 우리는 하나님의 원수들로서 마땅히 죽어야 할 자들이지요. 이것은 분명하지요. 그러나 그분은 한 손으로 바지춤을 움켜잡으려는 우리의 모습을 보시고 우리는 원수가 아니라 친구라고 선언하셨습니다.

그래서 이사야는 말합니다. "주께서 우리 모두의 죄악을 그에게 담당시키셨도다." 예수께서 오늘 십자가를 향해 나가실 때 그의 바지가 벗겨졌습니다. 그분에게는 이러한 마지막의 최소한의 품위마저도 허락되지 않으셨습니다. 그분은 조롱과 수치의 세상에 들어오셨습니다. 즉 그분은 바지를 입고 있지 않으셨으니 자신의 원수들에 대한 사랑 때문에 그리 하셨습니다. 그분은 우리에 대한 사랑을 위해 그렇게 하셨습니다.

두 번째 묵상
수치와 침 뱉음

몇 년 전 뉴스위크지는 표지 기사로 수치에 대한 기사를 실었습니다. 표지 사진은 상당히 불행해 보이는 한 어린이가 열등생에게 씌우던 원추형의 종이 모자를 쓰고 있는 모습이었습니다. 그 그림은 애처로워 보였습니다. 이 이야기의 기본적 논지는 좋은 것이었고, 잠시 후 이에 대해 다시 생각해 보겠지만, 어린이를 이런 식으로 부끄럽게 해서 얻어지는 것은 아무것도 없었습니다. 자녀들을 부끄럽게 하고 수치스럽게 만드는 부모들이나 선생님들은 끔찍한 일을 하는 것입니다. 어린이를 공적인 표본이 되게 하는 것은 성장하는 인격에게는 아주 해로운 것입니다. 뉴스위크지의 표지는 분명 관심을 끄는 것이었지만, 그것은 우리 사회에서는 수치에 대한 인식 혹은 수치감을 회복시킬 필요가 있다는 많은 사람들의 지적과는 반대되는 일입니다.

먼저 잠시 동안 우리 마음속에 있는 두 종류의 수치를 생각해 보았으면 합니다. 첫째는 사람의 마음을 망가트리는 부끄러움이나 수치로써 이것은 분명 나쁜 것입니다. 둘째로는 계도적이고 성장하게 하는 부끄러움이나 수치가 있습니다. 러셀 베이커(Russell Baker)와 같은 작가들은 우리의 문화권 내에 팽배해있는 이러한 부끄러움이나 수치를 간과하고 있습니다. 즉 화이트 칼라계층에 속하는 범죄자가 감옥에서 나와 자신들이 행한 바에 대해서는 미안하다거나 후회한다는 일말의 반성도 보이지 않으면서 이리저리 다니며 강연하고 책을 저술함으로써 엄청난 돈을 벌어들이고 있는 그러한 부끄럼움 말입니다.

자신의 행동에 대해 부끄러워하고 그것을 인정하는 것은 그 사람의 인격과 도덕적 힘을 보여주는 하나의 표징입니다. 이러한 모습은 성장과 발전으로 나아가는 단계입니다. 의미 있고 도움이 되는 부끄러움은 바로 이런 부끄러움입니다. 이런 부끄러움은 원추형의 종이모자와 같이 외부로부터 부여된 부끄러움이 아닙니다. 이것은 잘못을 행한 사람, 그 자신이 선택한 부끄러움입니다. 잘못을 행한 자가 담대히 앞으로 나와서 속된 표현으로 사내답게 자신의 죄 값을 치루는 것입니다. 예수의 죽음을 이해하는 데에는 두 가지 부끄러움 모두가 중요합니다. 보다 힘 있는 자에 의해서 잘못을 행한 자에게 외부에서 부과된 종류의 보복적이며 파괴적인 부끄러움, 그리고 자신의 잘못에 대한 솔직한 반성에서 나오는 건설적인 부끄러움, 이 두 가지입니다.

제가 어렸을 때 제 삶에서 권위적 인물들인 부모님이나 조부모님들 혹은 삼촌 같은 분들은 아주 잘 선정된 특정한 사안들에 대해서 "너는 자신을 부끄럽게 생각할 줄 알아야 한다"라고 말씀하시곤 하셨습니다. 제 경우에 이러한 가르침은 많은 도움을 주었습니다. 돌이켜 보면 이러한 교훈이 이루어진 당시의 문맥과 상황이 옳았다고 저는 생각합니다.

아이가 긍정적이고 건설적인 방식으로 부끄러움을 느끼려면 몇몇 특정한 요소들이 반드시 존재해야 합니다. 아이는 그의 가족들이 자신을 사랑하며 그들은 신뢰할 만한 사람들이고, 변덕스럽거나 폭력적이지 않다는 것을 먼저 알고 있어야 합니다. 가족이 공유하고 있는 공동의 가치들은 굳건해야 하며, 일상생활에서 통용되어야 합니다. 아이의 자아나 자존감이 건강해야 하며, 성숙을 향해 발전해 나가야 합니다. 특히 제가 기억하는 것이 있습니다. 제가 부끄럽게 생각할 줄 알아야 한다는 말을 들었을 때 저는 그 말이 무엇을 의미하는지 알고 있었으며, 그 말에는 진리가 들어있다고 생각했었다는 점입니다.

이런 종류의 가족 혹은 공동체의 공유된 이해는 부끄러움에 대한 건강한 이해를 성장시키는 데 아주 필요합니다. 이런 일이 일어날 때 비로소 어떤 사람이 공적으로 자신을 부끄럽게 생각한다고 인정하는 것이 용기 있는 행위가 될 수 있습니다. 이것은 자기-연민과 자기-정당화에 대해 분명히 선을 긋는 것을 의미합니다. 최상의 경우 이러한 부끄러움은 새로운 변화를 향한 주된 발걸음이 됩니다. 성경적으로 말하자면 이러한 부끄러움은 바리새인과 세리에 대한 비유 가운데 예수님에 의해서 따뜻하게 칭찬을 받은 기도인, "하나님이여, 죄인인 저를 불쌍히 여기소서"라는 기도를 하는 것을 의미합니다. 우리 주님은 이 기도를 한 사람을 "저보다 의롭다 하심을 받고 집에 내려간" 사람이라고 말씀하십니다(눅 18:14).

그러나 부끄러움에 대한 이러한 긍정적인 이미지들에도 불구하고 우리는 하나의 문화적 궁지에 처해 있는 우리의 모습을 발견하게 됩니다. 우리는 죄와 죄책에 대한 건강한 인식으로부터 표류하는 오랜 전통을 물려받았습니다. 다시 말해 무엇인가에 부끄러워 하는 것은 자존감에 나쁘다고 느낍니다. 이러한 태도는 사회에 해로울 뿐만 아니라 개인과 가족이란 관계적 측면에서 파괴적입니다. 지금까지 쓰인 말 중에서 가장 어리석은 말 중 하나는 "사랑이란 '미안합니다' 라고 절대 말하지 않는 것을 의미한다" (에릭 시갈 [Eric Segal]의 *Love Story*에 나오는 표현임)는 말입니다. 이와 정반대로 사랑은 종종 미안함을 느끼고, 부끄러워하며, 용서를 비는 것을 필요로 합니다. 인간관계들은 고백과 용서 없이는 앞으로 나아갈 수 없는데, 그 이유는 우리는 언제나 서로를 실망시키기 때문입니다.

가장 참되고 최선의 의미에서의 부끄러움이란 하나님 앞에 우리가 서 있다는 사실과 연관되어 있습니다. 사람이 하나님 앞에서 부끄러움을 느낄 때 그것은 은혜 가운데 성장한다는 확실한 표징입니다. 다윗 왕이 이것을 확실하게 증명해 보여준 바 있습니다. 다윗은 밧세바와 행한 일에 대해서 나단 선지자에게 책망을 듣게 되었을 때 자신의 죄를 숨기거나 변명하거나 자기-연민에 빠지지 않고 죄를 고백했습니다. 로버트 맥나마라(Robert McNamara)도 베트남 전쟁에 대한 자신의 회고록 가운데서 또 하나의 고백의 예를 보여 준 바 있습니다. 90) 어쨌든 "저는 자신에 대해 부끄러우며, 기꺼이 책임을 지고자 합니다"라는 말은 용기 있고 힘 있는 사람만이 할 수 있습니다.

　이제 예수님의 십자가 처형과 관련이 있는 성경과 기도서에 나오는 몇몇 중요한 구절들을 생각해 보기로 하겠습니다. 먼저 히브리서 12장 2절의 말씀을 봅시다. "… 부끄러움을 수치로 여기시며 십자가를 참으신 예수를 바라보자. …" 그 다음, 이사야 50:6(이 구절은 헨델의 *메시아*의 가사로 사용되고 있습니다)을 보시기 바랍니다. "나를 때리는 자들에게 내 등을 맡기며 … 수욕과 침 뱉음을 피하려고 내 얼굴을 가리지 아니하였느니라." 거룩한 한 주간을 위한 기도문 중 하나인 기도서에 따르면 십자가는 *부끄러운* 죽음의 한 도구라고 명명하고 있습니다.

　먼저 당시 사람을 죽이는 수단으로서의 십자가 처형이 무엇이었는지를 이해할 필요가 있습니다. 이것은 유쾌한 주제는 아니지만, 그러나 바로 오늘이 이것을 생각하는 날입니다. 불행히도 우리 사회 속에서 하나의 중심적 위치를 차지하고 있는 듯한, 하나의 집착인 죄수 처형에 대한 다양한 방식들에 대해 생각해 보시기 바랍니다. 전기의자, 총살형 집행, 교수형, 그리고 치사 주사 등은 각기 주창되는 효력으로 유명합니다. 목을 매달고 끌어내려 사지를 자르는 엘리자베스 시대의 처형방법은 고통을 주려는 의도뿐만 아니라 사람들에 대한 경고의 의미도 있었습니다.

　수 세기에 걸쳐 다른 처형 수단들이 고통을 유발시키고 고통을 오래 지속시키기 위해 고안되어 왔습니다. 십자가 처형이 갖는 특이성이 있다면 그것은 단순히 억제책이 아니라 특별히 품위를 떨어뜨리고 굴욕을 느끼게 하는 것입니다. 공적인 혐오감이란 점에선 그 어떤 다른 처형수단도 십자가 처형에 필적하지 못합니다. 바로 이것이 십자가처형의 명백한 목적입니다. 91)

　고대 로마의 저자들은 거의 십자가 처형을 언급하지 않고 있으며, 점잖은 상류층의 모임에서 이것을 논한다는 것은 너무 메스껍고 혐오스러운 것이라고 생각했습니다. 유대인들의 경우 십자가 처형은 다름 아닌 하나님께 버림받고 저주받은 것이었습니다.[92] 이에 대해서는 차후에 더 말씀드리겠습니다.

젊은 시절에 제가 버지니아 주의 리치몬드 시에서 살 때 저는 신앙적인 회의를 갖고 있는 한 친구와 규칙적인 대화를 나눈 적이 있습니다. 그녀는 예수님의 십자가 처형의 요점을 이해할 수 없다고 말했습니다. 많은 사람들이 더 오랫동안 고통을 당하면서 그보다 더 끔찍한 죽임을 당했다고 그녀는 항변했습니다. 세 시간은 여러 날 동안 고통 가운데 살아간 다른 사람들과 비교할 때 그리 긴 시간이 아니었다는 것입니다. 이 말은 사실이며, 당시에 저는 이에 대해 그녀와 논쟁할 만큼의 충분한 지식을 갖고 있지 않았습니다. 유감스럽게도 당시에는 알지 못했지만 이제는 알게 된 것이 있다면, 그것은 철저한 경멸과 멸시의 상징으로서의 십자가가 지닌 중요성이었습니다.

철저히 노출된 상태로 무력하게 길가에 있는 십자가 위에 매어달려 있다는 것은 가장 극도의 멸시와 혐오의 대상으로 최대한도로 공중에게 노출되어 있다는 것을 의미합니다. 십자가에 처형된 자가 존귀의 대상이 된다든가 아니면 영웅시된다는 것은 전혀 불가능한 일입니다. 처형된 사람을 반-인간적(subhuman) 신분으로 전락시키려는 것이 바로 이 처형수단의 성격입니다.

여러분들이 느끼셨는지 모르지만 신약 성경저자들은 십자가 형벌의 물리적인 세부사항들에 대해서는 전혀 언급하고 있지 않습니다. 즉 십자가 위에서의 고통이나 숨 막힘, 벌거벗음, 관절들의 비틀림이나 혹은 다른 끔찍한 측면들에 대해 침묵하고 있습니다. 그들이 관심을 집중하고 있는 것은 침 뱉음, 조롱과 모욕, 도성 밖에 있는 처형장소, 십자가를 짊어짐, 두 명의 쓸모없는 저질스러운 삶의 강도들 사이의 위치, 인간 이하의 낮아짐, 하나님에 의해 버려지심 등등으로 대변되는 *부끄러움* 혹은 *수치*였습니다. 93) 예수님의 십자가 머리 위에 달린 명패에 "삶에 부적합한 자"라고 쓰이는 것이 오히려 당연했을지 모릅니다. 바로 이것이 십자가 형벌에 대해 우리가 반드시 이해해야 할 중요한 바입니다.

예수님은 의식적으로, 의도적으로 그리고 자원하여 극단의 굴욕의 위치에 들어가셨습니다. 그분은 수치를 부끄러워하셨습니다. 즉 그분은 그가 겪고 있는 바에 대한 온전한 지식을 갖고 그것을 담당하셨습니다. 어떤 의미에서, 십자가 형벌은 바깥으로부터 그분에게 부여된 것이 아니었습니다("내가 스스로 [나의 생명]을 내어 놓느니라," 예수께서 말씀하셨습니다. 요10:18). 그분은 이러한 특정한 형태의 죽음을 자발적으로 담당하심으로써 그 자신과는 전혀 상관이 없는 형벌을 자신이 스스로 짊어졌고, 그러므로 그는 죄 없는 희생자가 되셨습니다.

이렇게 해서 예수께서는 나쁜 종류의 부끄러움, 즉 힘 있는 자들에 의해서 힘없는 자들에게 부과되는 유형의 부끄러움과 수치를 겪으셨습니다. "그는 수욕과 침 뱉음을 피하려고 자신을 숨기지 아니하였느니라." 그분은 자신의 전 생애에 걸쳐 부끄러워 해야 할 일이 전혀 없었으나 자신을 무력하게 만드심으로써 이런 최악의 형태의 치욕과 버려짐을 겪으셨습니다.

이에 대해 사도 바울은 이렇게 말합니다. "그는 근본 하나님의 본체시나 … 자기를 비어 종의 형체를 지녀 죽기까지 복종하셨으니 곧 십자가에 죽으심이라." 이 사건 속에서 우리와 일종의 자리바꿈을 하시는 예수님의 모습을 보지 않을 수 없습니다.

우리가 잠시 후 부를 다음 찬송의 가사를 자세히 주목하시기 바랍니다. 이 가사는 이 점을 가장 잘 표현해주고 있기 때문입니다. "종이 죄를 지었고 아들이 고통을 당하였도다." 저와 여러분들이 종이고 예수님이 아들이십니다. 부끄러움은 우리에게 속한 것이고 그 파급 효과들은 그분

위에 떨어졌습니다. "그는 우리의 질고를 지고 우리의 슬픔을 담당하셨습니다."

그리고 여기에 놀라운 일이 있습니다. 그분이 수치라는 최종적인 짐 아래 있는 우리를 대신하셨기 때문에 수치는 더 이상 우리에게 짐이 아니며, 거의 영예의 상징이 되었습니다. 이제 우리는 다윗 왕이 그랬듯이 승리하신 그분에 대한 현란한 표징처럼 부끄러움을 지닐 수 있게 되었습니다.

그분이 자발적으로 홀로 자신 위에 온 세상의 수치를 담당할 수 있었기 때문에 우리는 이제 바로 서서 "죄송합니다," 그리고 "저는 제 자신을 부끄러워 합니다"라고 상처받거나 구김살 없이 말할 수 있게 되었습니다. 진정으로 아무런 상처를 받지 않으면서 하나님과 사람들 앞에서 우리의 잘못들을 고백하면서 이제 우리는 기뻐할 수 있으며, 새로운 삶과 자유를 발견할 수 있게 되었습니다. 우리의 귀하신 주님께서 *수치와 침 뱉음을 피하려고 자신을 숨기지 않으셨기*에 여러분과 저는 다시는 결코 원추형의 종이 모자를 쓸 필요가 없게 되었습니다.

세 번째 묵상
속죄의 염소와 희생제사

몇 년 전 메트로폴리탄 박물관이 카라바조(Caravaggio)의 작품들에 대한 중요한 전시회를 개최한 적이 있는데, 그 전시회는 크리스천들에게 하나의 소중한 통찰력을 제공했습니다. 전시된 그림 중에는 성 안드레의 십자가 처형장면을 그린 그림이 있었습니다. 안드레가 예수님보다 더 나이가 들어 보였다는 것과 그의 십자가가 X 자의 형태를 띠고 있다는 점 이외에는 안드레의 십자가 처형 그림은 예수의 십자가 처형 모습과 별 차이가 없었습니다. 안드레의 그림은 본질상 저에게 별 감동을 주지 못했습니다.

이에 반해 예수님의 죽음에 대한 그림들은 왜 제게 훨씬 더 커다란 중요성을 갖고 있었을까요? 두 그림의 경우 외적인 세부사항들은 거의 비슷했습니다. 차이점이 있다면 그것은 두 죽음의 *의미*였습니다. 모든 세계 역사 중에서 예수의 죽음만이 온 인류에 대한 구속적인 중요성을 갖고 있습니다. 궁극적으로 어떤 그림도, 어떤 영화도, 어떤 TV 프로그램도 우리에게 이 점을 설명할 수 없으며, 오직 우리는 믿음 가운데 성경말씀을 읽는 길밖에 없습니다.

요한복음에서 우리는 사도 요한의 유명한 천명을 읽게 됩니다. "세상 죄를 지고 가는 하나님의 어린양을 보라"(요 1:29, 36). 모든 크리스천들은 이 말씀을 잘 알고 있지만, 오늘날 이 구절의 성경 문맥 속에서 온전하게 이 구절을 이해하고 받아들이는 법을 아는 사람은 별로 없는 듯합니다.

마찬가지로 대부분의 크리스천들은 성만찬에서 낭독되는 바울서신서의 한 구절을 익히 잘 알고 있을 것입니다. "우리의 유월절 [어린양]이신 그리스도께서 우리를 위해 희생제물이 되셨도다" (고전 5:7). 그러나 많은 사람들이 이 구절의 의미를 설명할 수 없음이 사실입니다. 너무도 많은 것을 우리가 잃어버리고 있는 셈입니다.

성경을 읽는 사람들로서 우리 중에 어떤 이들은 이 시점에서 예수의 죽음을 이해하는 데에 매우 중요한 구약적인 배경을 인식하고 있을 것입니다. 94) 여러분들도 알다시피 히브리인들의 예배는 기원전 수 천 년 간 희생제사 제도를 통해 지속되어 왔지요. 이것을 통해 하나님의 백성들은 두 가지 중요한 사실을 이해할 수 있게 되었습니다. 첫째로, 죄 없는 자가 죄 있는 자를 위해서 반드시 죽어야 한다는 점이며, 둘째로, 피 흘림이 없는 죄에 대한 희생제사는 결코 존재하지 않는다는 점입니다.

이 점을 총체적으로 집약해서 보여주는 세 가지 모티브들이 구약에 존재합니다. 첫 번째 모티브는 죄에 대한 피의 희생제사라는 모티브입니다. 이 점은 레위기 4장에 기술되어 있습니다. 만약 어떤 사람이 부주의해서 (여기서 "부주의해서"란 말에 주의하시기 바랍니다. "내가 의도적으로 그런 것이 아니야", "나는 몰랐어" 라는 것은 핑계가 되지 않는다는 뜻입니다) 죄를 짓게 될 경우, 짐승을 잡아 제사장이 그 짐승의 피를 속죄를 위해 뿌립니다. 바로 이렇게 해서 죄가 지워지게 됩니다. 희생제물인 짐승의 피는 죄를 위해 바쳐지는 제물입니다.

두 번째 모티브는 속죄의 염소라는 모티브입니다. 이것은 레위기 16장에서 기술되고 있습니다. 여기에 기술되고 있는 사건들은 때때로 "구약의 성금요일"이라고 묘사되곤 합니다. 살아있는 염소 한 마리를 제사장에게 가져갑니다. "그리고 아론이 두 손으로 산 염소의 머리에 안수하여 이스라엘 자손의 모든 불의와 그 범한 모든 죄를 고하고 그 죄를 염소의 머리에 두어 미리 정한 사람에게 맡겨 광야로 보내니, 염소가 그들의 모든 불의를 지고 무인지경에 이르거든 그는 그 염소를 광야에 놓을지니라"(레 16:21-22).

그런데 여기서 볼 수 있는 사실은 놀라운 예언적 방식으로 첫 번째와 두 번째 모티브인, 피의 제사와 희생염소의 이미지가 한데 어우러져 있다는 점입니다. 우리가 봉독한 바에 따르면 속죄예식의 마지막 행위는 희생제물의 시체를 진영 밖으로 끌고 나가 불에 태우는데, 이것은 희생염소가 광야로 내보내지는 것과 같은 모습입니다(레 16:27). 이러한 예식들은 예수께서 성문 밖에서 고난을 받으시고 자신의 피를 통해 백성들을 성결케 하셨다는 신약성경의 천명(히 13:12)에 대한 배경입니다. 〈참조: "차트레스 대성당(Chartres Chathedral)의 12세기 유리창에 있는 십자가"〉

세 번째 모티브는 유월절 어린양(유월절에 대한 헬라어 단어는 *pascha*임)이란 모티브입니다. 이 모티브는 출애굽기 12장에 잘 묘사되어 있습니다.

> 너희는 이스라엘 회중에게 고하여 이르라 이 달 열흘에 너희 매인이 어린 양을 취할지니 각 가족대로 그 식구를 위하여 어린 양을 취하되 … 이 달 십사일까지 간직하였다가 해질 때에 이스라엘 회중이 그 양을 잡고, 그 피로 양을 먹을 집문 좌우 설주와 인방에 바르라 … 내가 애굽 땅을 칠 때에 그 피가 너희의 거하는 집에 있어서 너희를 위하여 표적이 될지라 내가 피를 볼 때에 너희를 넘어가리니 재앙이 너희에게 내려 멸하지 아니하리라.

신약에서 이 모든 세 모티브들이 놀라운 방식으로 하나로 모아집니다. 피의 흘림, 죄를 범한 자를 위해 드려진 무고한 희생양, 백성들의 죄를 진영 밖 광야로 짊어지고 나가는 것, 그리고 속박과 죽음으로부터의 구원을 표징하는 어린양의 피라는 이 모든 이미지들이 "세상 죄를 지고 가는 하나님의 어린양을 보라" 혹은 "우리의 유월절 어린양이신 그리스도께서 우리를 위해 제물로 드려지셨도다"(고전 5:7)라고 우리가 이야기할 때 그 말이 의미하는 바를 잘 설명해주고 있습니다.

그리고 자신에 대해서 "나는 선한 목자다"라고 말씀하신 그분이 이제 자신의 생명을 양 무리를 위해 내어놓고 계십니다. 우리가 방금 전에 함께 불렀던 찬송의 가사가 바로 이 점을 상기시킵니다. "오, 선한 목자께서 양 무리를 위해 제물로 드려졌도다." 죄 없으신 그분이 죄 있는 많은 사람들을 대신해 죽으셨습니다. 즉 "단번에 자신을 드린 봉헌"입니다. [95] 또한 다음과 같은 히브리서 구절 역시 성금요일에 대한 말씀입니다.

> 예수 그리스도의 몸을 단번에 드리심으로 말미암아 우리가 거룩함을 얻었노라. … 오직 그리스도는 죄를 위하여 한 영원한 제사를 드리시고 하나님 우편에 앉으사…. 저가 한 제물로 거룩하게 된 자들을 영원히 온전케 하셨느니라. … 그러므로 형제들아 우리가 예수의 피를 힘입어 성소에 들어갈 담력을 얻었나니. … 우리가 마음에 뿌림을 받아 양심의 악을 깨닫고 몸을 맑은 물로 씻었으니 참 마음과 온전한 믿음으로 하나님께 나아가자(히 10:10, 12, 14, 19, 22).

네 번째 묵상
평범한 범죄자

세례요한은 옥에서 괴로워하면서 예수님께 메시지를 보내 예수님 자신에 대해 설명해달라고 물었습니다.96) 분명히 세례요한은 왜 예수님은 자신의 메시아적인 권세와 능력을 자신이 생각하기에 그가 그렇게 하실 것이라고 기대했던 방식으로 행사하시지 않았는지를 이해할 수 없었습니다. 예수님은 자신의 사역을 정의하시면서 "누구든지 나를 인하여 실족하지 아니하는 자는 복이 있도다" (마 11:6)라고 회답하셨습니다. 그러나 우리가 4복음서 전반에 걸쳐 지속적으로 듣는 바에 따르면 사람들은 예수님 때문에 실족했습니다. 여기 예수님으로 인해 실족한 두 여인의 이야기가 있습니다.

첫 번째 여자는 편의상 '셸리'라고 하고자 합니다. 셸리는 제게 말하기를, 자신은 자신이 좋아하는 감독교회 하나 찾는 데도 어려움이 있을 정도라고 했습니다. 저는 그녀에게 이런저런 교회 이름을 대며 그 교회들을 나가보라고 제안했습니다. 그녀는 정색을 하며 말하기를, "절대 안 됩니다. 저는 그 교회에도 갈 수 없습니다" 라고 했습니다. 제가 "왜 그러냐?" 고 묻자 놀랍게도 그녀는 "교회 강대상 앞에 놓여있는 십자가 위에 달려 있는 그리스도의 모습을 쳐다보지 않을 수 없는데, 그것은 정말 끔찍할 일입니다."97)라고 답했습니다.

두 번째 여자는 편의상 '제인'이라 칭하겠습니다. 저는 제인의 남편과 자녀들을 아주 잘 알고 있었습니다. 제인은 클럽이나 교회 같은 공공장소에서 사회적으로 볼 경우에는 아주 사근사근한 사람처럼 보입니다만 제가 알기로는 바로 이 점이 그녀의 가족들을 어렵게 만드는 것이었습니다. 그녀는 교묘히 사람들을 다루며 독선적이고 고집이 세며 잘못을 허락하지 않는 성격의 소유자였습니다. 그녀가 표면상으로는 사람을 즐겁게 하는 성격을 갖고 있었다는 점이 오히려 문제가 되었는데, 그 이유는 그녀가 감언이설로 자신의 방식을 관철시키는 데 익숙해 있었기 때문입니다. 그녀가 자신을 돌아보고 자신이 행하는 바들을 돌아볼 수 있게 강압적으로 하는 것은 거의 불가능했는데, 그것은 그녀 자신이 월등한 덕과 품성을 갖고 있는 사람이라고 생각했기 때문입니다.

몇 년 전 거룩한 한 주일 중에 그녀는 제게 말 한마디를 한 적이 있는데 제 생각으로는 그 말은 그녀에 관한 무언가를 잘 보여주는 것이 있었습니다. 먼저 한 가지를 설명해야 할 것 같습니다. 비록 많은 교회들이 여러 해 동안 수난 기사를 극화시켜 낭독하는 일들을 해왔지만, 그녀가 속한 교회는 전에 그것을 한 번도 한 적이 없었습니다.

어느 한 종려주일에 그녀는 처음으로 이러한 극화된 형태의 수난기사 낭독에 참여하게 되었습니다. 참석한 회중의 일원으로서 예수님 당시의 무리의 역할을 하면서 그녀는 "그를 십자가에 못 박으라"고 소리치는 역할을 하게 되었지요. 수난기사 낭독 중 이 부분은 종종 예식에 참여하는 자들 모두에게 중요한 순간이었습니다. 사실 저는 바로 이 순간에 자신의 믿음의 불이 충전되거나 재충전되는 사람들을 많이 보아왔습니다.

예식이 끝난 후 우리 중 몇 사람이 교제하는 자리에 둘러앉아서 예배가 얼마나 감동적이었는지에 대해 이야기하고 있었습니다. 사람들은 특히 "그를 십자가에 못 박으라" 고 소리쳤을 때 느꼈던 기분에 대해 말하고 있었습니다. 이때 제인은 상당히 힘 있는 톤으로 "나는 도저히 그렇게 소리칠 수 없었습니다. 정말 그렇게 할 수 없었습니다. 어떻게 그렇게 끔찍한 말을 할 수 있단 말입니까!" 라고 말했습니다.

그 때 이후로 저는 그녀가 한 말이 얼마나 커다란 슬픔과 애처로움인지를 생각해 왔습니다. 그녀의 완고한 소경됨 때문에 제인은 우리 모두와 같은 죄인으로 자신을 인정할 수 없었던 것입니다. 그녀는 자신이 악한 생각들과 악의적인 행동들을 할 수 있다는 사실을 인정할 수가 없었던 것입니다. 그녀는 자신의 덕성과 자신의 종교적인 성향에 집착해 있었습니다. 이 때문에 그녀는 예수가 누구이시고 자신이 누구인가를 볼 수 없었습니다.

지혜로운 베네딕트 사제 한 사람은 한때 다음과 같이 말한 적이 있습니다. "만약 당신이 시편에 나오는 폭력성을 이해할 수 없다면 당신은 당신 속에 있는 폭력성을 이해할 수 없게 될 것입니다." 이 점은 십자가의 경우 더더욱 그러합니다. 만약 우리가 십자가를 바라볼 수 없다면 우리는 우리 자신 역시 바라볼 수 없게 됩니다.

여러분들에게 짤막한 이야기를 하나 하고자 합니다. 이것은 십자가 모형에 있는 예수의 모습을 쳐다보기를 원하지 않았던 셀리에 관한 또 하나의 이야기입니다. 그녀는 자신이 한 백화점에서 겪었던 경험을 자신의 친구들에게 이야기했습니다. 이것을 이해하기 위해 먼저 여러분들은 마음속에 백화점을 그려보시고 또한 셀리를 그려보시기 바랍니다. 문제가 되는 백화점은 유행의 첨단을 걷고 있는 우아한 곳입니다. 셀리 자신도 매우 세련되고 우아했으며, 귀족적인 품위를 지니고 있었습니다.

그녀는 그 백화점에서 값비싼 블라우스 하나를 사서 자신의 쇼핑백에 넣었습니다. 유감스럽게도 판매사원이 블라우스에 붙어있는 하얀 플라스틱 장치를 제거하는 것을 잊어버렸습니다. 셀리가 백화점 출구를 통과하려고 하자 경고 벨이 울렸고 경비원들이 그녀에게 와락 덤벼들었습니다. 이 이야기를 듣던 그녀의 친구들은 "맙소사, 어쩌면 좋아!"라고 소리치며, "너 무척이나 속상했겠구나, 너의 남편에게 전화는 했니? 당시 신분증은 갖고 있었니? 경찰에 신고는 했니? 백화점의 사장을 보자고 요청은 했니?"라고 물었습니다. 셀리는 대답했습니다. "야, 말도 마라. 그건 문제도 아니었어, 내가 누구인지를 밝히는 일은 전혀 문제가 없었지. 그건 별로 기분 나쁜 일도 아니었고. 진짜로 기분 나쁜 일은 내가 보통의 범죄자처럼 취급을 당한다는 기분이었지."

이 말은 그녀가 정확히 한 말들입니다. "보통의 범죄자처럼" 그녀가 취급되었다는 점 말입니다. 바로 이 여자가 자신의 이웃에 있는 교회에 가지 않으려 했던 이유는 교회 안에 십자가의 예수 상이 있었고, 그녀는 그것을 보기 원하지 않았기 때문이라고 주장했던 여자입니다.

셀리는 백화점 청원경찰에게 자신이 누구인지를 말할 수는 있었지만, 참된 사실은 그녀는 자신이 누구인지를 알지 못했다는 점입니다. 저는 셀리가 느꼈던 부끄러움의 감정이 바로 예수님의 죽음에 대한 이해, 즉 보통의 범죄자처럼 체포되었고, 보통의 범죄자처럼 공중에게 보였으며, 보통의 범죄자처럼 처형되었던 예수님의 죽음에 대한 이해에 이르는 하나의 실마리임을 설명하려고 노력했습니다.

그러나 이 점을 그녀에게 이해시킬 수가 없었습니다. 그녀는 자신이 어떤 점에서든 죄인이라고 믿지 않았습니다. 부당한 취급을 받았다는 점에서는 그렇다고 인정합니다. 오해를 받았다는 점에서는 그렇다고 인정합니다. 무시를 당했다는 점에서도 그렇습니다. 온전하지 못하다는 점도 인정합니다. 그러나 잘못된 일을 행했다는 점에서는 아니라고 말합니다. 그리고 죄가 있다는 점에서는 더더욱 그렇지 않다고 말합니다. 그녀는 자신이 "착한"사람들 중에 하나라고 믿고 있기 때문에, 또한 그녀는 가게의 좀도둑질과 같은 작은 잘못이라도 결코 행하거나 행할 수 없다고 생각했기 때문에, 그녀는 보통의 범죄자로서의 예수의 죽음과 자신 사이의 연관관계를 볼 수 없었던 것입니다.

셀리는 성금요일의 메시지를 들을 수 없었고, 제인도 그것을 들을 수 없었으나, 그러나 아마 여기 나오신 여러분들은 여러분 자신들 뿐만 아니라 그들을 대신해 오늘 그 메시지를 들을 수 있습니다. 여러분들이 부끄러운 십자가에 매달리신 예수 그리스도를 깊이 묵상할 때 여러분들은 인간의 죄의 깊이와 무게를 이해하게 됩니다.

우리가 화재의 규모를 어떻게 측정합니까? 화재를 진압하기 위해서 보내진 소방수들과 소방차들의 수효에 의해서 알 수 있지 않습니까? 우리가 병의 상태의 심각성을 어떻게 측정할 수 있습니까? 위험스러운 항생제들이나 수술 절차를 처방하는 데에 의사들이 치르게 되는 위험성의 정도를 측정함으로써 병의 심각성을 알 수 있습니다. 우리가 죄의 심각성과 우리에 대한 하나님의 사랑의 비교할 수 없는 광대하심을 어떻게 알 수 있습니까? 예수 안에서, 즉 우리를 위해, 그리고 우리를 대신해 보통의 범죄자처럼 되신 예수 안에서 하나님이 우리를 위해 행하신 일의 광대함을 봄으로써 알 수 있습니다. 〈참조: Graham Sutherland의 "십자가처형"〉

여러분들이 예수님의 무조건적인 사랑과 용서를 진정으로 알게 될 그 때에, 얼마나 깊이 여러분 자신이 죄에 연루되어 있는가를 또한 알게 될 것입니다. 그리고 바로 그 순간에(이것이 바로 성금요일의 영광입니다) 여러분들은 우리 주 예수 그리스도 안에 있는 구원이란 좋은 소식의 참된 실체와 참된 기쁨, 그리고 진정한 즐거움을 알게 될 것입니다.

다섯 번째 묵상
누군가가 값을 지불해야 합니다

성금요일에 성경의 모든 모티브들이 한데 어우러지는데 이러한 모티브들은 상당히 많이 있습니다. 우리는 속박으로부터의 구원이라는 주된 성경적 사건이요, 죄를 정복하시는 그리스도란 주제 가운데 재현된, 유월절과 출애굽의 이야기를 재삼 듣게 됩니다. 우리는 구약 속에 있는 속죄에 대해, 그리고 희생제물의 피를 통해서 속죄가 이루어지는 방식에 대해서 듣게 됩니다. 우리는 언약궤와 속죄소 혹은 시은좌, 그리고 뿌려지는 피에 대해 듣기도 합니다. 우리는 우리의 상상력을 동원해서 오직 하나님만이 정복하실 수 있는 대상인 죽음의 왕국에 대한 우리 주님의 굴복을 재현해 보기도 합니다. 우리는 유월절 어린양과 독생자의 희생, 고난 받는 종의 자기-드림의 이미지와 그리고 예수께서 자신의 머리를 세상 죄의 무게 밑으로 숙이시고 인류 시조의 저주를 자신에게 지우신, 절정의 이미지인 대속의 모티브를 높이 부각시킵니다. 이제 이 이미지들 중 몇몇을 보다 더 자세히 생각해 보기로 하겠습니다. 이를 위해 우리는 바울이 쓴 고린도후서에 나오는 한 구절을 살펴보도록 하겠습니다.

> 하나님이 죄를 알지도 못하신 자로 우리를 대신하여 죄를 삼으신 것은 우리로 하여금 저의 안에서 하나님의 의가 되게 하려 하심이니라(고후 5:21)

대단히 중요한 이 구절을 통해서 우리는 십자가상에서 예수님께 일어났던 일이 어떤 일이었는가를 배우게 됩니다. 아마 저와 여러분들은 바울이 이 구절을 통해 하려는 말을 좀 더 분명하게 표현했으면, 혹은 이 구절의 구문이 좀 더 명확했으면 좋았을텐데 라고 생각할지 모르겠지만 ("바울 서신서들 중에는 알기 어려운 것이 더러 있으니"- 벧후 3:16), 이 구절은 언제나 예수의 십자가를 이해하는 데에 특별한 중요성을 지닌 것으로 인식되어 왔습니다.

하나님은 *죄를 알지도 못하신 자로 죄를 삼으셨습니다.* 여기에는 죄란 사실과 예수님의 죄 없으심이란 사실, 그리고 십자가를 통한 예수님의 죽음이란 사실 등의 세 가지 사실이 아주 밀접하게 서로 연결되어 있습니다. 여러분은 십자가가 구체적으로 여기에 언급되지 않기 때문에 이 구절이 십자가와 어떤 점에서 관련되어 있는지 질문할지 모릅니다. 이러한 질문에 대해서 우리는 이렇게 답할 수 있습니다. 예수님의 생애 중 그 어느 시점도 하나님이 예수님을 "죄가 되게" 하신 시점이라고 우리가 말할 수 있는 시점이 전혀 없다는 점입니다. 만약 이러한 시점이 있다면 그것은 그분이, "나의 하나님, 나의 하나님, 어찌하여 나를 버리십니까?"라고 울부짖었던 순간뿐일 것입니다.

심지어 복음서들에 나오는 예수님 말씀의 약 90퍼센트가 비역사적이라고 주장했던 소위 "예수 세미나"라 불리 우는 성경학회조차도 이러한 버림에 대한 울부짖음을 실제로 예수께서 발하셨다는 점을 인정하고 있습니다. 어떤 사람이 이것을 만들어냈다는 것은 거의 가능성이 없는 이야기이고, 만약 이 울부짖음이 정말로 예수님에 의해서 행해지지 않았다면 그것이 교회에 의해서 보존되고 전수되어 왔다고 하는 것은 더더욱 가능성이 없는 이야기일 것입니다. "나의 하나님, 나의 하나님, 어찌하여 나를 버리셨나이까?" 왜 주님은 이렇게 말씀하셨을까요?

지금까지 제가 볼 때 만족스러운 유일한 답이 있다면 그것은 바로 그 순간에 하나님의 아들 되신 그분이 "죄가 되셨다"라는 것입니다. 죄의 무시무시함이 그분을 압도했습니다. 바로 그 순간에 그분은 처음이자 마지막으로 아버지로부터의 분리를 경험하셨습니다. 우리가 받아 마땅했던 저주가 그분에 의해서 흡수된 것입니다.

이런 개념은 언제나 기분을 상하게 합니다. 모든 세대마다 기분을 상하게 되는 현상이 재현되는데, 그 이유는 우리가 저주를 받아 마땅하다는 사실을 믿고 싶어 하지 않기 때문입니다(아마 다른 사람은 몰라도 나는 결코 아니라고 생각합니다). 반면 속죄의 또 다른 측면이 사람들의 마음을 상하게 만들어왔는데 그 이유는 거기에 커다란 오해가 있어왔기 때문입니다. 어떤 설교자들이나 성경학자들은 불쾌한 용어들을 사용해 죄 없는 희생자인 아들에게 저주를 퍼붓는 진노하시는 아버지의 이미지를 연상시켜왔습니다. 이러한 잘못된 이해는 반드시 거부되어야 합니다. [98] 하나님의 아들을 속죄 제물로 드린다는 신비로운 사건의 핵심에 놓여있는 것은 아버지의 뜻과 아들의 뜻이 하나라는 사실입니다. 이 사건은 아버지와 아들이 *함께* 행하시는 하나의 행동입니다.

누가와 요한의 증언을 들어보시기 바랍니다.

> 아버지여 만일 아버지의 뜻이거든 이 잔을 내게서 옮기시옵소서. 그러나 내 원대로 마옵시고 아버지의 원대로 되기를 원하나이다. … 어느 누구도 나의 목숨을 나로부터 취할 자가 없느니라. 내가 스스로 나의 목숨을 내어놓느니라. … 선한 목자는 양들을 위하여 목숨을 내어 놓는도다. 나는 나의 목숨을 내어놓을 권세도 있고, 그것을 다시 취할 권세도 있느니라 (눅 22:42; 요 10:11-18).

다양한 성경 저자들이 이 이야기를 다른 시각들로 우리에게 전합니다. 이 시각들 중 하나가 감독교회의 기도서에 있는 토마스 크랜머(Thomas Cranmer)의 유명한 성만찬기도 가운데 잘 나타나 있습니다. 그리스도께서는 온 세상의 죄에 대한 "충만하고도 온전하며, 충분한 희생과 헌신, 그리고 만족을" 이루셨습니다. 많은 성경학자들은 오늘날 이 만족이란 개념을 회피하고자 합니다. 물론 이 이미지는 종종 과도하게 추상화되고 형식화되어 온 것이 사실입니다만, 이 이미지 안에는 커다란 진리가 들어있습니다. 그리스도의 십자가를 이해하기 위해서 크랜머는 우리가 죄의 심각성을 고려할 필요가 있다고 제안하고 있습니다.[99] 구약 시대에 속죄제물은 어떤 가치가 거기에 부여될 수 있도록 반드시 그 값어치가 헤아려져야 했습니다. 우리는 지불된 대가인 십자가의 값어치를 헤아려 볼 필요가 있습니다. 십자가에 죽임 당하신 예수 그리스도를 바라봄으로써 우리는 십자가의 철저한 낮아짐과 하나님에 의한 버려짐을 볼 수 있게 되며, 죄의 참된 본성을 보게 됩니다.[100]

죄에 대해서 무엇인가가 행해져야 합니다. 일종의 만족이 충족되어야 합니다. 이것은 중세적 전통의 추상적 개념이 아닙니다. 이것은 인간 존재에 있어서 하나의 기본적 인식입니다. 1990년대 초에 뉴저지의 티네크(Teaneck) 도시에서 한 젊은 혹인 소년이 손을 들어 항복했는데도 경찰의 총에 맞아 죽었습니다. 고뇌하는 그의 아버지는 "누군가 값을 지불해야 한다"라고 울부짖었습니다. 정의가 행해져야 하고, 정의가 행해지는 것이 보여야 합니다.

오래 전에 켄터베리의 안셈은 이렇게 말한 바 있습니다. "하나님의 정의가 반드시 충족되어야 합니다." 이러한 충족의 당위성은 경직된 논리라는 의미에서의 당위성이 아니라 도덕적 질서의 한 사건으로서의 당위성을 말합니다. 그리스도의 십자가 속에서 정의가 *실질적으로* 행해졌습니다. 그러나 이것은 지금까지 어떤 사람들이 주장해왔듯이 그렇게 하나의 "법적인 허구 혹은 픽션"이 아닙니다. 십자가 속에서 하나님은 하나의 일반적인 사면을 선포하신 것이 아닙니다. 범죄자를 제외한 어느 누구도 일반적 의미의 사면을 만족해 하지는 않을 것입니다. 그 이상의 무언가가 십자가상에서 일어나고 있는 것입니다.

심지어 하나님의 정의에 대한 언급을 하지 않더라도 정의에 대한 우리 자신의 보편적 인식에 따르면 커다란 잘못이 있을 경우 배상이 반드시 이루어져야 하며, 선고된 바가 반드시 시행되어야 하며, 만족이나 충족이 반드시 주어져야 합니다. 우리는 오늘날 심리적 확실감(일부가 빠진 그림에서도 전체 모습을 보려는 경향)에 대해 이야기합니다. 심리적 확실감이란 치유가 일어나기 위해서 자신 바깥으로부터 어떤 조치가 취해져야 한다는 마음의 필요성을 인정하는 하나의 방식입니다. 심지어 인간들도 이것을 요구합니다. 그렇다면 정의와 의로움의 하나님은 얼마나 더더욱 그러하시겠습니까! "온 세상의 죄에 대한" 만족 혹은 충족이 있으려면, 죄의 구조 바깥으로부터의 어떤 개입이 반드시 있어야 합니다. 누군가가 죄에 대한 값을 *반드시 지불해야* 합니다.

제가 말할 수 있는 한 항상 그래왔던 사실이 있다면 그것은 일평생 구조적인 부정의를 겪게 되는 가난한 사람들과 유색 인종의 공동체들은 보다 풍요로운 사람들보다 예수께서 죄에 대한 값을 지불하셨다는 점을 더 잘 이해하고 있는 듯하다는 점입니다. 교외에 사는 교인들은 대개의 경우 개인적인 이슈들, 예를 들면 질병이나 이혼, 중독, 세대 간의 갈등, 재정적인 문제들과 같은 유형의 일들과 씨름하는 경향을 보임으로써 그 결과 그들은 부정의나 압제를 극복한다는 견지에서보다는 지원책이나 치유책을 찾는다는 견지에서 생각하는 성향을 나타냅니다. 놀라운 사실은 그렇게도 많은 아프리카 계열의 미국인들이 정의에 대한 자신들의 소망에 대해 이야기하면서 특별히 기독교적인 용어로 끊임없이 말하고 있다는 점입니다. 저는 이 사실을 일평생 주목해왔습니다.

우리가 잠시 후 곧 부르게 될 "그들이 나의 주님을 십자가에 못 박았을 때 너 거기 있었는가?"라는 찬송이 바로 이 흑인 공동체에서 나왔습니다. "때때로 그것이 나를 전율케 하네"라는 후렴구는 단순히 십자가 처형의 고통을 가리키지 않습니다. 이 찬송의 이 부분의 가사는 수많은 계층의 의미를 자아냅니다. 예를 들면 예수님의 고통과 아프리카 계열의 미국인들의 고통과의 연계성, 예수님께 행해진 악과 이들에게 행해진 노예 속박이라는 악의 유사성, 아주 종종 행해지는 백인들에 대한 이들의 용서 가운데 반영되는 예수님의 대적들에 대한 용서 등을 들 수 있습니다.

그러나 무엇보다도 죄 값을 지불한다는 것에 대한 이러한 특정한 묵상이란 문맥 가운데는 마틴 루터 킹 목사와 다른 수많은 사람들에 의해서 극명하게 이루어진 시민권 운동이라는 특별한 성경신학이 놓여 있습니다.[101] 그들이 지속적으로 끊임없이 표명했던 정의에 대한 비전 속에는 도덕적 질서 가운데서 하나님은 결코 중단될 수 없을 정도로 강력하고도 결정적인 그 무엇인가를 이미 행하셨다는 깊은 인식이 놓여 있습니다. 킹 목사가 지속적으로 "우주의 원호는 길지만, 그것은 정의를 향해 기울어져 있습니다"라고 말했을 때 그는 단순히 멋있는 사상을 뽐내어 말한 것이 아닙니다. 비폭력 투쟁 속에서 그를 굳건히 붙들어준 신앙이 있다면 그것은 하나님이 이미 보증금을 지불하셨다는 믿음이었습니다.[102] 그러므로 "우리가 언젠가 승리할 것이다"라는 믿음입니다.

"누군가가 값을 지불해야 합니다." 바로 이것이 사형에 대한 논쟁들 이면에 놓여있는 사상입니다. 바로 이것이 우리의 삶이 파탄에 이르렀을 때 우리가 누군가에게 보복하려 할 때 우리의 마음을 이끄는 정서입니다. 바로 이것이 지속적으로 이스라엘 사람들과 팔레스타인 사람들로 하여금 끊임없이 서로를 죽이게 하는 요소입니다.

그러나 그것은 끝이 없는 세상이 아닙니다.[103] 폭력의 순환, 부정의의 순환, 보복의 순환은 예수님의 몸 가운데서 중단되었습니다. 죄와 사망의 옛 세상이 십자가 위에서 끝이 났습니다. 바로 이것이 크리스천의 선언입니다. 하나님이 값을 지불하셨습니다. 만약 여러분이나 제가 하나님이었다면 우리들은 아마 그 값을 지불하기 위해서 누군가 *다른 사람*을, 다시 말해 저주받아 마땅하다고 우리가 생각하는 다른 누구를 지정했을 것입니다. 그러나 하나님은 값을 지불하기 위해 다름 아닌 바로 자신을 지정하셨습니다. 저주를 받아 마땅하지 않았지만, 담대히 앞으로 나서서 우리를 대신해 죄를 자신에게 짊어지게 하셨던 분인 예수님을 지정하셨습니다. "하나님이 죄를 알지도 못하신 자로 우리를 대신하여 죄를 삼으신 것은 우리로 하여금 저의 안에서 하나님의 의가 되게 하려 하심이니라."

그러나 오! 주님, 그 의로움이 어디에 있나이까? 얼마나 더 기다려야 합니까? "진리와 사랑의 날을 가져오시고 악의 밤을 끝을 내소서!"[104] 그러나 여전히 그날이 오기까지는 오랜 시간이 걸립니다. 바로 여기서 우리의 믿음이 가장 혹독하게 시련을 겪게 됩니다.

그러나 수많은 증인들, 즉 루터 킹 목사와 자유를 위한 행진자들, 오스카 로메로 주교(Oscar Romero)와 엘살바도로의 순교당한 수녀들, 투투 대주교와 남아프리카의 블랙 사쉬(Black Sash)의 여인들의 삶과 그들의 증언 속에서 우리는 값이 치러진 보증금이 효력을 발휘하는 모습을 이미 목격한 바 있습니다. [105]

    기도하기는 하나님께서 자신의 적합한 방식대로 우리 모두에게 은혜를 베푸심으로 우리가 말과 행동으로 악의 순환이 예수님의 십자가상의 죽으신 몸을 통해 그 정한 마지막에 이르렀다는 사실을 증거할 수 있게 되기를 바랍니다. 또한 우리가 이러한 진리를 우리의 삶 가운데에서 구현하되 오실 그분의 찬란한 빛에 의해서 악의 밤이 마침내 완전히 말살되게 될 위대한 그날까지 지속적으로 구현할 수 있기를 축원합니다.

여섯 번째 묵상
저주받은 메시아

　　이 묵상은 방금 전에 여러분들에게 읽어드린 갈라디아서 3장에 근거한 묵상입니다. 이 본문은 교회에서 거의 읽히지 않거나 거의 설교되지 않는데, 아마 이 본문의 난해함 때문일까요? 아니면 이 본문이 지닌 투박함 때문일까요? 어쨌든 이 본문은 예수님의 십자가의 죽음을 이해하는 핵심적인 본문들 중 하나입니다. [106] 바울서신에 나오는 수많은 구절들처럼 이 구절은 위대한 독창성을 지니고 있으며, 성금요일에 일어난 일의 핵심을 파고들고 있습니다. 다시 한 번 이 본문의 핵심부분을 함께 읽도록 하겠습니다.

> 무릇 율법 행위에 의존하는 자들은 저주 아래 있나니, 기록된 바 누구든지 율법책에 기록된 대로 온갖 일을 항상 행하지 아니하는 자는 저주 아래 있는 자라 하였음이라. … 그리스도께서 우리를 위하여 저주를 받은 바 되사 율법의 저주에서 우리를 속량하셨으니 기록된 바 나무에 달린 자마다 저주 아래 있는 자라 하였음이라 (갈 3:10-13).

　　잠시 동안 다음과 같은 한 문장에 초점을 맞추도록 하겠습니다. *율법의 행위를 통해 의롭다 여김을 받으려는 모든 자들은 저주 아래 있도다.* 율법의 행위들이란 무엇입니까? 기본적으로 율법의 행위들은 하나님이 명령한 행위들, 즉 우리가 생각해 낼 수 있는 경건한 일들, 도덕적인 일들, 의로운 일들, 그리고 최선의 일들, 말하자면 선한 일들을 가리킵니다. 다시 한 번 사도바울의 구절을 들어보시기 바랍니다. "율법의 행위를 통해 의롭다 여김을 받으려는 모든 자들은 저주 아래 있도다." 제가 진지하게 말씀드리는데, 이 구절은 역사상 지금까지의 발언 중 가장 급진적인 발언이며, 동시에 갈라디아서는 역사상의 모든 저작들 중에서 가장 급진적인 저작입니다. 아마 여러분들은 왜 그런지 감을 잡으실 것입니다. 만약 바울이 하나님 자신의 계명들에 의존하는 것은 저주 아래 있는 것이라고 정말로 말하고 있다면 도덕은 설자리가 어디며, 경건이란 어떻게 하며, 실제로 종교란 어찌된단 말입니까?

당시 갈라디아 교회 안에는 의롭다 여김을 받는 것(칭의)은 율법의 행위를 통해서 만이 가능하다고 가르치고 전하는 자들이 많이 있었습니다. 여기서 *의롭다 여김을 받는다* 란 용어의 의미는 무엇입니까?[107] 이 말은 전문적인 용어처럼 들리고, 부정적인 의미를 담고 있는 것처럼 들립니다만 실제로는 그렇지 않습니다. 우리는 오늘날에도 '당신이 방금 한 일을 어떻게 *정당화하려*(justify)하느냐?'란 질문 가운데 이 용어를 사용합니다. 즉 '너는 어떻게 네가 옳다는 것을 증명하려는가'란 뜻입니다. 바로 이 점이 당시 갈라디아 교인들과 우리에게 문제가 되는 점입니다.

잠시 동안 여러분들 자신에 대해 생각해 보시기 바랍니다. 여러분 자신과 다른 사람들에게 여러분이 가치 있는 사람이라는 점을 증명하기 위해서 여러분들은 무엇에 의존하십니까? 여러분 자신의 양심의 정죄이든 아니면 비록 오래 전에 돌아가신 여러분들의 부모님들의 목소리가 여전히 여러분의 사고 깊은 곳에 남아 있어서 여러분들을 판단하는 정죄이든 혹은 동료들과 가족들, 그리고 성장한 자녀들의 정죄이든, 아니면 보다 근본적으로 하나님의 정죄이든 간에 여러분 자신들을 정죄에서 자유롭게 하기 위해 여러분들은 어디에 의존하십니까? 정죄에서 벗어나기 위해서 무엇에 의존하십니까? 여러분들은 자신들을 어떻게 *의롭다고 여기십니까*?

어떤 사람들은 자신의 직업이나 경력을 통해 이루어낸 지위나 신분에 의존합니다. 어떤 이들은 성공적으로 자녀들을 키운 것에 의존합니다(이 점은 특별히 신뢰할 수 없는 요소입니다). 우리 중 어떤 사람은 집에서든 직장에서든 우리가 통제할 수 있는 사람들의 수효에 따라서 자신들을 정당화하거나 의롭다 여깁니다. 우리는 우리의 명성과 우리의 이름으로 자신들을 의롭다 여깁니다. 또한 우리는 우리의 "삶의 스타일"에 의존하기도 합니다. 다시 말해 몸이 건강하냐, 날씬하냐, 유명한 장소에 출입하느냐, 고급레스토랑에서 식사를 하느냐 등에 따라 자신을 의롭다 여긴다는 뜻입니다. 그 중 가장 중대한 사실은 우리는 우리가 생각하기에 우리가 어떤 종류의 사람인가에 따라서 자신들을 의롭다 여기려고 한다는 점입니다.

저와 여러분들은 '내가 어떤 특정한 종류의 사람'이라고, 다시 말해 보다 도덕적이다, 보다 감성적이다, 보다 애정이 있다, 보다 똑똑하다, 다른 사람들에 대해 보다 사려 깊다, 보다 애국적이다, 보다 공동체 지향적이다, 사회적 인식을 보다 많이 갖고 있다는 식으로 자신을 특정한 종류의 사람이라고 스스로를 확신시킴으로써 자신을 의롭다 여깁니다. 혹은 역으로 표현해서 나는 더 많이 순교를 당했다, 나는 더 많은 모욕을 당했다, 나는 더 많은 오해를 받았다, 나는 더 많은 고통을 참아냈다 라고 말하면서 자신을 의롭다 여기기도 하지요. 이 모든 것들을 한마디로 요약자면 이렇게 표현할 수 있습니다. 우리는 자신들을 다른 사람들 위에 놓음으로써 교묘히 혹은 그렇지 않든 간에 자신들을 의롭다 여기고 있습니다. 〈참조: 렘브란트의 "십자가 위에 그리스도"와 Francesco Goya의 "십자가처형"〉

그러나 하나님의 경우는 어떠하십니까? 우리는 하나님 앞에서 우리 자신을 어떻게 의롭다 여깁니까? 글쎄요, 혹시 그분의 계명들을 지킴으로써입니까? 그것도 괜찮을지 모르겠습니다. 그러나 그 계명들이란 도대체 무엇입니까? 여기에 이들 중 두 계명이 있습니다. "너의 온 마음과 정성과 너의 뜻을 다해 주 너희 하나님을 사랑하라. 또한 네 이웃을 네 몸과 같이 사랑할지니라." 이 계명들에 대해 여러분은 어떻게 하고 계십니까? "글쎄, 저는 때에 따라 이 계명 중 어떤 것들을 지켰습니다"라고 말함으로써 하나님의 보좌 앞에서 우리가 우리 자신들을 의롭다 여길 수 있겠습니까?

저는 한때 우리 지역에 사는 한 여자 성도에게 제가 옷감을 고르는 일을 도와달라고 요청한 적이 있었습니다. 우리가 옷감의 색깔이나 패턴 등에 관해 이야기할 때는 별로 문제가 없었습니다만 저는 종교란 주제에서 화제를 다른 데로 돌리는 데는 상당한 어려움을 겪어야 했습니다. 그녀는 자신은 교회가 필요 없는 사람이라고 주장했습니다. "도대체 종교가 뭡니까? 종교란 '다른 사람들에게 베푸는 것'이 아니겠습니까? 이 점에 있어서 나는 교회에 나갈 필요가 없는 사람입니다."라고 그녀는 말했습니다. 그 당시 저는 그녀의 눈을 똑바로 쳐다보면서 어떻게 그녀가 자신 있게 그렇게 말할 수 있는지를 물을 수 있는 용기가 있었으면 했습니다. 사실 그녀는 '다른 사람들에게 베풀기는' 커녕 언제나 자기중심적이고, 자기가 하고 싶은 대로 행동하는 성향을 지닌 것으로 그 동네에서 가장 유명한 사람이었습니다.

사도 바울은 자신의 요점을 제시하고자 토라 자체인 율법서에서 한 구절을 인용합니다. 신명기 27장 26절 말씀을 인용하고 있습니다. "이 율법의 모든 말씀을 실행치 아니하는 자는 저주를 받을 것이라." 이 구절은 자기를 의롭다 여기려는 우리의 과시적인 시도의 참 모습을 잘 드러내 주고 있습니다. 그렇다면 우리는 전능하신 하나님의 이러한 무서운 심판에 대한 위협 아래서 어떻게 살아갈 수 있겠습니까? 바울에 따르면 우리는 결코 살아갈 수 없습니다. 어떤 기준에 의해서 우리가 자신들을 의롭다 여기려고 하는가 하는 점은 문제가 되지 않는데, 그 이유는 이 모든 것이 쓸데없기 때문입니다.

우스갯소리 하나 하자면 한 번은 제가 제 남편에게 지나가는 말로,

"우리가 아는 어떤 사람이 한 여자와 '죄 가운데 살고' 있어요" 라고 말한 적이 있습니다. 남편은 대답하기를, "우리 모두가 죄 가운데 살고 있소" 라고 말했습니다. 사실은 바로 그 말이 우리의 요지입니다. 우리는 저주 아래 놓여있는데, 그 이유는 우리는 죄의 세력에 속박되어 있으며, 비록 우리가 원하더라도 옳은 일을 항상 할 수 없기 때문입니다. 바로 이 점을 사도 바울은 로마서 7장에서 생생하게 표현하고 있습니다. "내가 원하는 바 선은 하지 아니하고 도리어 원치 아니 하는 바 악은 행하는도다."

이제 우리 본문 중 아주 중요한 다음 구절을 주목하시기 바랍니다. "그리스도께서 우리를 위하여 저주 받은 바 되사 율법의 저주에서 우리를 속량하셨으니" 한 번은 제가 인도하던 한 성경공부 반에서 한 젊은 부인이 이렇게 질문한 적이 있습니다. "저주란 무엇입니까? 일반적으로 저주는 악담 혹은 욕설을 뜻하는데, 저는 어떻게 그리스도께서 악담 혹은 욕설이 되셨는지 이해할 수가 없습니다." 그러나 이것은 성경적 의미에서의 저주가 의미하는 바가 아닙니다. 성경에서 저주와 축복은 자신의 궁극적 목적을 이루시는 하나님의 능력, 즉 복을 줄 수도 있고 저주하실 수도 있는 하나님의 능력을 의미합니다. 만약 우리가 율법의 지배 아래 살고 있다면 우리 모두는 저주를 받을 수밖에 없습니다.

그리스도께서 우리를 위해 저주가 되셨도다. 여러분들은 사도 바울이 크리스천으로 개종하기 전에는 크리스천들을 핍박하는 데 열심이었으며 심지어 열정적이었다는 것을 아실 것입니다. 왜 그랬을까요? 바울이 그렇게도 기독교에 대해 격분했던 이유는 고도의 교육을 받은 랍비전통의 유대인이었던 그가 오랫동안 약속되어왔고 대망되어왔던 하나님의 메시아가 하나님의 저주 아래서 죽었다는 생각을 받아들일 수 없었기 때문입니다.[108]

그렇다면 바리새인이었던 바울은 왜 이러한 생각을 했을까요? 여기 이에 대한 열쇠가 있습니다. 신명기서에 따르면 "나무에 달린 자마다 저주 아래 있는 자라"고 말씀하고 있습니다. 공적으로 전시되어 있는 죽은 시체는 참된 의미의 종교적인 사람들에게는 저주, 즉 하나님에 의해 버려진 대상이었습니다. 109) 그래서 크리스천들은 자신들의 메시아는 하나님의 저주 아래서 죽으셨다고 주장했습니다. 그런데 열렬한 바리새인이었던 바울은 이 주장을 도저히 받아들일 수 없었던 것입니다. 그는 다메섹으로 가서 거기서 그가 찾아낼 수 있는 모든 곳에서 기독교를 찾아내 뿌리를 뽑아내려 했던 것입니다. 그리고 그 다음에 일어난 일들에 대해서는 여러분들도 잘 아실 것입니다. 그는 타고 있던 말 위에서 떨어져 삼일 동안 아무 것도 볼 수 없게 되었고, 부활하신 주님이신 그리스도 예수를 본 뒤에 완전히 새롭게 변화되었습니다.

그래서 바울은 다시 성경으로 돌아가 이 모든 일의 진상을 찾고자 했습니다. 왜? 왜 하나님의 메시아가 하나님이 버리신 자로, 하나님의 저주 받은 죽임을 당해야 했을까? 왜 메시아는 처형 방식 중에서 가장 부끄러운 처형방식인 십자가 처형을 통해 죽어야 했을까? 사도바울이 예수님을 마음속에 염두에 두고 신명기 구절을 읽어갈 때 그는 흥분된 감정을 감출 수 없었습니다. 이제 그는 이해하게 되었습니다. 예수님은 하나님의 의로운 계명들에 대항하는 폭도들 같은 우리에게 내재된 본성 때문에 우리에게 임한 저주들을 자신에게 담당시키셨다는 사실을 깨닫게 된 것입니다.

이제 이것이 저와 여러분들에게 의미하는 바는 우리를 이제 더 이상 괴롭게 할 수 있는 어떠한 저주도 하늘과 땅 그 어디에도 없다는 점입니다. "그리스도께서 우리를 위하여 저주를 받은 바 되사 율법의 저주에서 우리를 속량하셨습니다." 우리가 마땅히 저주 받아야 했습니다만, 그러나 그 분께서 우리를 대신하여 저주를 받으셨습니다. 그러므로 바울이 로마서에서 기록한 대로 "그리스도 예수 안에 있는 자들에게는 결코 정죄함 혹은 저주가 없습니다."

저와 가까운 한 부인은 자신의 어머니에 대한 기억으로 고통스럽게 살고 있습니다. 그녀의 어머니는 노년을 자기 딸과 함께 지내기를 원했지만, 저의 친구인 그녀의 딸은 그것을 해낼 수 있을 것 같지 않았습니다. 그녀는 어머니를 잘 돌보기 위해서 나름대로 최선을 다했습니다. 자주 어머니 집을 방문하기도 했습니다. 그러나 그녀는 자신이 어머니를 실망시켰다는 자신의 인식을 떨쳐 버릴 수 없었습니다. 한 번은 그녀가 제게 이에 관해 이야기하면서 현재시제를 사용해 자신의 심정을 토로한 적이 있습니다. "나의 어머니께서 나를 용서하실지 모르겠어요." 그런 뒤에 그녀는 다음과 같이 말했습니다. "내가 추측하건대 그분은 나를 용서하실 것입니다." 저는 그 말에 충격을 받았습니다. 그녀의 어머니가 용서해주실지 너무도 불확실했고, 너무도 자신이 없었습니다. 분명했던 점은 제 친구는 어머니가 자신을 용서해주신다는 사실을 정말로 믿을 수 없었으며, 그녀는 그러한 정죄의식과 저주의식 아래서 지속적으로 고통을 받고 있었다는 점입니다. 제가 제 친구를 위해 어떻게 기도해야 하겠습니까? 예수께서 우리의 저주를 자신에게 담당시키심으로써 우리가 더 이상 이 저주를 짊어지지 않게 하셨던 사건인 십자가상의 예수의 자비로운 사건을 그녀가 알 수 있게 되기를 어떻게 기도해야 될까요?

제 친구 어머니의 용서는 최후의 부활 사건 때까지는 우리에게 알려질 수 없는 사건인지 모릅니다. 그러나 예수님은 분명 바로 지금 우리를 용서하십니다. 우리는 "추측하지" 않습니다. 우리는 그것을 분명히 알고 있습니다. 더욱이 그분은 우리를 용서하실 뿐만 아니라 우리를 의롭다 여기십니다. 마치 프린터가 프린트 용지의 행간이나 여백을 설정할 때 그 행간이나 여백을 "정판하는"것과 동일합니다.

비록 우리가 지금 온전히 볼 수는 없지만 우리를 용서하시는 가운데 하나님은 또한 우리를 의롭다 여기십니다. 다시 말해 우리를 구부러지지 않고 반듯하게 펴십니다. 바로 이 점이 십자가상에서 일어나고 있는 일입니다. 우리는 스스로 이 일을 할 수 없습니다. 그분만이 우리를 위해 그 일을 행하실 수 있습니다. 그분만이 우리를 위해 그 일을 행하셨습니다. "영원한 반석"(Rock of Ages)이란 찬송가의 가사가 이를 잘 표현해주고 있습니다.

> 나의 눈물이 끝없이 흘러야 할까요?
> 나의 열심이 영원히 지속되어야 할까요?
> 어느 누구도 속죄할 수 없습니다.
> 주님이 구원하십니다. 오직 주님만이 구원하십니다.[110]

일곱 번째 묵상
찢어진 마음

여러분! 대단히 중요한 이 성경구절에 여러분들의 관심을 집중하시기 바랍니다. "내 마음이 심히 고민하여 죽게 되었으니 너희는 여기 머물러 깨어 있으라"(막 14:34). 이 구절은 예수께서 자신의 생애 마지막 날 밤에 겟세마네동산으로 가시면서 제자들에게 하신 말씀입니다. 이 말씀은 원어인 헬라어로 보면 그 톤이 대단히 강한데, 다음과 같이 다양하게 번역되었습니다.

> 내 마음이 매우 슬픔에 젖어있으니 심지어 죽을 지경이로다.
> 나의 마음이 슬픔으로 압도되어 죽음의 시점에 이르렀도다.
> 나의 마음이 거의 찢어지고 있도다.

여기에다 시편 구절을 하나 더 첨가할 수 있습니다. "주의 비난과 힐책이 그의 마음을 상하게 하였나이다"(69:20). 이 구절을 좀 더 깊이 여러분의 마음속에서 묵상하심으로써 이 구절을 통해 예수님의 슬픔이 지닌 의미에 좀 더 가깝게 다가갈 수 있기를 바랍니다. 여러분들이 세상에서 가장 사랑하는 사람이 "내 마음이 거의 찢어질 듯합니다"라고 말했다면 여러분들은 어떤 기분을 느끼시겠습니까? 제가 생각하기엔 우리의 마음도 역시 찢어질 것입니다. 그러나 예수님의 찢어진 마음은 거의 형언할 수 없을 지경인데 그 이유는 그것이 너무도 특이하기 때문입니다.

예수님의 마음이 찢어진 것은 자신이 죽을 것이라는 것을 알고 있었기 때문이었을까요? 절대 그렇지 않다고 우리는 답할 수 있을 것입니다. 통상적으로 이미 주지된 바에 따르면 종종 대부분의 평범한 사람들은 상당히 담대히, 그리고 냉정하게 자신들의 죽음을 맞이한다고 합니다. 그렇다면 왜 하나님의 아들은 토머스 모어(Thomas More)나 메리 안토이네테(Marie Antoinette)나 디트리히 본회퍼(Dietrich Bonhoeffer) 혹은 치사주사를 담담히 맞으려 가는 사형수들보다 죽는 것에 대해 더 많이 가슴아파하셨을까요? 겟세마네 동산의 이야기에서 복음서 저자들은 예수님의 고뇌와 고통을 크게 부각시켜 강조하고 있습니다. 왜 그랬을까요?

이에 대한 대답은 간단합니다. 그러나 간단하긴 하지만 그것을 이해하기 위해선 믿음이 필요합니다. 믿음과 믿음을 동반한 풍부한 감성과 정서가 필요합니다. 오늘 이 교회에 나오신 모든 분들은 최소한 깜빡이는 분량의 믿음은 갖고 계십니다. 그렇지 않았다면 지금 이 자리에 나오지 않았을 것입니다. 여러분들의 믿음의 씨가 아무리 작다 하더라도 그것이면 충분합니다. 여러분의 믿음은 예수께서 약속하셨듯이 큰 나무로 자라게 될 겨자씨입니다. 만약 이 모든 사실들이 여러분들에게 새로운 소식이라면 오늘 여러분의 믿음의 씨앗이 싹이 터서 자라나게 하시기 바랍니다.

예수님의 마음이 겟세마네 동산에서 찢어지신 이유는 그분이 곧 죽게 될 것이기 때문이 아니었습니다. 그 이유는 십자가 위에서 그분은 세상의 죄란 무거운 짐을 짊어지실 것이라는 점을 그분이 알고 계셨기 때문입니다. 예수께서는 그 전에도 결코 죄의 무거운 짐을 개인적으로 겪으신 적이 없었습니다. 그분은 이 무거운 짐을 보셨고 그에 대해 탄식하셨으며 그것을 용서하셨습니다만, 그러나 결코 거기에 굴복하거나 거기에 개인적으로 압도되지 않으셨습니다. 그 이유는 지금까지 세상에 살았던 모든 사람들 중에서 오직 그분만이 죄인이 아니셨기 때문입니다. 이제 그분은 모아진 모든 죄 덩어리, 즉 온 세상의 죄를 자신에게 담당시키려 하십니다. 이것이 도대체 무엇과 같은 것인지를 우리는 단지 상상만 할 수 있을 뿐입니다. 왜냐하면 어떤 다른 사람도 이와 같은 일을 겪어본 사람이 없기 때문입니다.

사랑하는 사람이 고통당하는 것을 옆에서 지켜본다는 것은 대단히 가슴 아픈 일입니다. 우리가 사랑하는 사람이 우리가 행한 일 때문에 고통당하고 있다고 생각하는 것은 참을 수 없는 일입니다. 지금까지 살았던 모든 자들의 죄 때문에 예수님이 고난을 당하셨을 때 그것이 어떠했는가를 세상에서 말로 표현할 길은 전혀 없습니다. 복음서 저자들도 감히 이 일을 시도하지 않았습니다.

마태와 마가는 단순히 예수께서 "나의 하나님, 나의 하나님, 어찌하여 나를 버리시나이까?"라고 부르짖으셨으며, 사람들이 명명하고 있듯이 이 버려짐에 대한 울부짖음은 자발적으로 자신의 머리를 숙이시고 우리를 대신해서 우리를 위해 저주를 받으심에 따라서 일어났던 일들에 대한 예수님 자신의 표현으로써 온 시대에 걸쳐서 울려 퍼져왔다고 기록하고 있을 뿐입니다. 고린도후서의 한 구절이 이 사실을 이렇게 기록하고 있습니다. "하나님이 죄를 알지도 못하신 자로 우리를 대신하여 죄를 삼으신 것은 우리로 하여금 저의 안에서 하나님의 의가 되게 하려 하심이니라"(고후 5:21).

다음으로 "비난" 혹은 "힐책"이 무슨 뜻인지를 이해할 필요가 있습니다. 여기서 "비난"은 성부께서 성자를 비난하는 것이 아닙니다. 오히려 이 비난은 죄에 대한 비난으로써 예수님이 오늘 겪게 될, 죽음에 대해 선언된 선고와 사탄의 역사들에 대한 정죄를 말합니다. 성경은 바로 이 성부와 성자께서 이 일을 함께 이루고 계시며, 이 두 분의 뜻은 하나라는 점을 분명히 하고 있습니다. 예수께서 죄에 대한 하나님의 의로운 진노를 스스로에게 받아들여야 한다는 것은 성부와 성자 모두의 뜻입니다. 성부 하나님과 성자이신 예수께서 함께 우리를 너무도 사랑하심으로써 우리가 죄로 인해 멸망하지 않게 되는 것이 이 두 분의 한 뜻입니다.

몇 주 전에 저는 한 신부님의 설교를 들은 적이 있는데, 그분은 아이오지마(Iwo Jima) 전투의 역전용사들의 50회 재회 모임에서 막 돌아왔다고 합니다. 그 신부님은 적진에서 수류탄을 향해 몸을 던져 자신의 몸으로 폭발을 막아냄으로써 다른 사람들을 구하고자 했던 군인들의 예를 사순절의 한 예화로 사용했습니다. 설교는 매우 감동적이었으며 예화 역시 특정한 시점까지는 잘 통했습니다만 충분하지는 않았습니다.

예수께서는 여전히 그 이상을 행하셨습니다. 예수께서 당하신 죽음은 영웅적이거나 영광스러운 종류의 죽음이 아니라 부끄럽고 창피스러운 죽음이었습니다. 예수께서 당하신 죽음은 그의 동료들을 구하기 위한 죽음은 아니었는데, 그 이유는 그들이 모두 예수를 버렸기 때문입니다. 그분의 죽음은 자신의 친구들뿐만 아니라 보다 특별하게는 *그의 원수들*을 구하기 위한 것이었습니다. 실제로 결국 그의 친구들이 그의 원수들이 되었습니다. 바로 이것이 우리의 부끄러움의 깊이입니다. 그리고 최종적으로 예수님은 최초의 성금요일에 십자가에서 우리를 대신하심으로써 단순히 죽음에 의해서 뿐만 아니라 죄의 결과들에 의해서 깨어지셨습니다.[111]

우리가 그 대가 혹은 값이 무엇인지를 알기까지는 우리는 그 가치를 이해하지 못합니다. 대가, 즉 그리스도의 십자가를 바라다 볼 때에 비로소 우리는 죄에 대한 하나님의 심판의 무게를, 그리고 그분에게 우리가 지닌 가치를 배우게 됩니다. 우리는 그분이 *우리의 죄를 위해* 죽으셨다는 신약의 끊임없는 증언을 이해할 필요가 있습니다. 그것이 바로 그분의 애끓는 마음이요 찢겨진 마음입니다.

바로 그 점이 예수의 죽음을 다른 죽음들과 구별되게 하는 것이고 그분의 고통을 다른 고통들과, 그분의 슬픔을 다른 슬픔들과 구별되게 하는 것입니다. 구별되게 하는 것들이 더 많겠지만, 성경의 말씀을 직접 들어보시기 바랍니다. "볼지어다! 그의 슬픔과 같은 그 어떤 다른 슬픔이 있는가 보라"(애가 1:12). 대답은 아무것도 없다는 것입니다.

그분의 슬픔과 같은 슬픔은 결코 없습니다. 예수께서 우리를 죄에서 구원하시기 위해서 견뎌야 했던 것을 우리가 볼 수 있기까지는 죄의 짐이 얼마나 큰지를 우리는 알지 못합니다. 예수께서는 죄에 대한 속박을 뒤따르는 저주와 정죄 아래 자신의 머리를 숙이셨습니다. 바로 이것이 저와 여러분에게 가치를 부여하는 것이고, 나아가 이것이 우리의 가치입니다. 예수께서는 여러분들을 위해서 이것을 행하셨습니다. 바로 이런 이유 때문에 여러분들은 오늘 여기에서 나간 후에는 전과 같은 사람으로 그대로 머물러 있을 수 없는 것입니다. 〈참조: 렘브란트의 "십자가에서 내려지는 예수"〉

어젯밤의 예배는 우리를 위해 바로 이것을 극화시켰던 것입니다. 제단이 완전히 비워졌고, 촛불들이 꺼졌으며, 조명들이 서서히 사라졌고, 오르간에서는 마치 세상이 끝나는 것과 같은 느낌을 주는 무시무시한 굉음이 있었습니다. "이러한 극적인 행위의 저변에 깔려있는 의도는 예수님의 십자가상의 죽음의 시점에서 보이는 흑암의 세력들의 외견상의 승리와 하나님의 구원 계획의 외견상의 실패를 상징화해 주려는 것이었습니다."112)

여러분 자신들을 당시 예수님의 제자들이라고 상상해 보시기 바랍니다. 오늘 이 밤에 제자들의 상황을 여러분들이 마음속에 그려보시기를 바랍니다. 만약 그렇게 하신다면 여러분들은 이전과 전혀 다른 부활절을 깨달아 알게 되고 부활절을 축하하게 될 것입니다. 지금은 성금요일 새벽 3시입니다. 이 순간을 포착하시기 바랍니다. 이 시간은 성금요일과 부활절 사이에 놓여있는 시간입니다. 예수님은 죽어계십니다. 모든 것이 캄캄한 칠흑이요 절망입니다. 여러분들은 그분께서 행하셨던 일의 엄청남을 느낄 수 있습니까? 그리스도께서는 우리를 위해 음부에 내려가셨습니다. 사탄이 자기 뜻대로 합니다. 어떠한 인간적인 소망도 남아 있지 않습니다. 오랫동안 기다려왔던 메시아가 가장 비천한 범죄자 부류들의 멸시받는 죽임을 당하셨습니다.

우리가 할 수 있는 그 어떤 것도 그분을 다시 살릴 수 없습니다. 모든 봄의 꽃들과 햇빛들, 그리고 부활절의 달걀들과 축하카드들, 그리고 그 어떠한 긍정적 사고라도 그분을 다시 살아나게 할 수는 없습니다. 우리는 완전히 파멸상태에 놓여 있습니다. 어둠과 침묵 속에 남겨져 있습니다. 이 파멸의 상태를 새롭게 재건할 수 있는 것은 아무것도 없습니다. 아무것도 말입니다. 오직 하나님의 행위를 제외하고서는 이 어둠을 밝힐 수 있는 것은 아무 것도 없습니다. 이 침묵을 깨뜨릴 수 있는 것도 아무 것도 없습니다. 오직 하나님의 행위만이 그렇게 할 수 있습니다.

:: 저자의 소고

여러 해 전에 저는 보스톤시 코프리 스퀘어(Copley Square)에 있는 트리니티 교회(Trinity Church)의 유명한 설교자인 테오도르 페리스(Theodore P. Ferris)의 3시간 성금요일 예배의 설교를 들을 수 있는 귀한 기회를 갖은 바 있습니다. 십자가에 대한 그의 설교의 중요 양상 중 하나는 성금요일 찬송가들의 가사들에 대해서, 그리고 우리가 이 찬송들을 정성을 다해 경건한 마음으로 부르는 것의 중요성에 대해서 그가 크게 강조하고 있다는 점입니다. 분명히 그는 이렇게 하는 것이 예배에 모인 회중들이 십자가의 말씀을 우리 마음과 삶에 깊이 받아들이는 데 특별히 소중한 방식이라고 생각했습니다. 저는 이것을 지금까지 한 번도 잊지 않고 있으며, 저의 고유한 방식으로 그의 확신을 지속적으로 진작시키고자 노력해왔습니다.

여섯 개의 묵상들

첫 번째 묵상
멸시를 받아 싫어버린 바 된 메시아

저는 여러분들이 제 의견에 동조하실지 궁금합니다. 지금 미국에서는 둘 중 하나를 지향하는 것이 유행처럼 되어버린 그런 시대에 우리가 살고 있다는 점입니다. 즉 총체적으로 종교적이거나 아니면 완전히 세속적인 지향성 말입니다. 지금 제가 서있는 입장에서 볼 때 정통적인 성경적 기독교는 좋다고 인식되지 않습니다. 기독교회들의 구성원들이 성경에 대한 지식과 역사적 교리에서 점점 더 멀리 표류함에 따라서 사람들에게 기독교는 단지 많은 종교들 중에 하나가 아니라는 점을 이해시키시가 더욱 어렵게 되었습니다. 또한 사람들에게 보다 더 나은 종교적 혼성물을 만들고자 기독교를 특히 요가나 타로카드, 자기 수양과 천사숭배 등과 함께 섞을 수는 없다는 점을 이해시키는 것이 더더욱 어렵게 되어가고 있습니다.

왜 기독교를 타종교들과 한데 섞을 수 없을까요? 이 질문에 대한 하나의 결정적인 대답이 있는데, 그것은 바로 예수 그리스도의 십자가상의 죽으심입니다. 저는 오늘 이 자리에 나오신 모든 분들이 이것을 이미 알고 있다고 믿습니다. 만약 여러분들이 십자가상의 죽으심이 종교 역사상 유일하고도 독특한 하나의 사건이었으며, 이 사건은 우리의 경이롭고도 온전한 주의를 요구한다는 사실에 대한 최소한의 깨달음을 갖고 있지 않았다면 여러분이 지금 이 자리에 있지 않았을 것이라고 저는 생각합니다.

오늘 제가 기도하기는 십자가에 달리신 주님께서 친히 그의 성령으로 이 세 시간의 예배 중에 우리의 말과 우리의 마음속에 임재하시기를 바랍니다. 왜냐하면 다시 사신 그분의 영광 가운데서 그분만이 십자가의 메시지를 살아 숨 쉬는 능력, 곧 근본적으로 새롭게 된 삶에 대한 능력이 될 수 있게 하실 수 있기 때문입니다.

여러분들이 방금 전에 읽었던 성경구절에 대해 잠시 동안 저와 함께 생각해 보기 바랍니다. 여러분들 중 많은 분들이 헨델이 이 구절을 그의 유명한 오라토리오 메시아의 가사로 훌륭하게 사용하여 세계 모든 사람들이 그들의 신앙이 어떠하든지에 관계없이 이 곡을 노래하는 것을 대단한 특권과 책임으로 생각하고 있다는 것을 알고 있을 것입니다.

이 구절은 다음과 같이 되어있습니다. "그는 멸시를 받아서 사람에게 싫어 버린 바 되었으며 간고를 많이 겪었으며 질고를 아는 자라" 이사야 선지자는 계속해서 이렇게 말합니다. "그는 마치 사람들에게 얼굴을 가리고 보지 않음을 받는 자 같았도다" 이 말은 그는 너무도 상한 모습이었기에 우리가 감히 그를 쳐다볼 수조차 없었다는 뜻입니다. 이사야는 "그 모양이 상하여 인간의 모습과 같지 않게 되었도다"라고 표현하고 있습니다(사 53:3; 52:14).

멸시를 받아 싫어버린 바 되었도다. 이 표현은 아주 강력한 단어들로 이루어졌습니다. 여러분들은 우리 중 누군가 정말로 이 표현이 무엇을 가리키고 있는지를 알고 있다고 생각하십니까? 저는 적절한 예들을 생각해 내려고 합니다. 예를 들어 우리 문화권에서 많은 나이 든 여자들은 남편들이 자기들을 떠나서 보다 젊은 여자와 결혼하여 살게 될 그 때 배척받아 싫어버린 바 되었다는 것에 대해 말합니다. 남자와 여자 모두 다 자신들이 원하는 직업에 지원했는데 외면당하게 될 경우("차후에 연락드리겠습니다") 배척되어 싫어버린 바 되었다는 것에 대해 말합니다. 어느 누구도 조합이나 클럽에 대한 회원권 신청에서 거부당하는 것을 좋아하지 않습니다. 작가들은 제출했던 작품에 대해서 거절 통보, 즉 출판 불가판정의 통보를 수없이 받은 것에 대해서 애처롭게 이야기들 합니다.

거절 혹은 거부는 보다 젊은 사람들에게는 특히 고통스럽습니다. 우리는 낙담해서 심지어 자살하는 청소년들에 대해 듣게 되는데 그 이유는 이들이 여자 친구나 여학생 클럽에서 싫어버린 바 되어 거부당했을 경우입니다. 이런 말을 해서 미안하지만 심지어 교회에서도 이런 일들이 일어나고 있습니다. 고개를 돌려 여러분 주위에서 여기저기 옹기종기 모여 있는 그룹의 사람들을 둘러보시기 바랍니다. 여러분들은 분명히 구석진 곳에서 홀로 서성이는 사람들이 있음을 볼 수 있을 것입니다. 어느 누구도 그들에게 말을 걸지 않습니다. 어느 누구도 그들 옆에 앉지 않습니다. 바로 이것들이 우리 모두가 잘 알고 있는 싫어버림 혹은 거부의 이미지들입니다.

그러나 *멸시를 받아 싫어버린 바 혹은 거부되었다고요?* 우리 중 몇 사람이나 싫어버린 바 되어 거절되었을 뿐만 아니라 또한 멸시를 받았다는 것에 대해 이야기할 수 있겠습니까? 이 두 요소가 하나로 어우러지는 현상을 목격하려면 우리는 훨씬 더 자세히 우리 주위를 둘러보아야 할 것입니다. 이사야 선지자는 고난 받는 종이 인간이 경험할 수 있는 극한적인 고통을 경험하고 있는 모습을 묘사하고 있습니다.

종교적인 인물들은 보통의 경우 수치와 싫어버림의 이미지와 연관되어 있지 않습니다. 우리는 우리 예배에 관계된 물건이나 대상들이 초월적인 행복의 가능성을 제공할 수 있는 찬란하고도 눈부신 화신들이 되기를 바랍니다. 이것이 지속적인 중요성을 갖고 있기에 이 세 시간짜리 예식 중, 뒤에 가서 다시 말하겠지만 기독교의 진리에서 가장 설득력 있는 주장은 기독교 핵심에 있는 십자가입니다. 인간의 그 어떠한 종교적 상상력도 십자가와 같은 이미지를 결코 만들어낼 수 없었습니다. 〈참조: Jean Poyet의 "갈보리에 이르는 길"〉

어떠한 소원과 바람의 생각도 멸시를 받아 싫어버린 바 된 메시아란 이미지를 만들어 내지 못했습니다. 우리 신앙의 바로 핵심적인 부분에는 우리의 관심을 끄는 하나의 모순이 존재합니다. 위험한 화학 제품들을 싣고 운행 중인 트럭에 붙어있는 표지판처럼 우리는 거기에 표지판 하나를 붙일 필요가 있습니다. '대단한 폭발성을 지닌 위험한 물건임. 스스로 위험을 감수한 채 다루기 바람'.

1999년 3월 29일 뉴스위크지는 "2000년간의 예수"라는 제목으로 예수님을 표지로 실었습니다. 이 글은 경이를 표할만한 사람인 케네트 우드워드(Kenneth Woodward)가 썼는데, 그는 뉴스위크지에서의 오랜 경력 동안 믿음을 전파하기 위해 수많은 글을 썼던 좋은 크리스천이었습니다. 그렇지만 그의 글이 하나의 소고로 표현된 방식에서는 몇 가지 실망스러움이 있습니다. 글의 표제는 "십자가 처형의 고통"은 "고난의 구속적 능력에 대한 하나의 상징"이라고 말하고 있습니다. 여러 가지 이유에서 이것은 말이 되지 않습니다. 플래너리 오코너(Flannery O'Connor)가 메리 맥카티(Mary McCarthy)에게 말한 유명한 말이 있습니다. "만약 그것이 단지 하나의 상징이라면, 그것을 집어치우시기 바랍니다."[113] 예수님의 십자가 처형은 단순히 하나의 상징이 아닙니다. 그것은 실제의 한 사건이었습니다. "고난의 구속적 능력"이란 표현은 마틴 루터 킹 목사가 자주 인용했던 말입니다. 이 말에는 아주 깊은 진리가 놓여있지만 표현 자체로는 우리가 여기서 말하는 것이 단순히 어떠한 고난 혹은 고통을 말하는 것이 아니라 하나님의 아들의 독특하고도 유일하며, 세상을 변화시키는 고통을 말하고 있다는 점을 나타내주지 못합니다.

다른 모든 사람들뿐만 아니라 킹 목사가 알고 있었듯이 그리스도의 종들의 고난과 고통은 구속적 성격을 띠고 있는데 그 이유는 그들의 고난은 그리스도 자신의 고난에 참여하는 것이기 때문입니다. 더욱이 십자가의 의미를 나타내 보여주는 것은 물리적인 고통이 아닙니다. 그분은 인류에 의해서 멸시를 받고 싫어버린 바 되었습니다. 바로 이 점을 우리가 이해할 필요가 있습니다.

우리는 세 시간의 예배의식이 진행됨에 따라서 이 부분에 더 깊이 들어가게 될 것입니다. 그러나 우리의 성금요일 예배의 첫 번째 부분에서 먼저 우리는 십자가에 달리신 예수는 그 어느 누구도 상상할 수 없는 깊은 거절과 싫어버림을 당하셨을 뿐만 아니라 심지어 그보다 더한 그 어떤 일을, 즉 최종적인 공포와 전율을 겪었던 것으로 보인다는 점을 생각할 수 있기를 바랍니다.

두 명의 복음서 저자들에 의해 기록된 십자가상에서의 예수님의 유일한 말씀은 버려짐에 대한 울부짖음입니다. "나의 하나님, 나의 하나님, 어찌하여 나를 버리셨나이까?" 이 말은 그가 십자가에 달려 돌아가실 때 실제로 어떤 일이 그분에게 일어났다는 것을 시사합니다. 또 다른 차원의 그 어떤 일이 일어나고 있었던 것입니다. 하나님과 인간의 우주적 드라마가 예루살렘 밖 골고다에서 그 절정에 달했던 것입니다. 그것은 무엇이었을까요? 왜 하나님의 아들이 버림받고, 멸시를 받아 싫어버림을 당했을까요? 그분은 무슨 끔찍한 죽음을 겪으셨나요?

저는 지금 이 생에서 우리가 성금요일에 일어났던 일이 지닌 온전한 국면들을 이해할 수 있다고 말씀드리고 있는 것이 아닙니다. 성경은 우리에게 이미지들과 은유들을 제시하고 있는 것이지 과학적인 기술을 제시하고 있는 것이 아닙니다. 그러나 우리는 분명히 한 가지를 알고 있습니다. 지속적으로 반복해서 신약저자들 모두는 이런저런 방식으로 예수의 죽음은 *죄를 위한* 것이었다고 우리에게 말하고 있습니다. 그분은 최종적 수치와 극도의 굴욕을 겪으셨습니다. 그분은 우리와 죄란 치명적 세력 사이에 자신을 위치시키셨습니다. 바로 이런 이유 때문에 그의 죽음은 특별히 끔찍한 것이었습니다. 처형의 한 수단으로서의 십자가 처형이 지닌 이러한 수치스러운 성격은 인류의 수치스러운 행동과 직접적으로 연결되어 있습니다. 예수께서 십자가를 지실 때 그분은 최후의 한 조각의 동정조차 거절당하셨습니다. 우리는 이것을 쉽게 이해할 수 없습니다.

이것에 대해 잠시 생각해 볼 수 있기를 바랍니다. 그분에게는 어떠한 가면도, 한 조각의 천도, 최후의 음식도 혹은 채플린의 기도도 허용되지 않습니다. 십자가 처형은 모든 조각의 품위 혹은 개인생활 혹은 인간성을 벗겨버리도록 의도된 것입니다. 이 모든 것들은 우연적인 요소들이 아닙니다. 즉 품위나 개인생활 혹은 인간성 등은 모두 단지 표면 하에 놓여 있는 인간 상태의 타락상과 연결되어 있습니다. 아마도 그 옛날에 이러한 결론을 피한다는 것은 불가능했을지 모릅니다. 그러나 고도의 기술과 대량 통신수단들이 20세기를 사는 우리에게 적나라하게 드러낸 한 가지가 있다면 그것은 악을 행할 수 있는 인류의 능력입니다. 십자가 처형이 보여주고 있는 하나님의 아들에 대한 고문과 괴롭힘은 인류가 할 수 있는 바에 대한 진실을 드러내 보여주고 있습니다. 메시아의 멸시받으심과 싫어버린 바 되심은 우리가 무엇과 같은 자들인가에 대한 하나의 묘사입니다.

그리고 그리스도의 죽음은 기독교 복음과 일반적인 종교를 구별하는 하나의 사건입니다. 십자가는 우리 신앙의 가장 내면적 판단 기준입니다. 십자가가 없다면 부활절도 기독교도 존재하지 않습니다. 만약 우리가 멸시받으시고 싫어버린 바 되신 메시아의 최후 세 시간과 그의 수난의 비종교적이고도 불경건한 측면, 그리고 그의 죽음이 지닌 비인간적인 성격과 하나님에 의해 버림받았다는 성격 등을 이해할 수 없다면 우리는 예수님의 이야기를 다른 모든 이야기들과 구별하는 것이 무엇인지를 이해할 수 없게 됩니다.

우리는 오늘 우리의 묵상을 이사야 53장과 함께 시작했으며 이사야 53장으로 끝을 냅니다. 어떤 성경구절도 이 본문보다 관심을 끈 구절이 없으며, 이해하기에 더 어려운 구절이 없습니다. 성금요일에 우리는 이 본문을 읽게 되는데, 그 이유는 2천 년 동안 기독교회는 이사야에게 그리스도께서 오시기 5백 년 전에 이 비전이 주어짐으로 태초로부터 삼위일체 하나님의 마음속에서 이 비전이 어떠했는지를 우리에게 보여주고자 했기 때문이라고 믿기 때문입니다. <참조: Matthias Grunewald의 "십자가를 지신 그리스도(Christ Carrying the Cross)">

> 그는 멸시를 받아서 사람에게 싫어버린 바 되었으며,
> 　　간고를 많이 겪었으며 질고를 아는 자라
> 마치 사람들에게 얼굴을 가리고 보지 않음을 받는 자 같아서
> 　　멸시를 당하였고 우리도 그를 귀히 여기지 아니하였도다.
> 그가 찔림은 우리의 허물을 인함이요,
> 　　그가 상함은 우리의 죄악을 인함이라.
> 그가 징계를 받음으로 우리가 평화를 누리고,
> 　　그가 채찍에 맞음으로 우리가 나음을 입었도다.
> 우리는 다 양 같아서 그릇 행하여 각기 제 길로 갔거늘,
> 　　여호와께서는 우리 무리의 죄악을 그에게 담당시키셨도다.
>
> (사 53:3-6)

오늘 우리의 묵상은 찬송가 하나를 부름으로 끝이 납니다. 오늘 여러

분들이 이 찬송가를 부르실 때 그 가사들에 대해 깊이 생각하시면서 그것들을 여러분들 자신의 것으로 만드시기 바랍니다.

오! 주님, 오직 당신만이 희생 제물로 죽기 위해 앞으로 나아가십니다. 이러한 당신의 슬픔은 그냥 모른 채 지나쳐 가는 우리들에게는 아무 것도 아니란 말입니까?

오! 주님, 당신이 아니라 우리의 죄를 당신이 담당하십니다. 우리로 하여금 당신의 슬픔을 느끼게 하옵소서. 그리하여 마침내 우리의 연민과 우리의 수치를 통해서 사랑이 사랑의 호소에 응답할 수 있게 하옵소서.

은혜를 베푸사 당신과 함께 우리가 고난을 당하게 하심으로써 우리가 이 시간을 함께 하는 동안 당신의 십자가가 우리를 당신의 기쁨과 부활의 능력으로 이끌게 하옵소서. [114]

두 번째 묵상
하나님이 예수를 죄 되게 하셨도다

이 예배의 맨 끝에 가서 우리들은 시편 22편을 함께 읽을 것입니다. 이 시편은 "나의 하나님, 나의 하나님, 어찌하여 나를 버리셨나이까?"로 시작됩니다. 이 세 시간 예배의 끝까지 앉아 계시는 분들은 그리스도가 탄생하시기 전 수 백 년 전에 쓰인 이 시편이 예수님의 십자가 죽음에 대해서 놀라운 정도의 수많은 세부 사항들을 담고 있다는 것을 보게 될 것입니다. 이 본문을 성금요일에 읽게 됨으로써 우리는 예수님의 부활 이후 즉시로 초대교회가 경험했던 것들에 보다 가깝게 다가갈 수 있게 됩니다.

여러분 자신들을 그들에게 일어났던 엄청난 일을 이해하려고 했던 제자들의 하나로 상상해 보시기 바랍니다. 여러분들은 예수님의 십자가의 죽으심을 이제는 그의 부활에 의해서 취소된 하나의 악몽 같은 사건으로 치부해버리고자 하는 유혹을 받지 않으십니까? 여러분들은 그 때 일어났던 끔찍한 사건을 이제는 옆으로 제쳐두고 행복한 결말인 부활에만 초점을 맞추기를 원하지 않으십니까? 현재 우리의 모습과 인간의 본성을 고려할 때 우리는 성경저자들이 십자가 사건에 대해서는 가능한 한 적게 이야기하고, 바로 부활절의 영광으로 넘어가기를 기대해왔을 것으로 판단됩니다. 그러나 성경저자들은 이와 달리 (예수님의 수난의 중요성은 아무리 강조해도 지나침이 없습니다) 수난 기사를 4복음서의 핵심으로 놓고 있습니다.

부활사건 이후 제자들에게 일어난 첫 번째 일들 중의 하나는 십자가 사건이 구약 속에 있다는 발견이었습니다. 오늘날 교회에 있는 우리들은 보다 이전 시대에 이미 보편화되어 있었던 이러한 시편과의 친밀성을 재발견할 필요가 있습니다. 심지어 오늘날에도 우리는 모든 예배 가운데 시편을 사용하는데, 그 이유는 우리가 고대의 유대적인 관행과 기독교적인 관행을 따르고 있기 때문입니다. 예수님과 그를 따르는 무리들은 매일 하루에 몇 번씩 시편을 따라서 기도했었습니다. 그들에게 이런 관행은 아주 뿌리 깊은 습관이었습니다.

부활사건 이후 시편으로 되돌아가 시편 속에 십자가 사건이 놓여있다는 것을 발견했던 제자들을 상상해 보시기 바랍니다. 이것이 여러분의 마음을 뒤흔들지 않습니까? 초기 크리스천들이 부활사건에 비추어 시편을 따라 기도하면서 그들은 예수님께서 만인이 보는 앞에서 고초를 겪고 죽으신 것은 처음부터 하나님의 계획의 일부였음을 발견하게 되었습니다.

그날 갈보리에서 일어난 모든 일들은 시편 가운데 이미 예언된 것으로 보였습니다. 십자가 사건은 결코 끔찍한 실수가 아니었습니다. 그분은 무의미하게 "세상의 쓰레기처럼 그리고 만물의 인간 폐물"처럼 그렇게 굴욕과 멸시를 당하고 고초를 당한 것이 아닙니다.[115] 그분의 고통과 고난은 의미를 지니는데, 곧 하나님의 구원 계획의 하나로서 하나님의 뜻 가운데 놓여 있었던 의미입니다. 그의 고난은 선지자들이 예언했던 바의 성취였습니다. 신약저자들이 완전히 새로운 시각을 갖고 친숙한 구약성경 구절들에 대해 골똘히 생각하면서 찾아낸 그들의 발견이 얼마나 전율하게 하는 발견이었을지를 상상해 보시기 바랍니다.

시편 22편은 성경본문 중 가장 놀라운 본문 중 하나입니다. 여러분을 자신들에게 일어났던 놀라운 일들을 이해하려고 애쓰는 제자들의 한 사람으로 상상해 보시기 바랍니다. 여러분들은 지금은 죽음에서 부활하셔서 여러분들의 새롭게 된 삶을 다스리고 있는 우리 주님께서 한때는 그 땅의 인간쓰레기 같은 범죄자들과 함께 십자가에서 버림받은 자로 매달렸다는 사실을 어떻게 설명하시렵니까? 특별히 여러분들은 예수님이 행하신 버림받음에 대한 울부짖음을 지니고 어떻게 살아가실 작정이십니까? 예수께서는 정말로 하나님이 자신을 버리셨다고 생각하셨을까요? 만약 그렇다면 그분은 정말로 하나님의 참된 아들이었을 수가 있을까요?

시편은 예수님의 기도서였습니다. 심지어 저와 여러분들이 오늘날 알고 있는 그 어떤 것보다도 더욱 더 큰 극한적 고통과 괴로움 가운데서도 시편의 말씀이 그분의 입술에 있었습니다. 마가의 헬라어 본문에 따르면 그분은 아주 절박한 절규로 십자가상에서 울부짖으셨다고 기록되어 있습니다. 비록 끝이 없는 절망 속에서도 예수님은 하나님께 자신의 신뢰를 두고 하나님께 자신의 의사를 의탁하셨습니다.

여기 시편 88편이 있는데, 저는 하나님에 대해 너무도 화가 나서 뭐라고 기도해야 할지 모르겠다고 말하는 사람들에게 이 시편을 읽도록 종종 권면합니다. 이 시편은 분노와 절망감에 대한 하나의 긴 분출 혹은 폭발입니다. 시편 88편 전편에는 위로나 혹은 격려의 말이 하나도 나타나 있지 않습니다. 그러나 거기에는 하나의 놀라운 사실이 존재합니다. 이 시편은 "여호와 내 구원의 하나님이여 내가 주야로 주의 앞에 부르짖었나이다" 라고 시작합니다.

우리 모두는 이 시편에 대해서 알 필요가 있습니다. 이 시편은 우리에게 우리가 기도할 수 없을 때에라도 우리는 여전히 기도할 수 있다는 것을 가르쳐주고 있습니다. 여러분들의 생각이 아무리 캄캄하고 비참할지라도 여전히 여러분들은 여러분의 생각을 하나님께 아뢸 수 있습니다. 아주 진정한 의미에서 하나님은 여러분들 앞서 거기 계십니다. 우리는 그분이 우리 앞에 분명히 계신다는 것을 알고 있는데, 그것은 성경이 예수님의 죽음에 대해서 말하고 있는 것을 보면 알 수 있습니다.

"나의 하나님, 나의 하나님, 어찌하여 나를 버리셨나이까?" 저는 이 말씀을 여러 해 동안 깊이 생각해 왔으며 이 말씀에 대한 수많은 해석들을 읽어봤습니다. 저는 이 해석들에 때때로 실망했습니다. 제가 보기에 이 해석들은 마태와 마가가 회피하고 있지 않는 것을 회피하려고 애쓰고 있었습니다. 다시 말해 복음서 저자들이 부드럽게 하고 있지 않는 바를 부드럽게 돈을 순화하려고 애쓰고 있다는 말입니다. 신약의 다른 부분에서도 우리가 우리의 반응들을 살펴볼 수 있는 곳들이 많이 존재합니다. 히브리서와 바울서신들도 예수께서는 십자가상에서 버려짐과 절망의 앙금들을 들어 마셨다는 주장에서 동일함을 보입니다.

바울의 고린도후서에는 커다란 중요성을 지닌 한 구절이 나타납니다. "하나님이 죄를 알지도 못하신 자로 우리를 대신하여 죄를 삼으신 것은 우리로 하여금 저의 안에서 하나님의 의가 되게 하려 하심이라"(고후 5:21).[116] 이 한 구절은 십자가 사건에 대한 해석에서 특별한 중요성을 지닌 본문으로 언제나 인식되었습니다. 여기서 우리는 버려짐에 대한 울부짖음을 이해할 수 있는 하나의 열쇠를 발견하게 됩니다. 우리를 대신하여 하나님은 죄를 알지 못하신 예수를 *죄 되게* 하셨습니다. 심지어 문법적으로도 이 표현은 이상합니다만 여기에는 깊고 깊은 진리가 담겨 있습니다.

그리스도의 십자가를 이해하려면 우리는 죄의 심각성을 생각할 필요가 있습니다. 구약 시대에는 속죄제물은 반드시 그 값이 헤아려짐으로써 어떤 가치가 그 제물에 부여될 수 있어야 했습니다. 이 점은 레위기서에 잘 나타나 있습니다(5:15-16). 우리는 십자가의 값을, 즉 예수께서 지불하신 값을 헤아릴 필요가 있습니다. 그 값이 비싸면 비쌀수록 지불대상인 죄는 더욱 큰 것입니다. 만약 예수께서 십자가 위에서 하나님에 의해서 버려짐을 겪으셨다면 그것은 우리에게 죄의 엄청남을 보여주는 하나의 표식입니다. 바울은 고린도 교인들에게 편지했을 때 이러한 연관관계를 분명히 했습니다.

예수 그리스도의 십자가를 바라볼 때 우리는 십자가가 지닌 멸시와 천대, 그리고 하나님에 의한 버려짐을 보게 되며, 어떻게 "그가 멸시를 받아 사람들에 의해 싫어버린 바 되었는지"를 알게 되며, 결국 죄의 심각성과 죄의 무게를 알게 됩니다. 주님에 의해 지불된 값은 인간의 악함의 깊이와 비례합니다. 제가 이렇게 말하는 것이 주님이 치르신 값이나 인간의 악함의 깊이를 정당하게 평가하고 있는지 알 수 없습니다. 저는 저의 이러한 평가가 여전히 크게 부적합하다는 것을 느낍니다.

그러나 분명히 만약 예수께서 십자가에서 멸시를 받아 싫어버린 바 되었다면 그것은 그분이 하나님에 의해서 멸시를 당하고 싫어버린 바 된 모든 자들의 짐을 스스로에게 담당시키셨기 때문입니다. 그분은 이 짐을 우리를 위해 지셨습니다. 그분은 이 짐을 지심으로써 그 결과 그 짐이 우리에게서 제거되도록 하셨습니다.

그리고 그분이 그 짐을 지셨을 때 그분은 아마 겟세마네 동산에서조차 그분이 미리 알지 못했던 그 무엇인가를 겪으셨습니다. 그 동산에서 무릎 꿇고 기도하시던 예수께서 일어서셨을 때 그분은 두려움을 이기셨습니다. 그분은 악한 세력과 그분이 했던 자신의 일평생의 싸움의 두 번째 단계에 개입하셨고, 아버지의 뜻을 받아들였습니다.

그러나 분명히 그분은 심지어 그 순간에도 그분이 받아들인 것이 어떠할지를, 무엇과 같을지를 완전히 알고 계시지 못한 듯합니다. 그 이유는 그분은 *죄를 알지 못했기 때문입니다.* 예수님은 저와 여러분과 같지 않으셨습니다. 그분은 자신의 생애 중 매순간 아버지와 단단히 연결된 교제 가운데 사셨습니다. 결코 한 번도 그분은 저와 여러분들을 괴롭히고 있는 이기심에 의해 정신이 팔리지 않으셨습니다. 그분은 자신의 전 생애를 통해서 하나님을 위한 분이요 다른 사람들을 위한 분으로 동일하게 머물러 계셨습니다. [117]

이제 그분의 생애 중 처음으로 하늘에 계신 아버지와 그분의 영적교제가 깨어졌는데, 이 깨어짐은 하늘에 계신 아버지가 부재하신다는 의미에서의 깨어짐이 아닙니다. 저와 여러분들이 알고 있는 그 어떤 것보다도 훨씬 끔찍하고도 전율하게 하는 이 깨어짐은 죄와 사망, 그리고 사탄이란 불경건한 삼인방에 대한 하나님의 저주와 심판이 지닌 무게 전부를 자신에게 짐 지우심에 따라 생겨난 깨어짐이었습니다. 이에 대해 우리의 이해를 도와줄 또 하나의 시편 구절이 있습니다.

> 주의 진노로 인하여 내 살에 성한 곳이 없사오며
> 　나의 죄로 인하여 내 뼈에 평안함이 없나이다
> 내 죄악이 내 머리에 넘쳐서
> 　무거운 짐 같으니 감당할 수 없나이다 (시 38:3-4)

아마 이제 여러분들도 알게 되었을 것입니다. 원래 기록되고 노래되던 당시 이 시편 속에 나오는 화자의 목소리는 한 인간의 목소리였다는 사실 말입니다. 그것은 저의 목소리요, 여러분의 목소리로써 오래된 일반고백서에서 말하고 있듯이 "그것들[우리의 죄들]의 짐을 우리가 견디어 낼 수 없도다"라고 말하고 있습니다. "나의 죄로 인하여 내 뼈에 평안함이 없나이다"라고 말하고 있는 시편을 따라 우리가 종종 말하듯이 "우리에겐 아무런 건강이 없습니다."118) 여기서 말하고 있는 그 사람은 그리스도 안에서 하나님이 바라보시는 자입니다. 그분은 멀리서 우리를 바라보시는 것이 아니라 우리 안에서 우리를 바라보십니다. 그분은 우리의 고통과 씨름 위에 머물러 계시지 않고 그 안에 들어오셨습니다. 그분은 우리를 압도하고, 우리를 진멸하고, 우리를 익사하게 하는 우리의 죄 가운데 있는 우리를 바라보셨습니다. 그분은 십자가에서 우리와 한가지로 말씀하시기까지, 보다 엄밀한 의미에서 우리를 대신하여 "나의 죄악이 내 머리에 넘쳤도다"라고 말씀하시기까지 우리의 상태 가운데로 들어오셨습니다.

우리 주 예수 그리스도는 이러한 지고한 사랑으로 우리를 사랑하셨기에 그분은 우리 자리에 대신 서서 자신에게 우리의 감당할 수 없는 무거운 짐을 마치 자신의 짐인 것처럼 스스로에게 담당시키셨습니다. 그분은 머리를 숙여 어두운 세력들에게 자신을 맡기셨으며, 바로 그 순간, 즉 영혼을 파멸시키고 온 세상을 멈추게 하며 빛을 어둡게 하는 바로 그 순간, 그 어둠의 세력들이 그분을 압도하였습니다. "나의 하나님, 나의 하나님, 어찌하여 나를 버리셨나이까?" 하나님이 죄를 알지도 못하신 자로 우리를 대신하여 죄를 삼으신 것은 우리로 하여금 저의 안에서 하나님의 의가 되게 하려 하심이라.

> 그러므로 온유하신 예수여, 내가 주께 보답할 수 없기에
> 나는 주를 앙망하며, 영원토록 주께 기도합니다.
> 주의 긍휼에 대해 생각합니다. 주의 변치 않는 사랑에 대해 생각합니다.
> 저는 그 긍휼과 사랑에 대해 아무런 자격이 없습니다. 119)

세 번째 묵상
영문 밖에

몇 년 전 저와 제 남편은 집을 떠나 지역에 있는 한 교회의 종려주일 예배에 참석한 적이 있습니다. 우리는 언제나 극화된 수난기사 낭독에 감동을 받습니다. 종려주일은 교회력에서 가장 의미심장한 순간들 중에 하나입니다. 특별히 수난기사 낭독에 참여하는 회중들은 언제나 인상적입니다. 여러분들이 "그를 십자가에 못 박으라"고 외치는 자신을 발견하면서 여러분들은 심상치 않은 그 무엇이 여러분의 마음속에서 일어나고 있음을 알게 됩니다.

수난기사 낭독이 끝나고 자리에 앉았을 때 우리는 다소 어리벙벙한 기분을 느꼈습니다. 우리는 뒤따른 침묵에 대해 감사했습니다. 그런 뒤에 교구목사가 강단에 올라섰습니다. 우리는 동일하게 의미심장한 말씀, 즉 종려주일에 알맞은 말씀이 전해지기를 기대했습니다. 그러나 그렇지 않았습니다. 그는 그가 이전 시절에 다녔던 고등학교에서의 한 축구게임에 관해 말하기 시작했습니다. 그는 그 이야기를 재미있게 하려고 애를 썼습니다. 아마도 그의 이야기가 재미있었는지 모릅니다. 분명히 그 교회의 교인들은 그 이야기를 우리보다 훨씬 더 잘 이해했을 것으로 생각됩니다. 그러나 제가 생각하기로는 웃는 사람들은 억지로 그리고 마지못해 웃는 듯했습니다. 마치 그들은 정말 웃고 싶지 않았으나 설교자에 대한 예의를 갖추려고 애쓰고 있는 듯했습니다. 또한 제가 생각하기에 그 설교자는 축구팀의 패배를 예수께서 십자가에 달려 돌아가셨을 때 제자들이 느꼈던 패배와 연결하려고 했습니다. 그 예화는 그 당시의 상황에 적합해 보이지 않았으며 적어도 별로 연관성이 없어보였습니다.

제가 참석했던 최초의 장례식은 저의 어머니의 가장 친한 친구였던 루시(Lousie)부인의 장례식이었습니다. 저는 그분을 존경했습니다. 그 부인은 50대에 암으로 돌아가셨습니다. 저는 망연자실했고 저의 어머니만큼이나 깊은 시름에 빠졌었습니다. 장례식 이후 우리는 가족과 친구들이 한자리에 모이는 모임을 위해 그 가족의 집으로 갔습니다. 남부지방의 관행에 따라 넉넉한 다과와 음식들이 나왔고, 비교적 많은 사람들이 참석했습니다. 그러나 죽은 그 부인에 대해 말하는 사람은 아무도 없었습니다. 참석한 사람들은 미식축구를 포함해 세상 돌아가는 모든 일들에 대해 이야기를 했습니다. 저는 크게 마음이 상했습니다. 저는 누군가가 루시 부인에 대해서, 그리고 그녀의 쾌활하고 지적인 성품에 대해서, 그리고 그녀의 밝고 고양된 정신, 그리고 나와 같은 젊은 사람들에 대한 그녀의 지대한 관심 등에 대해 함께 이야기하기를 원했습니다. 그러나 어느 누구도 그 부인을 언급하지 않았습니다. 그것은 일종의 침묵의 반란이었습니다. 바로 이것이, 제가 처음으로 회피를 대면한 순간이었습니다.

지난주에 저는 부활절 카드를 사기 위해 한 교회서점에 들렀습니다. 한 젊은 여성이 친구와 함께 서점에 들어왔습니다. 겉으로 보기에 그녀는 교회학교에서 보조교사인 듯 했습니다. 그녀는 자기 친구에게 주일학교 부장이 자신을 따로 부른 적이 있는데, 부장은 그녀가 학생들에게 부활절 이야기를 가르치는 방식에 불만족스러워했다고 불평하고 있었습니다. 부장이 들은 바에 따르면 그 보조교사는 예수님이 죽으셨다는 사실을 절대로 언급할 수 없었는데 그 이유는 그렇게 되면 학생들이 충격에 빠지게 될 것이라는 점이었습니다. 계산대에 있던 점원은 그 보조교사는 부활사건에 대해 확신하지 못한 상태에서 오랫동안 학생들을 가르쳐왔고 그가 기억하기로 학생들은 예수님의 죽으심에 대해 충격에 빠진 것이 아니라 단지 호기심에 차 있었을 뿐이었다고 합니다. 그 점원은 현명한 사람이었습니다. 그 점원은 이렇게 말했습니다. "예수님의 죽음을 언급하는 것에 대한 걱정은 어른의 관심사이지 어린애들의 관심사는 아닙니다."

저는 여러 해 동안 부활절 카드들을 자세히 연구해왔습니다. 제가 살펴본 바에 따르면 부활절 카드들은 결코 죽음을 언급하지 않습니다. 여러분들은 조금만 노력하면 십자가 모형과 "그리스도께서 부활하셨다"라는 문구를 담고 있는 멋진 부활절 카드를 구할 수 있습니다. 그러나 죽음에 대한 문구를 하나라도 담고 있는 카드는 결코 찾지 못할 것입니다. 저는 그 유명한 홀마크(Hallmark) 카드에 문구를 넣는 사람들에 대한 글을 읽은 적이 있습니다. 그들은 "죽음"이란 단어는 결코 넣어서는 안 되며, 심지어 위로의 카드들의 경우에도 결코 이 단어를 넣어서는 안 된다는 지시를 받아왔다고 합니다.

여러분들은 제가 말하려는 요점을 발견했을 것입니다. 회피와 부인, 혹은 부정은 유쾌하지 않은 상황에 대한 인간적 반응의 전형적 표현이지요. 많은 사람들은 무언가에 대해 말하지 않고 침묵을 지키는 편이 도움이 된다고 진지하게 믿습니다. 어려운 문제들이 함께 논의되고 토의되지 않는 그러한 가정에서 성장한 사람들은 자신들의 삶을 보다 잘 감당하려면 다시 재교육을 받아야 합니다. 한 번은 저는 자살하는 사람들에게 어떻게 하면 도움이 될 수 있을까에 대한 한 워크숍에 참석한 적이 있습니다. 저는 그 워크숍을 이끄는 지도자가 말한 것을 지금도 잊지 않고 있습니다. "고통 쪽을 향해 나아가십시오"라고 그는 말했습니다. 우리들 중 많은 사람들은 정확히 그 반대로 해야만 한다고 생각합니다. 만약 여러분들이 그들을 돕고자 한다면 "고통 쪽을 향해 나가십시오"라고 그는 말했습니다.

2주 전에 저는 부활절카드 하나를 발견하고는 놀랐습니다. 저는 제가 성장했던 마을이 있는 버지니아 주의 한 작은 마을에 사시는 제 어머니 댁을 방문하고 있었습니다. 그 마을에서 교회에 출석하는 사람들의 상당수는 아프리카 계열의 미국인들이었습니다. 그 슈퍼마켓에는 카드를 쌓아놓는 특별한 섹션이 있었는데, 이 카드들은 유명한 아프리카산 바오밥나무의 이름을 딴, 바오밥이라 불리는 회사에서 만든 카드들이었습니다. 아주 훌륭한 카드들이었습니다. 저는 비록 이 카드들이 백인들을 위해 만들어진 것은 아니었지만 많은 양의 카드를 샀습니다. 이 카드들 중 하나에 다음과 같은 문구가 새겨져 있었습니다.

> 그분의 사랑의 복음이 지닌 선하심과 그분이 우리로 하여금 보다 풍성한 삶을 살도록 그가 어떻게 고난 받으셨는지에 대한 기억, 그리고 그분의 부활이 지닌 즐거운 약속이 부활절과 영원토록 당신의 마음에 살아있기를 기원합니다. 120)

"그분이 고난 받으셨습니다" 이 카드는 실질적으로 분명히 예수님의 고난을 가리키고 있었습니다. 저는 크나큰 충격을 받았습니다. 전에는 "백인들의" 카드에서 이러한 문구를 한 번도 본 적이 없었기 때문입니다. 여러분 생각에는 왜 이 문구가 거기에 넣어져 있었겠습니까? 분명히 이에 대한 대답은 흑인들의 경우 고난과 고통은 그들이 기억할 수 있는 한 언제나 그들의 삶의 한 방식이었다는 점입니다. 회피와 거절 혹은 거부는 그들에게 하나의 선택이 아니었습니다.

"피"가 아프리카 계열의 미국교회에서 예수님의 십자가 사건과 이 사건이 우리에게 의미하는 모든 바들을 상기시키기 위해 자연스럽게 사용되는 용어라는 점을 제가 깊이 생각하면서 또 하나의 기억이 떠올랐습니다. 제가 젊은 설교자였을 때인 25년쯤 전에 저는 성금요일의 3시간 예식을 집전하기 위해서 플로리다에 있는 한 교구교회에 간 적이 있습니다. 예배가 시작되기 바로 직전에 교구목사가 "바라기는 오늘 목사님이 '피'에 관해서는 한마디도 언급하지 않으셨으면 좋겠습니다."라고 제게 말했습니다. 저도 그 당시에는 잘 몰랐고 경험이 없었기에 그 제안에 반대하지 않았지만, 최근에 저의 자매와 제가 사우스캐롤라이나에 있는 한 흑인 침례교회의 예배에 참석했을 때 저는 그것을 다시 기억해 낼 수 있었습니다. 복음성가대가 즐거운 찬양을 불렀습니다. 그 노래의 가사는 "나의 마음에 그 피가 있도다. 그의 이름에 영광이 있을지어다!" 였습니다.

우리는 방금 전 히브리서의 한 본문을 읽었습니다. "예수께서 자기 피로써 백성을 거룩케 하려고 성문 밖에서 고난을 받으셨느니라"(히13:12). 우리 주님의 수난은 회피하지 않음에 대한 궁극적인 예입니다. 그분은 자신의 고통과 자신의 배척, 자신의 모욕, 자신의 조롱, 자신의 십자가 처형, 자신의 죽음을 철저히 겪으셨습니다. 그분은 고통을 회피하지 않고 그 고통 속으로 들어가셨습니다.

그분은 "성문 밖에서 고난을 받으셨습니다." 여러분들은 이 말이 무슨 의미인지 알 것입니다. 그분은 추방된 자였습니다. 그분은 아무런 보호를 받지 못했습니다. 그분에게는 시민이란 정체성, 경건한 유대인의 특권들, 그리고 품위 있는 인간의 지위가 거부되었습니다.

히브리서의 저자는 계속해서 말합니다. "그런즉 우리는 그 능욕을 지고 영문 밖으로 그에게 나아가자. 왜냐하면 여기서는 우리가 영구한 도성이 없고 오직 장차 올 도성을 찾는도다." 장차 올 도성에 이르는 길, 하나님의 나라에 이르는 첩경, 그리스도 안에서 영생에 이르는 길은 고난과 고통을 통과하는 길이지 고난을 돌아가는 길이 아닙니다.

그러므로 히브리서 저자는 말합니다. 그를 통해 우리가 이제 하나님께 우리의 희생제물을 바치는도다. 그분을 통해 우리는 우리가 전에는 할 수 없다고 생각했던 것들을 행할 수 있습니다. 특별히 몸이 아픈 환자를 방문하면서 조금 당혹감을 느낄 경우에 저는 아주 자주 환자의 방에 들어서기 전에 복도에 잠시 멈춰섭니다. 저는 주님께서 저와 함께 해달라고 기도드리며, 또한 주님께서 그러하셨듯이 저도 고통을 회피하지 않고 고통과 하나 될 수 있게 해달고 기도합니다.

미국은 이제 벽으로 둘러싸인 공동체들로 가득 차 있습니다. 코네티

커트 주에 있는 우리 도시 바로 옆의 도시인 그린위크(Greenwich)는 "벽으로 둘러싸인 도시"라고 불립니다. 여러분들이 우거진 숲길 대신에 이 도시의 뒷길을 따라 차를 몰고 가신다면 여러분들은 높이가 2미터 80정도 되는 수백만불 어치의 돌들로 이루어진 담을 보게 될 것입니다. 이제 많은 미국인들은 "대문이 있는" 공동체들 가운데 살고 있습니다. 아마 여러분 중에 어떤 분들도 그런 곳에 살고 있는 분이 있을 겁니다. 그러나 비록 그런 곳에 살지는 않더라도 부유한 우리 모두는 다른 사람들의 빈곤이나 고통에서 보호된 그런 생애들을 살아갈 수 있는 능력들을 갖고 있습니다.

예수님은 이런 일을 행하지 않으셨습니다. 그분은 영문 밖으로, 성벽 밖으로, 성의 문밖으로 나가셨습니다. 그분은 고통과 고난 속으로 스스로 들어가셨습니다. 그분이 이것을 행하셨기 때문에 우리가 지금 새롭고 자유로운 사람들이 되었습니다. 그분을 통해서 우리는 희생의 삶을 살 수 있게 되었습니다. 우리는 다른 사람들의 고통을 함께 하고자 작은 일들을 할 수 있습니다. 그리고 우리가 그 고통을 함께 나누면서 위로를 베풀 수 있습니다. 다른 사람들의 삶의 경우에는 매우 작은 것이 매우 큰 역할을 할 수 있습니다.[121]

히브리서는 이렇게 말하고 있습니다. "이러므로 우리가 예수로 말미암아 항상 찬미의 제사를 하나님께 드리자. … 오직 선을 행함과 서로 나눠 주기를 게을리 하지 말라. 이 같은 제사는 하나님이 기뻐하시느니라"(히 13:15-16).

그분의 사랑의 복음이 지닌 선하심과 그분이 우리로 하여금 보다 풍성한 삶을 살도록 그가 어떻게 고난 받으셨는지에 대한 기억, 그리고 그분의 부활이 지닌 즐거운 약속이 부활절과 영원토록 여러분의 마음에 살아있기를 기원합니다.

"나의 마음에 그 피가 있도다. 그의 이름에 영광이 있을지어다!"

네 번째 묵상

나쁘진 않고 괜찮아

성금요일은 마음이 약해지는 날이 아닙니다. 오늘 여기에 나왔다는 것은 여러분들이 용감하다는 뜻입니다. 몇 년 전 제가 북 캘로라이나(North Carolina) 주의 헨더슨빌(Hendersonville)에 있는 카누가 컨퍼런스(Kanuga Conference) 센터에서 가르치고 있었을 때, 저는 호수와 보트하우스로 내려가기 위해서 사람들이 사용하는 길옆에 위치한 새로운 조각상 하나가 서 있는 것을 알게 되었습니다. 그것은 나무를 조각해 만든 십자가상의 예수님 조각이었습니다. 저는 그것을 보자마자 이것이 문제가 될 것이라고 생각했지요. 역시 이틀이 지난 후 다소의 민원들이 발생했다는 소리를 듣게 되었습니다. 한 사람은 그 조각이 자신의 기분을 울적하게 만들며, 호수에 내려가려고 해도 기분이 울적해서 내려가지 않는다고 말했습니다. [122]

이것은 결코 새로운 일이 아닙니다. 그리스도의 십자가 사건이 일어난 이래로 십자가상은 언제나 문젯거리였지요. 사도 바울은 십자가상이 너무 침울하게 만든다고 생각하는 사람들 때문에 많은 어려움을 겪었습니다. 고린도교회의 교인들은 십자가상이 너무 침울하게 한다고 생각했습니다. 그들은 십자가에 대해 듣기를 원하지 않았습니다. 바울은 고린도교회 교인들에게 다음과 같은 이야기를 하고 있는데, 이것들은 성금요일의 설교자들에게 상당한 중요성을 지니고 있습니다. "내가 너희 중에서 예수 그리스도와 그의 십자가에 못 박히신 것 외에는 아무것도 알지 아니하기로 작정하였음이라"(고전 2:2).

복음의 사역자는 이보다 더 좋은 모토를 물어볼 필요가 없습니다. 바울은 정직한 사람이었습니다. 그는 십자가가 "유대인들에게는 넘어지게 하는 것이요 이방인들에게는 어리석은 것"이었다는 점을 알고 있었습니다. 그러나 그는 믿는 자들에게 십자가는 "하나님의 능력이요 하나님의 지혜라"고 기록하고 있습니다(고전 1:24). 그러기에 저도 역시 여러분들이 오늘 여기에 나오신 것을 환영하는 데에 주저하지 않습니다. 세상은 무관심하게 지나가고 있으며 자신의 임무를 수행하고 있지만, 여러분들은 올바른 곳에 와 계십니다. 오늘 우리들은 우리가 일상적으로 몰두해 있는 것들을 뒤로 하고 함께 나와서 우리의 참된 관심과 초점을 영원토록 가장 중요한 사건에 집중하고 있습니다. 이것이 바로 크리스천의 천명입니다.

모든 사람이 십자가의 의미를 아는 것이 아닙니다. 사람들은 십자가가 너무 침울하게 한다고 생각합니다. 많은 사람들은 왜 이 날이 "성금요일"이라고 불리는지에 관해서 잘 알지 못합니다. 우리가 요사이 하는 말로 하자면 그들은 "간단히 말해 그것이 무슨 말인지 통 알아듣지 못합니다." "그것을 알아들으려면" 우리는 성경적 관점에서 그것을 볼 필요가 있습니다.

첫째 되고도 가장 중요한 것은 먼저 우리가 *우리 자신*을 성경적 관점에서 볼 수 있어야 한다는 것입니다. 성경은 말합니다. "나의 보는 것은 사람과 같지 아니하니 사람은 외모를 보거니와 나 여호와는 중심을 보느니라"(삼상 16:7).

"사람"은 어떻게 봅니까? 다시 말해 우리들은 서로를 어떻게 봅니까? 여러분은 왜 보도대책 보좌관이 그렇게 항상 바쁜지 아십니까? 왜 성형외과 의사들이 그렇게 많은 돈을 법니까? TV에서 선전과 광고들은 무엇을 팔고 있습니까? 젊음과 수려한 외모들, 자수성가한 정보나 사례들이 아닙니까? 자기탐닉과 현저한 소비, 혹은 동정이나 자선 등이 아닙니까? 오늘날 정치적 인물들은 무엇을 팔고 있으니까? 본질입니까 아니면 이미지입니까? 저를 포함해서 우리 모두는 이미지에 집착해 있는 우리 문화에 영향을 받고 있습니다. 이것이 바로 "사람"이 보는 것입니다.

구약 선지자들이 우리를 볼 때 그들은 무엇을 봅니까? 예레미야 선지자의 경우 바로 이것이 그가 보는 것입니다. "… 금장색마다 자기의 조각한 신상으로 인하여 수치를 당하나니 이는 그 부어 만든 우상은 거짓 것이요 그 속에 생기가 없음이라. 그것들은 헛것이요 망령되이 만든 것인즉 징벌하실 때에 멸망할 것이라"(10:14-15).

또한 바로 이것이 이사야가 보는 바입니다. "나의 백성이 무지함을 인하여 포로로 이끌려 갈 것이요, 그 귀한 자는 주릴 것이요 무리는 목마를 것이며 … 예루살렘의 귀족들과 많은 무리들이 거기 빠질 것이라 … 오만한 자의 눈이 낮아질 것이로다"(사 5:13, 15). 절대 오해 없으시기 바랍니다. 이것은 저와 여러분에 관한 이야기라는 점 말입니다. 사도 바울은 "그런즉 선 줄로 생각하는 자는 넘어질까 조심하라"(고전 10:12)라고 말합니다.

대부분의 사람들은 이와 같은 사실을 부정적이고도 기분 나쁜 메시지로 생각해서 받아들이지 않으려 합니다. 그러나 만약 이것이 처음부터 끝까지 정말로 나쁜 메시지라면 왜 우리들은 교회에 나올 때 우리의 죄를 고백합니까? 왜 강한 남자와 여자인 어른들은 그들의 무릎을 꿇고 "우리는 너무 많이 우리 자신의 마음의 의도와 욕망들을 따랐고 우리는 거룩한 말씀을 거역하였습니다"라고 기도합니까? 왜 우리들은 "우리가 마땅히 했어야 할 일들을 하지 않았으며, 우리가 마땅히 하지 말았어야 할 일들을 행했습니다"라고 자복의 기도를 합니까?[123]

만약 위에서 제시한 사실이 나쁜 메시지라면 왜 우리들은 이렇게 말들을 합니까? 만약 오늘이 좋지 않은 금요일이라면 왜 오늘 교회에 나오셨습니까? 기독교 신앙이 지닌 놀라운 점은 좋지 못한 메시지가 복된 소식의 일부라는 점입니다. 저는 한때 어떤 남자 하나를 알고 있었는데, 그 사람은 세상 말로 대단히 성공한 사람이었습니다만 그는 제게 "저는 저의 죄를 고백하기를 좋아합니다"라고 말한 적이 있습니다. 저는 그 말이 무슨 뜻인지 잘 알고 있습니다. 예수님이 뭐라고 말씀하셨습니까? 주님은 말씀하십니다. "내가 의인을 부르러 온 것이 아니요 죄인을 불러 회개시키러 왔노라"(눅 5:32).

주님이 우리를 바라보실 때 무엇을 보실까요? 그분은 우리가 다른 사람들에게 우리의 모습을 보이려고 애쓰는 방식을 보지 않으십니다. 하나님이 우리를 보실 때 그분은 우리의 지위나 은행계좌, 클럽 멤버십, 혹은 휴가 별장, 순 자산 등을 보시지 않습니다. 그분이 보고 계시는 것은 우리가 강하고 성공적이며 우리가 하는 모든 일들에 만능인 것처럼 보이려고 애쓰는 일군의 애처로운 죄인들의 모습입니다. 그분은 세상을 좋은 사람과 나쁜 사람들로 양분화 시키려고 영속적으로 애쓰며 그 와중에 우리 자신들을 좋은 사람의 집단 속에 위치시키려는 우리의 모습을 보고 계십니다. 전형적인 인간과 아마도 특별히 교회에 출석하는 우리들은 궁지에서 빠져나가는 나름대로의 기술들을 갖고 있습니다.

다시 말하면 우리들은 우리 자신이 일종의 죄인이라는 데는 동의할지 몰라도 정말로 죄인이라는 데는 동의하지 않는다는 말입니다. 우리는 조금 결점이 있는 사람들과 *정말로 나쁜* 사람들을 구분합니다. 그리고 '정말로 나쁜 사람들은 죽어 마땅하지요, 그렇지요?' 라고 생각합니다. 바로 이런 이유 때문에 사형제도가 요사이 그렇게 보편화 되어있습니다. 우리는 조금 나쁜 것과 *정말로 나쁜* 것을 구분해 놓고, 그 중 좋은 쪽에 서 있는 자신을 생각합니다.

여기서 분명히 해 두어야 할 필요가 있습니다. 예수께서 죽으셨을 때 그 죽음은 *정말로 나쁜* 사람들의 죽음과 같은 것이었습니다. 즉 가장 미천한 사람들과 같이 증오와 멸시의 대상인 자들의 죽음 말입니다. 조금 더 집중해서 이 점을 잘 이해하시기 바랍니다. 사람들이 십자가를 하나의 종교적 상징으로써 얼마나 끔찍한가를 설명하고자 할 때 그들은 종종 하나의 예로 사형용 전기의자를 생각해내곤 합니다. 이것은 그리 좋은 예가 아닌데, 그 이유는 전기사형은 최소한 이론적으로 볼 때 순간적으로 이루어지며 사람들이 보는 가운데 집행되지도 않기 때문입니다.

그러나 한 가지 유사점은 있습니다. 즉 두 사형집행 수단은 비천한 자 중에서 가장 비천한 자들을 처형하기 위해 사용되며, 이 둘은 인간사회에 적합하지 않다고 판단되는 사람들을 제거하기 위해서 국가에서 사용한다는 점입니다. 예수께서 하늘에서 내려오셔서 우리 가운데 사시고자 하셨을 때 그분은 바로 이러한 가장 비천한 수준에서 우리 가운데 사셨습니다. 하나님의 아들은 자신의 모든 신적 특권들을 포기하시고, 세상에 들어오셔서 범죄자들이 처형되는 방식과 동일한 방식으로 그들과 함께 죽임을 당하신 것입니다.

저는 이 주제의 성격에 비추어볼 때 이 주제는 모든 이에게 쉽지 않다는 것을 알고 있습니다. 고린도 교인들처럼 십자가에서 멀어지려는 사람들이 있습니다. 또한 십자가의 그림이나 조각 때문에 마음이 상하는 사람들도 있습니다. 성금요일에 교회에 나오지 않으려는 사람들도 있습니다. 자신이 생각하기에 사회에 적합하지 않다고 생각되는 사람과 자신 사이에 스스로가 만들어 놓은 담의 올바른 쪽에 안전하게 놓여있기 때문에 하나님으로부터 어떠한 도움도 필요 없다고 생각하는 사람이 있습니다.

이 중 가장 놀라운 사실은, 자신을 크리스천이라고 부르면서도 고통 중에 있는 다른 사람들과 함께 어울리지 않으려는 많은 사람들이 있다는 점입니다. 그리스도를 위해 수치와 손해를 당하는 것, 바로 이것이 무엇보다도 우리의 참된 관심입니다. 사도 바울은 이렇게 말합니다. "십자가에 못 박히신 그리스도는 유대인에게는 거리끼는 것이요 이방인에게는 미련한 것이로되 오직 믿는 자들에게는 [십자가는] 하나님의 능력이요 하나님의 지혜니라"(고전 1:23-24). 성령께서 여러분들을 하나님의 능력과 하나님의 지혜 가운데로 이끌어 오셨기에 여러분들은 오늘 여기에 나와 계십니다.

아마 여러분 중 어떤 이는 오늘 이 예배가 처음일지 모릅니다. 어쩌면 여러분들 중 어떤 이는 십자가에 죽으신 그리스도라는 이 메시지가 자신에게 연관이 있는지 없는지 지금까지 확신하지 못하는 분들도 있을 겁니다. 바로 오늘이 우리가 조심스럽게 쌓아놓고 만들어 놓은 "이미지들"을 벗어버리는 날입니다.

주님께서는 빤히 들여다보이는 우리의 이런 방어기제들을 꿰뚫고 참된 인간의 모습을 바라보십니다. 그분에게는 "모든 마음들이 드러나 있고 모든 욕망들이 알려져 있으며 어떠한 비밀도 [그분에는] 숨겨져 있지 못합니다."[124] 그분은 우리의 진정한 모습 그대로를 보십니다. 주님이 가면을 벗어버린 우리의 모습을 보실 때 그분은 무엇을 보실까요?

분명히 말씀드립니다만 그분은 그가 사랑하는 사람을 쳐다보십니다. 그분은 자신이 생명보다, 영광보다, 능력보다, 부유함보다, 신성 그 자체보다 더 사랑하시는 사람을 바라보십니다. 이에 대해 사도 바울은 고린도 교회 교인들에게 이렇게 말하고 있습니다. "우리 주 예수 그리스도의 은혜를 너희가 알거니와 부요하신 자로서 너희를 위하여 가난하게 되심은 그의 가난함을 인하여 너희로 부요케 하려 하심이니라"(고후 8:9). 왜 그분은 이렇게 하셨을까요?

그분은 여러분들을 사랑하시기 때문입니다. 그분은 저를 사랑하시기 때문입니다. 그분은 우리의 속임과 실패 가운데 있는 우리 모습을 보십니다. 그분은 우리의 철저한 연약함과 죽을 수밖에 없는 운명, 우리의 철저한 물질적 허세들과 영적인 빈곤, 우리의 철저히 깨어질 수밖에 없는 상태와 우리의 철저한 위선 가운데 있는 우리의 모습을 보십니다. 그리고 우리를 사랑하십니다. 그분은 우리의 가면과 우리의 포장된 겉모습을 꿰뚫어 보십니다. 우리의 사악한 말과 우리의 자기중심적 행동들을 보십니다. 그리고 우리를 사랑하십니다. 그분은 우리를 보시며, 우리의 비겁함과 우리의 실패들, 우리의 사기성과 부정함을 보십니다. 그리고 우리를 사랑하십니다.

이에 대해 사도 바울은 로마교회 교인들에게 이렇게 말합니다. "우리가 아직 죄인 되었을 때에 그리스도께서 우리를 위하여 죽으심으로 하나님께서 우리에게 대한 자기의 사랑을 확증하셨느니라"(롬 5:8). 예수께서는 십자가 위에서 무엇을 하고 계십니까? 십자가가 너무 끔찍합니까? 너무 충격적입니까? 너무 슬픕니까? 너무 추합니까? 예, 그렇습니다. 이 모든 것이 바로 십자가가 가진 모습입니다. 그러나 그것이 또한 인류 역사상 가장 위대한 이야기가 아니겠습니까? 바로 이런 이유 때문에 이 끔찍스러운 날을 "성" 금요일이라 부릅니다.

> 가장 귀한 친구 되신 주님, 네가 무슨 말로 주께 다 감사할 수 있으리까
> 주님의 처절한 슬픔과 끝이 없는 주의 불쌍히 여기심에 대하여.
> 저로 영원토록 주의 것이 되게 하소서! 그리고 내가 연약해 질 때에
> 주님, 주를 향한 나의 사랑만이 삶의 전부가 되게 하소서.[125]

○ *다섯 번째 묵상*
저주와 대속

여러분들도 잘 아시겠지만 코소보의 알바니아인들은 대부분이 이슬람교도들입니다.126) 뉴스미디어에 따르면 세르비아 종족에 속하는 정교회 소속의 의회 인물들은 이슬람교도들인 이들 알바니아 사람들에게 만약 그들이 십자가 성호를 긋는 동작을 하지 않을 경우 그들을 사형에 처하도록 하겠다고 위협을 했습니다. 우리는 이 점을 마음에 깊이 새겨둘 필요가 있습니다. 이것보다 더한 신성모독의 행위는 있을 수 없을 겁니다. 이런 행위는 예수께서 십자가상에서 자신을 희생하심으로 행하신 바와 정확히 반대가 되는 행위입니다.

유고슬라비아에서 세 명의 미군들이 포로로 잡혔을 때 TV에 사람들의 관심이 집중되었습니다. 제네바 협정을 무시하고 미군 포로들이 카메라에 포착되었기 때문에 엄청난 분노가 표출되었습니다. 예수님 당시에는 제네바 협정과 같은 것이 전혀 존재하지 않았지만 한 번 생각해 보시기 바랍니다. 즉 예수님의 경우에서 우리가 생각해 낼 수 있는 모든 인간적인 고려사항들을 총체적으로 위반하는 일들을 생각해 보시기 바랍니다.

소위 예수님에 대한 "재판"은 어리석은 짓이었으며, 그에 대해 제기된 "증거"들은 있지도 않은 것들이었습니다. 그리고 이 재판에서는 피고인의 '변호'란 것은 존재하지도 않았습니다. 처음부터 끝까지 이 재판은 이미 정해진 결론에 따라 진행된, 교회와 국가 사이의 음모로써 종교지도자들, 즉 교회 다니는 좋은 사람들이 로마 총독에게 예수를 넘겨주기로 흔쾌히 동의한 바의 결과였습니다. 어느 누구도 하나님의 아들이신 예수님을 위해 머리에 노란 리본을 달지도 않았습니다. 예수님의 고향 마을에서는 예수님을 위한 철야기도회를 열지도 않았습니다. 외교적 협상을 위한 노력도 없었습니다. 이 공모에 참여한 모든 사람들은 예수님을 죽이기로 한 결정에 모두 참여한 자들입니다. 예수님은 홀로였으며 예수님을 위해 싸우는 사람은 한 명도 없었습니다. 심지어 성부이신 하나님도 성자이신 예수님을 버리신 것처럼 보였습니다.

저는 여러분들에게 부탁합니다. 이 다섯 번째 묵상 이후에 우리가 부르게 될 찬송가의 가사를 깊이 생각해 보시기 바랍니다. 우리가 이 거룩한 주간에 부르게 될 찬송시들 중에서 이 찬송이 아마 가장 좋은 찬송일 것입니다.

> 오, 거룩하신 예수여, 당신이 얼마나 잘못을 하였기에
> 그 자가 감히 주를 증오 가운데 그토록 악의에 찬 재판을 행했으며
> 어찌하여 대적들에 의해 주님이 멸시를 당하셨고
> 자신의 동족에 의해서 배척을 당하셨나이까?
> 고초를 심히 겪으신 주님이시여!
>
> 죄 있는 자가 누구였나요? 누가 주님께 이런 일을 행했나요?
> 오호라, 예수여, 나의 배신이 주를 이렇게 만들었습니다
> 주 예수여, 바로 내가, 바로 내가 주를 부인했나이다
> 내가 주를 십자가에 못 박았나이다
>
> 슬프도다, 선한 목자가 양을 위해 희생되었도다
> 종이 죄를 졌는데 아들이 고통을 당하였도다
> 우리의 대속을 위해서 우리가 전혀 관심을 갖지 않는 중에
> 하나님께서 개입하셨도다[127]

"종이 죄를 졌는데 아들이 고통을 당하였도다" 란 구절에 주의하시기

바랍니다. 저와 여러분들이 종이요, 예수님이 아들이십니다. 수치는 우리에게 속한 것인데 수치의 결과는 그분 위에 떨어졌습니다. "여호와께서는 우리 무리의 죄악을 그에게 담당시키셨습니다" (사 53:6). 지난 밤 교회 성가대가 하나님이 행하신 이 일을 생생하게 들려주는 찬송을 불렀습니다. 이 찬송의 가사는 참으로 놀랍습니다. 제가 그 깊고 심오한 면들을 다 들어낼 수 없지만 그 중 일부를 여기서 인용하고자 합니다.

> 오, 주여, 주님 홀로 죽음을 향해 가셨습니다
> 자신을 죽음에 내어주셨습니다
> (우리는) 이것이 우리의 죄를 위한 주님의 고통임을 알고 있습니다
> 오 주님, 정녕 그것은 우리의 죄요 우리가 행한 일이요 우리가 행한 바입니다
> 왜 주님께서 우리의 죄를 위해 고통을 당하셔야 했나요?[128]

우리가 종려주일에 봉독하는 마태의 수난 기사에 따르면 대제사장이 무리에게 이렇게 말합니다. "너희가 지금 참람한 말을 들었도다. 너희의 생각이 어떠하뇨?"(마 26:65). 여러분들도 아시다시피 우리를 뜻하는 바로 그 무리들이 "저는 사형에 해당하니라"고 소리쳤습니다. 이것은 대단히 중요한데, 특히 우리가 이 성극에 참여함으로써 우리는 "유대인들"이 예수를 죽였다는 생각을 성례를 통해 단호히 배격하고 있기 때문입니다. "우리는 이것이 우리의 죄를 위한 주님의 고통임을 알고 있습니다. 왜냐하면 그것은 우리의 죄요 우리가 행한 바이기 때문입니다. 오, 주님!" 정녕 우리가 행한 바입니다. 예수님은 "유대인들" 때문에 십자가에 달리시지 않았습니다. 그분은 우리 모두 때문에 거기에 달리셨습니다.

이제 잠시 우리가 방금 전에 봉독한 구절인 갈라디아서 3:10-14의 말씀을 생각해 보기로 하겠습니다.[129] 이 구절은 짧지만 난해하고 이해하기에 쉽지 않습니다. 이 구절은 "무릇 율법의 행위에 의존하는 모든 자들

은 저주 아래 있나니"라고 시작합니다.

간단히 말해서 이 말의 뜻은 이렇습니다. 바울은 여기서 신명기를 인용하고 있는데, 이 신명기 본문에서 하나님은 자신의 거룩하고 의로운 명령들을 지키는 자들에게 복을 약속하시지만, 그렇지 않는 자들은 저주 아래 있게 될 것이라고 경고하고 계십니다. 그러므로 모든 인류가 이 경고 아래 놓여있는데, 그것은 우리 모두는 하나님의 계명들을 준행하거나 이루지 못하기 때문이요, 실제로 그렇게 할 수도 없기 때문입니다.

그렇지만 이것은 자명한 말씀이 아닙니다. 많은 사람들은 자신들이 하나님의 명령들을 상당히 잘 지키고 있다고 생각하거나 아니면 하나님의 명령들에 관해 전혀 상관하지 않고 있기 때문입니다. 만약 여러분들이 이 점에 관해 기대치에 못 미친다는 사실을 인식하고 있다면 여러분들은 이미 하나님의 사람들입니다. 만약 여러분들이 하나님의 선하심에 대한 "불쌍한 범법자"라는 사실을 알고 있다면 여러분들은 이미 은혜 가운데 있는 자들입니다. 제가 생각하기에 여러분들이 오늘 이 자리에 나와 있는 이유가 바로 이것 때문입니다.

이제 잠시 동안 바울의 마음에 들어가 보려는 시도를 해보고자 합니다. 바울은 당시 자신이 갖고 있는 유일한 성경이었던 구약에 관해서 지속적으로 생각하고 있었습니다 (바울은 자신이 당시 신약 성경을 저술하고 있다는 것을 알고 있지 못했습니다). 그는 예수님의 십자가상의 죽음에 대해, 십자가 처형의 참상과 이질감에 대해 생각해 왔습니다. 그는 사람의 시신은 공공장소에 놓아두어서는 안 되며, 이러한 시신은 저주받은 것이라고 말하고 있는 신명기의 본문을 지속적으로 읽어 왔습니다.

바울은 이렇게 생각했습니다. 만약 나무 위에 달려 죽은 자가 하나님에 의해서 저주받은 것이라면 예수는 나무 위에 달려 죽으셨고, 그렇다면 그 예수는 저주 아래 있는 자였다는 것이 분명하다는 것입니다. 그러나 예수님은 저주 아래 있을 수 없으셨습니다. 왜냐하면 모든 사람들 중에서 그분은 죄가 없으신 분이셨기 때문입니다. 그러므로 예수님은 다른 사람들에게 속해있는 저주를 자신 위에 두어 그 저주를 친히 담당하셨습니다. 바로 이것이 "무릇 율법의 행위에 의존하는 모든 자들은 저주 아래 있나니"라고 말하는 갈라디아서 본문의 분명한 의미입니다. 그 이유는 우리는 본래적으로 하나님의 법도를 준행할 수 없는 자들이기 때문입니다. 〈참조: 마크 샤갈의 "White Crucifixion"〉

그러나 분명 무언가가 일어났습니다. 즉 하나님은 우리와 자신의 준엄한 칙령 가운데로 들어오셔서 개입하셨습니다. 갈라디아서 3:13은 "그리스도께서 우리를 위하여 저주를 받은 바 되사 율법의 저주에서 우리를 속량하셨으니 기록된 바 나무에 달린 자마다 저주 아래 있는 자라 하였음이라"고 기록하고 있습니다. 이 난해하고도 기이한 구절에 따르면 심각하게 십자가를 생각하는 자들에게 십자가의 의미는 드러나게 됩니다.

저는 정말 일찍부터 십자가에 대해 설교하고 십자가에 대해 글을 써왔습니다. 거의 20년 이상 성금요일마다 어디에서든 강단에 서 있었습니다. 해가 지나갈수록 제가 더더욱 굳게 믿는 바는 바로 이 갈라디아서의 본문은 우리에게 예수께서 십자가상에서 우리를 대신해 우리 자리에 친히 서서 행하셨던 것이 무엇인가에 대한 가장 농축된, 그리고 가장 설득력 있는 설명을 제공한다는 점입니다.

여기서 우리가 반드시 기억해야 할 점은 십자가가 보여주는 아버지상은 죄 없는 아들에게 보복적인 일을 행하시는 화가 잔뜩 난 아버지가 아니라는 점입니다.[130] 불행하게도 여러 해에 걸쳐서 성금요일의 설교들이 이와 같은 식으로 아버지를 묘사해왔는데, 이 점은 마치 성자이신 예수님은 이러한 성부 하나님을 신뢰하고 있는 것처럼 묘사하고 있는 몇몇 진부한 설교 예화들에 의해서 더욱 더 그렇게 비쳐져 왔습니다.[131] 신약 성경은 이러한 묘사나 이해를 전혀 시사하지 않습니다.

성부와 성자께서는 오직 한 마음으로 (고린도후서 5장은 이것을 "하나님이 그리스도 안에 계셨다"라고 표현합니다) 우리의 구속을 함께 이루어가십니다. 예수께서 죄에 대한 하나님의 의로우신 진노를 받아들이셨을 때 그것은 성부와 성자의 사랑이 함께 우리가 "멸망치 않고 영생을 얻어야 한다"(요 3:16)고 결정하셨기 때문입니다. 삼위일체 가운데서 이루어진 성부와 성자 사이의 이러한 내적인 역사가 바울의 데살로니가전서의 한 구절을 통해 우리에게 일깨워집니다. "하나님이 우리를 세우심은 노하심에 이르게 하심이 아니요 오직 우리 주 예수 그리스도로 말미암아 구원을 얻게 하신 것이라"(살전 5:9).

우리가 이 사실을 참되게 이해할 수 있을 때, 다시 말해서 이 사실이 우리의 마음 속 깊이 아로새겨질 때에 비로소 우리들은 감사로 가득 차게 될 것입니다. 만약 우리가, 바로 그날에 하나님께서 우리를 위해 행하신 일들 무엇인가를 참되게 이해할 수 있다면 우리는 하나님께 감사하고 그를 찬양하고자 하는 열망으로 가득 차게 될 것입니다. 바로 이것이 이 성금요일에 우리가 담당해야 할 일입니다. 이 사실은 다음과 같은 찬송가사 속에 잘 나타나 있습니다.

> 여기 온 시대의 왕이 계시니 그는 세상이 만들어지기 전에
> 빛 가운데 보좌 위에 앉아 계신 분이시되
> 죽은 육신을 입으시고 우리의 죄를 위해 십자가에 달려 죽으셨도다
> 이 얼마나 신비롭고 기이한 성육신이요, 얼마나 고귀한 자기 비우심인가
> 바로 하나님 자신이었지만 온 인류 역사의 모든 고통을 담당하셨도다[132]

여섯 번째 묵상
스텔스 폭격기

코소보의 알바니아인들을 "종족 청결"이라는 대학살에서 구출해 내려는 나토의 구출작전 중에 아주 대단히 기이한 일이 일어난 적이 있습니다. 로마-가톨릭 교황, 그리스 정교의 총대주교, WCC, 침례교 소속 교회들과 세계 성공회 연합회, 다른 프로테스탄트 교회들, 그리고 미주의 로마-가톨릭 교회의 여덟 명의 추기경 모두가 한자리에 모여서 코소보에 대한 나토의 폭격을 부활절 주간에 중지할 것과 "종족 청결"을 중단할 것을 요청했으며, 아울러 협상 테이블로 돌아올 것을 호소했습니다. 이러한 다양한 집단의 사람들이 어떤 이유에서건 함께 자리를 하는 경우는 거의 없습니다. 당시 어느 누구도 유고의 독재자인 슬로보단 몰로세비치(Slobodan Molosevic)가 이러한 행동에 영향을 받을 것이라고 믿지 않았습니다. 여기서 우리의 관심은 전 세계적으로 크리스천들 가운데서 점증하는 의식의 일치가 생겨났다는 점입니다. 즉 21세기는 단순히 더 강력한 무력적인 폭격보다는 훨씬 더 정교하고도 보다 다국면적이며, 보다 대국적인 견지에서의 해결책을 필요로 한다는 인식이 생겨났습니다. [133]

성금요일은 바로 이 점에 연관성이 있을 수 있거나 아니면 아무런 관련성이 없을 수 있습니다. 성금요일은 대국적 견지에서의 온 세계와는 아무런 상관이 없는 상태에서 각자의 마음들 속에 일어나는 개인적인 사건이 아닙니다. 그리스도의 십자가상의 죽으심은 십자가 처형을 주도한 집행부가 전혀 신경을 쓰지 않는 가운데서 은밀히 숲 속에서 혹은 높은 산 속에서 행해진 잔인하고도 포악한 처형이 아닙니다. 십자가 처형은 당시 국무부에 해당하는 부처가 하지 않았다고 부인할 수 있는 그러한 조그마한 "더러운 싸움"과 같은 것이 아닙니다. 정반대로 십자가 처형은 국가가 주도하고 후원한 처형방법이었습니다. 사도 바울이 사도행전에서 아그립바 왕에게 말했듯이 "이 일은 한편 구석에서 행해진 일이 아니었습니다"(행 26:26). 이 사건은 로마황제의 재가를 받은 사건이었습니다. 이것보다 더 합법적인 처형이 어디에 있을 수 있었을까요?

오늘날 적법성 혹은 합법성에 대한 온 세계의 이해와 생각들이 이제 완전히 뒤집어졌습니다. 성금요일에 일어난 일은 사람의 마음을 뒤흔들어 놓았으며 이 일은 우리의 보통의 인습적 범주들을 쉽게 벗어나는 일이었습니다. 이 일을 이해하려면 먼저 우리는 우리의 관심을 어디에 두어야 하는가를 알 필요가 있습니다.

여러분들도 알다시피 우리 모두는 피비린내 나는 사건들에 대해서 섬뜩한 매력을 갖고 있습니다. 방관자로 사건들을 구경하려는 습성에서 예외적인 사람은 거의 없지요. 저는 청년시절에 한 가지 배운 점이 있습니다. 청소년층의 교인들에게 만약 참혹한 십자가 처형에 대해 자세히 설명해 준다면 그들은 전혀 미동도 하지 않고 집중해서 이야기를 경청한다는 사실입니다.

그러나 주목할 사실은 성경의 수난기사는 이러한 자세한 설명들을 전혀 제시하고 있지 않다는 점입니다. 수난 기사가 우리로 하여금 우리의 마음속에 꼭 그려 넣기를 원하는 것은 육체적인 고통이 아닙니다. 신약성경의 저자들은 우리로 하여금 수치라는 측면에 관심을 집중하기를 원하고 있습니다. [134]

이사야 선지자가 하나님의 고난 받는 종은 "그 종으로부터 사람들은 자신들의 얼굴을 돌려버리는 자"(53:3)였다고 기록하고 있습니다. 여기서 이사야가 생각했던 것은 소름끼치는 신체적 현상이 아니라 비인간화였습니다. 이사야 선지자는 "그의 모습이 사람의 모습이 아닐 정도로 너무도 크게 상하였도다"라고 기록하고 있습니다(사 52:14). [135]

우리의 실질적 상태란 관점에서 뿐만 아니라 우리의 수치와 부끄러움이란 영적 상태의 관점에서 가장 깊이 있게 우리와 함께 하시기 위해서 주님은 자신의 수난 가운데로 들어오셨습니다. 이것이 바로 자신이 친히 짊어져야 할 일임을 아셨기 때문입니다. 우리가 드리는 성금요일 예배의 마지막 부분에 해당하는 이 시점에서 우리와 철저히 하나 되시는 사건을 통해서 예수께서 성취하셨던 모든 일들을 함께 연결시켜 생각해 볼 수 있기를 바랍니다.

월스트리트 저널(The Wall Street Journal)에 한 기사가 실렸는데, 그 제목은 "온라인 중에 계신 하나님"(God on Line)이었습니다. 우리는 많은 사람들이 자신들이 알고자 하는 정보를 인터넷에서 얻고 있는 그러한 시대에 살고 있습니다. 크리스천들도 흥분된 마음으로 이러한 시대를 맞이하고 있으며, 대단히 복잡하고 향상된 소프트웨어들이 우리 앞에 가용한 상태로 놓여있으며, 이것들은 정말로 놀라운 도구의 역할을 하고 있습니다. 예수님과 그의 십자가에 관한 진리의 몇몇 사안들이 온라인 인터넷상에서 초보적인 형태나 혹은 추가적인 형태로 찾아볼 수 있게 되었습니다.

그러나 사이버 공간이 지닌 경이로움들을 모두 정당하게 평가하면서도 만약 기독교 신앙이 실제적인 삶의 현장 가운데서 그 의미를 가지려면 반드시 기독교 신앙은 가상의 인간 공동체가 아니라 실질적인 인간 공동체란 문맥과 상황 속에 놓여있어야 합니다. 136) 우리는 우리에게 예수님의 이야기를 전해주는 증인들 때문에 서로서로에 대해서 신뢰를 갖고 있으며 우리가 이 증인들을 신뢰하고 있기 때문에 우리들은 궁극적으로 이들을 사랑하게 됩니다. 신뢰의 관계는 인터넷상에서 이루어지는 것이 아니라 예배드리는 믿음의 공동체란 문맥 속에서 형성됩니다. 하나님은 두 사람 혹은 세 사람이 당신의 이름으로 함께 모이는 곳에서는 언제나 "온라인" 상태에 계십니다. 우리가 지금 바로 이것을 하고 있으며, 오늘 저와 여러분들이 하고 있는 것이 바로 하나님의 이름으로 함께 모여 있는 것이요, 그러기에 여기에 하나님은 온라인 상태로 계십니다.

우리는 성경의 증인들에 대한, 그리고 크리스천 교제가 지닌 능력에 대한 우리의 신뢰를 재삼 확인하고 있습니다. 에베소서의 한 구절은 이렇게 말하고 있습니다. "너희는 외인도 아니요 손도 아니요 오직 성도들과 동일한 시민이요 하나님의 권속이라"(2:19). 이 거룩한 한 주간과 부활절 선포를 중심으로 이루어지는 크리스천 교제는 "사도들과 선지자들의 터 위에 세우심을 입고, 그리스도 예수께서 친히 모퉁이 돌이 되신"(엡 2:20) 그러한 건축물로 세워져 가는 교제입니다.

그리스도의 복음의 메시지는 그 존재 여부가 바로 이 성경의 증인들이 지닌 신뢰성에 달려있습니다. 사도 바울이 "십자가의 도는 하나님의 능력이라"(고전 1:18)고 말하고 있는데, 우리는 이렇게 말하는 바울 사도를 신뢰합니다. 저는 20년 이상 바울 서신서들을 가르쳐왔는데, 제가 분명히 배우고 깨달은 바는 그는 신뢰할 수 있다는 점입니다. 저는 저의 평생에 걸쳐서 요한복음을 사랑해 왔으며, 동시에 이 복음서를 신뢰합니다. 최신의 유행하는 몇몇 학자들은 만약 제가 계속해서 복음서들을 신뢰하고 그것들에 의존해 있다면 저는 지적으로는 절름발이 같은 사람이라고 말합니다만 저는 그들을 신뢰하는 것보다 훨씬 더 요한복음을 신뢰합니다.

바울은 고린도 교회 교인들에게 "내가 너희 중에서 예수 그리스도와 그의 십자가에 못 박히신 것 외에는 아무 것도 알지 아니하기로 작정하였노라"고 말하고 있습니다(고전 2:2). 바울은 이들에게 신앙과 사역에 대한 궁극적인 판단기준을 제공하고 있는 것입니다. 우리는 모든 "종교적" 담론들과 이야기들을 수용하는 데에 매우 조심해야 합니다.[137] "종교"는 인간의 필요와 바람들, 그리고 소원들에서 생겨납니다. 저는 십자가에 달려 죽은 메시아라는 사상이 바울이나 요한 혹은 다른 성경 저자들의 백지 같은 마음에서 생겨났다고 믿지 않습니다. 만약 사도들이 일종의 종교적 기만이나 술수에서 십자가와 부활이라는 사상을 만들어낸 것이라면 기독교의 전 역사는 의식적이든 무의식적이든 간에 결국 사기에 기초하고 있는 셈입니다. 저는 종교적 사기를 절대적으로 싫어합니다.

분명한 점은 십자가는 기독교에만 있는 특이한 점이라는 사실입니다. 종교 역사상 십자가와 같은 것은 한 번도 있어본 일이 없습니다. 기독교의 메시지는, 우주에 대한 하나님의 목적은 예수 그리스도의 죽음의 사건 가운데 계시되었다고 매우 전무후무한 방식으로 선언하고 있습니다. 예수께서는 하나님 자신을, 그리고 인류의 미래를 계시하시고자 이 땅에 오셔서 십자가상에서 돌아가셨습니다.

이에 대해 좀 더 생각해 볼 필요가 있습니다. 인류와 하나님의 모든 피조세계의 미래는 유행과 흐름을 만들고 정하는 자들 보기에 강력해 보이고 성공해 보이는 그런 사람들에게 속해 있는 것이 아닙니다. 바울은 유행만을 따르는 고린도 교회 교인들에게 이 점을 다음과 같이 잘 설명해 주고 있습니다.

> 형제들아 너희를 부르심을 보라. 육체를 따라 지혜 있는 자가 많지 아니하며 능한 자가 많지 아니하며 문벌 좋은 자가 많지 아니하도다. 그러나 하나님께서 세상의 미련한 것들을 택하여 지혜 있는 자들을 부끄럽게 하려 하시고 세상의 약한 것들을 택하여 강한 것들을 부끄럽게 하시며 하나님께서 세상의 천한 것들과 멸시받는 것들과 없는 것들을 택하여 있는 것들을 폐하려 하시나니 이는 아무 육체라도 하나님 앞에서 자랑하지 못하게 하려 하심이라 (고전 1:26-29).

바울이 "세상의 천한 것들과 멸시받는 것들"이라고 말했을 때 그가 무엇보다도 의미한 바는 그리스도의 십자가입니다. 십자가상에서 세상이 성공적이라고 생각하고 간주했던 모든 것들이 철저히 전복되었습니다.

이것은 하나님이 힘이 없음을 뜻하지 않습니다. 하나님의 길은 분명 능력의 길이며, 이 점에 관해선 절대 의심의 여지가 있을 수 없습니다.

예수께서 제자들에 의해서 배반당하시던 그 날 밤 감람산에서 한 제자가 예수님을 보호하려고 했을 때 주님은 이렇게 말씀하셨습니다. "너는 내가 내 아버지께 구하여 지금 열두 영 더 되는 천사를 보내시게 할 수 없는 줄로 아느냐? 내가 만일 그렇게 하면 이런 일이 있으리라 한 성경이 어떻게 이루어지리요?"(마 26:53-54).

이 말씀은 나약한 자의 항변이 아닙니다. 여러분은 4천 8백만 달러짜리 스텔스 폭격기가 강력한 무기라고 생각하십니까? 비록 그렇더라도 하나님의 능력에 비교하면 이것은 아무것도 아닙니다. 더욱이 하나님의 능력은 세상이 이해하지 못하는 방식들로 그 모습을 드러냅니다. 하나님의 능력은 겸손과 희생, 그리고 비폭력과 자기를 비우는 사랑 가운데 드러나는 능력입니다.

이런 점에서 하나님의 아들의 성육신은 진정한 스텔스 폭격기입니다. 성육신의 사건은 창조자 자신이신 하나님이 자신을 숨기고 나타나신 사건입니다. 그분은 말하자면 레이더의 감지를 받지 않고 그 밑으로 들어오신 것입니다. 그리스도의 십자가는 우리에게 하나님의 능력을 드러내되 어느 누구도 예측하거나 이해할 수 없는 방식으로 하나님의 능력을 드러냈습니다. 세상이 가르치는 모든 것들과 상충되는 방식으로 하나님의 능력을 나타내 보였습니다. 십자가는 우리에게 고통스러운 사랑의 능력을 드러내 보였습니다. 궁극적으로 문제가 되는 중요한 것이 있다면 그것은 바로 이런 종류의 사랑일 뿐입니다.

사도 바울은 이에 대해 다음과 같이 말하고 있습니다. 사랑은 "모든 것을 참으며 모든 것을 믿으며 모든 것을 바라며 모든 것을 견디느니라"(고전 13:7). 고통이 지닌 처음의 혹은 두 번째의 혹은 세 번째의 표징을 보며 도망치는 사랑은 결코 사랑이 아닙니다. 진정한 사랑은 세익스피어가 말하듯이 죽음의 문턱에 다다를 때까지 견디는 사랑입니다.

예수님에 대한 최근의 모든 논란 가운데서도 우리는 한 가지를 담대히 말할 수 있습니다. 2천 년의 역사 중에서 그 어느 누구도 예수님이 받았던 관심만큼 관심을 끌었던 사람은 아무도 없었다는 점입니다. 인간 본성을 고려할 때 예수님의 생애가 지닌 의미에 대해서 다양한 해석들이 존재하는 것은 피할 수 없습니다. 그러나 신약성경은 다음과 같은 기본적인 사실들을 분명히 하고 있습니다.

1. 예수의 십자가상의 죽음을 통해서 *구약성경이 성취되었습니다*. 다시 말하자면 십자가 사건은 처음부터 하나님의 계획과 목적에 따라 이루어진 사건이란 점입니다.
2. 십자가상의 죽으심은 *죄 때문에* 이루어진 것이었습니다. 즉 죄에 대한 구속과 죄를 이기기 위함이었다는 점입니다.
3. 십자가는 *우리를 위한* 것이었습니다. 즉 우리를 대신한, 우리 자리에 대신 선, 그리고 우리의 변화를 위한 사건이었다는 점입니다.

십자가 사건은 "성경에 따라서," "죄 때문에", 그리고 "우리를 위해" 이루어진 사건이었습니다. 이 세 표현들이 바로 십자가가 지닌 의미에 대한 열쇠입니다. 왜 우리는 오늘 여기에 있다가 내일 사라져버리는 학문적 이론들을 믿고 살아야 합니까?[138] 미디어를 즐겁게 하는 이러한 사상과 개념들은 마치 새로운 것처럼 포장하고 있지만, 그 모든 것들은 이미 모든 관중이 응시하고 있는 경기장 위에서 이루어지는 게임처럼 진부하고도 신물 나는 일들이 되어버렸습니다.

그 반면에 2천 년 동안 수많은 사람들은 성경이 증거하는 바에 대해 신뢰를 두어왔고, 또한 이 증거가 모든 세대에 걸쳐서 새로운 삶과 새로운 약속으로 충만하게 하고 있음을 발견해 왔습니다. 오늘 여러분들이 이 자리에 나와 계신 것, 그 자체가 그리스도의 십자가상의 죽으심이 진실로 세계 역사의 핵심적 사건이요, 계시적 사건으로써 세상의 시작과 끝을 주관하시며, 알파와 오메가요 이제도 있고 전에도 있었고 장차 올 분이신 하나님(계 1:8)의 본성 그 자체를 보여준다는 점을 증명해 보여주고 있습니다. 들을 귀가 있는 자들에게는 이 점은 너무도 명백한 진리입니다.

요한복음과 요한서신서들이 강조하고 있듯이 그리스도의 십자가를 통해서 우리 하나님께서 우리를 위해 성취하신 일은 다름아닌 지고한 사랑의 절정이었습니다. 그러나 이 사랑은 우리의 감성적 문화를 주도하고 있는 그런 유형의 사랑, 즉 "사랑은 따뜻한 느낌의 복슬강아지"라는 가사에 나오는 듯한 그런 부드럽고 애매모호한 사랑이 아닙니다. 이 사랑은 전쟁을 불사하는 사랑입니다.

우리는 신약성경을 통해서 반드시 싸워야 할 전쟁, 즉 죄에 대한, 악에 대한, 사탄에 대한, 그리고 죽음에 대한 싸움이 있다는 것을 알고 있습니다.[139] 이 전쟁은 예수님의 십자가상의 죽음 가운데 나타난 하나님의 사랑을 통해 이루어지는 싸움입니다. 골고다 산상에서 드러난 급진적이고도 근본적인 사랑은 지금까지 우리가 본 적이 없는 전무후무한 사랑의 현현입니다. 그날은 우리가 보기에 사랑이 멸절되고, 생명이 사라진 날이요, 선이 끝이 나고 하나님이 완전히 자취를 감춘 날 같습니다.

그러나 그 날에 예수께서 행하신 일이 무엇인지를 알고자 한다면 우리는 정말로 우리 자신을 그때 그 자리에 있었던 제자들의 입장으로 돌려놓아야 합니다. 당시 그 어느 누구도 하나님의 메시아가 부끄러운 모습으로 죽임을 당하되 수치와 모욕 가운데 끝내는 철저히 불신임 받는다는 생각을 하지 않았습니다. 비록 예수님 자신이 아주 여러 번 사람들에게 이에 대해서 미리 경고하고 가르쳐주었지만, 사람들은 자신들의 주인 되신 그분의 사역이 철저히 붕괴된다는 사실에 대해 전혀 준비되어 있지 않았습니다. 이것은 저와 여러분의 경우도 마찬가지입니다. 하나님 자신이 전장에서 후퇴하신 듯 보였습니다.

하나님이 행하시는 일의 방식들은 정말로 기이합니다. 선지자 이사야가 말하는 바를 들어보시기 바랍니다. "대저 여호와께서 일어나시며 … 기브온 골짜기에서와 같이 진노하사 자기 일을 행하시리니 그 일이 비상할 것이며 자기 공을 이루시리니 그 공이 기이할 것임이라"(사 28:21). 루터는 이것을 하나님의 *opus alienum*, 즉 하나님의 *기이한* 일이라 불렀습니다.

기독교 신앙에 대한 가장 큰 도전이 있다면 그것은 하나님이 부재해 보이는 때가 있다는 점입니다. 더한 예를 들자면 하나님이 적극적으로 대적해 보이는 경우, 다시 말해서 특별한 외형상의 이유가 없는 상태에서 이미 극심한 어려움 가운데 있는 사람들과 가족들에게 계속적으로 일련의 시련과 환난을 가져다 줄 경우입니다.

구약성경은 이런 경우에 대한 불평으로 가득 차 있습니다. 하박국 선지자는 이것을 다음과 같이 표현합니다. "여호와여 내가 부르짖어도 주께서 듣지 아니하시니 어느 때까지입니까? 내가 강포를 인하여 외쳐도 주께서 구원하지 아니 하나이다"(합 1:2). 하나님께서 외견상 행동하시지 않는 데에 대한 이러한 불평과 질문들에 대해서 만족스러운 대답이 주어지지 않습니다.

오늘 이 시간 우리는 이에 대한 "해답"을 주고 있지 않습니다. 하나님은 우리에게 "대답"을 주고 계시지 않습니다. 대신 그분은 자신의 아들을 주셨습니다. 우리가 오늘 여러분에게 제시하는 대답은 다름 아닌 이러한 하나님의 극적인 드라마, 즉 왕이 죽어야 하는 드라마입니다. 우리의 모든 이야기들은 하나님의 아들이 당하신 모욕과 수치의 이야기로 이어집니다.

십자가상의 죽음이란 역설은 *하나님 자신 가운데서 이루어진 하나님에 의한 하나님 자신의 버림*, 즉 "십자가에 달리신 하나님"이란 말이 뜻하는 바, 바로 그것입니다. 140) 이것은 세상의 방식으로는 말이 되지 않습니다만 그러나 바로 이것이 우리로 하여금 이 어두운 세상에서 굳건히 설 수 있도록 해주는 "기이한 역사"입니다. 갈보리 산상에 내려앉았던 정오의 어둠 속에서 하나님의 손이 친히 보이지 않는 가운데 역사하셨습니다. 이러한 하나님의 역사는 온 세상이 놀라서 복종케 되는 그런 결과를 가져오게 하는 강렬한 태양의 섬광 속에서 나타난 것이 아닙니다. 이 역사는 무덤의 어둠 가운데 드러나고 있습니다.

여기에 바로 오늘 십자가 밑에 함께 모인 모든 자들에게 주어지는 주님의 말씀이 있습니다. 만약 여러분들이 하나님에 의해서 버림받는다는 것이 어떠한 기분인지를 아신다면, 만약 여러분들이 기독교 신앙이 사실상 기만이나 속임수가 아닌지 궁금해 하거나, 만약 고통과 고독함은 어려움에 처해있을 그때 하나님이 여러분 곁에 계시지 않아 보이는 것 같은 그러한 하나님을 믿을 정도로 어리석은 사람들에게는 너무도 잔인한 농담이라고 여러분이 느끼신다면 성금요일은 바로 여러분들을 위한 것입니다.

"세상과 육신과 마귀"가 행할 수 있는 최악에 대해 자신을 내어 맡기신 이 형언할 수 없는 사건 가운데, 성령의 능력을 통해서 성부와 성자께서 함께 역사하사 구원의 역사를 완성하셨습니다. 요한복음의 말대로 이 구원의 역사가 "다 이루어졌습니다"(요 19:30). 그리스도께서 완성하신 이 일이 외견상 패배처럼 보이는 바로 그 순간에 정확히 성취되었다는 점을 볼 수 있고, 들을 수 있는 눈과 귀를 가진 사람들은 복된 사람들입니다.

예수님의 무기는 자신의 몸이었습니다. 승리의 징표들은 그분이 지닌 상처들입니다. "죽임을 당하신 어린양은 능력과 부와 지혜와 힘과 존귀와 영광과 찬송을 받으시기에 합당하십니다"(계 5:12). 예수께서 겪으신 인간적 고초의 밤, 어둠 속에서 우리는 영원한 날에 대한 그분의 약속 가운데 그분에게 참여합니다. 바울은 이에 대해 다음과 같이 말합니다. "이

후로는 누구든지 나를 괴롭게 말라 내가 내 몸에 예수의 흔적을 가졌노라"(갈 6:17).

아멘.

세 개의 묵상들: 갈보리 산상의 세 징표들

첫 번째 징표
정오의 어둠

이번 주 여러분들은 세 개의 주요 시사 저널에서 '예수-세미나'와 '예수-조롱자들'에 관한 표지 기사들을 읽을 수 있을 것입니다. 이들은 매년 부활절만 되면 복음서 이야기의 대부분은 날조된 이야기들이고, 그렇기 때문에 믿음의 대상이 될 수 없다고 우리에게 말하는 데에 쾌감을 느끼는 사람들입니다. 물론 이것은 마치 우리로 하여금 이런저런 이유 때문에 믿는 자들의 삶 가운데서 날마다, 그리고 주일마다 말씀과 성찬을 통해서 우리에게 자신을 나타내 보이신 그리스도, 즉 교회가 증거하는 살아 계신 주님보다는, 예수에 대해서 각 개인이 만들어낸 다양한 예수에 대한 이해를 더욱 선호하는 현대의 다양한 학자들의 견해를 따르고 신뢰하라고 권고하고 있는 형국입니다. 바로 이런 상황과 문맥 속에서 성경의 증인들은 자신들을 알리고 자신들의 위치를 이해했던 것입니다. 성경은 예외 없이[141] 예배 공동체 가운데서 큰 소리로 낭독되도록 쓰였습니다. 또한 철저히 믿음과 신앙이란 문맥 속에서 우리 주님은 자신을 길이요 진리요 생명으로 나타내 보이셨습니다.

그러기에 오늘 여러분들에게 저와 함께 수난 기사들에 나타나는 세 징표들을 묵상해보자고 요청했을 때 저는 이 기사들이 지닌 본질적인 진리에 대한 신앙과 믿음을 선호하고 있는 것입니다. 성경학자들이 이 기사들에 대해 쑥덕거리면서 이 기사들이 구약 성경에 의존해 있다는 것과 이것들이 초대교회에서 가졌던 역할들에 대해서, 또한 이 기사들이 지닌 학문적이며 본문상의 불가능성 등등을 지적하는 것은 어렵지 않은 일이고, 또한 충분히 이해도 가는 일입니다.

그러나 정말로 우리에게 도전을 주는 것은 이 징표들이 우리에게 말하고 있는 바, 즉 십자가의 의미와 하나님의 목적에 대해 무엇이라고 말하고 있는가를 이해하는 일입니다. 그렇다면 먼저 마태와 마가, 그리고 누가가 예수께서 죽으신 갈보리 산상에서 일어난 일들에 대해 이야기하고 있는 기사를 통해 우리에게 가르치고자 하는 바에 우리의 관심을 집중해야 할 것입니다. 오늘 이 복음서의 세 기사들은 예수께서 죽으셨을 때 일어났던 세 징표들을 다루고 있습니다.

이에 대해 누가복음의 저자는 다음과 같이 기록합니다. "때가 제 육시쯤 되어(정오 경) 해가 빛을 잃고 온 땅에 어둠이 임하여 제 구 시(오후 경)까지 계속 하더라" (눅 23:44-45). 이러한 일이 정말로 일어났을까요? 만약 그렇다면 왜 우리는 다른 문헌들로부터는 이에 대한 기록을 갖고 있지 못한 것일까요? 그러나 이러한 질문은 잘못된 질문입니다. 복음서 기자들이 우리에게 말하려고 하는 바를 우리가 이해하고자 한다면 우리는 구약성경인 히브리 성경으로 돌아가서 어둠이 지닌 중요성을 찾아보아야 합니다. 우리는 최소한 세 가지의 의미를 구별해 낼 수 있습니다.

첫째로, 구약성경을 통해서 우리는 하나님이 천지만물을 창조하시기 이전에는 혼돈과 어둠이 온 천하를 뒤덮고 있었다는 것을 알게 됩니다.

하나님이 빛과 질서를 창조하시기 이전에는 오직 어둠과 무질서만이 있었습니다. 성경은 이에 대해 이렇게 말합니다. "태초에 하나님이 천지를 창조하시니라. 땅이 혼돈하고 공허하며 흑암이 깊음 위에 있고 하나님의 신은 수면에 운행하시니라. 하나님이 가라사대 빛이 있으라 하시매 빛이 있더라"(창 1:1-3). 하나님은 빛을 지으신 분입니다. 하나님은 자신의 강력한 말씀을 통해서 이전에는 단지 어둠만 있던 그곳에 빛이 있게 하셨습니다. 그리고 빛은 하나님이 창조하신 모든 피조물 중에서 첫 번째로 만들어진 것입니다.

우리는 방금 전에 창세기 1장의 처음 몇 구절을 읽었습니다. 이제 요한복음의 서두에서 이 구절들이 의역되는 것을 들어보시기 바랍니다. "태초에 말씀이 계시니라. 이 말씀이 하나님과 함께 계셨으니 이 말씀은 곧 하나님이시니라. 그가 태초에 하나님과 함께 계셨고, 만물이 그로 말미암아 지은 바 되었으니 지은 것이 하나도 그가 없이는 된 것이 없느니라. 그 안에 생명이 있었으니 이 생명은 사람들의 빛이라. … 참 빛 곧 세상에 와서 각 사람에게 비취는 빛이 있었나니"(요 1:1-4, 9). 요한복음은 뒤에 가서 예수께서는 다음과 같은 유명한 말씀을 하셨다고 기록합니다. "나는 세상의 빛이니 나를 따르는 자는 어둠에 다니지 아니하고 생명의 빛을 얻으리라"(요 8:12).

그렇다면 이 모든 말씀들을 한데 묶어 생각해 볼 경우에 우리는 예수께서 십자가상에서 죽으셨을 때 세상의 빛이 사라져 버렸다고 말할 수 있을 것입니다. 여러분들은 혹시 런던에 위치한 성 바울 성당에 걸려있는 유명한 홀만 헌트(Holman Hunt)의 그림인 "세상의 빛"(The Light of the World)을 보신 적이 있는지 모르겠습니다. <참조: 유진 델라크로익스의 "십자가 처형(The Crucifixion)">

이 그림은 대단히 유명한 그림이지만, 머리 주위에 섬광을 지닌 말쑥한 모습의 예수님에 대한 이 그림의 묘사는 성경과 비교해 볼 때 보잘 것 없고도 감성적인 묘사입니다. 성경은 우리에게 예수는 세상의 빛이라고 말하고 있는데 그 이유는 그분이 자신의 머리 부분에 이러한 섬광을 갖고 있기 때문이 아니라 그분은 세상의 생명의 원천 그 자체이시기 때문입니다.

빛 자체가 만들어져서 어둠을 꿰뚫기 시작했을 때 그 빛은 *예수님과 함께 있었다* 라고 사도 요한이 우리에게 말하고 있습니다. 골고다 언덕 위에 있던 어둠 속에서 온 피조세계는 그 창조자에 대한 애도 속으로 들어갔습니다. 자연의 질서는 자연을 만드신 그분에 의해서 전복되고 파기되었습니다. 이것은 단순히 한 모범적 인간의 죽음이 아니었습니다. 갈보리 산상에서 하늘의 해가 사라진 것은 인간의 형상을 입으시고, 전능하신 창조주 하나님 자신이 그곳에 임재해 있었음을 보여주는 것입니다. 예수님이 자신의 삶을 내어놓으셨을 때 세상의 빛이 꺼져 버린 것입니다.

어둠의 두 번째 의미는 우리가 구약의 선지자들의 예언으로 돌아가 볼 때 가장 잘 이해될 수 있습니다. 구약 선지자들의 공통된 주제는 훗날 언젠가 하나님의 진노의 날이 임할 것이라는 점입니다. 즉 하나님이 죄와 악에 대해서 최종적으로 심판을 행하실 그 날이 도래할 것이라는 점입니다. 이사야 선지자는 다음과 같이 기록합니다.

> 여호와의 날 곧 잔혹히 분냄과 맹렬히 노하는 날이 임하여 땅을 황무케 하며 그 중에서 죄인을 멸하리니, 하늘의 별들과 별 떨기가 그 빛을 내지 아니하며 해가 돋아도 어두우며 달이 그 빛을 비취지 아니할 것이로다. 내가 세상의 악과 악인의 죄를 벌하며 교만한 자의 오만을 끊으며 강포한 자의 거만을 낮출 것이라(사 13:9-11).

예레미야 선지자는 이렇게 말하고 있습니다.

> 내가 그들을 그 땅의 여러 성문에서 키로 까불러 그 자식을 끊어서 내 백

성을 멸하였나니 이는 그들이 그 길에서 돌이키지 아니하였음이라. … 내가 대낮에 훼멸할 자를 그들에게로 데려올 것이라.. 오히려 백주에 그의 해가 떨어져서…(렘 15:7-9).

아모스 선지자도 이 날에 대해 다음과 같이 전하고 있습니다.

주 여호와께서 가라사대 그 날에 내가 해로 대낮에 지게 하여 백주에 땅을 캄캄케 하며 …독자의 죽음을 인하여 애통하듯 하게 하며 그 결국으로 곤고한 날과 같게 하리라 (암 8:9-10).

그렇다면 골고다 산상의 어둠이 지닌 두 번째 의미는 십자가상에서 우리는 인간에 대한 하나님의 약속된 심판을 보게 된다는 점입니다. '해가 졌다'는 것은 하나님 자신이 이 가운데 역사하셔서 세상의 사악함에 대해서 심판을 선언하셨다는 것을 의미합니다.

그러므로 성회일과 성금요일에 우리의 특권이 있다면 그것은 정말로 우리가 우리의 죄를 고백할 때마다 온 세상을 대신하여 회개 가운데 앞으로 나아가 베드로서의 말씀과 같이 "하나님의 집에서 심판을 시작할 때가 되었도다"(벧전 4:17) 라고 담대히 함께 고백하는 일입니다. 이날 우리가 해야 할 적절한 역할이 있다면 그것은 하나님의 거룩한 명령들에 대해 우리 자신이 불순종했던 일들, 그리고 우리의 불신과 거짓된 신들을 쫓아다닌 일들, 하나님의 무조건적인 희생적 사랑에 우리가 무관심했던 일들, 그리고 우리 사회의 탐욕과 불의함에 대한 하나님의 의로우신 심판에 대해 우리가 경멸했던 일들에 대해 심각하게 생각하는 것입니다.

구약의 선지자들은 이스라엘 백성들에게 회개하도록 촉구했습니다. 마찬가지로 갈보리산상에서 이루어졌던 대낮에 해가 진 사건은 이 시대의 하나님의 백성인 우리에게 십자가 밑에서 우리의 죄를 고백하라고 촉

구하고 있습니다.

어둠의 세 번째 의미는 예수님 자신의 말씀을 통해서 가장 잘 설명될 수 있습니다. 앞서 살펴본 누가의 수난 기사에서 우리는 겟세마네 동산에서 예수께서 잡히신 일에 대해 다음과 같이 말하고 있음을 들었습니다.

> 예수께서 그 잡으러 온 대제사장들과 성전의 군관들과 장로들에게 이르시되 너희가 강도를 잡는 것같이 검과 몽치를 가지고 나왔느냐? 내가 날마다 너희와 함께 성전에 있을 때에 내게 손을 대지 아니 하였도다 그러나 이제는 너희 때요 어둠의 권세로다 하시더라(눅 22:52-53).

잡히시고, 배반당하시고, 고난 받아 죽으신 예수님의 사건들 속에서 이 세상의 악의 세력들이 날뛰고 있습니다. 혼돈과 흑암이 우위를 점하고 있습니다. 우리가 즐겨 부르는 위대한 부활절 노래들 중 하나에 따르면 "사망의 세력들이 최악의 상황을 만들어 낸 것입니다."[142] 바로 이것이 어둠이 지닌 세 번째 의미입니다.

악의 세력들은 그들이 할 수 있는 모든 것들 중에서 최악을 행하고 있는 것입니다. 사탄은 하나님의 독생자이신 그분에 대해 완전히 고삐 풀린 악행을 행하고 있습니다. 사탄은 바로 이 어둠의 시간에 예수에게 다가와 다음과 같이 속삭이고 있습니다. "이제 알겠지? 내가 옳았다는 것을, 그리고 너는 실패자라는 사실을 말이야. 너는 내 말을 들었어야 해. 내가 말했잖아, 너는 결코 어느 누구도 설득할 수 없을 것이라고 말이야. 지금 너를 따르던 자들이 모두 어디에 있지? 네가 치료했던 자들과 네가 너의 대부분의 시간을 함께 보내고 나누었던 그 모든 세리들과 창녀들, 그리고 어부들은 다 어디로 간 거지? 네가 전했던 메시지를 전파할 자들이 그 어디에도 남아있지 않은걸? 이제 모든 것이 끝났다구. 너는 완전히 실패한 거야. 세상은 이제 나의 다스림 아래 있지. 하나님은 너를 버린 거야."

하나님의 기름 부은 메시아에 대한 사탄의 이러한 최종적 살육행위를 통해서 우리가 배우는 것이 있다면 그것은 죄와 흑암과 사망의 세력이 어느 정도까지 악해질 수 있는가 하는 점입니다. 즉 이 세력의 한계와 범주가 백일하에 드러난 것입니다.

두 번째 징표
성전 휘장

지난 여름 저는 홀리(Holly)라는 이름의 한 젊은 여자를 만난 적이 있는데, 그녀는 자신의 대학시절에 관한 한 이야기를 들려주었습니다. 그녀가 대학 일학년이었을 때 소위 "러쉬"(쟁탈전/Rush)라고 불리는 경험을 했다고 했습니다. 이 경험은 여러분들도 아시다시피 일종의 야만스러운 절차로서 완전히 피상적 판단 근거에 따라서 여학생클럽의 회원이 될 수 있는 자격이 있는 사람들을 지명하기 위해 고안된 것입니다. 홀리 자신은 러쉬라는 일련의 과정을 의기양양하게 통과했고 상류 그룹에 있는 한 클럽의 멤버로 선출되었습니다. 그러나 홀리는 러쉬에 대해 너무도 역겨운 감정을 갖게 되었습니다. 그래서 다른 학생들을 선발하는 과정에서 심사하는 자리에 더 이상 앉지 않겠다고 공언하고 대신 러쉬와 관련한 카운슬러가 되었습니다. 홀리는 4학년에 이르자 11명의 내담자를 만나게 되었습니다. 이들 11명 중에서 10명은 여학생 클럽에 한 번도 가입해 본적이 없는 자들이었으며, 이들 모두는 완전히 망가져 있었으며, 그 중 한 명은 너무도 상태가 좋지 않아서 홀리는 그녀가 자살할지도 모른다는 두려움을 갖게 될 정도였습니다.

이것은 때때로 "한계선 긋기"(커트라인을 정하기) 혹은 이상의 경우와 같이 "한계선 긋지" 않기라고 불립니다. 인간의 삶은 이와 같은 사건들, 즉 "커트라인 정하기"와 같은 일로 구성되어 있습니다. 우리가 무엇을 하고 있는가에 대한 인식 없이 우리는 어떤 사람은 우리와 함께 하기에 적합한 사람으로, 어떤 사람은 적합하지 않은 사람이라고 판단합니다. 종종 우리가 이러한 결정을 내리기 위해서 사용하는 기준들은 관계된 사람의 본질과 전혀 무관하기도 합니다. 어떤 사람은 커트라인에 "들기도" 하고, 어떤 이들은 커트라인에 "들지 못하는데" 그 기준들은 거리 유세나 혈통, 직업의 종류, 훌륭한 운동 솜씨, 패션 감각, 피부색, 클럽의 멤버 여부 등등입니다. 햄프톤스(Hamptons) 지역의 외곽인 롱 아일랜드(Long Island)에 사는 뉴욕 주민들은 특별히 자신들의 전화의 제대로 된 지역번호를 얻기 위해서 전력을 기울입니다. 그 이유는 어느 누구도 자신들이 그 지역에 새로 이사 온 사람이라는 것을 알지 못하도록 하기 위해서라고 합니다.

크리스천의 삶의 가장 큰 문제점 중 하나가 있다면 그것은 비록 우리가 이러한 구분을 짓는 것이 잘못인 줄을 알면서도 실제로 이러한 구분을 짓고 산다는 점입니다. 우리들은 관용과 포용이라는 정치적 구호에 굽실거리지만 곧바로 우리 자신의 폐쇄된 클럽들과 우리 자신의 배타적인 이웃관계들, 그리고 백인들만으로 이루어진 교회공동체로 돌아갑니다. 저는 이러한 문제에 대해 어떻게 해야 할지 답답할 뿐입니다. 저는 어느 누구도보다 더 많이 이 제도 속에 참여하고 있습니다. 저는 물론 천박한 상황에 놓이기를 좋아하지 않습니다. 만약 제가 좋은 일에 돈을 내어 놓는다면 저는 제 이름이 기증자 명단 중에서 높은 위치에 놓이기를 원합니다. 제가 엠트랙(Amtrack)열차를 타게 될 경우에는 물론 특별객차를 좋아합니다. 그렇지만 비행기를 탈 경우 상황은 달라지는데 그 이유는 저는 항상 일반석에 앉기 때문입니다. 저는 기내에 들고 들어갈 수 있는 가방을 끌고 넓은 좌석에 몸을 쭉 펴고 앉아 음료수를 마시고 있는 일등급 승객들을 지나면서 어떻게 손가방을 좌석 위에 있는 수납공간에 넣을 것인가를 걱정합니다. 그런 뒤에 더 큰 모욕적인 순간이 닥쳐옵니다. 최고의 모욕일 것입니다. 모든 승객들이 자리를 잡게 되는 순간 승무원은 일등석과 일반석 사이에 있는 *칸막이 커튼을 쳐버립니다*. 이 커튼은 기내에는 우등한 계층의 사람들이 타고 있으며, 비천한 중생들은 심지어 이런 사람들을 볼 수 있도록 허용되지 않는다고 선언하는 셈입니다.

이제 예수께서 십자가에 죽으셨을 때 골고다 산상에서 일어났던 세 가지 징표들 중에서 두 번째에 해당하는 징표로 돌아가 이것을 생각해 보고자 합니다. 이에 대해 마가복음서의 저자는 이렇게 말하고 있습니다. "예수께서 큰 소리를 지르시고 운명하시니라. 이에 성소 휘장이 위로부터 아래까지 찢어져 둘이 되니라"(막 15:37-38). 이 사건의 중요성을 이해하려면 우리는 예루살렘 성전에 대해 좀 더 자세히 알 필요가 있습니다.

예루살렘 성전은 뜰 혹은 구획들이 여러 개 이어져 있는 형태로 지어졌습니다. 먼저 이방인의 뜰이 있었는데 이 뜰에는 모든 사람들이 들어갈 수 있었습니다. 만약 여러분이 여자 유대인이라면 이 이방인의 뜰을 지나 여인의 뜰에까지 들어갈 수 있습니다. 만약 여러분이 남자 유대인이라면 이 여인의 뜰을 지나 남자의 뜰에까지 들어갈 수 있습니다. 여기까지가 보통 사람들이 들어갈 수 있는 마지막 한계점입니다.

이 뜰을 넘어서게 되면 오직 제사장들만이 들어갈 수 있게 됩니다. 제사장의 뜰 안에 성전 그 자체가 놓여있으며, 여러 개의 방들이 있습니다. 가장 안쪽에 있는 방을 지성소라고 부릅니다. 지성소 안에는 언약궤가 있는데 이 언약궤는 속죄소 혹은 시은좌라 불리는 하나님의 보좌에 의해서 둘러 쌓여있으며, 이곳에서 죄의 용서가 이루어집니다. 이방인과 여자들, 남자들, 그리고 제사장들을 포함한 그 어떤 사람도 지성소에 들어갈 수 없는데, 단 한가지의 예외가 있습니다. 그것은 일 년에 한 번씩 욤 키퍼(Yom Kippur)라 불리는 대 속죄일에 대제사장이 홀로 희생제물의 피를 가지고 이곳에 들어갑니다. 대 속죄일의 예식의 일환으로 대제사장은 이 피를 속죄소에 뿌렸으며 이스라엘 백성들은 죄로부터 정결하게 되어 또 다른 한 해를 살게 됩니다.

그러나 이 모든 것들 중에서 가장 중요한 한 가지 요소를 언급할 필요가 있습니다. 금지된 구역인 지성소 앞에 두껍고도 무거운 커다란 커튼이 드리워져 있는데, 이것이 바로 성전휘장으로써 이 너머에는 대제사장을 제외한 그 누구도 들어갈 수 없었습니다. 하나의 장벽인 이 커튼 너머로는 중재인인 대제사장을 통하지 않고는 그 어느 누구도 접근이 불가능하며, 이것도 일 년에 단지 한 번만 가능할 뿐입니다.

자, 여러분, 이러한 종교 예식상에서도 계층 구조, 혹은 서열이 있다는 것을 보게 됩니다. 만약 여러분들이 하나님께 가까이 나가기를 원한다면, 만약 여러분들이 커트라인 혹은 제한구역 "안"에 있기를 원한다면, 만약 여러분들이 선택된 자들 중에 한 사람이 되기를 원한다면, 만약 여러분들이 일등석의 승객이 되기를 원한다면, 여러분들은 반드시 대제사장이든지 최소한 제사장, 혹은 여자나 이방인이 아닌 다른 존재가 되어야 합니다.

이러한 구조는 각각의 집단들을 서로 구분 지으며, 또한 속죄소에 접근하는 것을 제한하는 여러 가지 차별성에 기초하고 있습니다. 예수께서 십자가에서 죽으시는 순간에 이 모든 차별성들이 끝이 났습니다. 하나님의 아들이 죽으심에 따라서 히브리서의 저자는 우리에게 아들의 피가 하늘의 속죄소에 뿌려졌다고 전하고 있습니다. 나아가 "성소의 휘장이 위로부터 아래까지 찢어져 둘이 되었습니다."

이제 더 이상 경건한 자들과 불경건한 자들 사이의 구별이 존재하지 않습니다. 더 이상 일등석 승객과 일반석 승객을 나누는 그 어떠한 커튼도 존재하지 않게 되었습니다. 슈퍼모델들이나 연예인들, 혹은 록 스타들과 뚱뚱하고 멋없고 보잘 것 없는 자들 사이를 가로막고 있는 벨벳 줄도 존재하지 않습니다. 유대 성전의 안쪽을 통과하면서 사람들이 한 몸에 받아야 했던 조소 섞인 시선들도 모두 사라져 버린 것입니다.

로마서에서 사도 바울은 "차별이 없도다," "우리가 아직 연약할 그 때 그리스도께서 불경건한 자들을 위해 죽으셨다"라고 기록하고 있습니다 (롬 3:22; 5:6). 바로 여기에 복음의 핵심이 놓여있습니다. 이것이 선포된 말씀 중 가장 근본적인 말씀입니다. 그 이유는 이 말씀이 종교적인 업적들을 모두 함께 제거하기 때문입니다.

"우리가 아직 연약할 그 때"란 표현은 미국사람들이 애송하는 그들의 경구인 "하나님은 스스로 돕는 자를 돕는다"라는 구절에 결정타를 날리고 있습니다. 이런 말은 현재에 성경에 있지 않으며, 과거에도 결코 있지 않았습니다.

"우리가 아직 연약할 그 때, 그리스도께서 *불경건한* 자들을 위해 죽으셨습니다." 이 말은 너무도 혁명적이기에 뭐라 설명하기가 어렵습니다. 우리가 종교와 하나님에 대해 믿는 모든 것들은 어쩌면 우리로 하여금 그리스도는 의롭고 경건한 자들, 그리고 정의로운 자들을 위해서 죽으셨을 것이라고 믿게 할지 모릅니다.

그러나 주님은 절대 그렇지 않습니다. "나는 의인을 부르러 온 것이 아니라 죄인을 부르러 왔도다"(막 2:17)라고 말씀하십니다. 주님은 구분선 이편, 즉 성전의 이편에 있는 자들과 잘 나가는 정상궤도에서 떨어져 있는 자들, 곧 연약한 자들을 위해서 죽으셨습니다. 이런 점에서 바울은 다음과 같은 말씀을 기록하고 있습니다. "너희는 유대인이나 헬라인이나 종이나 자유자나 남자나 여자 없이 다 그리스도 예수 안에서 하나이니라"(갈 3:28).

어떤 의미에서 이 말씀이 우리에게 좋지 못한 소식으로 들릴 수도 있을 것입니다. 만약 모든 사람들이 트리 델트(Tri Delt/ 보스톤 대학의 유명한 여학생 클럽의 멤버)가 될 수 있다면 도대체 누가 그 멤버가 되려고 하겠습니까?[143] 만약 보통 사람들과 일등석의 승객들을 구분하는 커튼이 없다면 누가 일등석을 타고 여행하려 하겠습니까? 라고 불평할 수도 있을 테니까요.

그러나 이것이 나쁜 소식이 아니고 좋은 소식이라는 이유가 여기 있습니다. 만약 하나님이 커트라인을 정하실 때 경건함과 의로움, 그리고 도덕성과 성실함을 등을 근거로 하셨다면 저와 여러분들은 커트라인 안에 들어가지 못했을 수도 있었을 것입니다. 혹시 영예로운 남학생 클럽에 들어가지 못한 사람들 중 어떤 이는 이러한 커트라인을 통과할지 모르지만 우리들은 통과하지 못할지도 모릅니다.

슈퍼모델인 신디 크로포드(Cindy Crawford)가 스물세 살이었을 때인 1989년, 그녀는 놀라우리만큼 통찰력 있는 말을 한 적 있습니다. 그녀는 "나는 모델 신디 크로포드로서는 절정에 서 있습니다. 사람의 직업 혹은 경력은 시간이 흘러감에 따라서 더 나아져야 하는 법입니다. 그런데 모델직업은 끝이 났습니다. 내가 나이 들어 늙어갈 것이라는 것을 모든 사람들이 알고 있기 때문입니다. 바로 이것이 내가 치러야 할 대가입니다."[144]

이 진술은 여러 면에서 시사하는 바가 많습니다. 정상에서는 서 있을 자리가 대단히 작은 부분이라는 것과 정상에서 평화스럽게 영원히 머물러 쉴 수 없다는 사실, 거기에 머물러 있기 위해서는 훨씬 더 많은 것들을 성취해야 한다는 필요성, 또 정상에서 내려오는 것은 피할 수 없는 일이라는 점, 성공한 사람들을 끊임없이 뒤쫓는 질시와 중상모략들, 경쟁자들의 몰락을 다른 사람들이 즐긴다는 점들입니다. 커튼의 다른 한쪽에 안주하여 머물러 있다는 것은 불안한 일입니다.

저는 앞에서 우리가 이 모든 일들에 대해 갖고 있는 문제점에 대해 어떻게 대답해야 하는지 답답할 뿐이라고 말한 적이 있습니다. 그러나 정말로 답답한 것이 아닙니다. 저는 답을 알고 있고, 여러분들 중 많은 분들도 이에 대한 답을 알고 있습니다. 분명 우리들은 답을 알고 있습니다. 그 대답은 성전 휘장이 갈라졌던 이야기를 지속적으로 이야기해 주는 것입니다. 우리는 이 이야기가 지속적으로 살아있는 그러한 기독교 공동체 가운데 속해 있습니다. 비록 이 공동체가 저와 여러분과 같은 위선자들과 죄인들로 가득 차 있다고 하지만 이 점만은 분명합니다. 우리는 "성전 휘장이 위에서 아래로 둘로 갈라졌다"는 이야기를 지속적으로 이야기하고 있습니다.

주님의 시은좌에 이르는 길은 모든 사람들에게 열려 있습니다. "그리스도는 경건치 못한 자들을 위해 죽으셨습니다." 저와 여러분들이 바로 이 경건하지 못한 자들입니다. 어찌 보면 만약 우리가 서로서로에게 이 이야기를 계속하게 된다면 우리는 홀로 영예로운 집단 가운데 고립되어 사는 일을 중단하고 대신 "러쉬 카운슬러"가 되게 될지도 모릅니다. 어쩌면 우리는 다른 종족과 다른 피부, 다른 관습과 계층의 사람들에 대해서 더 많은 존경심을 갖게 될지도 모릅니다. 어쩌면 행복해지기 시작할 수도 있는데, 그것은 우리가 다른 사람들이 갖고 있지 못한 것을 갖고 있기 때문이거나 다른 사람들이 이루지 못했던 삶의 특정한 지위를 이루었기 때문이 아니라 경건치 못한 우리 개개인 모두를 위해 자신의 생명을 내어놓음으로써 막힌 커튼이 영원히 갈라져 있게 하신 우리 주 예수 그리스도의 부요함을 다른 사람들이 함께 나누고 있는 것을 우리가 목도할 수 있기 때문입니다. 히브리서의 저자는 이에 대해 다음과 같이 말하고 있습니다.

> 그러므로 형제들아 우리가 예수의 피를 힘입어 성소에 들어갈 담력을 얻었나니, 그 길은 우리를 위하여 휘장 가운데로 열어 놓으신 새롭고 산 길이요, 휘장은 곧 저의 육체니라. … 서로 돌아보아 사랑과 선행을 격려하라(히 10:19-20, 24).

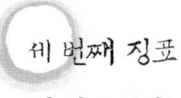 세 번째 징표
열린 무덤들

예수께서 죽으신 날에 일어난 세 번째 징표는 마태복음에 잘 묘사되어 있습니다.

> 예수께서 다시 크게 소리 지르시고 영혼이 떠나시다. 이에 성소 휘장이 위로부터 아래까지 찢어져 둘이 되고 땅이 진동하며 바위가 터지고, 무덤들이 열리며 자던 성도의 몸이 많이 일어나되 예수의 부활 후에 저희가 무덤에서 나와서 거룩한 성에 들어가 많은 사람에게 보이니라. 백부장과 및 함께 예수를 지키던 자들이 지진과 그 되는 일들을 보고 심히 두려워하여 가로되 이는 진실로 하나님의 아들이었도다 하더라 (마 27:50-54)

이 기이한 사건들이 지닌 의미는 무엇일까요? 그리고 왜 마태는 로마 군인들이 지진이 일어나고 무덤이 열리는 것을 보았을 때 그들의 마음이 움직여 예수는 하나님의 아들이라고 고백했다고 말하고 있을까요?

우리는 먼저 지진에 대한 기사에 나오는 동사들을 눈여겨 볼 필요가 있습니다. 헬라어 본문에 따르면 일명 "위대한 세 개의 수동태 동사"라고 불리는 동사들이 나타납니다. 바위들이 *갈라졌고*, 무덤들이 *열렸으며*, 죽은 자들의 몸이 *일으킴을 받았다* 라는 것들입니다. 이러한 현상들 이면에는 강력한 지휘정보통제소와 강력한 힘이 능력 있게 역사하고 있다는 인식이 존재하고 있습니다. <참조: "음부의 문을 발로 걷어차 열고 계시는 그리스도">

이 바위들은 스스로 갈라진 것이 아니라 하나님이 갈라지게 하셨습니다. 설령 사탄이 예루살렘 영문 밖에 있는 그 갈보리 언덕 위에서 일어난 일들을 자기가 통제했었다고 믿었다 할지라도 사탄이 느꼈던 쾌감은 순간적인 쾌감이었을 것입니다. 성부 하나님과 성자 하나님이 함께 이 사건 전체를 주관하고 계셨지요. 즉 마태복음에서 기술되고 있는 놀라운 표적들은 바로 이러한 점을 보여주고자 의도된 것들입니다.

마태복음의 저자는 여기서 우리에게 가장 생생하고도 흥미진진하게 역사의 중심은 갈보리 산상에 그 초점을 맞추고 있다는 점을 이야기하고 있습니다. 유명한 신약학자인 폴 마이너(Paul Minear)의 새로운 책이 이 점을 분명히 하고 있습니다. 이 책은 제목은 '골고다 산상의 지진(The Golgotha Earthquake)'입니다.[145] 나사렛 예수께서 십자가에 죽으신 사건은 말 그대로 지구를 흔들 만큼 중대한 사건입니다. 세상의 흐름과 진행이 여기서 중단 되었습니다. 이제 만사가 이전과 절대 같지 않습니다. 해가 어두워지고 지진이 일어나고 바위가 갈라지는 사건 속에서 하나님은 자신의 온 피조세계로 하여금 이제 자신이 직접 역사에 개입하시는 일에 대한 증인으로 나서라고 말씀하시고 계시는 것입니다. 우주가 그 정상궤도를 벗어나서 다른 방향으로 돌기 시작했습니다. 시대의 전환이 오늘 일어나고 있습니다.

신약을 이해하는 데에 근본적인 것은 두 시대, 즉 옛 시대와 다가올 시대라는 두 시대 개념입니다.[146] 옛 시대는 우리가 우리 주위에서 모두 보고 있는 것입니다. 다시 말해서 옛 시대는 탄생과 죽음의 세상이고, 정치, 의약, 노동, 돈, 성공, 실패, 스포츠와 전쟁, 세금과 선거, 데모와 공장들, 신문과 외교통상부, 대법원과 국회, TV와 인터넷, 생명보험과 부동산 등으로 이루어진 세상입니다. 이것은 소위 말하는 "진짜 세상"입니다.

우리가 때로 어떤 사람에게 "당신은 밖의 진짜 세상을 모른다구!" 혹은 "당신은 세상 물정을 몰라."라고 말할 때 그것은 그 사람을 칭찬하는 말이 아니지요. 설교자에 대한 가장 모욕적인 것 중 하나는, 설교자가 세상 물정을 모른다는 말입니다. 그런데 소위 말하는 이 세상 물정, 곧 진짜 세상을 신약성경은 "이전 시대", "악한 세대," 더욱이 "지나가는 세대"라고 부르고 있습니다.

이에 대해 사도 바울은 "이 세상의 형적은 지나감이라" 라고 말합니다(고전 7:31). 또한 사도 요한은 "이 세상도, 그 정욕도 지나가되 오직 하나님의 뜻을 행하는 이는 영원히 거하느니라"(요일 2:17)고 말하고 있습니다.[147] 옛 시대에 대한 이러한 신약의 묘사 이면에 놓여있는 것이 바로 다가올 시대입니다. 의미상 옛 시대는 지나가는 세대입니다. 이와는 완전히 대조적으로 하나님의 시대는 *다가오*는 *세대*라고 규정될 수 있습니다.

잠시 동안 여러분들 자신의 삶의 역정에 대해 생각해 보기로 하지요. 여러분들이 이에 대해서 통상적으로 생각하는 방식으로 생각해 보기로 하겠습니다. 다시 말해서 여러분들은 이러한 부모들을 갖고 있었고, 이러한 어린 시절을 지냈으며, 이런 종류의 사람으로 성장하게 되었으며, 이제는 나이가 들었고, 결국 조만간 지금보다 더 나이 들어 늙게 될 것이고 삶의 종착역에 이르러 죽게 될 것입니다.

이제 여러분도 알게 되겠지만 이런 식의 사고 구조 속에서는 시간의 움직임은 언제나 과거에서 현재를 거쳐 미래로 나아갑니다. 다시 말해 내가 오늘 행하는 것은 어제 일어났던 일에 의해서 영향을 받고 있으며, 내가 오늘 하는 일이 내일 일어날 일에 영향을 미치게 될 것입니다.

그러나 만약 이것이 바뀐다면 어떻게 될까요? 한번 이렇게 생각해 보시기 바랍니다. 과거와 현재를 통해서 미래를 바라보는 대신에, 미래를 통해서 과거와 현재를 판단하고 결정할 수 있다고 말입니다. 다시 말해 과거와 현재는 *하나님이 미래에 행하실 일에 의해 결정될* 것이라고 생각해 보시기 바라는 것입니다.

바로 이것이 나사렛 예수께서 자신의 고뇌어린 마지막 숨을 거두셨을 때 예루살렘 밖 골고다 언덕에서 일어났던 일입니다. 다가올 세대가 세상의 기초들을 뒤흔들고 오랫동안 봉인되었던 무덤에서 죽은 자들을 일으키는 능력 가운데 옛 시대 안으로 침투해 들어오고 있는 것입니다. 이제 이후로 우주의 의미는 과거-현재-미래라는 이전의 익숙한 패턴 속에서가 아니라 "악한 현 세대"(갈 1:4)에 대한 진기하고도 전혀 예상치 못했던 침입, 즉 하나님의 미래의 침투 사건 가운데서 발견되게 되는 것이지요.

여러분들은 이것이 의회의 국회의장들이 너무도 좋아하는 사고구조인 미래전향적 사고와는 전혀 다르다는 것을 아실 것입니다.[148] 이러한 사고는 단지 새롭게 포장된 옛 시대의 사고일 뿐입니다. 왜냐하면 미래에 대한 모든 예견들은 과거에서 기인하는 투사 혹은 투영으로부터 오고 있기 때문입니다.

다가올 세대를 확증한 성금요일의 사건들은 이제 한데 어우러져 힘을 발휘하였습니다. 즉 바울이 로마서에서 말하고 있듯이 이 사건들은 "죽은 자를 살리시며 없는 것을 있는 것같이 부르시는" 하나님께로부터 시작되어서 엄청난 역사를 이루어낸 것입니다(롬 4:17). 현재에서 결정적인 것은 다름 아니라 하나님의 미래입니다. 지진과 바위가 갈라진 사건들은 우리에게 당시 그 사건 현장에 하나님이 결정적으로 개입하셔서 피조세계가 무차별적으로 죽음과 멸망으로 나아가는 것을 중단시키셨습니다. 하나님은 자신의 피조세계를 스스로의 파국적 운명에 내어버려두지 않으셨습니다. 예수 그리스도 안에서 하나님은 자기파멸을 향해서 질주하는 길에 서 있는 세상을 정면으로 대면하셔서 그 진로를 바꾸어 놓으신 것입니다.

이제부터는, 과거에서부터 현재를 거쳐 미래로 향하는 옛 시대의 움직임은 더 이상 결정적인 것이 못됩니다. "나의 종국에 나의 시작이 놓여있구나"라고 T. S. 엘리어트는 자신의 시 중 하나에서 표현했습니다.[149] 우리는 이제 우리 자신의 삶의 방향을 지금까지 우리가 누구였는가 어떠했는가에 맞추는 것이 아니라 하나님의 은혜를 통해서 미래에 이르게 될 그 존재에 맞춥니다.[150] 예수께서 죽으실 때 일어난 세 번째의 커다란 사건에 대해 우리에게 말하고 있는 마태에 따르면 다가올 세대의 특징적인 표징은 죽은 자들의 부활입니다. 마태는 "무덤들이 열리며 자던 성도의 몸이 많이 일어나되…"라고 말합니다.

여러분들은 여기서 일으킴을 받은 죽은 자들이 그냥 평범한 자들이 아니라는 것을 알 것입니다. 그들은 "성도들", 곧 히브리서가 말하고 있듯이 하나님의 약속은 반드시 실현될 것이라는 굳건한 소망과 믿음 가운데 살다가 죽었던 구약의 백성들입니다. 다시 산다는 부활의 사건은 무차별적으로 주어지는 것이 아닙니다. 이것은 예수 그리스도의 죽음을 통해서 주어진 것입니다. 오늘 우리가 이 자리에 나와 있다는 것이 얼마나 축복된 일입니까! 부활절 예배에만 참석하는 많은 사람들은 하나님께서 자신의 메시아의 십자가를 통해 행하신 이 놀라운 반전의 모든 국면들을 온전히 이해할 수 없을 것입니다.

물론 모든 사람들이 십자가에 죽으신 메시아를 쳐다보고 싶어 하는 것은 아닙니다. 고린도교회 교인들이 이런 자들의 전형적인 모습이지요. 그들은 부활절은 좋아했지만 성금요일은 싫어했습니다. 그런 그들에게 바울은 "내가 너희 중에서 예수 그리스도와 그의 십자가에 못 박히신 것 외에는 아무것도 알지 아니하기로 작정하였음이라"(고전 2:2) 라고 쓰고 있습니다.

생명이 예수의 죽음을 통해서 죽은 자들에게 주어진 것입니다. 마태 역시 우리 중에 있는 "고린도교회 교인들"에게 동일한 메시지를 전하고 있습니다. 무덤이 열리는 사건이 일어난 것은 부활의 아침이 아니라 예수께서 마지막 숨을 거두시려는 순간이었습니다. 마태는 우리에게 "죽음의 세력들이 최악의 일을 행했다"고 말하고 있습니다. 그러나 이 세력들이 예수를 가두어 둘 수는 없었습니다.

그러므로 열린 무덤들과 일으킴을 받은 성도들의 사건은 다음과 같은 것을 보여주고 있습니다. 예수 그리스도께서 죽음 가운데 들어간 것은 우리에게 선한 죽음, 그리고 담대한 죽음의 한 예를 보여주시거나 아니면 자신이 죽은 자들로부터 다시 돌아올 것임을 보여주시려는 목적이 아니고, 우리가 갇혀 있는 옥의 문을 열고 우리를 자유롭게 하시기 위함이라는 점입니다.

여러분을 구속하고 있는 옥문이 무엇인가요? 혹시 그것이 실패에 대한 두려움인가요, 커트라인에 들지 못할지도 모른다는 두려움인가요? 아니면 충분히 선하지 못한 것에 대한 두려움인가요? 잃은 사랑에 대한 상실감과 실망감에 대한 두려움인가요? 무시당하고 소외될지도 모른다는 두려움인가요? 혹시 그것이 질투라는 감옥인가요? 속 좁은 생각이라는 감옥, 아니면 분노라는 감옥인가요? 자녀들이나 아내로부터 혹은 남편으로부터 소외를 당할지도 모른다는 두려움, 아니면 늙어감에 대한 두려움이나 신체적인 건강을 잃어버릴 것에 대한 두려움, 혹은 삶을 지켜보면서 소망들이 사라져 가는 것을 보는 데에서 오는 두려움인가요? 여러분, 이것을 분명히 알기 바랍니다. 이 모든 것들은 죄와 사망의 옛 세대의 모든 표징들입니다. 바로 이것이 우리 삶이 지닌 정상적인 과정입니다. 즉 점증하는 연약함과 상실, 그리고 악화를 통해 점차적으로 밑으로 내려가 결국 죽음을 향해 나아가는 움직임의 과정입니다. 〈참조: Andrea Mantegna의 "지옥의 고초라고 불리기도 하는, 중간상태로 내려감"〉

오늘 이 시간, 그리스도 안에 있는 모든 사람들에게 이제 시간의 방향이 반전되었습니다. 새로운 방향은 죽음을 지나 생명으로 나아가고 있습니다. 우리 모두를 위해 십자가상에서 그의 마지막 피 한 방울까지 모두 쏟아 부으신 예수님의 무조건적인 사랑이 모든 것을 바꾸어 놓았습니다.

그분의 죽음이 우리를 자유롭게 했습니다. 우리는 이제 의혹과 절망에서 자유하게 되었으며, 죄와 죄책에서, 어둠과 영원한 사망에서 자유하게 되었을 뿐만 아니라 이날에 저와 여러분들, 그리고 모든 피조세계를 새롭게 만드신 우리 하나님을 찬양하고 그에게 봉사하며 그의 영광을 나타내도록 자유롭게 되었습니다. 바로 이런 이유 때문에 이 공포의 날이 성금요일이라고 불리는 것입니다. 이 의미를 잘 기억하시기 바랍니다.

아멘.

성금요일을 위한 추가적 설교들

| 성 금요일

영광의 시간

금요예배를 위해 준비된 설교임
본문: 요한복음의 다양한 구절들

오늘밤 여러분은 교회의 정수의 핵심, 즉 이 밤에 있어야 할 유일한 장소는 다른 크리스천들과 함께 십자가 밑에서 철야하며 예배하는 것이라는 점을 알고 있는 분들입니다. 여러분과 이 시간에 함께 참여하는 일은 저에게는 일 년 중에 가장 귀중한 특권이지요.

우리는 방금 전 요한복음이 전하는 우리 주님의 수난에 대한 본문을 함께 봉독했습니다. 이 본문을 좀 더 깊이 다루기 전에 먼저 몇 가지를 생각해 볼 필요가 있습니다. 사도 요한은 예수님의 대적을 언급할 때에 반복적으로 "유대인들"이란 용어를 사용하고 있습니다. 요한복음의 수난 기사는 전통적으로 성금요일에 낭독되는 본문이기에 다른 어떤 복음서보다도 2차 세계대전 동안 유대인들에게 일어났던 일에 비추어서 유럽의 크리스천들에게 의문시되어 왔습니다.

먼저 우리는 예수께 일어난 일이 "유대인들"의 일이 아니라 모든 인류의 일이라는 점을 꼭 기억하고 이 점을 이해할 필요가 있습니다. 한 가지 분명한 점은 요한은 때때로 "유대인들"이란 용어를 대개의 경우 "종교상의 권위자들" 즉 우리들 중 상당부분을 구성하는 이런 자들을 지칭하고자 사용하는 듯 보인다는 점입니다. 더욱이 유대인들은 사람들을 십자가에 처형하지 않습니다. 십자가처형은 로마의 처형방법입니다.

그러나 더욱 중요하고도, 오늘 밤 우리의 예배와 관련해 핵심적인 사안은 예수님의 죽음의 보편적 중요성입니다. 이 점을 이해하기 위한 가장 최선의 방법은 이 설교 후에 곧 바로 우리가 부르게 될 찬송의 가사에 귀를 기울이는 것입니다. 이 거룩한 한 주간 전반에 걸쳐서 부르게 될 찬송들 중에서 이 찬송은 이 점을 가장 잘 나타내주고 있습니다. 이 찬송의 가사는 "주 예수여, 바로 제가 주님을 부인했나이다. 내가 주님을 십자가에 못 박았나이다"151) 이렇게 되어있습니다

"내가 주님을 못 박았나이다"란 표현이 바로 핵심적인 부분입니다. "유대인들"이 못 박은 것이 아닙니다. 우리가 못 박은 것입니다. 지난밤 성가대가 찬양했듯이 "우리의 죄 때문에 이것이 주의 고통이 되었나이다. … 오 주님, 그 죄가 우리의 죄요, 우리가 행한 바요, 우리가 행한 일들입니다." 만약 여전히 남아있는 의심이 있다면 "그를 십자가에 못 박으라" 라고 소리 질러 크게 외치게 될 종려주일의 극 중 낭독에서 그 의심이 사라지기를 바랍니다.

이제 예수님의 수난에 대한 요한복음의 중요한 몇몇 구절들에 대해 함께 생각해 보기로 하지요. 첫 번째 구절은 요한복음 서두에 나오는 구절입니다. 세례요한이 맨 처음 예수를 보자 "보라 세상 죄를 지고 가는 하나님의 어린양"(요 1:29)이라고 외치고 있습니다. *하나님의 어린양*이란 표현은 제 4복음서에만 나타나는 특별한 표현입니다만 우리가 성찬식 때마다 봉독하는 바울 서신에서도 울려 퍼지고 있는 표현입니다. 바울은 고린도전서 5:7에서 "우리의 유월절 양 곧 그리스도께서 희생이 되셨느니라"고 말하고 있습니다.

교회를 출석하는 많은 선량한 사람들의 경우는 이 말이 정말로 우리의 유월절 어린양 되신 그리스도께서 우리를 위해 희생하셨다는 것을 의미한다는 점을 아마도 온전히 이해하지 못하고 있는 사람들이 많을 것입니다. 세례요한은 우리에게 이 희생적인 죽음의 목적이 세상의 죄를 없애기 위해서라고 말하고 있습니다. 우리는 우리 자신의 죄를 없앨 수가 없는데 그 이유는 예수께서 요한복음 8장에서 말씀하고 있듯이 우리는 죄에 노예 된 자들이기 때문입니다. "진실로 진실로 너희에게 이르노니 죄를 범하는 자마다 죄의 종이라. … 그러므로 아들이 너희를 자유하게 하면 너희가 참으로 자유하리라"(요 8:34-36).

여기서 우리가 이 말씀의 의미를 이해하고 있는가를 잠시 생각해 볼 수 있기를 바랍니다. 인간적으로 자아가 더 행복해지는 것이 사회·문화적으로 우리의 주된 관심이요 주제입니다. 그러나 자기-개선이란 오직 우리가 현재 보고 있는 정도의 진보만을 보여주고 있는데, 그 이유는 자기-개선이라는 것이 죄란 감옥의 울타리 속에서 이루어지고 있기 때문입니다.

예수께서 주시는 것은 모두에게 이 감옥으로부터의 구속이요 구원이며, 나아가 이 구원과 함께 완전히 새로운 삶까지도 주시는 것입니다. 신약이 말하는 자유의 일차적 의미는 우리가 하기를 원하는 바를 모두 할 수 있는 자유가 아니라 죄의 속박으로부터의 자유입니다. 즉 우리를 하나님께로부터 갈라놓는 모든 것들로부터의 자유를 말합니다. 여러분들이 하고 싶고, 되고 싶은 그런 일과 존재, 그러나 여러분 마음속에 있는 뿌리 깊은 습관들이나 개인적인 결함들, 악한 욕심들과 은밀한 원한들, 그리고 점점 더 곪아가고 있는 분노 때문에 할 수 없었던 일들 모두에 대해 생각해 볼 수 있기를 바랍니다. 우리가 방금 전 함께 불렀던 시편의 노래가 바로 이러한 상황을 잘 기술해주고 있습니다.

무수한 재앙이 나를 둘러싸고

> 나의 죄악이 내게 미치므로 우러러 볼 수도 없으며
> 죄가 나의 머리털보다 많으므로
> 내 마음이 사라졌음이니이다 (시 40:12)

이 시편 구절은 성금요일에 대한 미묘성을 지니는데 이 미묘성은 만약 여러분들이 이에 대해 미리 귀뜸을 받지 못한다면 쉽게 놓치고 말 정도로 함축적입니다. 전체적으로 시편이 지닌 특징들 중 하나는 화자가 언제나 똑같은 사람이 아니라는 점입니다. 때때로 한 개인이 말을 할 경우도 있고, 때로는 하나님이 말씀하는 경우도 있으므로 우리는 언제나 누가 말하고 있는가를 분별해 낼 수 있도록 해야 합니다. 교회 역사 전반에 걸쳐서 이러한 다양한 화자의 상황은 그리스도의 사역을 해석하는 데에 놀라운 기회를 제공해왔습니다.

다 함께 시편 40편을 다시 한 번 보시기 바랍니다. 이 시편은 평범한 한 인간의 목소리로 일관되게 표현되고 있는 듯합니다. "내가 여호와를 기다리고 기다렸더니 귀를 기울이사 나의 부르짖음을 들으셨도다"로 시작해서 동일하게 흘러가고 있습니다. 그러나 우리가 이 시편을 성금요일에 봉독할 경우 화자는 예수님 자신이 되십니다.

> 주께서 나의 귀를 통하여 들리시기를
> 제사와 예물을 기뻐 아니하시며 번제와 속죄제를 요구치 아니하신다 하신지라
> 그 때에 내가 말하기를 내가 왔나이다
> 나를 가리켜 기록한 것이 두루마리 책에 있나이다
> 나의 하나님이여 내가 주의 뜻 행하기를 즐기오니
> 주의 법이 나의 심중에 있나이다 하였나이다.
> (시 40:6-8)

만약 성금요일에 누가 이 말들을 하고 있는가에 대한 질문이 있다면 이에 대한 대답은 여러분들이 얼마 전에 읽었던 다음과 같은 히브리서 본문에서 찾을 수 있을 것입니다:

> 그러므로 그리스도께서 세상에 임하실 때에 가라사대 하나님이 제사와 예물을 원치 아니하시고 오직 나를 위하여 한 몸을 예비하셨도다. … 이에 내가 말하기를 하나 님이여 보시옵소서 두루마리 책에 나를 가리켜 기록한 것과 같이 하나님의 뜻을 행 하러 왔나이다 하시니라 (히 10:5-7).

여러분들도 보시다시피 우리가 성금요일에 이 시편을 읽게 될 때 우리는 예수 *자신께서* 이 말씀들을 하고 계시는 것을 듣게 됩니다.

> 나의 죄악이 내게 미치므로 우러러 볼 수도 없으며
> 죄가 나의 머리털보다 많으므로
> 내 마음이 사라졌음이니이다 (시 40:12).

우리가 시편 38편을 읽게 될 때도 이와 동일한 해석의 절차를 겪게 됩니다. 동일한 사고들이 다른 말들로 표현되고 있으며, 또한 예수님이 시편의 화자가 되십니다. "내 죄악이 내 머리에 넘쳐서 무거운 짐 같으니 감당할 수 없나이다" (시 38:4).

오늘 예배 끝 부분에서 부르게 될 찬송시는 시편 130편에 근거한 것인데, 이 시편 3절은 이렇게 말하고 있습니다. "여호와여 주께서 죄악을 감찰하실진대 주여 누가 서리이까?" 이러한 질문은 우리 같은 보통 사람들이 종종 제기하는 질문입니다. 여기서 암시되는 대답은 주 앞에 설 수 있는 자가 아무도 없다는 것입니다. 만약 주께서 죄악을 감찰하신다면 아무도 그 앞에 설 수 없다는 뜻이지요. 우리가 성목요일 예배에서 배운 것처럼 우리 주님의 씻겨주심이 아니면 하나님 앞에 설 수 있는 자격이 있는 사람은 하나도 없습니다.

오늘 그 주님이 하나님의 어린양이 되셨습니다. 오늘 그분을 사로잡은 것은 그분 자신의 죄가 아닙니다. 그 이유는 그분은 죄가 없으신 분이시기 때문입니다. 그분이 십자가에 짊어지고 가신 것은 바로 *우리 자신의 죄*입니다. 그러므로 성금요일에 정확히 말해 오직 성금요일에만이 이 말씀들이, 다시 말해 이 감당할 수 없는 무거운 짐이 그분께 전가되는 것입니다.

어떤 의미에서 이 짐은 최후의 만찬시 그분에게 지워지기 시작했습니다. 그분은 가룟 유다를 포함한 모든 제자들의 발을 씻겨주시면서 그들에게 말씀하셨습니다. "내가 너를 씻기지 아니하면 네가 나와 상관이 없느니라"(요 13:8). 그 후 식탁에서 다시 저녁을 들기 시작하신 후에 요한 사도는 예수께서 *심령에 민망해하기* 시작했다고 전언하고 있습니다. 이 구절을 너무 문자적으로 이해할 필요는 없겠지요. 그럼에도 불구하고 여기에서 아마도 예수께서 씻어내신 제자들의 죄가 예수 자신에게 전가되기 시작했던 것처럼 보인다는 인상을 떨쳐 버리기도 쉽지 않습니다. 자신의 생애 전반에 걸쳐서 죄가 없으셨던 예수께서 죄의 감옥으로 들어가시는 순간입니다. 그분 곧 예수님만이 이 감옥의 열쇠를 갖고 계십니다.

그분은 이에 대해 이미 앞에서 제자들에게 다음과 같이 설명하신 바 있습니다. "진실로 진실로 너희에게 이르노니 죄를 범하는 자마다 죄의 종이라. … 그러므로 아들이 너희를 자유하게 하면 너희가 참으로 자유하리라"(요 8:34-36).

요한복음은 계속해서 예수께서 죽음을 향해 나아가시는 모습을 보여주고 있는데, 예수님은 이러한 자신의 행동을 세계 역사의 전환점으로 이해하고 계십니다. 예수께서는 이에 대해 아주 명시적으로 말씀하십니다. 이런 이유 때문에 요한복음 12장은 요한복음의 전환점입니다. 예수께서 이렇게 선포하십니다. "이제 이 세상의 심판이 이르렀느니라." 예수께서 친히 말씀하고 있듯이 그의 때는 죄와 사망 권세, 즉 흑암의 권세에 의해 지배되는 통치세력에 대한 심판의 때입니다. 예수께서 계속해서 말씀하십니다. "이 세상 임금이 쫓겨나리라. 내가 땅에서 들리면 모든 사람을 내게로 이끌겠노라 하시니, 이렇게 말씀하심은 자기가 어떠한 죽음으로 죽을 것을 보이심이러라"(요 12:31-33).

이 구절의 말씀들을 통해 우리는 주님의 죽음은 단지 죄에 대한 희생일 뿐만 아니라 또한 악과 사망의 권세에 대한 승리임을 깨닫게 됩니다. 우리 신앙의 핵심이 지닌 역설이 있다면 그것은 하나님의 아들이 "이 세상의 통치자"라고 표현되고 있는 이 악한 세력을 정복하시되 바로 *이 세력에게 자신을 정확하게 내어 맡기심으로* 정복하셨다는 것입니다. 예수께서는 사망권세에 대한 지배를 이루시는데 바로 이 세상의 통치자를 내어 쫓으심으로써 지배하십니다.

요한복음에 따르면 예수의 십자가상의 죽으심은 역설적으로 예수께서 영화롭게 되시는 시간이라고 불립니다. 요한복음 17장에서 주님은 기도 가운데 자신의 아버지께 직접적으로 말씀하고 계십니다. "예수께서 이 말씀을 하시고 눈을 들어 하늘을 우러러 가라사대 아버지여 때가 이르렀사오니 아들을 영화롭게 하사 아들로 아버지를 영화롭게 하게 하옵소서. 아버지께서 아들에게 주신 모든 자에게 영생을 주게 하시려고 만민을 다스리는 권세를 아들에게 주셨음이로소이다"(17:1-2).

성부이신 아버지께서 성자이신 아들에게 사망 권세를 지배하실 수 있는 능력을 주셨습니다. 그리스도께서 빌라도에게 "위에서 주지 아니 하셨더면 네가 나를 해할 권세가 없었으리라"(요 19:11) 라고 말씀하셨습니다. 수난기사에서 서로 대립하고 있는 권세들은 동등한 권세들이 아닙니다. 하나님의 아들 되신 그리스도에게 주어진 권세가 죄와 사망의 권세보다 훨씬 큽니다. 그리스도를 주권에 대한 실질적 경쟁자로 제시하고 있는 성경적 관점에서 이것을 이해하는 것이 바람직합니다.

크리스천 작가인 플래너리 오코너(Flannery O'Connor)는 자신의 작품에 사탄을 도입하는 것을 주저하지 않습니다. 그녀는 이에 대해 이렇게 말하고 있습니다. "우리의 구원은 마귀 즉 단순히 일반화된 악이 아니라 자신의 통치에 결연한 악한 지성적 존재로서의 마귀와의 관계 속에서 이루어진다. … 나는 반드시 마귀는 마귀로서 인식되어야 하며, 단순히 이러저러한 심리적 경향이나 성향으로 취급되어서는 안 된다고 생각한다."152)

우리가 주목하고 있듯이 예수 그리스도의 수난 기간 중에 지속되고 있는 이러한 통치에 대한 싸움은 우리의 구원이 마귀, 즉 골고다 산상에서 처음이자 마지막으로 철저한 자유로운 통치를 소유하도록 허용되는 "마귀와의 관계 속에서 수행되고" 있음을 보여주고 있습니다. 이 순간은 모든 악에 대한 자신의 승리 가운데 아들이신 성자께서 영화롭게 되시는 순간입니다. 바로 이런 이유 때문에 앞에서 예수님이 "이제 이 세상의 심판이 이르렀으니, 이 세상 임금이 쫓겨나리라"고 말씀하신 것입니다.

누가처럼 요한 사도도 다스리시는 예수의 모습을 심지어 십자가 위에서조차 왕이요 주님으로 보여주고 있습니다. 누가복음에서 예수님은 자신을 괴롭히는 자들의 죄를 용서하시지요("아버지여, 저들의 죄를 용서하소서, 자기가 하는 것을 저들이 알지 못함이니이다"). 그리고 회개한 강도에게 하나님 나라에 들어갈 수 있도록 허락하십니다("오늘 네가 나와 함께 낙원에 있으리라"). 이 두 행동은 결코 패배자의 행동이 아닙니다. 이것들은 인간들의 미래를 좌지우지하실 수 있는 능력을 갖고 계신 통치자로서의 모습이고 행동들입니다. 요한복음에서 예수님은 새로운 인간 공동체를 만드시면서 자신의 어머니와 자신의 제자를 서로에게 부탁하셨습니다("여자여, 보소서. 당신의 아들이니이다. 보라, 네 어머니라!"). 요한은 계속해서 예수께서 "목마르다"라고 말씀하셨다고 기록하고 있습니다. 예수께서 목마르신 것은 기본적으로 그가 당하셨던 고통스러운 상황 때문이 아니라 자신의 고통을 하나님의 영원한 목적이란 문맥 가운데 위치시키기 위한 목적 때문이었습니다. 요한 사도는 이에 대해서 다음과 같이 증언합니다.

> 이 후에 예수께서 모든 일이 이미 이룬 줄 아시고 성경으로 응하게 하려 하사 가라사대 내가 목마르다 하시니, 거기 신 포도주가 가득히 담긴 그릇이 있는지라 사람들이 신 포도주를 머금은 해융을 우슬초에 매어 예수의 입에 대니, 예수께서 신 포도주를 받으신 후 가라사대 다 이루었다 하시고 머리를 숙이시고 영혼이 돌아가시니라 (요19:28-30).

다 이루셨습니다(*tetelestai*). 이에 대해 마가복음에서는 이렇게 말하고 있습니다. "예수께서 큰 소리를 지르시고 운명하시다"(막 15:37). 이전의 몇몇 해석자들은 요한복음의 구절에 대해서 요한은 우리에게 마가가 큰 소리라고 표현하고 있는 것에 대해서 구체적인 내용을 담아 전달하고 있다고 주장하기도 했습니다. 다시 말해 요한복음에 따르면 "다 이루었다"란 승리의 외침이었다는 뜻입니다.

제가 어렸을 때 교회에서 성장할 때는 언제나 예수님께서 이 외침을 통해 의도하신 바는 "이제 다 끝났다"라는 뜻이었다고 생각했습니다. 그러나 지금 와서 우리는 이러한 해석은 예수님의 마지막 외침이 지닌 온전한 의미를 전달하지 못하고 있다는 것을 깨닫게 됩니다. 더 좋은 번역이 있다면 그것은 "성취되었다"라고 해석하는 것입니다. 달리 표현한다면 "완료되었다" 혹은 "완성되었다"라고 말할 수 있을 것입니다. 아마도 번역본 중에서 라틴어 역이 가장 좋은 번역인 듯합니다. 비록 여러분들이 라틴어를 모른다 해도 대충 그 의미를 파악하시라 믿습니다. 라틴어 역본은 예수님의 마지막 외침을 *Consummatum est*라고 번역하고 있습니다. 비록 죽음이 예수님을 삼킬지라도 우리 주 예수께서는 아버지이신 성부의 승리로운 아들이십니다. 성부의 목적이 그 극점에 도달한 것입니다.

오늘밤 저는 여러분들에게 "역사적" 예수께서는 요한복음에서 예수께서 친히 말씀하신 것으로 되어있는 것들 중 어느 하나도 말씀하지 않았다고 신문매체 등 미디어에 발표하는 것을 즐기고 있는 듯한 많은 성경학자들이 존재한다는 사실을 인정합니다. 저는 최근 저희 교단의 한 지역 교회에서 있었던 장례식에 참석한 적이 있는데, 이 예식에서 교구목사는 회중들에게 "예수는, '나는 부활이요 생명이다'라고 *말씀하셨던 것으로 기록되어 있습니다*"라고 말한 바 있습니다. 그러나 만약 신약성서의 이야기가 참이라면 예수는 살아 계신 주님으로서 그가 친히 말하신 바와 말씀하지 않은 바를 성령을 통해 교회에게 보여주신 분이 분명합니다.

몇 년 전 부활절 절기에 뉴스위크지의 케네트 우드워드(Kenneth Woodward)는 "예수 연구"에 관한 글을 하나 쓴 적이 있는데, 이 글에서 그는 성경의 진리에 대한 의존과 신뢰는 "오늘날 그리스도의 임재 가운데 사는 자들과 2000년 전 부활의 메시지를 맨 처음 전했던 자들 사이의 신뢰적 일치를 암시하고 있다"라고 쓴 바 있습니다.[153] 이러한 신뢰적 일치는 오늘날 대중 매체가 어떤 신앙 진술에 대해 보여주는 친밀한 관계만큼이나 친밀하다.

그러나 이 신뢰의 결속 관계는 잡지들의 구체적인 기사들 속에서 혹은 인터넷 속에서 형성되는 것이 아니라 "오늘날 그리스도의 임재 가운데 살고 있는" 예배공동체란 문맥 속에서 만들어지고 형성됩니다. 바로 이러한 문맥 가운데 저와 여러분들이 지금 이 자리에 함께 놓여 있는 것입니다. 우리들은 성경의 증인들에 대한 우리의 신뢰를 재확인하고자 이 자리에 함께 모여 있습니다. 요한은 그의 복음서 끝부분에 가서 이에 대해 다음과 같이 말하고 있습니다.

> 예수께서 제자들 앞에서 이 책에 기록되지 아니한 다른 표적도 많이 행하셨으나 오직 이것을 기록함은 너희로 예수께서 하나님의 아들 그리스도이심을 믿게 하려 함이요, 또 너희로 믿고 그 이름을 힘입어 생명을 얻게 하려 함이니라 (요 20:30-31).

또한 예수님 자신도 최후의 만찬 마지막 부분에서 이루어진 자신의 기도에서 다음과 같이 말씀하셨습니다.

> 아버지여 때가 이르렀사오니 아들을 영화롭게 하사 아들로 아버지를 영화롭게 하게 하옵소서. 아버지께서 아들에게 주신 모든 자에게 영생을 주게 하시려고 만민을 다스리는 권세를 아들에게 주셨음이로소이다. 영생은 곧 유일하신 참 하나님과 그의 보내신 자 예수 그리스도를 아는 것이니이다(요 17:1-3).

그리스도 안에서 사랑하는 여러 성도분들, 오늘밤 믿으시기 바랍니다. 그분이 여러분들을 자신의 마음과 자신의 영원한 생명으로 초청하고 받아들인 것처럼 여러분들도 그분을 여러분의 마음과 삶 가운데 영접하시기 바랍니다.

수없는 고통과 괴로움들이 여러분의 마음 가운데 가득 차 있습니까? "성자께서 여러분들을 자유하게 하시면 여러분들은 참으로 자유하게 될 것입니다." 여러분의 죄가 여러분들을 짓누르고 있습니까? "세상 죄를 지고 가는 하나님의 어린양을 바라보시기" 바랍니다. 혹시 마음으로 크게 낙담하고 계십니까?

요한의 증언을 들어보시기 바랍니다.

> 하나님이 세상을 이처럼 사랑하사 독생자를 주셨으니 그를 믿는 자마다

멸망치 않고 영생을 얻을 것입니다. … 영접하는 자 곧 그의 이름을 믿는 자에게 하나님의 자녀가 되는 권세를 주셨습니다. … 우리가 그의 영광을 보니 아버지의 독생자의 영광이요 은혜와 진리가 충만하더라(요3:16; 1:12, 14, 17).

아버지께서 아들을 사랑하신 것 같이 성자 그분이 우리를 사랑하셨습니다. 사랑하는 성도 여러분, 오늘밤과 내일, 그리고 영원토록 그의 사랑 안에 거하시기 바랍니다. 왜냐하면 그분만이 부활이요 생명이기 때문입니다(요 15:9; 11:25).

아멘.

| 성금요일

위대한 교환

한 시간의 정오예배를 위한 설교

　　여기 3월27일자 뉴스위크지의 표지가 있습니다. 여기에는 "예수에 대한 생각들: 유대인들, 이슬람교도들, 힌두교도들, 그리고 불교도들은 예수를 어떻게 생각하고 있는가"라는 질문이 있습니다.¹⁵⁴⁾ 이것은 우리의 문화가 얼마나 많이 변했는가를 잘 보여주는 것입니다. 25년 혹은 30년 전 미국의 크리스천들은 다른 종교들은 예수님에 대해 어떻게 생각했는가에 그리 큰 관심이 없었습니다.

　　그런데 이제 상황이 아주 크게 달라졌습니다. 디팩 초프라(Deepak Chopra/ 뉴 에이지와 힌두교 지도자)와 달라이 라마(Dalai Lama/ 불교지도자)의 책들은 베스트셀러입니다. 이 저서들과 저자들은 질적인 면에서 상당한 차이점을 보입니다. 예를 들어 달라이 라마는 고통 받는 문화권에 대한 그의 지도력 때문에 세계적으로 존경의 대상이 되었으며, 고전적인 티벳 불교도로서 초프라처럼 혼성적인 인물이 아닙니다.

　　사회가 이러한 상황이라고 해도 신약시대 이래로 크리스천들은 많은 다른 사람들 가운데 평범한 종교적 인물로서의 예수란 이해와 우리가 구세주와 주님으로 알고 있는 특별한 그리스도로서의 예수님에 대한 차이점을 확실하게 이해해야 할 가장 중대한 시점에 이르렀다고 저는 생각합니다. 그러므로 여러분들이 성금요일에 여기 교회에 나와 계신 것은 중요한 의미를 담고 있으며, 세상을 향해 의미 있는 메시지를 전달하고 있는 것입니다. 물론 모든 사람들이 성금요일이 지닌 특별한 성격을 이해하고 있는 것은 아니지만, 만약 사람들이 이 점을 이해했다면 오늘 그들은 이 자리에 함께 했을 것입니다.

여러분들은 아방가르드이며 선봉대입니다. 우리 문화가 성경적 토대에서 멀어져 있을 때 우리는 여러분들과 같은 사람들이 더 많이 필요하게 될 것입니다. 시간이 가면 갈수록 기독교가 많은 종교 중 단순히 하나의 종교가 아니라는 점과 또한 기독교는 요가나 점성술, 천사숭배 혹은 자기수양과 같은 것들과 함께 혼합됨으로써 더 크고 더 좋은 종교적 혼성체를 이룰 수 있는 것이 결코 아니라는 점을 사람들에게 이해시키기가 더더욱 어려워지고 있습니다.

이 뉴스위크지에 실린 글은 이 잡지의 오랜 종교담당 편집인인 케네트 우드워드(Kenneth L. Woodward)가 썼는데, 이 사람은 다른 신앙체계들에 대한 공정한 평가와 자신의 신앙에 대한 견고한 옹호를 균형 잡히게 유지해 나갈 수 있는 가톨릭 신자입니다. 이 표지 기사에서 우드워드는 다양한 종교들의 관점에서 예수님을 다양하게 이해하는 방식들에 대해 이야기합니다. 이 글 중 몇 문장들을 여러분들에게 직접 소개하고자 합니다.

> 예수와 부처 사이의 차이점을 가장 잘 보여주는 것이 있다면 그것은 이들 각각이 죽은 방식에 대해 생각해 보는 것이다. 부처의 죽음은 평온했고 절제된 죽음, 즉 그의 마지막 생으로부터 조용히 떠나버리는 형태의 죽음이

었다. 반면에 예수는 하나님에 의해 버림받은, 그러나 하나님의 뜻에 따라 십자가상에서 고통스러운 죽음을 겪었다.

분명히 십자가는 기독교의 그리스도를 모든 다른 형태의 예수 이해에서 분리시키는 구분점이다. 유대교의 경우 죽음 당하는 메시아란 전례는 전혀 존재하지 않으며, 더욱이 예수와 같이 그렇게 죄인으로 처형당하는 범법자 메시아란 개념은 찾아볼 수 없다. 이슬람교의 경우 예수의 죽음의 이야기는 알라 자신에 대한 모욕으로 받아들여져 철저히 배격된다. 힌두교는 평화로운 사마드히(samadhi), 즉 죽음이란 퇴화의 과정을 탈출한 성공적인 요가수행자로서 변화하는 예수상만을 인정한다. 불교도인 틱낫한(Thich Nhat Hanh)은 "십자가에서 죽음 당한 예수란 모습은 내게 너무도 고통스러운 이미지이다. 이러한 예수 상은 기쁨이나 평화를 담고 있지 않으며, 예수를 정당하게 평가하고 있지도 않다."고 말하고 있다.

세상의 대부분이 십자가의 예수를 받아들일 수 없다는 사실은 결코 우리에게 놀라운 이야기가 아니다. … 예수는 언제나 그랬듯이 모순의 상징으로 남아있다.

십자가는 여러 점에서 "모순의 상징"입니다. 첫째로 십자가 처형(Crucifixion)은 하나의 종교적 개념이 아니라 실질적인 사건이었습니다. 이 점은 매우 중요한 의미를 담고 있습니다. 구약의 신앙인 히브리인들의 종교는 당시 그 주변의 모든 종교들과 매우 달랐는데 그 이유는 히브리인들의 종교인 구약의 신앙만이 역사에 그 기초를 두고 있었기 때문입니다. 우리의 하나님은 자신을 계시하기로 작정하시되 오늘날 매우 자주 이야기되고 있는 개인적인 "영적" 순례와 탐구와 같은 것을 통해서가 아니라 세계적 사건들에 기적적으로 개입하심으로써 자신을 계시하셨습니다.

예를 들어 광야 가운데 홀로 있으면서 "세미한 작은 음성"을 들었던 엘리야는 은둔자의 동굴 속에서 명상하는 삶을 위해 보존되었던 것이 아니라 아합 왕의 죄에 대해서 그를 대면하여 질책하도록 아합 궁정으로 되돌려 보내졌던 것입니다. 열왕기하 2장에 나오는 엘리사의 이야기는 세계 각국의 열방들과 제도들과의 상호작용과 너무도 밀접하게 얽혀져 있어서, 열왕기하에 대한 어떤 주석서는 심지어 *하나님의 정치원리* 라는 제목을 갖고 있기도 합니다. 155) 구약은 다른 신앙체계들과 비교해볼 때 놀라울 정도로 현세적입니다.

사도신경에서 우리는 예수께서는 "본디오 빌라도 하에서 십자가에 죽으셨다"고 고백하고 있습니다. 분명히 이것은 매우 이상한 표현입니다. 왜 종교적 신앙의 진술서가 구석진 한 지역의 로마 총독의 이름을 소중히 간직한단 말입니까? 이러한 특이성이 기독교를 이해하는 데에 핵심적 중요성을 지니고 있다는 것이 오랫동안 인정되어 왔지요.

"우리를 위한, 그리고 우리의 구원을 위한" 하나님의 아들의 탄생과 죽음, 그리고 부활의 사건은 계절이 바뀔 때마다 반복적으로 일어나는 순환적 사건들이 아니었습니다. 이 사건은 우리가 확실히 규명할 수 있고 날짜를 제시할 수 있는 그러한 특정한 시간과 장소에서 하나님께서 역사의 장 가운데 들어오신 절정의 사건이었습니다.

기독교는 고대 근동지역의 신비종교들 가운데서 생겨난 것이 아닙니다. 156) 기독교는 특이한 성격을 지니고 있는 유대교란 문맥 가운데서 생겨났는데, 이 유대교의 특이한 성격을 들자면 신화적이 아니고 역사적이며, 순환적이 아니라 (직)선적이며, 세상을 부정하는 것이 아니라 물질적이고도 구체적인 성격입니다.

출애굽의 사건이나 예수님의 성육신이 없었다면 세계종교 역사는 지금과는 판이하게 다른 모습을 띄고 있었을 것입니다. 행동하는 주체는 갈망과 필요, 소원과 바람들을 갖고 있는 인간 혹은 인류가 아니라 하나님이십니다. 요한의 증언에 따르면 "말씀이 육신이 되어 우리 가운데 거하시도다"라고 표현된 하나님이십니다(요 1:14).

그러나 예수님이 지니신 이러한 세계-역사적인 중요성을 차치하고서도 예수님의 삶, 특히 그의 죽음에 관한한 다른 모순적 특성들이 또한 존재합니다. 우리는 유명한 사람의 순교를 언제든지 받아들일 용의가 있습니다. 실제로 이런 순교들은 보통 순교한 인물의 지위를 고양시켜주지요. 다른 사람이 아니라 케네디 형제들과 마틴 루터 킹 목사 같은 인물들을 생각해 보는 것으로 충분합니다. 그러나 보통의 경우 이러한 영웅적 인물들은 수치나 부끄러움 혹은 굴욕 등의 이미지와 연관되지는 않습니다. 분명히 이것은 종교적인 유명인물의 경우도 마찬가지입니다. 우리는 우리의 경배의 대상이 휘황찬란한 존재이거나 평온하며 환영받고 투명한 인물들이기를 소망합니다.

기독교 진리가 지닌 가장 설득력 있는 주장이 있다면 그것은 뉴스위크지가 시사하고 있듯이 십자가에 죽으신 메시아라는 확고부동한 역사적 사실로서 이 사실은 모든 인간적인 종교적 상상들이 생각해 낼 수 있는 모든 것들을 역행하는 대단히 충격적인 스캔들입니다. 바로 이런 이유 때문에 사도 바울은 십자가가 유대인들에게 거리끼는 것이요 이방인들에게는 미련한 것이라고 말하고 있습니다(고전 1:23). 우리는 이 표현을 좀 더 쉽게 바꾸어서 십자가는 종교적인 사람들과 세속적인 사람들 모두에게 도발적이고도 도전적인, "매우 고통스러운 이미지"라고 말할 수 있을 것입니다.

그렇다면 우리는 수난기사의 핵심, 즉 그리스도께서는 "십자가에 달려 죽으시고 장사되셨다"는 역사적 신앙고백서들의 일관된 강조점, 다시 말해서 십자가를 신앙의 상징으로 인식하는 보편적 이해를 어떻게 생각해야 할까요?

저는 성금요일에 발생한 이 사건이 지닌 온전한 의미들을 우리가 이 생에서 모두 이해할 수 있다고 제안할 마음은 없습니다. 왜냐하면 우리는 이 사건에 대한 오직 성경으로부터 오는 힌트와 시사점만을 갖고 있을 뿐입니다.[157] 그러나 분명한 사실이 하나 있습니다. 다시 말씀드리지만 신약성경의 저자들은 다양한 방식으로 예수님의 죽음은 *죄를 위한* 것이었다고 우리에게 분명히 말하고 있습니다. 이런 이유 때문에 예수님의 죽음이 특별히 고통스럽고 비극적인 것입니다.

사형집행의 한 방식이었던 십자가 처형이 지닌 부끄러운 성격은 인류의 부끄러운 행동과의 직접적인 관계 속에 놓여 있습니다. 당시 로마국가는 "잔혹하고도 비인간적인 징벌"에 관해 전혀 신경 쓰지 않았습니다. 이 처형방법은 가능한 한 가장 잔혹하고도 비인간적이기를 추구하는 처형방식이었습니다. 이것이 십자가 처형의 목적이었습니다.

현대인들은 이 점을 쉽게 이해할 수 없을 것입니다. 다행스럽게도 지금의 우리 사회는 의도적이고도 공적이며 국가가 직접 관장하는 고문제도와 같은 그러한 환경을 갖고 있지 않습니다. 십자가 처형이 지닌 공적 성격은 우리에게는 도저히 상상할 수 없는 것입니다. 여러분도 잘 알다시피 미국 내에서는 사형수의 가족들이 철저하게 통제된 가운데서 실행되는 극약처치에 의한 사형집행 과정을 볼 수 있도록 허용되어야 하는지에 대한 논란이 있습니다. 사형 집행이 확정된 사형수들에게 형무소는 담당목사들을 배정해 줍니다. 또한 사형수들이 사형장으로 이끌려 가는 동안 결코 거칠게 다루어지거나 욕설을 듣는다거나 조롱을 받지 않습니다. 우리는 이런 일들을 통해서 우리 안에 있는 악한 본능적인 성향들로부터 보호를 받게 되는 것입니다.[158]

그러나 이와는 달리 십자가 처형의 경우 가장 최악의 것들이 허용되었을 뿐만 아니라 오히려 조장되었으며 이런 문맥에서 지나가는 자들이 조롱과 모욕을 했던 것입니다. 십자가에 처형되는 사람은 사형집행인이 지닌 존엄성 같은 것조차도 허용되지 않았습니다. 다시 말해 처형되는 자는 스스로에 대한 집행자가 되지 않을 수 없었습니다.[159] 처형당하는 자가 마지막 숨을 들이쉬며 십자가에 매달려 있는 동안 이 사람의 몸은 뒤

틀려 자신을 질식사 하게 만들었습니다.

지난해 조지타운 대학은 새로 지은 강의실을 위해 십자가 조형물을 디자인하고 만들도록 현대 예술가들과 조각가에게 위임한 바 있습니다. 이들 중 한 사람이었던 찰스 맥컬로우(Charles McCullough)는 이 조형물을 만들었던 그의 경험에 대해 이야기하면서 다음과 같이 말했습니다. "십자가를 만들고 색칠하고 조각하는 일은 끔찍한 일입니다. 고문에 의한 죽음이 지닌 극한적인 잔악성은 이루 형언할 수 없는 것입니다. 제가 믿기로는 십자가 처형은 국가적 차원의 처형을 대변하는 것이지 결코 일상적 죽음에 대한 추상적 개념이 아니라는 점이 중요합니다."[160]

이러한 설명이 십자가 처형을 이해하는 데 도움을 주는데, 그 이유는 이 설명이 우리로 하여금 하나님의 아들을 죽이기 위해서 인간들이 사용했던 십자가 처형 방식의 구체적이고도 끔찍스러운 성격에 초점을 맞추도록 하기 때문입니다. 로마제국에 대해서 우리가 그 어떤 다른 생각을 하든지 간에 로마제국은 당시 인간이 이룬 업적의 최고봉에 있었습니다. 마찬가지로 예수님을 십자가에 처형하기 위해서 로마와 공조했던 유대인들의 종교 역시 고대 사회에서 가장 최고의, 그리고 가장 최상의 종교였는데 그 이유는 우리 조상의 종교였던 아브라함과 이삭, 그리고 야곱의 하나님의 계시종교였기 때문입니다.

이런 관점에서 볼 때 지금 우리 앞에서 진행되고 있는 일은 최상의 정부와 최상의 종교 사이에서 이루어진 음모였습니다. 즉 하나님의 메시아를 처형시키려는 술수였습니다. 이런 식의 공모는 세계역사를 통해 계속적으로 재연되어 왔습니다. 이 공모가 결코 특정하게 "유대인들"에게 국한되는 것이 아니며 모든 측면에서 인간타락의 대변자라 할 수 있는 교회와 국가에 연계되어 있는 것이지요.

바로 이 순간에도 가톨릭과 성공회의 신부들과 수녀들 심지어 주교들이 르완다의 투치(Tutsi)의 엄청난 사람들을 살육하기 위해서 후투

(Hutu)와 함께 공모했으며, 심지어 교회 건물 안에서 이런 일을 자행했다는 증거들이 속속히 드러나고 있습니다. 아마 여러분들은 자신들이 이러한 끔찍한 일들을 할 수 없는 자들이라고 생각할지 모르겠습니다. 그러나 막상 그 자리에 서기까지 자신 있게 말할 수 있는 사람이 누가 있을까요? 오늘날 온 인류는 하나님의 심판 아래 놓여 있습니다. 단 한 가지 예외적 사실이 있다면 그것은 인류 모두는 한 분의 대표적 인격체 되신 그분 가운데 한데 모아졌다는 점이며 이것이야말로 절대적 중요성을 지닙니다.

왜냐하면 예수께 일어났던 일은 그 자체가 이미 연합적인 관계 속에서 이루어진 일이기 때문입니다. 이런 연합적 성격은 단지 국가가 주도한 고문이었기 때문만이 아니라 또 다른 깊은 이유를 담고 있기 때문입니다. 이제 이 이유에 대해 잠시 생각해 보고자 합니다.

우리는 잠시 후에 다음과 같은 찬송 하나를 부르게 될 것입니다.

> 보라, 양 무리의 선한 목자 되신 그분께서 희생 제물 되셨도다
> 종이 죄를 지었으되 아들 되신 그분이 고난을 받았도다
> 우리의 속죄를 위해 비록 우리는 아무 것도 한 것이 없지만
> 하나님이 중재하셨도다[161]

"종"은 저와 여러분들이요, "아들"은 예수이십니다. 수치와 부끄러움은 우리의 것인데 그 결과는 그분에게 미쳤습니다. 바로 이 점을 W. H. 오든(Auden)은 위대한 교환, 즉 세상 가운데 가장 커다란 교환이라고 부른 바 있습니다. ⟨참조: Peter Paul Rubens의 "십자가로부터 내려지는 예수"와 Max Beckmann의 "십자가로부터 내려지는 예수"⟩

사도 바울이 이야기하듯이 "하나님이 죄를 알지도 못하신 자로 우리를 대신하여 죄를 삼으신 것은 우리로 하여금 저의 안에서 하나님의 의가

되게 하려 하심이니라"(고후 5:21). 예수님의 죄 없으심이 우리의 죄로 교체되었으며, 그의 의로우심이 우리의 불의함으로 교체되었습니다. 베드로전서도 거의 동일한 이야기를 다른 방식으로 다음과 같이 표현하고 있습니다. "친히 나무에 달려 그 몸으로 우리 죄를 담당하셨으니 이는 우리로 죄에 대하여 죽고 의에 대하여 살게 하려 하심이라 저가 채찍에 맞음으로 너희는 나음을 얻었도다"(벧전 2:24). 예수님의 온전한 건강이 죽음에 이르는 우리의 질병으로 교체되었습니다.

마태복음의 수난기사에 따르면 대제사장이 군중들에게 다음과 같이 말합니다. "보라 너희가 지금 이 참람한 말을 들었도다. 너희들의 판단이 어떠하뇨? 사람들이 —저와 여러분들 모두가— 소리쳐 말하기를, 저는 사형에 해당하니라 하더라"(마 26:65-66). 예수에게 내려진 사형언도가 우리에게 전가될 때 우리도 똑같은 말을 합니다. "그는 죽어 마땅하다"라고 우리들은 말합니다.

그러나 십자가는 무엇이라 말하고 있습니까? 십자가는 십자가에 죽어 마땅치 않은 자가 바로 십자가에 죽은 분이라고 말하고 있습니다. 그리고 십자가는 이와 같은 말도 하고 있습니다. "그분 대신에 우리가 십자가에 죽어야 했었다"고 말입니다. 이것이 바로 위대한 교환이 뜻하는 바입니다. 그분 대신에 우리가 십자가상에 있어야 하는 이유는, 바울이 로마서에서 기록하고 있듯이 "죄의 삯은 사망"이기 때문입니다. 죽음은 우리가 마땅히 져야 할 삯입니다. 다시 말해서 죽음은 인간 삶에 대해 하나님이 갖고 계신 선한 목적들에 대한 우리의 반항과 거역에 대해 반드시 치러야 할 마땅한 삯입니다. 죽음은 에덴동산에서 아담이 치렀던 삯이었습니다. 겟세마네 동산에서 우리 주님 예수께서 우리가 치러야 할 죄의 삯을 취해 자신에게 부과하셨습니다.

이것을 오든(Auden)은 다음과 같이 표현하고 있습니다. 그분의 육신은 더욱더 약해져갔고, 말씀(the Word)은 더욱더 강해져 갔으니 결국

이 땅 위에 위대한 교환이 발생했도다.162) 예! 그렇습니다. 그분의 육신은 더욱더 약해져 갔습니다. 오든은 오늘날 극히 소수의 사람들만이 이해하고 있는 바, 즉 성경말씀들을 알았고 이해하고 있었습니다. 오든은 바울이 육신(헬라어로는 *sarx*/사륵스)이란 단어를 통해 의도했던 바를 알고 있었습니다.

사도 요한이 "말씀이 육신이 되어 우리 가운데 거하셨도다"라고 말했을 때, 그가 진정으로 의도했던 바는 삼위의 제2격 되신 하나님의 아들이 *인간의 본성*을 취하셨다는 사실이었습니다. 그러나 바울은 "육신"이란 단어를 통해서 육신은 인간의 본성을 의미한다는 생각을 더욱 확장시켰습니다. 다시 말해 타락한 인간본성, 즉 단지 육체적이거나 혹은 성적인 의미에서가 아니라 전적 무능 가운데 있는 인간을 의미했습니다. 바울은 이러한 참혹한 상태에 있는 인간의 모습을 신중한 크리스천이라면 언제나 인식하고 주창하는 다음과 같은 말씀들로 잘 표현해 주고 있습니다.

> 나의 행하는 것을 내가 알지 못하노니 곧 원하는 이것은 행하지 아니하고 도리어 미워하는 그것을 함이라. … 내 속 곧 내 육신에 선한 것이 거하지 아니하는 줄을 아노니 원함은 내게 있으나 선을 행하는 것은 없노라. 내가 원하는 바 선은 하지 아니하고 도리어 원치 아니하는 바 악은 행하는도다. 만일 내가 원치 아니하는 그것을 하면 이를 행하는 자가 내가 아니요 내 속에 거하는 죄니라(롬 7:15-20).

그렇습니다. "육신은 더욱더 약해져 갔습니다." 죄는 우리에게 너무도 강한 존재입니다. 죄는 단지 여기저기에 놓여있는 잘못된 행위나 실수가 아닙니다. 죄는 온 인류를 사로잡고 있는 하나의 세력입니다. 왜 우리는 전쟁 대신에 평화를 갖지 못합니까? 바로 이 죄 때문입니다. 왜 우리가 인종간의 적개심과 증오 대신에 인종간의 조화를 갖지 못합니까? 바로 이 죄 때문입니다. 왜 어린이들이 가난하고 학대당하며 소홀히 취급되고 영양실조에 걸리고 오염된 물을 먹어서 병들고 있습니까? 바로 이 죄 때문입니다. 우리가 이기심과 탐욕, 무관심, 욕심, 그리고 보복하려는 마음의 악순환 속에 놓여있기 때문입니다.

만약 여러분들이 자신과 관련해 이 점을 믿지 못하겠다고 생각하시면 보편적 인간들과 관련해 이 점을 직시하시기 바랍니다. 20세기가 우리에 가르친 교훈이 있다면 그것은 눈부시게 발전된 문명의 한 가운데서 상상할 수 없는 정도의 끔찍한 잔악함을 내보일 수 있다는 점이었습니다. 우리는 우리 스스로 인류를 결코 치유할 수 없는 회복 불가능하고도 치료할 수 없는 중증의 무능력자들입니다.

바로 이런 이유 때문에 하나님이 역사 바깥 외부로부터 역사 속으로 들어오셨다는 소식은 기독교 메시지의 핵심에 놓여있는 것입니다. 맞습니다, "말씀이 더욱더 강해져 갔습니다." 말씀 되신 그분이 우리 상태 가운데 들어오셔서 우리의 무능을 자신의 능력으로 교체시키셨습니다. 우리의 의를 자신의 의로 대체시키셨습니다. 우리의 공로 없음을 자신의 공로 있음으로 바꾸어 놓으셨습니다.

우리 인간들은 다른 사람에 대해 말하기를 좋아합니다. 그래서 "그는 죽어 마땅하다"라고 우리는 말합니다. 그러나 십자가는 그 정반대를 말합니다. "우리가 아직 연약할 때에, … 그리스도께서 경건치 않은 자를 위하여 죽으셨도다." 또 십자가는 이렇게 말합니다. "우리가 아직 죄인되었을 때에 그리스도께서 우리를 위하여 죽으심으로 하나님께서 우리에게 대한 자기의 사랑을 확증하셨느니라" (롬 5:6, 8).

경건한 자들이나 의로운 자들, 종교적인 사람들이나 도덕적인 자들을 위해서가 아니라 그분은 *경건치 않은 자들과 의롭지 못한 자들*, 비종교적인 사람들과 비도덕적인 자들을 위해 죽으셨습니다. 사람들이 사형 제도를 반대하는 데 제시하는 수많은 이유들이 존재하지만, 그러나 크리스천에게는 오직 한 가지 이유만이 존재합니다. 다름 아니라 그리스도의 십자가에 대한 우리의 이해에 따르면 우리 모두는 죽어 마땅한 자들이지만 그리스도께서 우리를 대신해서 죽을 자리에 서심으로 비록 우리 모두가 언제나 공로 없는 자들이되 그분이 우리로부터 죽음을 제거해 버리셨다는 사실 때문입니다. 그러므로 크리스천들은 "그는 죽어 마땅하다"라고 말해서는 안 됩니다. 우리는 이렇게 말해야 합니다. "거기 십자가에 오직 하나님의 은혜를 바라며 나는 나아갑니다."

우리가 이 점을 진실로 이해하게 될 그 때에, 이 점이 우리의 마음 속 깊이 아로새겨질 그 때에, 우리는 그 어떤 사람도 굴욕당하는 것을 보기 원하지 않게 될 것입니다. 바로 그 때에 우리는 그 어떤 사람도 마땅히 받아야 할 그 무엇을 정확히 받게 되는 것을 보기 원하지 않게 될 것입니다. 그 때에, 우리는 모든 사람들이 저와 여러분들이 그랬던 것처럼 그렇게 하나님의 자비를 얻게 되기를 바라게 될 것입니다.

이제 우리가 다음의 찬송을 부르면서 이러한 점들을 마음에 깊이 생각하시기 바랍니다. 또한 이 찬송의 가사들이 여러분 자신들의 고백이 되기를 간절히 기원합니다.

그러므로 친절하신 예수여, 저는 주께 갚을 길이 없기에
오직 주님을 찬양할 뿐이며, 찬양만이 주의 은혜를 갚는 길입니다
주의 불쌍히 여기심만을 생각하며, 주의 변치 않는 사랑만을 생각합니다
나는 아무 공로 없나이다

아멘.

| 성 금요일

스스로의 도움(Self-Help)을
십자가에 못 박기

한 시간의 예배를 위해 준비된 설교임

긍휼에 풍성하신 하나님이 우리를 사랑하신 그 큰 사랑을 인하여
허물로 죽은 우리를 그리스도와 함께 살리셨고,
{그 결과} 이제는 전에 멀리 있던 너희가
그리스도 예수 안에서 그리스도의 피로 가까워졌느니라 엡 2:4-5, 13

성 금요일에 기독교 복음은 그 자체를 결정적으로 규명해 줍니다. 바로 이 날이 교회의 신앙과 다른 일반 종교를 구분 짓는 날입니다. 혹여 사람들은 이렇게 말하는 것이 다른 종교나 신앙체계들에 대한 부정적인 판단이라고 생각할지 모르지만 지금 우리의 관심은 이것에 있지 않습니다. 우리의 관심은 진정한 마음으로 오늘 여러분 앞에 그리스도의 십자가의 타협할 수 없는 유일성과 특이성을 제시해 보이고자 하는 마음 뿐입니다.

우리는 신약 당시의 사람들에 비해서 십자가 처형이 지닌 참혹한 실체와 너무도 동떨어져 있기 때문에 이 처형 방식이 지닌 엄청난 수치감, 엄청난 혐오감, 그리고 종교적인 경배나 예배의 대상으로는 도저히 상상할 수 없는 부적합성 등을 거의 생각조차 할 수 없을 정도이지요. 어떤 의미에서 이 처형방식은 가장 비종교적인 방식이라고 볼 수 있습니다. 그러나

신학자 유르겐 몰트만(Jürgen Moltmann)이 말했듯이 십자가는 "기독교 신학의 내적 척도"입니다. 163) 몰트만이 말하는 바는 우리는 깨끗이 순화되고 정제된 기독교만을 가질 수 없다는 뜻입니다.

만약 여러분들이 전형적인 기독교 서점에 가본다면 여러분들은 서점 도처에서 현란할 정도의 눈부신 장면들을 목격하게 될 겁니다. 다시 말해 때 묻지 않은 호수 위에 펼쳐진 석양, 전혀 오염되지 않은 눈 덮인 산봉우리, 산성비에 오염되지 않은 삼림들, 도시화의 흔적을 찾아볼 수 없는 평야 위에서 자태를 뽐내고 있는 황금빛 곡식들과 같은 장면들 말입니다. 우리가 그곳에서 사게 되는 카드들과 매주 우리가 교인들에게 나눠주는 주보의 겉표지, 성경구절이 함께 인쇄된 달력의 그림 등은 고요함과 아름다움을 풍기는 편안한 메시지를 전해 주지요. 이런 분위기에 젖어 있으면 우리는 결코 그리스도 이야기의 핵심은 말로 형용할 수 없는 추함의 이야기라는 점을 알 길이 없을 겁니다. 아마 이런 이유 때문에 성금요일의 예배에 참석하는 사람들이 항상 이렇게 적은지도 모르겠습니다.

이런 점에서 오늘 이 자리에 함께 하신 청춘남녀 여러분을 특별히 환영합니다. 이것은 여러분들이 성숙했다는 증거입니다. 특히 오늘은 다른 날이 아니라 바로 남자 어른들과 젊은 소년들을, 그리고 여자 어른들과 젊은 소녀들을 구분 짓는 날이기 때문입니다. 여론 조사에 따르면 미국 사람의 대다수가 하나님의 존재를 믿는다고 하는데, 문제는 그것이 무엇을 의미하는지가 분명하지 않다는 점입니다. 정말 중요한 질문은 "십자가에 죽으신 그리스도에 대해서 당신은 어떻게 생각하는가?" 라는 것입니다.

우리가 거룩한 한 주 동안 두 번씩이나 매우 길고 긴 수난기사 이야기를 함께 낭독하는 이유는 로마라는 국가가 재가했던 잔인한 처형에 의해 이루어진 이 죽음이 지닌 의미 가운데로 깊이 들어가기 위해서입니다. 이 시점에서 분명한 사실 하나가 있다면 그것은 이 날은 우리가 언제나 배우고 그대로 모방해야 할, 한 죄 없는 영웅의 고통과 고난을 성찰하고 반성하는 날이 아니라는 점입니다. 만약 우리가 이런 식으로 생각하게 된다면 우리는 누군가가 더 오랫동안 예수보다 더 끔찍한 죽음을 참아내며 당한 자들이 있었다고 주장하는 자들에게 할 말이 없게 되겠지요.

성경저자들은 이런 점을 예견하여 이런 식의 논쟁을 서둘러 금하고 있습니다. 즉 성경저자들은 이런 문제들에 관해서 철저히 언급을 삼가고 있다는 뜻입니다. 그들의 일관된 관심은 다른 데로 향해 있습니다. 예수의 수난 기사를 주도하고 있는 것은 육체적인 고통이 아닙니다. 복음서 기자들은 이 사건이 지닌 내면적 의미에 관심을 두고 있습니다.

마가는 하나님에 의해서 유기되고 버려진 그리스도를 보여주고 있지만 정확히 바로 이 상태 가운데, 그리고 바로 이 순간에 최초로 그리고 공적으로 하나님의 독생자라고 고백되고 선포되는 그리스도의 모습을 그려주고 있습니다.

마태 역시 그리스도께서 당하신 유기와 조롱을 강조하긴 하지만, 그는 특별히 그리스도를 다윗의 후손이요 동시에 이스라엘의 메시아로 설명하고 있습니다. 더욱이 마태는 그리스도께서 지닌 이러한 귀한 칭호들을 그리스도의 버려지고 유기된 상태의 참된 의미를 증거하는 강력하고도 계시적인 표식들로 제시하고 있지요. 164)

누가는 예수를 심지어 십자가상에서도 왕으로 다스리시는 분으로 묘사하고 있으며, 인간들의 영원한 종국을 결정하시는 능력을 갖고 계신 분으로 그려주고 있습니다. "오늘 네가 나와 함께 낙원에 있으리라"는 말씀이 이 점을 분명히 하고 있습니다.

요한은 예수의 수난과 죽음을 어린양의 승리로 이야기하고 있습니다. 즉 죽음과 사탄에 대한 승리를 이루실 때인 "영광의 시간"으로 묘사하고 있습니다. 요한복음 12:31-32이 이 점을 잘 설명하고 있습니다. "이제 이 세상의 심판이 이르렀으니 이 세상 임금이 쫓겨나리라. 내가 땅에서 들리면 모든 사람을 내게로 이끌겠노라" 이상이 바로 바로 신약 저자들이 관심을 두고 있는 주제들입니다.

예수의 수난은 수난 기사 가운데 나오는 제자들과 다른 사람들의 행동 사이에 놓여있는 차이점을 크게 보여줍니다. 주님께서는 자신이 당할 재판과 고문, 그리고 끝내 당할 죽음을 향해 가고 있을 때 다른 모든 사람들은 자신의 이익만을 챙기고 있었습니다. 유다, 베드로, 본디오 빌라도, 그리고 제자들 모두가 그랬지요. 즉 이들은 예수님에 대해 생각하고 있었던 것이 아니라 자신들을 변호할 방법들만을 생각했던 겁니다. 바로 이 점이 예수님과 우리 사이에 놓여있는 차이점입니다.

스스로의 도움(self-help)이 바로 미국사람들이 말하는 복음입니다. 이 복음은 자기-축하, 그리고 자기-보호와 동일한 의미입니다. 우리 삶의 상당 부분이 우리가 그동안 축적해 왔던 것들을 보호하고 안정되게 하는 일들에 할애됩니다. 우리의 대부분의 에너지와 관심은 우리가 그동안 성취했고 얻었던 일들 혹은 유산으로 상속받았던 것들, 즉 우리의 사업, 우리의 가족들, 우리가 속한 단체들, 우리의 자유 기업체제, 우리 체제의 우월성 등의 유지에 기울여져 왔습니다. 매우 종종 교회마저도 우리가 보호해야 할 대상 즉 하나의 우상숭배의 대상이 되어버렸습니다. 다시 말해서 우리의 세습 재산과 우리의 삶의 방식, 최고조에 달한 우리의 신분과 위치 등의 상징적인 대상이 되어 그 결과 십자가는 자기-희생에 대한 요청이 아니라 헤게모니의 상징이 되어버렸습니다.

이런 예는 최근 보스니아에서 찾아 볼 수 있는데 이곳에서 세르비안계의 정교도들은 이슬람교도들에게 십자가를 하나의 지배의 상징으로 강요한 바 있습니다.[165] 그러나 우리는 이러한 모습을 단지 발칸 반도에 사는 사람들의 특별히 다혈질적인 기질의 한 특징으로 치부해서는 안 될 것입니다. 바로 여기 미국 내에도 수많은 이민자들의 특정 그룹들이 있는데 이들은 "자기 자신들의 교회를 갖겠다고" 말을 하고 있는 실정입니다.

우리 미국사람들은 우리 자신의 태도와 입장들을 소위 말하는 "하나님은 스스로 돕는 자를 돕는다"라는 미국의 신조에 근거해 변호할 수 있을 것입니다. "스스로 돕는 자를 돕는다"는 이 신조가 십자가상에 계신 예수를 향해 던져진 조롱과 조소 가운데 음산하게 울려 퍼질 뿐만 아니라 풍자적으로 표현되고 있습니다.

> 지나가는 자들은 자기 머리를 흔들며 예수를 모욕하여 가로되 성전을 헐고 사흘에 짓는 자여 네가 만일 하나님의 아들이어든 자기를 구원하고 십자가에서 내려오라 하며, 그와 같이 대제사장들도 서기관들과 장로들과 함께 희롱하여 가로되 저가 남은 구원하였으되 자기는 구원할 수 없도다. 저가 이스라엘의 왕이로다. 지금 십자가에서 내려오라, 그러면 우리가 믿겠노라 (마 27:39-42).

물론 십자가 처형 현장과는 너무도 동떨어져 있는 우리가 이러한 증오에 찬 모욕과 조롱들과 거리를 두는 것은 매우 쉬울 수도 있습니다. 그러나 이 조롱들 속에는 우리에게 친숙한 모티브 하나가 놓여있습니다. 즉 우리는 사람들이 심은 것을 거두고, 받아 마땅한 것을 받으며, 자신들의 운명을 스스로 일구어 내고 자신들의 노력의 일환으로 스스로를 일으켜 세우는 모습들을 언제나 기대하고 삽니다.

"지나가는 자여, 너희 모두에게는 그것이 아무런 상관이 없는 것이란 말인가?"라는 예레미야애가 1:12의 말씀을 주목할 필요가 있습니다. 이 구절은 전통적으로 십자가상에 예수님과 연결되어 해석되어 왔습니다. 여기서 암시되는 대답은 "예, 그것은 우리와 아무런 상관이 없습니다"라는 점입니다. 바로 이러한 모습이 성금요일에 지나쳐 가는 자들의 태도입니다. 이것이 노숙자들에 대해 눈길 한 번 주지 않고 그냥 지나쳐가는 사람들의 모습입니다. 저는 수많은 사람들이 "그것은 그들이 선택한 것이니까 뭐"라고 말하는 것 들어왔습니다. 이 이야기가 뜻하는 바는 "그들로 하여금 스스로를 구원하도록 하라"는 것입니다.

오늘 우리가 성금요일에 더욱 깊이 빠져들어 가게 될 때 우리는 아마 하나님의 아들이 스스로를 구원할 수 없는 자들과 스스로를 보호할 수 없는 자들, 그리고 죽어 마땅한 자들의 상태 가운데 어떻게 들어오셨는지를 보기 시작할 것입니다. 이러한 상태 가운데 들어오신 것은 그분의 자유로운 선택이었습니다.

성목요일 밤 겟세마네 동산에서 예수님은 성부이신 하나님께 십자가상의 죽음이란 마지막 사형 집행을 벗어날 수 있는지를 물으셨습니다. 그러나 예수님은 세상이 지어지기 이전에 이미 그에게 부여된 죽음의 이 길을 걸어가시기로 되어있다는 사실을 재삼 상기하시면서 그 자리에서 일어나셨습니다. 그날 밤 겟세마네 동산에서 예수님은 그가 담당해야 할 마땅한 죽음의 선고를 벗어나려 하셨습니다만 이것과 고통 중에 씨름하시면서, 그리고 제자들은 너무도 연약하기에 함께 할 수 없었던 고뇌 가운데에서 우리를 위해, 그리고 우리를 대신하여 죽음의 선고를 받아들이셨습니다. 그 결과 죽음의 선고가 우리 위에 내리지 않았던 것입니다. 그리고 예수님은 자원하여 체포되고 심문을 당하시고 처형되셨습니다. 그분은 우리를 대신해 선고된 재판관이 되셨습니다.[166] 그분은 *사형언도를 자신의 피 가운데* 아로 새겨 놓으셨습니다. 그렇게 하심으로 사형언도가 영원히 우리를 피해 가도록 만드셨습니다.

바울은 에베소서에서 우리 주님께서 우리를 위해 행하셨던 바를 다음과 같이 기술하고 있습니다.

> 너희의 허물과 죄로 죽었던 너희를 살리셨도다. 그 때에 너희가 그 가운데서 행하여 이 세상 풍속을 좇고 공중의 권세 잡은 자를 따랐으니 곧 지금 불순종의 아들들 가운데서 역사하는 영이라. 전에는 우리도 다 그 가운데

서 우리 육체의 욕심을 따라 지내며 육체와 마음의 원하는 것을 하여 다른 이들과 같이 본질상 진노의 자녀이었더니, 긍휼에 풍성하신 하나님이 우리를 사랑하신 그 큰 사랑을 인하여 허물로 죽은 우리를 그리스도와 함께 살리셨고 ….

그러므로 생각하라 너희는 그 때에 육체로 이방인이요 손으로 육체에 행한 할례당이라 칭하는 자들에게 무할례당이라 칭함을 받는 자들이라. 그 때에 너희는 그리스도 밖에 있었고 이스라엘 나라 밖의 사람이라 약속의 언약들에 대하여 외인이요 세상에서 소망이 없고 하나님도 없는 자이더니, 이제는 전에 멀리 있던 너희가 그리스도 예수 안에서 그리스도의 피로 가까워졌느니라 (엡 2:1-5, 11-13).

이 구절들은 모든 성경구절 중에 가장 놀라운 말씀 중 하나입니다만 우리 대부분의 사람들에게 듣기에 매우 거북하고도 어려운 구절이지요. 우리들은 "진노의 자녀"나 "불순종의 아들들"이라고 불리는 것을 좋아하지 않습니다.

인류 역사의 각각의 시대마다 인간의 곤궁함을 서술하는 독특한 방식들을 갖고 있습니다. 이런 점에서 에베소서의 저자는 이 모든 것들을 함께 고려했던 것이 분명합니다. 어떤 세대들은 죽음을 두려워했던 것 같고, 그런 점에서 "우리는 죽었던 자들이라"는 표현이 의미를 지닙니다. 청교도 시대는 죄책을 강조했던 시기입니다. 그런 점에서 "너희가 한때 행했던 죄와 허물"이란 표현이 의미를 지닙니다. 소외는 20세기에 주요한 이슈 중 하나이지요. 에베소서의 말씀은 이것 역시 고려하고 있었습니다. 그러기에 "너희는 외인이었다"라고 표현하고 있습니다.

위대한 소설들은 모두 이런저런 형태로 이 모든 주제들과 이슈들에 관심을 두고 있으며, 이런 점에서 이것들을 위대한 소설이라고 부르게 됩니다. 위대한 소설들은 인간 존재의 비극을 다루고 있습니다. 잃어버림에 대한 공포, 노쇠함에 대한 공포, 실패에 대한 두려움, 드러날 것에 대한 두려움 등등 이 모든 것들은 인류역사 전반에 걸쳐서 크고 작은 형태로 우리 모두에게 있어왔던 것들입니다.

콘라드(Conrad)의 Lord Jim의 모습을 생각해 보시기 바랍니다. 그는 젊음으로 가득 찬 비겁한 행위 하나 때문에 자신의 온 생애를 고통 중에 보내면서 자신은 "충분히 괜찮다"라는 확신 속에 결코 편안하게 지낼 수 없는 모습을 보여주고 있습니다. 이 모든 인간 염려는 "진노의 자녀들"과 "불순종의 아들들"이란 표현 속에 잘 요약되어 있습니다.

다음의 두 단어가 이 에베소서 본문 속에서 하나의 전환점을 이루고 있습니다. "그러나 하나님이"란 단어 말입니다. 여러분들이 "그러나 하나님이"라는 단어를 듣게 될 때마다 "일어나 머리를 들라 너희 구속이 가까웠느니라"는 누가복음의 말씀을 기억하시기 바랍니다(눅 21:28). "그러나 하나님이"란 문구와 "그러나 이제는"이란 문구는 신약에서 언제나 우리가 이제 막 복음의 크고 복된 소식을 듣게 된다는 점을 시사해줍니다.

우리는 진노의 자녀들이었고, 불순종의 아들들이었으며, 죄로 인해 죽은 자들이었고, 우리 자신의 정욕과 욕심에 의해 갇혀진 자들이었으며, 세상에서 소망이 없는 자들이었습니다. *"그러나 하나님이"*란 뜻입니다. "긍휼에 풍성하시고 우리를 사랑하셨던 그 큰 사랑 가운데, *그러나 하나님이* 아직 우리가 우리의 죄로 인해 죽었을 그 때 우리를 그리스도와 함께 살리셨도다. 너희가 약속의 언약들에 대하여 외인이었던 자들이지만, *그러나 이제*, 예수 그리스도 안에서 한때 멀리 있었던 너희가 그리스도의 피로 가까워졌느니라."

거의 모든 사람들은 이 놀라운 에베소서의 말씀을 복음 메시지의 일등급 요약으로 받아들이고 있습니다. 그러나 분명 이 구절이 그리스도의 피에 대한 언급을 담고 있는데도 대부분 사람들의 경우 성금요일과 연결되어 생각하지 못했습니다. 저는 우리 교회의 핵심적 위치를 점하고 있는 여러분들은 이 구절과 성금요일을 능히 연결지을 수 있을 것이라고 생각합니다. 예수님의 죽으심이 지닌 섬뜩함의 깊은 의미가 "진노의 자녀들"과 "불순종의 아들들"이란 표현에 의해서 잘 드러나 있습니다. 예수님의 죽음의 날의 어둠은 인간 마음의 어둠과 일맥상통합니다.

우리가 그리스도의 죽음 가운데 더 깊이 들어가면 갈수록 우리는 불안정하게 자리 잡은 우리 자신의 내면적 삶의 모습을 더 자세히 들여다볼 수 있게 됩니다. 너무도 많은 사람들이 다른 사람을 아프게 할 수 있다는 우리 자신의 개연성을 직시하지 않고 삶을 그냥 지나쳐 버리고 있습니다. 이유는 여러 가지입니다. 때론 욕심과 탐욕 때문에, 때론 이기심과 고통에 대한 무관심 때문에, 때론 악한 체제들이나 구조들과의 협력 때문일 것입니다.

이러한 사람들은 오늘 이 자리에 나와 있지 않습니다. 여러분들이 그들을 대신해 여기에 나와 있습니다. 여러분들은 여러분들 자신만을 위해서가 아니라 다른 사람들을 위해서 이 자리에 나와 있는 것입니다. 그러므로 매우 중요한 의미에서 여러분들은 그리스도와 같은 그 무언가를 하고 있는 것입니다. 다시 말해 세상이 무관심하게 그냥 지나쳐 버리는 동안 우리를 대신해서 십자가를 지셨던 우리 구세주 되신 그분의 대속의 행위와 우리 자신은 동일선상에 있는 것입니다.

오늘 우리가 함께 모인 이 자리에서 일어나고 있는 일은 다름 아니라 인간 타락과 구속의 이야기를 우리가 재현하고 있는 것입니다. 이 이야기를 단순히 우리가 듣고 있는 것이 아니라 우리는 이 이야기 가운데 우리를 자리매김 하고 있는 것입니다. 그렇게 함으로써 우리가 빠져 있는 궁지에서 스스로 나올 수 있다고 생각하는, 이 자리에 나와 있지 않은 사람들을 대변하고 있는 것입니다.

우리 인간이 우리 자신을 되풀이하여 익힐 수 있다는 것은 크게 잘못된 생각이고 허상입니다. 그래서 우리는 자신을 되풀이하여 익힌다는 것을 끝까지 추구할 수 없다는 점을 잘 알기에 이 자리에 나와 있는 것입니다. 우리는 오늘 우리 자신을 우리 구세주의 시각에서 바라봅니다. 예수님은 우리를 바라보고 계시며, 그분은 우리가 스스로를 도울 수 없다는 점을 알고 계십니다. 그분은 이 땅에 계시는 동안 그가 만났던 모든 사람들을 바라보았던 방식과 똑같은 방식으로 바로 오늘도 우리를 바라보고 계십니다.

다시 말하면 그분은 우리의 곤궁한 상태에 대해 한없는 연민과 끝없는 사랑으로 바라보십니다. 그리고 어떠한 대가를 지불하든지, 어떠한 결말에 이르든지, 어떠한 값을 치르든지, 우리를 영원한 저주와 사망으로부터 구원해 내시겠다는 확고부동한 의지와 결심을 갖고 우리를 바라보십니다. "스스로를 돕는 일"(Self-help)은 그리스도와 함께 십자가에서 처형되었습니다. 왜냐하면 사도 바울이 말하듯이 "우리가 *여전히 아무런 도움이 없을* 그 때 그리스도께서 경건히 않은 자들을 위하여 죽으셨기" 때문입니다(롬 5:6).

그러므로 심지어 오늘 성금요일에도 우리는 크게 기뻐합니다. 특별히 이 날에 우리는 기뻐합니다. 우리는 "진노의 자녀들"이란 말 듣는 것을 두려워하지 않습니다. 왜냐하면 우리는 우리가 더 이상 진노의 자녀가 아니라는 사실을 알고 있기 때문입니다. 우리는 우리가 전에 어둠 가운데 행했다는 말 듣는 것을 두려워하지 않는데, 그 이유는 이제 우리는 빛 가운데 행하고 있다는 점을 우리가 알고 있기 때문입니다. 우리는 "우리가 우리 죄로 인해 죽었도다"라는 말 듣는 것을 두려워하지 않습니다. 왜냐하면 우리가 더 이상 죽은 자들이 아니라는 것을 알고 있기 때문입니다. 이런 점에서 에베소서의 본문을 다시 한 번 들어보시기 바랍니다.

> 긍휼에 풍성하신 하나님이 우리를 사랑하신 그 큰 사랑을 인하여
> 허물로 죽은 우리를 그리스도와 함께 살리셨으니

> (그 결과) 전에 멀리 있던 너희가
> 그리스도 예수 안에서 그리스도의 피로 가까워졌느니라 (엡 2:4, 13).

그리고 마지막으로 바울이 로마서 5장에서 이야기 하고 있는 위대한 말씀의 나머지 부분들을 기쁨으로 들어보시기 바랍니다.

> 우리가 아직 죄인 되었을 때에 그리스도께서 우리를 위하여 죽으심으로
> 　하나님께서 우리에게 대한 자기의 사랑을 확증하셨느니라.
> 그러므로 이제 우리가 그 피를 인하여 의롭다 하심을 얻은즉
> 　더욱 그로 말미암아 진노하심에서 구원을 얻게 될 것이니
> 이는 우리가 원수 되었을 때에
> 　그 아들의 죽으심으로 말미암아 하나님과 화목케 되었은즉
> 　화목케 된 자로서 더욱더 그의 생명을 통해
> 　우리가 구원을 얻게 될 것이기 때문이라.

이제 이 날 겸손히 하나님의 무한한 긍휼하심에 대해 하나님께 감사하시기 바랍니다. 우리 함께 십자가 밑에 나아가 우리가 우리 자신을 스스로 도울 수 없는 그 때 우리를 도와주심에 대해 그분을 찬양합시다. 나의 유일한 구세주요, 주님이신 예수 그리스도시여, "도움 없는 자들의 도움 되시는 주님이시여, 영원토록 나와 함께 하소서."[167)

아멘.

: 1976-2001년 사이에 이루어진 성금요일 설교 :

저는 다음과 같은 지역 교회들에 대해, 특별히 저를 초대해주신 이 교회들의 담임교역자들에게 감사의 마음을 전하고자 합니다. 십자가에 죽으신 그리스도의 메시지를 성금요일 예배의 자리를 마련하고자 특별히 애쓴 모든 사람들과 함께 나눌 수 있었던 것은 최고의 특권이었습니다. 이 회중들과 함께 나누었던 시간들에 대한 기억을 저는 일평생 소중히 간직할 것입니다.

1976	New York주 Rye시의 Christ's Church
1977	New York주 Rye시의 Christ's Church
1978	New York주 Rye시의 Christ's Church
1979	New York주 Rye시의 Christ's Church
1980	New York주 Larchmont 시의 St. John's 교회
1981	Florida주 Palm Beach시의 Bethesad-by-the-Sea 교회
1982	New York 시 Grace Church
1983	New York 시 Grace Church
1984	South Carolina주 Columbia 시의 Trinity Cathedral 교회
1985	New York주 Larchmont 시의 St. John's 교회
1986	Maine 주 Portland 시의 Trinity Church
1987	New York 시 Grace Church
1988	New York주 Larchmont 시의 St. John's 교회
1989	Missouri주 St. Louis시의 St. Michael and St. George교회
1990	New York 시 Grace Church
1991	Connecticut주 Greewich시의 Christ Church
1992	Connecticut주 New Canaan시의 St. Mark's Church
1993	Virginia주 Norfolk시의 Church of the Good Shepherd
1994	Georgia주 Augustra시의 St. Paul's Church
1995	Colorado Springs의 Grace and St. Stephen's Church
1996	Maryland주 Potomac시의 St. Francis' Church
1997	Michigan주 Grosse Pointe시의 Christ Church
1998	Louisiana주 Shreveport시의 St. Paul's Church
1999	Colorado Springs의 Grace and St. Stephen's Church
2000	South Carolina주 Hartsville시의 St. Bartholomew's Church
2001	Connecticut주 Hartford시의 Trinity Church

| 2001년 9월 11일

제로지점에 서 있는 십자가

독자에 대한 소고
이 설교는 2001년 10월 초 인디애나 주 먼스터(Munster)시의 성 바울의 교회에서 했던 설교입니다. 또한 조금 변형된 형태로 메사추세스 주 쉐필드(Sheffield)시의 Christ Church에서 했던 설교이기도 합니다.

{예수께서 말씀하시기를} 내가 하나님의 성령을 힘입어 귀신을 쫓아내는 것이면 하나님의 나라가 이미 너희에게 임하였느니라.
사람이 먼저 강한 자를 결박하지 않고야
어떻게 그 강한 자의 집에 들어가 그 세간을 늑탈하겠느냐
결박한 후에야 그 집을 늑탈하리라. 마 12:28-29 /참조 막 3:27; 눅 11:21

친애하는 동료 국민 여러분들!

9월10일, 아무리 생각해 봐도 저는 제가 교회에 모여 있는 여러분들을 "나의 동료 국민"이라고 부르게 될 때가 있으리라고는 거의 꿈조차 꾸어본 적이 없었던 것 같습니다. 그러나 그것은 오래 전, 즉 우리가 아직 어렸을 때였습니다.[168] 다시 말해 이제 이 충격적인 사건 이후 우리 모두는 성숙해 서로를 동료 국민이라 부를 수 있게 되었습니다. 9·11 테러 후 2주 뒤에 뉴욕 타임즈의 컬럼니스트인 프랭크 리치(Frank Rich)는 "시작의 끝"이라는 글 하나를 신문에 기고했는데, 그 내용은 다음과 같습니다.

이제 모든 것이 바뀌었다. 아마겟돈과 오직 어리석은 자만이 생각해 낼 수 있는 어떤 미래 사이에서 엉거주춤한 상태로 이 믿을 수 없는 충격의 순간을 멍하니 관망하노라니 오직 확실한 것, 즉 생필품들과 같은 것들에 대

한 맹렬한 배고픔만이 존재한다. … 정말로 우리는 지금 우리가 어디에 서 있는지조차 모르고 있다. 우리는 지옥의 변방과 같은 불확실한 상태에 놓여있다. 169)

월스트리트 저널지의 한 기고자는 유명한 "뉴욕의 허풍과 뽐냄은 … 우선 사라져 버렸고 그 대신 근심과 불안 그리고 두려움만이 가득 찼다"170)고 말한 적이 있습니다. 모든 사람들이 모든 것들을 다시 생각하고 있습니다. 기자와 대담을 나눈 패션 분야에 종사하는 한 여성은 이제 그녀의 직업은 더 이상 중요해 보이지 않는다고 말했습니다. 리차드 존슨(Richard Johnson)은 뉴욕 포스트지에 "Page Six"라는 촌평을 쓰고 있었습니다. 그런데 갑자기 그는 말하기를, 자신은 이제 더 이상 가벼운 촌평을 쓸 수가 없고, 딱딱한 내용의 뉴스들을 쓰고자 한다고 했습니다.

리차드 존슨은 딱딱한 내용의 뉴스라고 말했습니다. "딱딱한" 이란 단어는 정말 투박하고 딱딱하게 들린다는 것을 저도 알고 있습니다. 그러나 그가 의도했던 바는 이것이 아닙니다. "딱딱한" 뉴스란 저널리스트들에 의하면 실제 사건들에 관한 기사들과 문화적 경향들이나 생활양식의 이슈들, 유행적인 문화 등등에 관한 "가벼운" 뉴스를 구별하기 위해 사용하는 용어입니다.

이 구별은 기독교 복음을 이해하는 데에 유용한 구별입니다. 신약 헬라어로 "딱딱한 뉴스"를 가리키는 단어는 *evangel*과 *kerygma*로, 그 의미는 뉴스, 좋은 뉴스, 선포, 선언입니다. 통속적인 종교적 열풍의 시대 속에서 기독교는 두드러진 위치를 차지하고 있는데 그 이유는 기독교는 구체적이고도 규명할 수 있는 특정한 시점에, 그리고 구체적이고도 역사적으로 규명될 수 있는 특정한 장소에서 일어났던 실제적 사건들에 기초하고 있기 때문입니다. 바로 이런 이유 때문에 우리는 사도신경 가운데 "본디오 빌라도에게 고난 받아 십자가에 죽으시고"라는 고백을 갖게 된 것입니다. 인간 역사 가운데 하나님의 메시아가 나타나신 것은 정말로 딱딱한 뉴스입니다. 다시 말해 그것은 진정한 일이었다는 뜻입니다.

여기 금요일자 뉴욕 타임지에 실린 그림을 갖고 나왔습니다. 여러분들도 이 그림을 신문에서 봤으리라 생각합니다. 세계 무역센터가 있었던 그 자리에 무너진 철제 구조물 하나가 쌓여 있는 잔해 위로 나와 있습니다. 그 모양은 완벽하리만큼 대칭적 구조를 지닌 십자가의 모습입니다. 이 신문의 기자는 다음과 같이 쓰고 있습니다.

> 이 십자가 형상은 사고 현장에서 일하고 있는 많은 사람들과 다른 사람들에게 하나의 영감을 불러일으키는 상징물이 되었다. 철근 인부 중 한 명인 프랭크 실레키아(Frank Silecchia)는 테러가 발생한 후 삼일 째 되는 날, 높이 쌓인 잔해 속에서 죽은 시신들을 끌어내는 중에 이 십자가 형상을 발견했다. 그는 불빛을 올려다보고 십자가 형상을 보고 그리고 흐느껴 울었다. 그는 '나는 정말 그 형상에 압도되었습니다'라고 말했다. 소방서의 제 3구조대의 크리스 라이얀(Chris Ryan)은 '십자가 형상이 거기에 있다는 것은 기적과도 같은 놀라운 일이었습니다. 의심할 바 없이, 십자가 형상은 우리가 이 자리에서 볼 수 있는 몇 안 되는 기분 좋은 것들 중 하나임이 분명합니다'라고 말했다. [171]

이제 우리는 십자가의 형상은 악마적 의미들로 사용될 수 있음을 알고 있습니다. KKK 단원들이 십자가 모형들을 집이나 교회 앞마당에서 불태워 왔습니다. 보스니아에서는 이슬람교도들에게 패배의 상징으로 십자가 모형을 강요한 적도 있었습니다. 유대인의 강제수용소가 있었던 아우슈비츠 가까이에 한 가톨릭 종교 단체가 세웠던 십자가상은 수많은 유대인들에게 크나큰 마음의 상처를 주기도 했습니다.

우리는 조심해야 합니다. 왜냐하면 십자가가 상징하는 바는 해석이 필요 없을 정도로 자명한 것이 아니기 때문입니다. 다시 말하면 십자가는 각각의 구체적인 상황 속에서 십자가에 부여된 의미에 따라서 각기 다른 의미를 가진다는 뜻입니다. 세계무역센터가 있던 제로지점의 폐허 위에 서 있던 십자가 모형은 우리에게 "본디오 빌라도에게 고난 받아 십자가에 죽으시고 장사된" 그분에 대해 이야기하고 있는 것입니다. 십자가만큼 실제의 사건과 그렇게도 동일시 될 수 있는 것은 전혀 없습니다. 다시 말해 십자가는 실제의 사건, 즉 크리스천들에 의해서 모든 세대의 전환점으로, 그리고 온 세상에 대한 구원의 원천으로 2천년 동안 선포되어 왔던 사건과 정확히 동일시됩니다.

무고하게 죽어간 4000명의 시신이 쌓여있는 폐허의 현장에서 발견된 십자가를 본다는 것은 도대체 어떤 의미를 지닐까요? 말로 형언할 수 없는 고통 속에서 십자가에 죽음당한 사람을 생각해 낸다는 것이 어떤 의미가 있을까요? 증오와 파괴의 현장 위에 고문과 처형의 수단인 십자가를 일으켜 세운다는 것은 무슨 의미가 있을까요?

마태와 마가, 그리고 누가는 모두 예수께서 자신의 제자들에게 말씀하셨던 한 비유를 전하고 있습니다. 이 비유는 그리 잘 알려져 있는 비유가 아니며, 또한 그 의미도 알 길이 없어 보입니다. 그럼에도 불구하고 제가 "확실한 것, 즉 생필품들과 같은 것들에 대한 맹렬한 배고픔" 가운데 성경구절들을 찾고 있을 때 이 비유는 저에게 감동을 주었습니다.

> [예수께서 말씀하시기를] 만약 내가 하나님의 성령을 힘입어 귀신을 쫓아내는 것이면 하나님의 나라가 이미 너희에게 임하였느니라 하시니라. 사람이 먼저 강한 자를 결박하지 않고야 어떻게 그 강한 자의 집에 들어가 그 세간을 늑탈하겠느냐 결박한 후에야 그 집을 늑탈하리라.

여러분과 저는 이 말씀들에 대한 설명이 없는 한 이 말씀들을 이해하는 데 어려움이 있습니다. 그렇지만 예수님 당시에 제자들은 강한 자가 사탄이요, 사탄의 "집"이 이 세상이라는 것을 곧바로 알았던 것 같습니다. 예수님은 사탄을 "이 세상의 주관자"라고 부르셨습니다(요 12:31). 에베소서에 따르면 사탄은 "공중 권세 잡은 자"로서 "이 세상의 풍속"을 주도하며, "불순종의 자녀들 가운데" 역사하는 자로 불립니다(2:2).

강한 자에 대한 비유 중에서 예수님은 사탄은 싸움 없이는 결코 자신의 지배를 포기하지 않을 것이라고 말씀하고 계십니다. 만약 사탄이 자기보다 더 월등한 세력에 의해서 제지되지 않는다면 그는 결코 양보하지 않을 것이라는 뜻입니다. 사탄은 자기를 무장해제 시키고 자신의 재물들을 빼앗아 갈 수 있는 더 강한 자가 나타날 때까지는 자신의 왕국을 지배하리라는 뜻입니다.172) 바로 이것을 예수님은 정확히 하시겠다고 약속하고 계신 것입니다. 예수님은 지상 사역 가운데 귀신들을 쫓아내시면서 이 일을 하고 계셨습니다.

그러나 결정적인 우주적 차원의 승리는 그분이 십자가상에 서실 때까지는 이루어지지 않았습니다. 골로새서가 기록하고 있듯이 십자가 위에서 하나님은 "우리를 거스리고 우리를 대적하는 의문에 쓴 증서를 도말하시고 제하여 버리사 십자가에 못 박으시고, 정사와 권세를 벗어버려 밝히 드러내시고 십자가로 승리하셨습니다"(골 2:14-15).

우리가 우주에서 찍은 지구의 사진들을 보게 되면 지구는 사탄의 집 같아 보이지는 않습니다. 지구가 악마의 지배 영역 같아 보이지 않습니다. 오히려 지구는 아름다워 보입니다. 우리가 이런 식으로 지구를 보게 될 때 우리는 지구를 오직 추상적인 의미에서 생각하여 지구를 연약하고도 위협받는 대상으로 생각하게 되는데, 그 이유는 지구는 심연의 우주 속에 있는 파랗고 하얀 하나의 구슬 같은 존재로 작고 깨어지기 쉬워 보이며, 심지어 지구를 둘러싸고 있는 칠흑 같은 흑암에 의해서 언제라도 곧바로 삼켜질 것 같아 보이기 때문입니다.

그러나 성경이 우리게 가르치는 바는 세상이 연약하고 위협 속에 있는 것은 우주로부터의 어떤 위협 때문이 아니라 *인간 마음의 어둠 때문*이라고 하는 점입니다. 전도서는 이것을 다음과 같이 잘 표현해줍니다. "모든 사람의 결국이 일반인 그것은 해 아래서 모든 일 중에 악한 것이니 곧 인생의 마음에 악이 가득하여 평생에 미친 마음을 품다가 후에는 죽은 자에게로 돌아가는 것이라"(전 9:3). 우리 지구에 대한 위협은 바깥 외부로부터 오는 것이 아니라 내부로부터 오는 것입니다.

저는 소녀합창단이 부른 사랑스러운 크리스마스 캐롤집을 하나 갖고 있는데 제목은 "겨울 눈 속을 보라"(See amid the winter's snow)입니다.[173] 이 중에는 9월 11일에 마음에 와 닿는 노래 하나가 있습니다. 이 가사는 그리스도는 자신의 신적 영광을 내어놓으셨다는 사실을 이렇게 표현하고 있습니다. "그분은 가장 지고한 축복의 상태로부터 이와 같은 세상에 내려오셨도다."

우리 주님께서 하늘에서부터 땅으로 내려오신 일은 결국 이 땅 위의 십자가에서 죽으심으로 그 끝을 맺고 있습니다. 그리스도의 십자가는 이 제로지점에 놓인 폐허와 비견되는 유일한 상징입니다. 그리스도는 은빛 찬란한 아름다운 세상을 향해 휴일 여행을 오신 것이 아닙니다. 파란 하늘의 은빛 비행체와 같은 지구 날개 위에 지옥의 검은 연기와 시뻘건 불꽃이 내려앉았습니다. 이 사진들이 이것을 보여주고 있습니다. 9월 11일보다 수정같이 맑은 날은 없었습니다만 "구름으로 수놓은 높은 타워들"[174]은 지옥의 광란 속으로 사라져 버렸습니다. 앞에서 말한 가사에 나오는 *이와 같은 세상*이 정확히 시사했던 일입니다.

9월 29일은 천사장 미가엘을 기념하는 미가엘 축일(Michaelmas)이었습니다. 여러분도 알다시피 그는 하늘 군대인 주의 천군들의 천사장입니다. 그는 큰 용의 지배를 종식시키기 위해 그리스도의 통치 아래서 섬기는 자입니다(계 12:7-9). 저는 악을 패퇴시키는 천사장 미가엘의 이미지를 항상 사랑해왔습니다. 저는 성인에게 기도하기에는 너무도 청교도적인 사람이지만 9월 29일에 저는 "미가엘 천사장이여, 당신은 지금 어디에 있나요? 그 날 9월 11일에 당신은 어디에 있었나요?" 라고 묻고 있는 저를 발견하고 깜짝 놀랐습니다.

그리고 다음과 같이 대답이 주어지는 듯 했습니다. "내가 거기 있었노라. 내가 거기 화염 속에 있었노라. 내가 거기 소방대원들 가운데 있었노라. 내가 거기 자신들의 삶을 내어놓았던 사람들과 함께 있었노라."

연일 우리들은 세계 무역센터 사건에서 오직 하나의 특정한 이야기를 들어왔습니다. 이 이야기는 조금씩 다르지만 기본적인 주제는 항상 동일합니다. 이 이야기는 화염에 휩싸인 무역센터 빌딩 계단들을 뛰어 내려오는 사람들의 이야기입니다. 사람들이 계단을 뛰어 내려오는 동안, 소방대원들은 뛰어 올라가고 있었습니다. 계속해서 이와 같은 똑같은 일들이 반복되었습니다. 다시 말해 우리는 현장을 피해 뛰어 내려가는데, 그들은 죽음을 무릅쓰고 현장으로 뛰어 올라갔습니다. 사람들은 이 말을 계속하고 있습니다. 게리슨 카일러(Garrison Keilor)는 이 사실에 관해 노래를 하나 만들었습니다. 이 노래는 이 격변의 기저에서 오는 유일하고 가장 강력한 한 편의 증언이었습니다. 왜 그랬을까요? 그 이유는 다른 사람들을 위한 희생이 그 어떤 것보다도 가장 강력한 것이기 때문입니다.

뉴욕 타임지는 9·11 테러로 죽은 사람들에 대한 대문짝만한 사진들과 프로필들을 연일 게재하고 있는데 이 신문 섹션은 "슬픔의 초상들"입니다. 수많은 사람들이 매일 이 페이지에 실린 글 하나하나를 빼놓지 않고 읽고 있습니다. 이 중에 두 편의 글을 여러분들에게 읽어드리고자 합니다.

중국계 미국인인 제젱(Zhe Zeng)이라는 이름의 사람이 있습니다. 첫번째 비행기가 무역센터 빌딩을 들이받았을 때 그는 빌딩 밑 길가에 안전하게 있었습니다. 그는 가까이 있던 뉴욕 은행에 있는 그의 사무실에서 쉽게 안전한 상태로 머물러 있을 수도 있었습니다. 그러나 그는 그렇게 하지 않았습니다. 그는 자격증이 있는 응급처치 의료인이었습니다. 그는 구급약들을 가지러 먼저 그의 사무실로 뛰어 들어갔고 그 다음의 광란의 현장으로 달려갔습니다. 그 날 후에 한 비디오카메라가 여전히 정장을 한 상태에서 길거리에서 누군가를 돕고 있는 모습을 찍게 되었습니다. 그 후 그는 비디오카메라에서 사라져 버렸습니다.

두 번째 이야기입니다. 이 사람은 스페인 계통의 미국인으로서 쌍둥이 빌딩의 두 번째 빌딩에 있는 Top of the World Cafe의 매니저였던 지안 감보아(Giann Gamboa)라는 사람입니다. 그는 뉴욕 퀸즈(Queens)시에 위치한 새 생명 교회란 뜻의 Iglesia Nueva Vida 교회의 독실한 교인이었습니다. 지안 감보아의 이야기는 다음과 같습니다.

친구들은 여전히 어떻게 지안 감보아가 불과 몇 개월 전에 세계무역센터 꼭대기를 자신의 교회의 어린이들 70명이 방문해서 거기서 기도하도록 할 수 있었는지에 관해 이야기들을 합니다. 지안 감보아의 가장 친한 친구인 페르난도 몬토야(Fernando Montoya)는 "그는 크리스천임을 기뻐했고 자신의 신앙을 사람들과 함께 나누는 일을 좋아했습니다."라고 전하고 있습니다. 사람들이 지안 감보아를 마지막으로 본 순간에 그는 빌딩의 78층에서 사람들로 가득 찬 엘리베이터를 타려는 중이었습니다. … 그러나 그는 자신의 순서를 지팡이를 의지해 서서 울고 있는 한 젊은 여성에게 양보했습니다. … 그리고 엘리베이터의 문이 닫히는 순간, 지안 감보아는 친구에게 "나는 다음번 엘리베이터를 타면 되지 뭐."라고 말했습니다.[175]

우리의 전폭기들이 탈레반들을 폭격하기 위해서 준비하고 있습니다. 우리의 군인들이 아프카니스탄으로 가고 있습니다. 심지어 저와 같이 평화적 성향의 사람들도 이 시간 우리의 무장한 군인들 뒤에서 함께 연합해서 그들을 지지합니다. 그러나 하나님의 나라에서 기억될 것들은 다름 아니라 궁극적으로 자신들을 희생한 이상의 작은 이야기들, 즉 매력이나 영웅적 자태가 없는 지극히 평범한 개인들의 이러한 숨겨진 행동들이 될 것입니다.

높은 타워빌딩이 무너진 잔해 가운데 묻혀버렸기 때문에 이 생의 삶에서는 듣지 못한 많은 다른 이야기들이 있음을 압니다. 그러나 주님은 각각의 모든 이야기들을 알고 계시며, 그러기에 이렇게 말씀하십니다. "잘 하였도다, 착하고 충성된 종아"(마 25:21). 또 계시록은 이들에 대해 다음과 같이 말하고 있습니다. "지금 이후로 주 안에서 죽는 자들은 복이 있도다 하시매 성령이 가라사대 그러하다 저희 수고를 그치고 쉬리니 이는 저희의 행한 일이 따름이라 하시더라"(계 14:13).

저는 9·11 이후 계속적으로 디트리히 본회퍼에 대해 생각하는 저 자신을 발견하게 됩니다. 1936년 봄, 본회퍼는 미국에서 안전하게 있었습니다만 그는 미국 친구들이 간청하는데도 요한계시록이 말하는 짐승의 배와 같은 조국 독일로 돌아가기로 결정했습니다. 요즘 제 관심을 끄는 것은 이 평화의 사람, 너무도 점잖고 온유한 사람, 아무런 군사적 이력이나 배경이 전혀 없었던 비폭력적인 루터파 목사인 본회퍼가 독일로 돌아가기로 결정했을 뿐만 아니라 히틀러를 암살하려는 음모에 가담하기로 결정하게 된 방식입니다.

그는 크리스천으로서 자신이 자신을 위해 할 수 없거나 하지 않을 일을 그 어떤 다른 사람이 자신을 위해서 해 주기를 기대해서는 안 된다고 마음에 결정했습니다. 그는, 사형제도에 대해 서명하지 않고 비공식적으로 승인하면서도 다른 어떤 사람이 자신들을 위해서 사형을 집행하기를 기대하는 연방정부의 주지사들과 같은 사람이 되기를 원하지 않았습니다. 디트리히 본회퍼는 그렇게 할 사람이 아니었습니다. 만약 사형을 집행해야 한다면 그는 사형 집행의 결과에 대해 거리를 두고 자신은 깨끗한 상태로 머물러 있을 사람이 아니었습니다.

여러분들은 본회퍼의 이야기 나머지를 알고 계실 겁니다. 결국 암살계획은 실패했고, 그와 그의 동료 암살자들이 체포되었지요. 그는 연합군에 의해서 해방되기 4일 전에 나치에 의해서 교수형을 당했습니다. 지금 본회퍼는 그리스도를 위해 죽은 다른 사람들과 함께 웨스트민스터 사원에 있는 20세기 크리스천 순교자들의 묘역에 묻혀 있습니다. 이들 중에는 마틴 루터 킹 목사, 엘살바도로의 로메로(Romero) 주교, 그리고 성공회 대주교였던 우간다의 야나니 루웜(Janani Luwum)이 있습니다.[176] 이들 순교자들은 그리스도의 십자가를 진 사람들입니다. 그들이 죽어가고 있을 때 하나님은 어디에 계셨을까요? 하나님은 그들의 십자가를 지는 행동, 그 가운데 함께 계셨습니다.

유나이티드 항공기 93번기에 관한 이야기의 실체가 조금씩 하나하나 그 모습을 드러내고 있습니다. 제인 펄리(Jane Pauley)가 비행기 내에 피랍되었던 승객의 아내 리사 비머(Lisa Beamer)와 나눈 인터뷰의 전체를 볼 수 있는 행운을 갖은 바 있습니다. 이 인터뷰 전체를 봐야만 여러분들은 젊은 크리스천 기사와 같은 남편 토드 비머(Todd Beamer)와 그의 아름다운 부인 리사의 용기와 신앙의 온전한 모습을 그릴 수 있을 것입니다.

토드가 타고 있던 이 비행기는 펜실베이니아 서부 쪽에 추락해서 탑승했던 모든 사람이 죽은 바로 그 비행기였습니다. 리사와 토드는 일리노이즈 주에 있는 아주 유명한 기독교 대학 중 하나인 휘튼 대학에 함께 다니고 있던 학생 시절에 서로 만났습니다. 대단히 독실한 젊은 이 크리스천 커플은 결혼했고 두 명의 자녀를 두었습니다. 매일 아침 토드는 그의 어린 자녀들에게, "얘들아! 이제 시작해야지"라고 아침인사를 함으로써 자녀들을 유쾌하게 했다고 합니다.

토드는 93번 항공기에서 전화교환수에게 전화를 건 장본인이었는데, 그 때 그의 신용카드가 작동하지 않아 부인 리사와 직접 통화할 수 없었기 때문입니다. 토드는 교환수에게 자기와 함께 주기도문을 외우자고 요청했고, 그에게 예수님에 대한 자신의 신앙에 대해 이야기했습니다. 그런 뒤 토드는 전화기를 바닥에 내려놓아 교환수가 토드 자신이 비행기에 탑승한 사람들에게 최후의 명령을 발하는 것을 듣도록 했습니다. 그리고 토드는 "여러분들 준비되었지요, 이제 시작합시다"라고 외쳤습니다.

이렇게 해서 아마도 워싱턴에 있는 목표물이었을 백악관이나 국회의 사당이 파괴되지 않을 수 있었습니다. 세 번째 아이를 임신하고 있던 부인 리사는 그날 주님께서 토드와 그 자리에 있던 다른 승객들을 통해서 역사하실 것이라고 확신했습니다. 주님은 화염 가운데 토드를 포함한 모든 승객들과 함께 계셨습니다.

이 영웅적 이야기는 온 나라 전체를 전율케 했고 큰 감동을 불러일으켰습니다. 또한 이 이야기는 다가오는 세대를 두고 계속 들려질 것입니다.[177] 그러나 물론 다른 이야기들도 존재합니다. 보잘 것 없는 무명인 사람들의 행동에 대한 이야기들도 있습니다. 폐허의 현장에서 일하는 사람들에게 다과를 제공한다든가, 소방관들에게 교회 건물을 숙소로 제공한다든가, 이슬람들이 시장에 갈 때 크리스천들이 보호해줌으로써 해를 당하지 않게 한다든가 하는 일들 말입니다. 이러한 긍휼의 일들 모두는 폐허의 현장 위에 모습을 드러냈던 십자가의 한 표식입니다.

여러분들이 할 수 있는 것이 없다고 결코 생각하지 마시기 바랍니다. 여러분 자신의 교회 공동체 바로 거기에서, 여러분들은 우리의 공동체는 불안한 지옥의 변방 가운데 살고 있는 것이 아님을 알고 있는 복음의 공동체로 행동하고 살아갈 수 있습니다. 우리들은 우리가 서 있는 곳이 어디인지를 *분명히* 알고 있습니다. "나의 모든 소망은 하나님 위에 놓여있습니다"라고 우리 방금 전에 찬양 드리지 않았습니까? 우리는 오직 어리석은 자만이 예언할 수 있는 그런 미래를 바라보고 있지 않습니다. 그 이유는 "그리스도는 죽으셨고, 살아 나셨고, 다시 오실 것이기 때문입니다." 십자가 형상을 담은 크리스천의 용기 있는 모든 행동들은 그것이 아무리 작은 행동일지라도 악에 대한 주님의 궁극적 승리의 날이 다가오고 있음을 증언합니다.

감동적인 이야기 하나가 얼마 전 일간지에 실린 적이 있습니다. 이 이야기는 유방암으로 죽은 한 젊은 어머니의 이야기입니다. 이 여인은 4년 동안 유방암과 싸웠습니다. 그녀의 남편은 이렇게 증언합니다. "내게 그녀는 지금 모든 사람에게 영웅과도 같은 존재인 경찰관들과 소방대원들만큼 영웅적인 존재였습니다. 나는 그녀를 지금까지 내가 보아온 가장 용기 있는 사람들 중에 한 사람이라고 생각합니다."[178] 바로 그것이 이 부인이 남편과 자녀들에게 남겨 놓고 간 불굴의 선물이었습니다.

여러분들은 우리가 방금 부른 찬송이 "망루와 전들은 무너져 내려 흙속에 파묻히지만 하나님의 능력은 언제나 나의 전이요 나의 망루입니다"[179]라는 가사인 것을 잘 알고 계시리라 생각합니다. "확실한 것, 즉 생필품들과 같은 것들에 대한 우리의 배고픔"은 세상적인 힘을 상징하는 타워에서 발견되는 것이 아닙니다. 심지어 영원히 서 있을 수 없는 위대한 성당이나 성전들에서도 발견되는 것이 아닙니다. 그것은 우리가 전혀 기대하지 못했던 곳, 즉 고통과 모순의 표식이며 고초와 죽음의 상징인 십자가, 다시 말해서 모든 인간적인 가능성들을 물리치고 강한 자, 사탄에 대한 그리스도의 승리의 표식이 된 그 십자가에서 발견되는 것입니다.

더 강한 자이신 예수께서(막 1:7) 여기 계십니다. 그분은 인간의 죄와 우주적 악, 그리고 소름끼치는 죽음에 자신을 내어 맡기셨습니다. 그렇게 하심으로써 그분은 사탄으로부터 그의 소유들을 강제로 빼앗으셨습니다. 우리의 구세주께서는 이 세상의 지배자의 집을 약탈하셨습니다. 그러나 자신은 멀리 안전한 곳에 서서 이런 일을 행하신 것이 아닙니다. 그분은 친히 "이와 같은 세상에 내려" 오셨습니다. 그분은 화염으로부터 도망하시지 않았습니다. 그분은 화염 속으로 들어가셨습니다.

십자가 모형의 철제 구조물에 대한 소방대원의 말을 기억해 보시기 바랍니다. "십자가 형상은 우리가 여기 이 자리에서 볼 수 있는 몇 안 되는 기분 좋은 것들 중 하나임이 분명합니다"라는 그 말을 기억하시기 바랍니다. "여기 이 자리에서"라는 표현에 주목하시기 바랍니다. 지옥불이 선한 것들을 태워버리려고 발버둥치는 바로 여기 이 자리를 말합니다. 그러나 지옥불이 그렇게 할 수 없습니다. 더 강하신 주님께서 이미 "여기 이 자리에" 우리와 함께 오셨습니다. 자신의 부활을 통해 주님은 악을 이기셨습니다. 우리는 미래가 무엇을 점유하게 될지 알지 못하지만 우리는 누가 미래를 점유하게 될지를 분명히 알고 있습니다.

주님이 말씀하셨습니다. "나는 알파요 오메가라 이제도 있고, 전에도 있었고 장차 올 자요 전능한 자라; 나는 알파요 오메가요, 처음과 나중이요 시작과 끝이라"(계1:8; 22:13). 이것은 딱딱한 뉴스입니다. 이것은 복음입니다.

이제 말씀을 맺도록 하겠습니다. 우리 주 예수 그리스도의 사랑하는 동료 죄인들, 동료 성도들, 함께 섬기는 종들이여, 우리는 사탄이 행할 수 있는 그 어떠한 일에 대해서도 두려워하지 않습니다. 미래는 예수 그리스도의 승리의 희생 가운데 함께 참여한 자들에게 속해 있기 때문입니다.

아멘.

5부
부활의 날:
부활절

길들여지지 않은 아름다움, 용기, 움직임,
오, 바람, 도도함, 날 선 깃털이
여기에서 잠시 멈칫하다!
그리고 그때 그대에게서 작렬하는 불은
억만 배나 더 아름답고, 더 위협적이니
오, 나의 기사여!
- Gerard Manley Hopkins,
"The Windhover: To Christ Our Lord"

| 부활절의 대전야

죽음의 왕국의 한밤중

독자에 대한 소고
이 설교는 부활절 아침의 동트기 전, 부활절 전야의 어둠 속에서 행해진 설교입니다. 이 부활절 전야 예배는 교회 묘지에서 시작되었고, 그 뒤 계속해서 교회 건물 안으로 이어집니다.

본문: 요한복음 20:1-10

　　북부 메사추세스의 스톡브리지(Stockbridge)에 있는 아름다운 에덴 언덕 위에 폴란드식 가톨릭 수도원의 본원이 자리 잡고 있습니다. 언덕 정상 위에 작은 무덤이 하나 있는데 이 무덤은 키 큰 상록수 나무 숲 속에 있습니다. 조상들과 친족들이 죽으면 여기에 묻히게 됩니다. 비석들은 하얀 십자가들로서 모두 똑같아서 어느 하나가 다른 것들보다 더 우월하다든가 열등하다는 흔적을 결코 찾아 볼 수 없지요. 모두 죽음 가운데 있다는 점에서 동등합니다.
　그러나 거기에는 다른 것들보다 더 높이 솟아있는 아주 큰 십자가 하나가 있습니다. 이것은 무덤의 비석이 아니고, 묘지 전체의 중심 비문입니다. 이 비문에는 라틴어로 된 성경구절이 하나 새겨져 있습니다. *Qui credit in me, etiam si mortuus ferit, vivet.* (나는 부활이요 생명이니 나를 믿는 자는 죽어도 살리라) 요한복음에 나오는 이 구절은(11:25) 죽었다 살아난 나사로의 이야기에 나오는 구절입니다. 이 이야기에서 마르다는 예수님을 나사로의 무덤에 이르는 길로 은연중 불러낼 뿐만 아니라 결국 나사로를 죽게 하셨다고 예수님께 불평합니다. 주님께서는 마르다에게 다음과 같이 말씀하시며 그녀의 우둔함을 깨우치십니다. "나는 부활이요 생명이니 *나를 믿는 자는 죽어도 살겠고*, 무릇 살아서 나를 믿는 자는 영원히 죽지 아니하리니 이것을 네가 믿느냐?"

여러분들은 이것을 믿습니까? 이것이 정말 사실이겠습니까? 우리가 지금 이 묘역에서 무엇을 하고 있습니까? 이 옆으로 차를 타고 지나가는 사람들이 우리가 이 어둠 속 이 묘역에서 무엇을 하고 있다고 생각하겠습니까? 우리가 이 무덤에서 지금 하고 있는 것이 *Midnight in the Garden of Good and Evil (선과 악의 정원에서의 자정)*에 나오는 부두교의 사술과 같은 겁 많은 비밀스러운 예식과 같은 것입니까? 부활절 축일 전야 예배가 그것과 어떻게 다릅니까?

밤과 어둠의 상징이 요한복음에 널리 퍼져있습니다. 요한복음의 맨 처음에서 우리는 성육신하신 하나님의 말씀의 빛이 어둠 속에서 비추게 되었다는 선포를 듣게 됩니다(1:5). 니고데모는 그 어느 누구도 자신을 보지 못하게 하고자 밤에 예수께 나아왔습니다. 예수님은 "사람들이 자기 행위가 악하므로 빛보다 어둠을 더 사랑한 것이니라"는 경고를 발하셨습니다(3:19). 이 복음서에서 예수님은 반복적으로 자신은 세상에 빛을 가져왔으며, 자신이 없다면 세상은 밤이라고 가르치셨습니다(3:20-21; 9:4-5; 11:9-10; 12:25-26, 46).

또한 우리는 요한복음에서, 예수께서 또 일러 가라사대 "나는 세상의 빛이니 나를 따르는 자는 어둠에 다니지 아니하고 생명의 빛을 얻으리라"라고 말씀하셨다는 기록을 읽게 됩니다(8:12). 가장 놀랍게도 극작가의 대가인 요한은 지상에서의 주님의 마지막 밤에 대한 자신의 설명에서 예수님이 "심중에 고통스러워하시며 … 너희 중 하나가 나를 팔리라"

라고 말씀하셨다고 전하고 있습니다. 이어서 요한은 "예수께서는 떡 한 조각을 포도주에 적셔 가룟 유다에게 주시니 그 조각을 받은 후 곧 사단이 그 속에 들어간지라. … 유다가 그 조각을 받고 곧 나가니, *그때가 밤이더라*"고 기록하고 있습니다(13:21-30).

그때가 밤이더라. 이 밤은 죄와 사망이 지배하는 밤입니다. 누가복음이 전하는 예수님의 말씀에 따르면 "이때가 너의 때니 악의 세력의 때니라"고 되어 있습니다(눅 22:53). 성목요일의 예식이 우리를 위해 이것을 극화했습니다. 제단이 비워지고 촛불들이 모두 꺼졌으며 조명들도 꺼졌습니다. 이 예식은 예수님이 죽으심에 따라서 모든 인간의 소망이 말살되었음을 보여주기 위한 의도를 갖고 있습니다. 어둠의 세력과 영역이 승리한 것처럼 보입니다. 무덤 외에는 메시아에게 남겨진 것이 아무 것도 없습니다. 그리고 우리가 성경에서 읽듯이 아리마대 요셉이 빌라도에게 와서 십자가로부터 예수님의 시신을 내려서 가져가도록 허락해달고 요청했습니다.

요한복음은 "밤에 처음 예수에게 나아 왔던" 니고데모에 대해서도 관례상 시신이 상하지 못하게 하기 위한 헛된 시도 가운데 기름을 바르기 위해서 향료를 가져왔다고 기록하고 있습니다. 사람들은 "유대인의 장례법에 따라" 예수님의 시신을 향품과 함께 세마포로 단단히 묶어 요셉 소유의 새로운 무덤에 넣었습니다(19:38-42). 이때가 늦은 금요일 오후쯤 되었을 것입니다. 거기에 금요일 밤과 그 다음날인 안식일, 즉 무덤을 찾는 일을 포함해 모든 일을 금했던 안식일 하루 종일 예수님의 시신이 놓여있었습니다. 이것은 요한복음 9장에서 예수께서 친히 하신 말씀을 상기시킵니다. "밤이 오리니 그 때는 아무도 일할 수 없느니라. 내가 세상에 있는 동안에는 세상의 빛이로다"(9:4-5).

예수께서는 죽음의 영역에 들어가셨습니다. 그리스와 로마의 신화가 이 점에서는 결코 다르지 않은 듯합니다. 죽은 자들이 스틱스(Styx)라는 검은 강물을 건너 다시는 돌아올 수 없는 어둠의 나라로 들어가게 된다는 신화 말입니다. [180] 하나님의 아들은 스스로 자신을 밤의 영역 가운데 내어 주셨습니다. 바로 이 어둠의 나라로 그분은 가셨습니다. 우리는 사도신경을 통해 "그가 음부에 내려가셨다"고 고백합니다. 사망이 음부를 지배합니다. 사탄이 그곳을 다스립니다. [181] 예수님의 시신이 거기에 24시간, 30시간, 34시간 놓여있었습니다. 그때는 밤이었습니다.

여러분은 혹시 누군가를 장사지내신 적이 있습니까? 그렇지 않다면 언젠가는 그런 경험을 하게 될 것입니다. 그때 여러분들은 죽음의 차가운 포옹을 알게 될 것입니다. 여러분에게 너무도 소중했던 사람이 세상을 떠나서 여러분 자신이 친히 주검을 눈으로 바라다 보게 될 때 비로소 여러분은 죽음을 문자적으로 알게 될 것입니다. 여러분은 죽음을 수백 가지의 다양한 방식으로 알게 될 것입니다.

예를 들면 친구관계의 죽음을 통해, 직장과 직업을 잃게 됨으로써, 젊음을 잃게 될 때, 건강을 잃게 될 때, 행복이 사라져 버렸을 때, 꿈이 깨어져 버렸을 때 등등의 방식으로 죽음을 알게 됩니다. 죽음은 여러분들에게 꿈과 소망의 무덤과 같아 보일 것입니다.

바로 이것이 부분적으로 요한복음이 *밤*이란 표현을 통해서 의미하는 바입니다. 요한복음 20:1은 "안식 후 첫날 이른 아침 아직 어두울 때에 막달라 마리아가 무덤에 이르렀다"고 기록하고 있습니다. *아직 어두울 때*에 라고 말하고 있습니다. 한밤중, 즉 인간 소망의 끝의 밤이라는 뜻입니다. 왜 마리아가 왔을까요? 왜 우리는 무덤에 갑니까? 장례법에 관계없이 무덤이 상징하는 바는 동일합니다. 여러분이 재를 바다에 뿌리든 시신을 땅에 묻든 간에 관계없이 사망의 다스림은 준엄하며 비정하고 취소할 수 없습니다.

저는 사랑하는 친구 하나가 있는데, 그의 딸이 비극적으로 죽었습니다. 유가족은 재를 해변에 뿌리기로 결정했습니다. 이에 대해 그 친구는 가슴이 미어졌습니다. 그는 가족들에게 애절하게 요구해서 마침내 아주 소량의 재를 가족 소유의 땅에 묻을 수 있도록 허락 받았습니다. 후에 그는 딸의 시신의 남은 적은 것이나마 가질 수 있게 되어 언제라도 가서 "그녀와 함께 있을 수 있어" 감사하다고 말했습니다.

이러한 적은 위로들이 우리의 슬픔과 잃어버림에 대해 할 수 있는 최상의 것들입니다. 즉 재가 뿌려진 해변가를 걷는다든지 무덤 옆에 앉는다는 것 말입니다. 이것들이 우리 역시 이 땅을 떠나기 전에 죽음의 사지로부터 우리가 잡아챌 수 있는 몇 안 되는 위로의 파편들입니다. 사무엘 베케트(Samuel Beckett)의 연극인 *Waiting for Godot*에 나오는 유명한 한 시구는 이렇게 말하고 있습니다. "[인간들은] 무덤에 걸터앉아 자녀를 낳고, 빛이 순간적으로 비치고 난 뒤 바로 다시 밤이 오는구나."

이른 아침 아직 어두울 때에 막달라 마리아가 무덤에 이르렀다고 되어있습니다. 왜 우리는 묘지에 갑니까? 딸을 잃은 아버지인 제 친구는 무덤에 꽃을 놓고 과거를 회상하며 무언가 기억할 수 있는 것을 찾아보고 위로를 갖고자 무덤에 갑니다. 어떤 사람들은 비문을 읽고 거기에 묻힌 사람들의 삶을 상상해 보기 위해서 묘지에 갑니다. 어떤 사람들, 자신들은 영원히 죽지 않으리라 생각하는 젊은이들은 스릴을 좇으며 무시무시한 광경들과 유령들의 전율과 냉기를 맛보고자 밤에 묘지에 갑니다. 제가 종종 그렇게 하듯이 스톡브리지에 있는 묘지에 갈 때 저는 비석에 쓰여 있는 예수님의 말씀을 읽기 위해서 갑니다. 분명한 사실은 어느 누구도 누군가 무덤에서 살아 일어날 것이라는 기대 때문에 무덤에 가는 사람은 없다는 점입니다. 이런 생각은 심지어 십대들도 소스라쳐 놀라게 하여 그들의 머리카락이 바싹 서게 하는 일일 것입니다.

왜 한밤중에 마리아는 무덤에 갔을까요? 이에 대해 성경은 말하고 있지 않지만, 그러나 한 가지는 분명합니다. 그녀는 예수님의 부활을 기대하지는 않았다는 점입니다. 지중해 전역에 걸쳐서 명멸하는 신들이 많이 있었지만, 그 어느 것도 실제적인 역사적 인물들은 아니며 오직 "본디오 빌라도에게 십자가에서 죽으신" 그분만이 예외입니다. 멸망했던 신들의 이야기는 흔한 것입니다. 그들은 매년 식물의 순환 주기와 함께 왔다가 사라져 버렸습니다. 어느 누구도, 절대로 한 명도 예외 없이 이러한 일이 실제의 사람에게 일어난다고 기대하는 사람은 없습니다.

바로 이런 이유 때문에 막달라 마리아가 어둠 속에서 무덤에 왔다가 돌이 치워진 것을 발견하고서는 베드로와 다른 이들에게 달려가서 예수님의 시체를 누가 가져갔다고 전한 것입니다. 빈 무덤에 대해 어떤 다른 설명이 있을 수 있었겠습니까? 그래서 사람들이 친히 무덤을 보기 위해 달려왔습니다. 그들은 시신을 누가 치웠는지를 알기 위해서 달려갔던 것입니다.[182] 그리고 어떤 일이 벌어졌습니까? 요한의 증언을 들어보시기 바랍니다. 〈참조: Matthias Grünewald의 "부활"〉

> 베드로와 그 다른 제자가 나가서 무덤으로 갈 때 둘이 같이 달음질하더니 그 다른 제자가 베드로보다 더 빨리 달아나서 먼저 무덤에 이르러 구푸려 세마포 놓인 것을 보았으나 들어가지는 아니하였더니 시몬 베드로도 따라와서 무덤에 들어가 보니 세마포가 놓였고, 또 머리를 쌌던 수건은 세마포와 함께 놓이지 않고 딴 곳에 개켜 있더라. 그 때에야 무덤에 먼저 왔던 그 다른 제자도 들어가 보고 믿더라. [저희는 성경에 그가 죽은 자 가운데서 다시 살아나야 하리라 하신 말씀을 아직 알지 못하더라](요 20:3-9).

사랑하는 성도 여러분, 이 점을 꼭 기억하시기 바랍니다. 요한복음서의 저자는, 부활은 정말로 상상할 수도 없는 일이라는 점을 우리가 알기를 원하고 있습니다. 베드로와 요한은 무덤에 도착하기 전까지는 무슨 일이 일어났는지를 알지 못했습니다. 그들에게 감히 상상할 수도 없는 일이 일어났다는 것을 알게 해 준 것은 예수께서 입으셨던 옷이었습니다.

무덤을 터는 그 어느 도굴꾼도 멈춰서 시신을 쌓았던 천을 푸는 자는 없을 것입니다. 예수님의 몸이, 그 쌓았던 천을 그냥 벗어버리고 나왔을 뿐입니다. 183)

부활사건은 *밤에* 일어났습니다. 그 일이 일어났을 때 거기에는 아무도 없었습니다. 여자들과 제자들이 도착했을 때 그분은 가버리셨습니다. 그분은 죽음의 왕국에서 일어나셨고, 전리품을 챙기셨습니다. 떠오르는 태양이 이미 성취된 승리를 환히 드러내 보여주었습니다.

그런데 부활하시고 살아 계신, 그리고 다스리시는 그리스도께서 마르다에게 말씀하셨던 것처럼 이 밤에 우리에게 말씀하십니다. "나는 부활이요 생명이니 *나를 믿는 자는, 그가 비록 죽어도 그는 살겠고,* 무릇 살아서 나를 믿는 자는 영원히 죽지 아니하리니 이것을 네가 믿느냐?"184)

이에 대한 우리의 대답이 마르다의 대답과 같기를 바랍니다. "주여 그러하외다 주는 그리스도시요 세상에 오시는 하나님의 아들이신 줄 내가 믿나이다." 이러한 믿음 가운데 그분의 이름을 통해 영원한 빛과 생명의 선물을 받으시기 바랍니다(요 20:30-31).

할렐루야! 그리스도께서 부활하셨도다!
진정 주님이 부활하셨도다! 할렐루야! 할렐루야!

| 부활절 주일

얼굴과 얼굴을 맞대고, 손에 손잡고

첫 사람(아담)은 땅에서 났으니 흙에 속한 자이거니와
둘째 사람(그리스도)은 하늘에서 나셨느니라. …
우리가 흙에 속한 자의 형상을 입은 것같이,
또한 하늘에 속한 자의 형상을 입으리라. 고전 15:47, 49

캔터베리의 대주교가 이메일과 인터넷이란 주제와 관련해 최근 인용된 적이 있습니다. 그는 인터넷의 힘과 유용성을 인정했습니다만, 사실은 얼굴과 얼굴을 맞대는 접촉이 없이는 진정한 관계란 있을 수 없음에도 불구하고 많은 사람들이 자신들이 이메일을 통해 진정한 관계들을 맺고 있다고 생각하고 있다는 점을 주목한 바 있습니다. 저는 인터넷에서 만난 두 커플을 알고 있는데, 이들은 이것이 절대적인 사실이라는 점을 꼭 말해달라고 제게 부탁까지 한 바 있습니다.

"나는 육체의 부활을 믿습니다." 이것은 우리가 사도신경을 낭송할 때 우리가 고백하는 말입니다. 사도신경은 아침과 저녁 기도회에서 우리가 함께 낭송하는 것입니다. 우리 중 많은 사람들은 니케아 신경에 나오는 "죽은 자들의 부활"을 너무 오랫동안 낭송해 왔기에 "육체의 부활"이란 표현을 잊어버리기까지 했습니다. "죽은 자들의 부활"이란 그 자체가 특이한 확언이지만, "육체의 부활"만큼 그렇게 명시적으로 그 요점을 드러내지 못합니다. 고린도 교회에 보낸 사도 바울의 편지가 이 문제를 정면으로 다루고 있습니다. 사랑에 관한 유명한 장에서 사도 바울은 미래의 한 날에 대해 말하고 있는데, 이 날에 우리는 주님과 그리고 우리 서로를 "거울로 보는 것같이 희미하게"가 아니라 "얼굴과 얼굴을 대하여" 볼 것이라고 합니다. 그는 계속해서 "이제는 내가 부분적으로 아나 그 때에는 주께서 나를 아신 것같이 내가 온전히 알리라"라고 말하고 있습니다(고전 13:12).

사도 바울이 세웠고 양육했던 고린도 교회 교인들은 육체의 부활에 대한 혁명적인 기독교 선포에서 멀어지고 있었습니다. 그들은 영혼불멸설이라는 훨씬 더 친숙한 종교적인 개념으로 되돌아가고 있었습니다. 사실 고린도 교인들은 자신들이 이미 영혼불멸을 얻었다고 생각했습니다. 그들은 육체를 간과하는 그러한 "영적화된" 개념의 부활이란 이해를 갖고 있었습니다. 바울은 그들에게 편지하여 만약 그들이 그런 식으로 간다면 그들은 기독교 신앙의 토대를 포기하게 될 것이라고 가르치고 있습니다.

고린도전서 15:13-17을 들어보시기 바랍니다. "… 너희 중에서 어떤 이들은 어찌하여 죽은 자 가운데서 부활이 없다 하느냐? 만일 죽은 자의 부활이 없으면 그리스도도 다시 살지 못하셨으리라. 그리스도께서 만일 다시 살지 못하셨으면 … 너희의 믿음도 헛되고 너희가 여전히 죄 가운데 있을 것이요."

영혼불멸설은 예수님과 사도들이 살았던 당시 헬라세계에서는 너무도 보편적인 신념이었기에 비록 그것이 유대적인 개념은 아니었지만 어느 누구도 이 사상을 듣고 놀라는 사람은 없었을 것입니다. 마찬가지로 오늘날 우리는 사람들이 다시 태어남에 대해 자연스럽게 말하는 것을 듣고 있습니다. 또한 죽음 이후의 삶에 대해서, 개인의 영원불멸에 대해서, 윤회에 대해서, 그리고 온갖 종류의 일반적인 종교적 신념들에 대해서 당연시하여 말하는 것들을 듣게 됩니다. 오직 기독교만이 육체의 부활에 대해 이야기합니다.

사랑하는 성도 여러분, 잠시 동안 마가복음의 이야기에서 천사가 여전히 닫힌 무덤 밖에 서서 여자들에게, "너희 선생님의 영혼과 정신이 여전히 살아있도다" 혹은 "영혼불멸의 예수의 혼이 하늘로 올라갔다"라고 말했다고 가정해 봅시다. 아마 이런 말이 여자들에게 위로가 되었을지 모릅니다. 아마도 이런 말이 그들을 격려하여 그들로 하여금 자신들의 삶을 추스르도록 했고, 그들의 마음을 종교적 행복감과 가능성이란 인식을 갖도록 약동했을지 모릅니다. 그러나 그들이 골고다 언덕에서 친히 목격했던 바에 비추어 볼 때 저는 그렇게 생각하지 않습니다. 어떤 경우이든 이것은 마가가 그의 복음서에서 묘사하고 있는 바가 *결코 아닙니다*. 그의 복음서는 다음과 같이 끝을 맺고 있습니다.

> 무덤에 들어가서 흰 옷을 입은 한 청년이 우편에 앉은 것을 보고 놀라매 청년이 이르되 놀라지 말라 너희가 십자가에 못 박히신 나사렛 예수를 찾는구나 그가 살아나셨고 여기 계시지 아니하니라 보라 그를 두었던 곳이니라. 가서 그의 제자들과 베드로에게 이르기를 예수께서 너희보다 먼저 갈릴리로 가시나니 전에 너희에게 말씀하신 대로 너희가 거기서 뵈오리라 하라 하는지라. 여자들이 심히 놀라 떨며 나와 무덤에서 도망하고 무서워하여 아무에게 아무 말도 하지 못하더라(막 16:5-8).

복음서를 이런 식으로 끝맺는다는 것은 매우 특이한 일입니다. 몇 개의 부가적인 구절들이 후에 첨가되었지만, 지금 대부분의 성경 해석가들은 마가가 이런 식으로 끝을 맺기를 의도했다고 믿고 있습니다.[185] 부활의 소식은 여자들로 하여금 허둥지둥 황급히 그곳으로부터 달려가도록 했습니다. 아마도 이 이미지가, 떠오르는 태양을 받으며 경건하고도 평화롭게 무릎 꿇고 앉아있는 친숙한 이미지의 여인들의 모습보다 마가의 메시지를 더 잘 전달하고 있는 듯합니다.

아마도 가장 좋은 부활절 카드는 빈 무덤에서 크게 놀라 허둥지둥 뛰어나오는 혼란스러운 상황의 여인들의 모습을 보여주는 카드일 것입니다. 실제로 저는 올해 이와 비슷한 모습을 보여주는 카드를 발견한 적이 있습니다. 그 카드에 있는 그림은 한 과테말라 예술가가 원시적인 스타일로 그린 그림이었습니다. 그 카드는 천사의 메시지에 대해 생동적인 행동으로 반응하는 여인들의 모습을 보여주고 있었습니다. 그 중 한 여자의 머리카락이 마치 전기 충격을 받은 사람처럼 뾰족하게 위로 뻗쳐 있었습니다. 그리고 또 다른 여자는 머리에 이고 있는 토기 항아리가 갑자기 방사능에 오염되기라도 한 듯 공중으로 집어 던지고 있었습니다. 또 한 여자는 마치 카자흐스탄 무희처럼 춤추듯이 다리와 팔들을 벌리고 있는 모습이었습니다.

마태복음 역시 정말로 경이로운 그 무엇이 일어났다는 이러한 인식의 일면을 보여주고 있습니다. "큰 지진이 나며 주의 천사가 하늘로서 내려와 돌을 굴려 내고 그 위에 앉았는데 그 형상이 번개 같고 그 옷은 눈같이 희거늘 수직하던 자들이 저를 무서워하여 떨며 죽은 사람과 같이 되었더라"(마 28:2-4). 이것은 영혼 불멸에 관한 이야기가 아닙니다.

무덤은 비어있었습니다. 예수님의 몸은 더 이상 그곳에 있지 않았습니다. 사복음서 모두가 그렇게 기록하고 있습니다.[186] 그러나 어떤 의미에서 부활절 설교는 일 년 중 가장 어려운 설교인데 그 이유는 부활에 관해 직접적으로 말한다는 것이 불가능하기 때문입니다. 복음서들 중에 부활에 대한 다양한 설명들이 서로 일치하지 않는다는 점이 지적되곤 합니다. 믿는 성도들인 우리 대부분은 이러한 설명상의 차이점들은 단지 부활, 즉 또 하나의 의미의 질서에 속하리만큼 초월적인 사건인 부활이 지닌 말로 표현할 수 없는 성격을 반영하고 있는 것뿐이라고 생각합니다. 그러나 천사들과 증인들의 수효와 이름들에 대한 차이점에도 불구하고, 복음서 기자들 모두는 무덤이 비었다는 점에 동의하고 있습니다. 예수님의 몸은 그 어디에서도 발견되지 않았습니다. 단지 시신을 쌓던 옷들만이 뒤에 남겨져 있었고, "제자들이 보고 믿었습니다."[187]

부활에 대한 복음서의 증언들 모두는 전혀 예기치 않은 그 무슨 일이 일어났다는 인식을 전하고 있습니다. 즉 전혀 전례가 없고, 이루 형용할 수 없는 능력을 지닌 놀랍고도 충격적인 그 무슨 일이 일어났다는 사실을 전하고 있습니다. 그러나 이 사건은 육체적인 몸의 형태로 다시 일어나신 예수의 부활이라고 ―다양한 단계에 걸쳐서― 계시되었습니다.

분명히 부활하신 예수의 몸은 *다른* 몸으로써 문들을 그냥 통과하며, 항상 인식되지는 않았고, 단지 정해진 소수에게만 나타난 몸이었습니다. 그러나 그 몸은 생선을 먹고(눅 24:42-43), 아침을 준비하고 (요 21:12), 못 자국 난 상처를 지니고 있는(요 20:27) *진짜* 몸이었습니다. 부활하신 주님은 육체에서 분리된 영혼이 아니라 진정한 몸으로써 제자들과 지속적으로 얼굴과 얼굴을 맞대는 관계를 갖고 계셨습니다.

이 점은 베드로와의 다음과 같은 대화에 잘 나타나 있습니다. "예수께서 시몬 베드로에게 이르시되, 요한의 아들 시몬아 네가 나를 사랑하느냐? 하시니 가로되, 주여 그러하외다. 내가 주를 사랑하는 줄 주께서 아시나이다. 가라사대 내 양을 치라"(요 21:15-16). 세 번씩 반복된 이런 대화는 베드로가 예수께서 십자가에서 죽으시기 전에 주님을 세 번 부인한 것과 일치하고 있습니다. 이런 유의 긴밀한 만남과 이 만남이 용서와 회개, 그리고 회복에 대해 전해주는 모든 것들은 친히 몸으로 함께 하는 일이 없이는 일어날 수 없는 것들입니다.[188]

사도 바울은 고린도 교회교인들에게 아주 날카롭게 지적하고 있습니다. "만일 죽은 자의 부활이 없으면 그리스도도 다시 살지 못하셨으리라." 만약 영혼불멸이 우리가 말하고 있는 것이라면, 사도들이 여러분들에게 예수 그리스도에게 일어난 일들에 관해 말한 바 모두가 거짓입니다.

바울의 말을 들어보시기 바랍니다. "그리스도께서 만일 다시 살지 못하셨으면 우리의 전파하는 것이 헛것이라." 더욱이 만약 여러분들이 죽음 이후에도 계속 살아있는 영혼에 대한 일반적인 신앙으로 돌아가기 원한다면 그리스도의 십자가가 지닌 모든 복들을 여러분들이 잃게 됩니다.

바울은 계속해서 말합니다. "그리스도께서 다시 사신 것이 없으면 너희의 믿음도 헛되고 너희가 여전히 죄 가운데 있을 것이라." 이것뿐만 아니라 바울이 증언하고 있듯이 만약 그리스도께서 다시 사신 것이 아니면 여러분의 영원한 미래 역시 위태롭게 될 것이라는 점을 여러분들은 알 필요가 있습니다. 만약 부활이 없다면 "그리스도 안에서 잠자는 자들도 망하였을 것입니다."

그러므로 여러 점에서 바울은 고린도 교회 교인들에게 부활은 세상에서 완전히 새로운 사건임을 상기시키고자 진력하고 있습니다. 다시 말해 부활사건은 십자가에 돌아가신 메시아를 신원하시고 보좌에 등극시키시는 하나님의 유일하고도 결정적이며 독특한 행위입니다. [189]

사도 바울은 바보가 아닙니다. 그는 언제나 반대와 이견들을 예상하고 있었습니다. 그는 35절에서 계속해서 말합니다. "그러나 누가 묻기를 죽은 자들이 어떻게 다시 살며 어떠한 몸으로 오느냐 하리니" 그리고 바울의 대답은 기본적으로, "그것은 어리석은 질문이라"는 것입니다.

바울은 고린도 교회 교인들이 너무 문자적인 의미에 집착되어 있는 것을 속상해합니다. 바울은 그들이 부활체는 비록 인식할 수 있다는 점에서 동일한 사람이지만, 그러나 그것은 또 다른 실체의 질서에 속하는 것임을 이해하기를 원하고 있습니다. 그래서 바울은 "너희 어리석은 자여, 너의 뿌리는 씨가 죽지 않으면 살아나지 못하겠고, 또 너의 뿌리는 것은 장래 형체를 뿌리는 것이 아니라. … 하나님이 그 뜻대로 저에게 형체를 주시되 각 종자에게 그 형체를 주시느니라"라고 말하고 있습니다.

이 점에서 바울은 자신이 어려움에 처해 있음을 발견하게 되며, 또한 그 어려움에서 자신이 빠져 나오는데도 마찬가지로 어려움을 겪게 됩니다. 바울은 부활체가 육신의 몸과 어떻게 다른지를 설명하려고 합니다. 그래서 그는 씨들과 식물들, 새들, 고기, 별들과 태양에 관한 이야기로 설명을 시작합니다.

설교자라면 여기서 바울의 어려움을 이해할 수 있습니다. 부활절 설교에서는 못생긴 갈색의 구근 식물이 어떻게 아름답고도 화려한 튤립이나 수선화 등으로 바뀔 수 있는지에 대해 말하고 싶은 충동을 언제나 느끼게 됩니다. 그러나 이러한 유비나 예화는 실제로는 통하지 않습니다. 그 이유는 꽃들은 봄마다 피고 우리는 이것을 이미 알고 있지만, 부활은 전혀 예기치 못한 것이요, 철저하게 새로운 것이기 때문입니다. 바울은 설명을 해 나가면서 자연세계로부터 오는 이러한 예화들은 통할 수 없다는 것을 느끼고 있는 듯하며 그는 훨씬 더 인상적인 일련의 성경 이미지들로 나아가게 됩니다.

> 첫 사람[아담]은 땅에서 났으니 흙에 속한 자이거니와 둘째 사람은 하늘에서 나셨느니라. 우리가 흙에 속한 자의 형상을 입은 것같이 또한 하늘에 속한 자의 형상을 입으리라.

여기서 바울은 그리스도가 어떻게 또 다른 세계 질서로부터 오셨는지를 보여주기 시작하면서 보다 성공적인 설명을 제시하고 있습니다. 우리와 함께 그리스도는 "흙에 속한 자"의 형상을 입으셨습니다. 정말로 그분은 골고다에서 쓰디쓰고 부끄러운 최후를 맞으시기까지 육신의 형상을 지니셨습니다. 그러나 그분은 "하늘에 속한 자"이셨기 때문에 그의 죽음과 부활은 인간 역사, 즉 하나님께서 인간의 역사 너머로부터, 그리고 인간의 이상과 인간의 능력 너머로부터 초자연적으로 개입하셔서 깨어

부수신 바로 그 인간 역사 가운데 심긴 증거입니다.

바로 이것이 바울이 "형제들아 내가 이것을 말하노니 혈과 육은 하나님 나라를 유업으로 받을 수 없고 또한 썩은 것은 썩지 아니한 것을 유업으로 받지 못하느니라"고 말했을 때, 그가 의미했던 바입니다. 요한복음은 이와 동일한 것을 다른 방식으로 말하고 있습니다.

> 영접하는 자 곧 그 이름을 믿는 자들에게는 하나님의 자녀가 되는 권세를 주셨으니, 이는 혈통으로나 육정으로나 사람의 뜻으로 나지 아니하고 오직 하나님께로서 난 자들이니라 (요 1:12-13).

십자가 사건이 언제나 문젯거리였듯이 육체의 부활의 교리 역시 그렇습니다. 우리는 부활된 몸에 대해 믿고 싶지 않아 보입니다. 우리는 "영적"이기를 원합니다. 그러나 몸들은 중요합니다.

이츠학 라빈(Yitzhak Rabin) 이스라엘 전 수상이 암살되었을 때, 온 세계가 그의 어린 손녀가 흐느끼면서 다시는 할아버지의 따뜻한 손을 느낄 수 없을 것이라고 비통해했던 모습에 눈시울을 적신 적이 있습니다.[190] 여러분들은 오클라호마 시의 폭탄테러 현장에서 찍은 유명한 사진을 기억하실 것입니다. 죽은 어린아이 하나를 떠받쳐 들고 있는 까칠까칠한 모습의 소방관 한 명이 실린 사진 말입니다. 전 세계로 전해진 이 사진의 충격은 연민어린 모습의 한 소방관의 큰 손에 떠받혀진 피투성이의 축 처진 어린아이 몸에서 온 것입니다.

몸이 문제요 중요합니다.[191] 육체의 얼굴들이 중요합니다. 우리는 따뜻한 손을 붙잡기를 원합니다. 우리는 사랑스러운 미소를 보기를 원합니다. 제가 버지니아에 살았던 어린 시절에 지혜로운 한 노인이 말했던 것을 지금도 기억하고 있습니다. "버지니아 사람들은 자신들이 로버트 리(Robert E. Lee)를 좋아한다고 생각합니다. 그들은 로버트 리를 좋아하지 않습니다. 그들은 로버트 리에 대한 자신들의 *이미지*를 좋아합니다. 누군가를 좋아하려면 여러분들은 그 사람을 바로 여기에 갖고 있어야만 합니다."

예수님은 바로 여기에 계십니다. 그분은 지금까지 그 어떤 사람도 보여주지 못한 방식으로 바로 여기에 계십니다. 심지어 지금 찬송가 가사가 말해주듯이 여러분들이 "여러분들의 손을 갈릴리에서 오신 그분의 손 안에 넣을" 수 있다는 참된 인식이 이곳에 흐르고 있습니다. 이것이 어떻게 가능한지를 설명하기는 아주 어렵지만, 그러나 사랑하는 제자 요한이 믿음을 통해 예수님의 몸이 입고 계셨던 수의들을 통과해 나가셨다는 것을 알 수 있었듯이 우리도 오늘 믿음을 통해 그분이 부활하셔서 살아 계시다는 것을 이해하고 느낄 수 있습니다. 다시 바울의 증언을 들어보시기 바랍니다.

> 그리스도께서 다시 사신 것이 없으면 너희의 믿음도 헛되고 너희가 여전히 죄 가운데 있을 것이요. 또한 그리스도 안에서 잠자는 자도 망하였으리니 만일 그리스도 안에서 우리의 바라는 것이 다만 이생뿐이면 모든 사람 가운데 우리가 더욱 불쌍한 자이리라.

> 그러나 이제 그리스도께서 죽은 자 가운데서 다시 살아 잠자는 자들의 첫 열매가 되셨도다. 사망이 사람으로 말미암았으니 죽은 자의 부활도 사람으로 말미암는도다. 아담 안에서 모든 사람이 죽은 것같이 그리스도 안에서 모든 사람이 삶을 얻으리라.

여러분들은 이보다 더 놀라운 그 어떤 것을 상상이나 할 수 있겠습니까? 정반대일 것입니다. 우리는 이것을 거의 상상조차 하기 힘들 것인데, 그 이유는 이것이 인간의 상상으로부터 오는 것이 아니라 하나님에게서 오기 때문입니다. 새 하늘과 새 땅에서 우리의 모든 죄가 씻기며 모든 악이 영원히 진멸되고 사탄과 그의 하수인들이 멸망되며 우리의 사랑하는 자들이 다시 회복되어 우리에게 주어질 것이요 인간 역사의 모든 부정의와 잘못들이 바르게 될 것입니다.

이 일들은 인간적으로 가능하거나 종교적으로 가능한 일들이 아닙니다. 혈과 육으로는 *하나님의 나라를 유업으로 받을 수 없습니다*. 그러나 예수께서 친히 말씀하신 것처럼 "모든 것들이 하나님께는 가능합니다"(막 10:27). 바울은 일종의 흥분된 상태에서 자신의 편지를 이어갑니다.

> 보라 내가 너희에게 비밀을 말하노니 우리가 다 잠잘 것이 아니요 마지막 나팔에 순식간에 홀연히 다 변화하리니 나팔 소리가 나매 죽은 자들이 썩지 아니할 것으로 다시 살고 우리도 변화하리라.

변화될 것입니다! 우리의 죄 된 것이 그분의 의로움으로, 우리의 죽을 수밖에 없는 상태가 그분의 영원불멸로, 우리의 슬픔이 그분의 기쁨으로, 우리의 속박이 그분의 자유함으로, 우리의 썩어질 육체가 변화되되, 그럼에도 불구하고 그 어떤 사람이 아니라 바로 우리 자신의 변화된 몸으로 바뀔 것입니다. 이 변화된 몸으로 우리는 다른 사람들을 사랑하고, 그 대가로 그리스도 자신의 모든 사랑으로 사랑 받게 될 것입니다. "이 썩을 것이 썩지 아니함을 입고 이 죽을 것이 죽지 아니함을 입을 그 때에, 사망이 이김의 삼킨 바 되리라고 기록된 말씀이 응할 것입니다"(고전 15:54).

아멘.

6부
부활절 주간

심지어 자궁도 만약 구원자가 전혀 없다면 죽음의 한 몸입니다. …
그러나 그분은 죽음의 열쇠를 갖고 계십니다(계 1:18)
그리고 그분은 나를 문 밖에 세워 둘 수 있습니다.
비록 자궁에서부터 무덤까지, 그리고 무덤 그 자체 속에서도
우리는 죽음을 지나 죽음에 이릅니다.
그러나 다니엘(단 3:17)이 말하고 있듯이
"주 우리 하나님은 우리를 구원하실 수 있으며 그는 우리를 구원하실 것입니다"

- 존 던

:: 부활절 주간의 설교문들에 대한 소고

부활절을 바로 뒤잇는 한 주는 한 해 중 가장 감동적인 주입니다. 그래서 사순절에 대한 관심 때문에 부활절 주간이 소홀히 취급되는 것은 안타까운 일이지요. 여기 제시된 설교 중 (1997년에 행해진) 두 편은 코네티커트 주 샐리스베리시에 있는 St. John's Episcopal 교회에서 부활절 주간 동안 매일 저녁 5시 30분에 행해진 단순하지만 축제적인 분위기의 예배 가운데 했던 설교입니다. 이 예배는 감사의 미사(Eucharist)는 아니지만, 기도와 함께 하는 설교예배로 주된 요소는 축하와 기쁨입니다. 교회는 부활절 백합화와 봄꽃들로 아름답게 장식된 그대로 있으며, 여기에 덧붙어 오르간 연주자는 가장 유명한 축제의 곡들을 연주함으로써 우리를 축제의 분위기로 몰아갔습니다.

저는 이 책에 이 예배 순서를 그대로 실어서 하나의 제안으로 삼고자 합니다. 부활절 주간 동안에 이루어지는 이와 같은 예배의식은 정례화된 것은 아니지만, 오르간 연주자와 설교자를 제외하고는 그 어느 누구에게도 달리 특별한 사항이 요구되지 않지요. 오르간 연주자는 기쁨으로 많은 오르간 연주곡들을 연주해 주었고, 저는 부활절 휴가를 그 다음 주로 연기하였습니다.

예배순서는 원래의 형태로 제시되고 있지는 않습니다. 다섯 번의 예배 중에 한 번은 폭설(!)로 인해 취소되었고, 두 번은 설교가 전해진 교회 상황에 너무도 국한된 것이기에 여기 실리지 못했지요. 그래서 다른 시기에 다른 장소에서 했던 세 편의 부활절 주간 설교가 대신 이 자리를 채움으로써 월요일부터 금요일까지 총 닷새를 위한 다섯 편의 설교가 제시됩니다.

성 금요일의 월요일, 화요일, 그리고 수요일 설교들과 마찬가지로 여기 제시되는 설교들은 성도들 중 거의 핵심그룹으로 이루어진 보다 적은 회중들에게 했던 설교들입니다. 우리가 설교 회중을 알게 될 때 비로소 어려운 주제들을 보다 깊이 다룰 수 있게 되는데, 아마 죽음이 이와 같은 주제가 되겠지요. 이 죽음이 없다면 부활은 결코 있을 수 없는 그러한 중요 주제입니다.

| 부활절 주간의 월요일

가능성 너머에

하나님께는 모든 것이 가능하니라. 막 10:27

큰 지진이 나며 주의 천사가 하늘로서 내려와 돌을 굴려 내고 그 위에 앉았는데. 그 형상이 번개 같고 그 옷은 눈같이 희거늘 수직하던 자들이 저를 무서워하여 떨며 죽은 사람과 같이 되었더라. 천사가 여자들에게 일러 가로되 너희는 무서워 말라 십자가에 못 박히신 예수를 너희가 찾는 줄을 내가 아노라. 그가 여기 계시지 않고 그의 말씀하시던 대로 살아나셨느니라. 마 28:2-6

우리가 방금 전에 함께 나누었던 부활절 인사는 매우 오래된 것입니다. 그것은 기독교회의 초기 몇 세기로 거슬러 올라갑니다. 분명히 여러분들도 알고 있듯이 그리스 정교도들은 오늘날까지도 부활의 한 주간 동안 서로서로에게 *Christos anesti! Alethos anesti!* ("그리스도께서 부활하셨도다! 그분은 실로 부활하셨도다!")라고 외칩니다. 얼마나 아름다운 관행입니까! 그런데 우리도 방금 그렇게 외쳤습니다. 이제 여러분들에게 질문 하나 하지요. 여러분들은 여러분들이 방금 말한 바를 믿습니까?

수많은 교인들은 만약 여러분이 의식 있고, 세련된 사람이기를 원한다면 부활을 믿을 수는 없을 것이라는 생각을 지니고 있습니다. 란코 산타페(Rancho Santa Fe)에 있는 이교집단 구성원들의 집단자살에 관한 모든 글 중에서 종교에 관한 냉소적인 많은 내용들이 실려 있었습니다.[192] 한 기고자는 종교는 기이한 이교도적인 행동에 이르렀는데, 그 이유는 종교는 "억압과 배제, 그리고 통제 위에서 번창했기 때문"이라고 말한 바 있습니다. 반복적으로 들리는 이러한 종교에 관한 냉소적인 글들이 전하는 메시지들은 그 파급 효과를 지니고 있습니다. 그 결과 크리스천들도 자신들의 신앙에 대해 소심해지게 됩니다. 사도바울 역시 자신의 당대에 이러한 파급 효과에 초연하지 못했습니다. 바로 이런 이유 때문에 그는 로마에 있는 교인들에게 "내가 복음을 부끄러워하지 않는다"라고 편지했습니다(롬 1:16).

우리 시대의 양상 중 하나는, 주류 교회에 속하는 설교자들이 비록 정확히 부활에 대해 부끄러워하지는 않지만, 그래도 부활에 관해 솔직하게 말하는 것을 당황스러워 한다는 점입니다. 저는 제가 믿는 사람이라고 알고 있던 박사과정의 한 학생을 통해서 아이비리그 대학의 채플시간에 설교를 들으러 간 적이 있습니다. 여러분들이 그 설교를 들었다면 그 설교를 통해서는 그가 믿는 자라는 것을 알 수 없었을 것입니다. 저는 설교 후에 왜 그가 그렇게 소심하고 주저했는지를 물었습니다. 그는 "매우 회의적이며 세련되어 보이는" 회중들에 관해 뭐라고 중얼거렸습니다. 글쎄요, 정말로 부활사건 이후에 사도들이 된 "배움 없는 보통 사람들"인 제자들도 이 학생과 마찬가지로 겁을 먹었을 수도 있을 것입니다. 그러나 그들이 겁을 먹었더라면 여러분들과 저는 결코 예수 그리스도의 이름을 들어보지 못했을 것입니다. 193) ⟨참조: Piero della Francesca의 "부활"⟩

저는 제 생애에 걸쳐 수많은 부활절 설교들을 듣고 읽어봤으며, 많은 설교들을 제 파일함에 갖고 있습니다. 이들 중 몇 개를 인용해 보겠습니다.

> "부활절에 세상은 보다 좋은 세상으로 바뀌게 됩니다."
>
> "부활 사건은 우리를 위한 하나님의 영감으로써 우리에게 예수님을 닮도록 하는 힘과 용기를 줍니다."
>
> "베드로는 인간의 연약함의 상징입니다. 받아들여지고 용서받았다는 사실에 대한 그의 발견은 부활하신 예수라는 개념 속에서 구현되고 있습니다."

"예수의 십자가 죽으심 이후의 식탁교제에서 크게 상심한 제자들은 점차적으로 예수께서 자신들과 함께 하시고 있다는 인식을 갖게 되었습니다."
"초대 교인들은 사랑이 죽음보다 더 강하다는 것을 믿게 되었습니다."
"제자들은 예수께서는 자신의 메시지를 믿는 자들의 믿음 가운데 영원히 살아 계시다는 것을 믿게 되었습니다."

이 설교들 중에는 반복적으로 동일한 표현이 나타납니다. 제자들은 예수에 관해 무언가를 "믿게 되었습니다." 즉 "믿게 되었다"라는 말입니다. 다시 말해 믿음에 대한 추진력이 자신들로부터 생겨났다는 뜻입니다.

신약성경은 이와는 아주 다른 이야기를 하고 있습니다. 천사의 말은 인간적인 가능성과는 아주 이질적인 그 무엇을 선포하고 있습니다. "그분은 여기에 있지 않도다. 그분은 다시 일어나셨도다." 엠마오로 가는 노상에 있는 두 제자는 '그들의 눈이 *열리기까지*' 예수를 알아보지 못했습니다. 이 표현의 구문이 분명히 보여주는 바는 부활하신 그리스도에 대한 그들의 인식은 하나님에 의해서 시작되었다는 것입니다.

이 점을 생각해 보시기 바랍니다. 즉 제가 방금 읽어드린 설교 예문들의 경우 하나님은 각 예문들의 능동적 주체 혹은 주어가 아니라는 점 말입니다. 오늘날 상당한 수의 부활절 설교들은 소극적이고 주저하는 듯이 보이는데, 그 이유는 설교자들이 하나님은 인간 능력 밖에 있는 그 어떤 것이라도 행하실 수 있으며, 동시에 그러한 것들을 행하셨다는 점을 확신하지 못하고 있기 때문입니다.

제가 직접 들은 한 설교에서 설교자는, 부활절은 "궁극적 진리에 대한 영속적인 상징"에 관한 것이라고 말한 바 있습니다. 그러나 여러분들은 이러한 얘기를 어느 곳에서나 들을 수 있지요. 이런 이야기는 기독교 신앙과 빈약한 관계를 갖고 있거나 아니면 전혀 아무런 관계를 갖고 있지 않은 셀 수 없이 많은 이야기들과 다를 바가 전혀 없습니다.

궁극적인 진리에 대한 영속적인 상징만큼이나 추상적인 그 무엇이 사실상 하룻밤 만에 적은 무리의 초라한 어부들과 다양한 천민들, 즉 세상의 눈으로 볼 때는 완전히 무가치한 자들로 하여금 갑자기 새로운 활력을 띠게 했을 것 같아 보이지는 않습니다. 그 이유는, 그들은 교회와 국가의 지도자들에 의해서 끔찍하게 그리고 공공연히 처형되었던 사람의 제자들이었기 때문입니다.

여러분들은 죽음 이후의 삶에 관해서 일반적으로 주창되는 개념들이면서 또 자연에 얽매여 있는 개념들이, 이러한 남자와 여자들을 강하게 붙잡았고 그들을 변화시켜서 중단할 수 없는 힘이 되게 하여 그 후 몇 년 안에 온 지중해 세계를 불타오르게 했던 원동력이 될 수 있었다고 생각하십니까?[194]

우리 시대의 세계적인 명사로서 교회에서 성장한 한 여성이 한 말이 그녀 남편의 임종과 함께 널리 인용된 적이 있습니다. 그녀는 이렇게 말했다고 합니다. "세계의 모든 종교들은 죽음 이후에 일종의 생이 있다고 가르치고 있습니다. 나는 그러한 소망을 굳건히 붙잡고 있습니다."[195]

많은 사람들이 이와 같은 생각들에서 위로를 받습니다. 분명히 이와 같은 것이 그녀에게는 충분한 위로가 되었을 터이고, 어쩌면 여러분들에게도 충분한 위로가 될지 모르겠습니다. 그러나 고백하건대 저에게는 충분한 위로가 되지 못합니다. 보다 중요한 사실은 이러한 생각들은 신약 메시지에 크게 못 미친다는 점입니다. 목회사역 동안 저는 죽음의 모습과 느낌, 그리고 죽음의 냄새를 인식하는 법을 배워왔습니다. 저는 수 없이 많이 임종시에 있는 사람들의 자리에 있어왔으며, 싸늘한 시체 위에서 일어나는 변화들에 결코 초연할 수 없었습니다.

신약성경은 사망을 하나의 원수라고 말하고 있습니다(고전 15:26). 심지어 소위 우리가 말하는 안락사의 경우에도 여전히 끔찍한 품위 손상과 죽음에 관한 오싹하는 침투적인 요소가 존재하며, 이것 때문에 우리들은 죽음의 존재를 인간으로부터 인간이 의미하는 모든 것들을 빼앗아 가버리는 악의적인 침입 세력으로 느끼게 됩니다.

저는 부인을 잃고 크나큰 슬픔에 빠진 한 남편에 대해 항상 생각하는데, 그는 60대 초반의 열정적이고 주도적 인물로서 그의 부인과 함께 방금 신축한 새 집에서 행복한 20년의 은퇴 생활을 꿈꾸던 사람이었습니다. 그런데 한 뺑소니차의 운전자가 그의 부인의 생명을 앗아간 것입니다. 죽음이 그들의 소망을 산산이 부숴버렸습니다. 그는 그 어떤 것도 그가 특별히 사랑했던 사람을 대신할 수 없다는 것을 증명해 보일 수 있는 사람일 것입니다.

사후의 생에 대한 일종의 종교적인 소망에 관한 불투명한 메시지는 죽음이 지닌 준엄한 추한 모습을 노려보아 꼼짝 못하게 할 수 있는 능력을 갖고 있지 못합니다. 제게는 이러한 메시지들은 단지 인간적인 갈망과 매우 흡사해 보입니다. 우리는 자신들의 주인이 한 마리의 벌레처럼 치욕적인 멸시와 무리의 천대의 대상으로 꼼짝없이 결박되어 죽어가는 모습을 지켜본 후에 일종의 사후 생에 대한 소망이 항상 존재한다는 점을 깨닫게 되어 갑작스럽게 변화되었다고는 상상할 수 없을 것입니다.

십자가 사건 후에 있었던 철저히 절망적인 상황을 이해할 수 있는 우리의 최선의 노력은 이들 최초의 크리스천 제자들에게서 연유합니다. 이들 제자들은 일종의 악마적인 비아냥처럼 보이는 것, 그 속에서 자신들의 온 생애를 투자했었습니다. 그들은 자신들의 사랑하는 주님께서 채찍에 맞아 거의 죽게 된 상태에서 거리로 이리저리 끌려 다니고, 십자가에 못 박힌 후 예루살렘에 있는 모든 사람들의 더러운 조롱 속에서 공공연히 고초를 겪도록 내버려지는 모습을 지켜보았습니다. 한때 그들은 수많은 무리들에 의해서 환호를 받았던 유명인사의 전가된 지위를 누리기도 했습니다. 그러나 그는 이제 사람 같지 않은 사람으로 판명되었고, 인간이 생각해 낼 수 있는 가장 모욕적이고도 참혹한 죽음에나 걸맞는 사람으로 여겨졌습니다. 만약 그를 따르는 자들 가운데 어떠한 결속력이 존재했었다 해도 이제 그것들은 모두 사라져 버렸으며, 이들 중 어느 한 사람도 주인을 변호하기 위해서 감히 나서는 사람도 없었으며, 그들의 지도자 격인 베드로는 비겁하게 예수를 세 번씩이나 부인했습니다.

남겨진 것들은 아무것도 없었습니다. 그들을 둘러싸고 있던 신비종교들로부터 온 이런 유형들의 사상들과 함께 그들이 스스로를 부추겨 나아갔다고 생각하는 것은 터무니없는 일입니다. 솔직해 말해 철저하게 실질적이며 비-낭만적인 성격의 히브리서 성경에 기초를 두고 있는 이들의 유대적 신앙은 이런 종류의 모든 모호하고도 불특정한 소망들을 허락하지 않았을 것입니다. 메시아는 하나님의 나라를 도래시키기로 되어있었습니다. 그러기에 자신들의 삶을 이러한 메시아 되시는 예수에게 모두 걸었던 제자들에게 *아무런 희망도 소망도 존재하지 않았다* 라고 말하는 것은 전혀 이치에 닿지 않는 말이지요.

신약성경을 자세히 연구한 모든 사람들은 상황을 변화시킬 수 있는 그 어떤 일이 일어났다는 데에 동의합니다. 심지어 부활사건의 신비로움을 제거하여 온건하고도 예측 가능한 그 어떤 것으로 바꾸려는 듯한 회의론자들도 그 어떤 일이 일어났다는 데에 분명히 동의합니다.

그러나 그것이 무엇이었을까요? 만약 실제로 일어난 그 사건이 개별적인 용서나 혹은 새로워진 소망 의식 혹은 긍정적인 사고에 대한 경험이 아니었다면, 도대체 *그것은 무엇이었겠습니까?*

여러분들이 아침 이른 시간에 무덤으로 간 여자들 중 하나라고 생각해 보시기 바랍니다. 우리도 묘지를 방문하는 우리 나름대로의 방식들이 있지 않나요? 그러나 왜 거기에 가는 거지요? 거기에 가는 이유는 죽은 사람에 대한 일종의 긴밀한 관계성이나마 굳게 붙잡으려는 바람 때문이 아닐까요? 부활절인 이날 우리의 묘역인 이곳에 꽃들이 놓여 있습니다. 이것은 우리가 죽은 자를 잊지 않았다고, 그를 그리워한다고, 우리가 그를 사랑한다고, 우리는 그가 영원히 가버린 것이 아니기를 바란다고 말하는 우리들의 방식 중 하나지요. 우리 대부분은 그 누군가가 무덤 속에서 일어나 나오는 것을 보기 위해 묘지에 가는 것은 결코 아닙니다.

이 여자들은 그것이 무엇이든 어떤 기대를 갖고 예수님의 무덤에 간 것이 아니었습니다. 신약성경은 이 점에 관해 아주 분명합니다. 그들이 무덤으로 갔던 이유는 자신들의 죽은 선생님이 뒤에 남겨놓으신 것과 일종의 친교를 나누고자 하는 바람을 느꼈기 때문이었습니다. 그들은 어떠한 기적을 바라고 있지 않았습니다. 죽은 사람은 돌아오지 않습니다. 사실 그들은 그들이 무덤에서 나누게 될 대화의 유일한 주체가 무덤의 돌을 굴려놓을 자라는 그런 기적을 조금도 기대하지 않았습니다. 만약 그들이 하나님의 능력이 돌을 굴려놓을 수 있을 것이라고 생각하지 않았다면 그들은 하나님의 능력이 무덤에서 예수님을 일으키실 것이라고 생각하지 않았을 것이 거의 분명합니다.

마태는 예수의 무덤이 본디오 빌라도의 엄한 명령에 의해서 인봉되었으며, 로마 군병들이 무덤을 지키고 있었다고 증언하고 있습니다. 한 주의 첫날 새벽 미명에 이 여자들이 무덤에 왔습니다. 마태에 따르면 그들이 무덤에 다가갔을 때 다음과 같은 일이 일어났습니다.

> 큰 지진이 나며 주의 천사가 하늘로서 내려와 돌을 굴려 내고 그 위에 앉았는데, 그 형상이 번개 같고 그 옷은 눈같이 희거늘 수직하던 자들이 저를 무서워하여 떨며 죽은 사람과 같이 되었더라. 천사가 여자들에게 일러 가로되 너희는 무서워 말라 십자가에 못 박히신 예수를 너희가 찾는 줄을 내가 아노라. 그가 여기 계시지 않고 그의 말씀하시던 대로 살아나셨느니라.

만약 이 장면이 여러분들의 머리카락을 곤두서게 하지 않는다면, 여러분의 등골이 오싹하지 않는다면 제가 이 구절들을 잘 읽어 드리지 못한 것입니다. 마태는 이 본문이 우리를 완전히 충격과 경이 속에 빠뜨리기를 의도했습니다. 아마 이 본문을 다시 읽음으로써 최소한 우리들도 전례가 없고 전혀 기대치 못했던, 그리고 상상할 수도 없는 이 사건의 성격을 어느 정도 맛볼 수 있어야 합니다.

천사의 행동을 주목하시기 바랍니다. 왜 그는 돌을 굴려놓았을까요? 예수님이 나갈 수 있도록 하기 위해서입니까? 그렇지 않습니다. 예수님은 이미 그곳에 계시지 않았습니다. 그렇다면 왜 천사가 돌을 굴려놓았을까요? 그렇게 한 이유는 여자들로 하여금 안을 들여다보고, 무덤이 비어있다는 것을 알도록 하기 위함이었습니다. 예수님은 여자들이 그곳에 당도하기 전인 밤중에 이미 죽음에서 일으킴을 받으셨습니다.

저는 이 말을 할 때마다 저의 목 안쪽에서 뭉클거리는 그 무엇을 느낍니다. 예, 저도 이 사건에 대한 수많은 이의들을 알고 있습니다. 또한 복음서들의 증언이 서로 모순되는 부분이 있음도 알고 있습니다. 로마 군병들이 보고서를 작성해서 올리지 않았음도 알고 있습니다. 의학계가 이를 비웃는 것도 알고 있습니다. 이 사건 중 그 어느 하나도 증명될 수 없다는 것도 알고 있습니다. 우리가 가능성을 이해하지만 이 사건은 가능하지 않다는 것도 알고 있습니다. 그러나 제가 또한 분명히 알고 있는 것은 이것이 그 사건 이후에 일어났던 모든 일들을 설명해줄 수 있는 메시지라는 점입니다. *그가 여기에 계시지 않고, 살아나셨느니라.* 진실로, 이것은 로마제국의 토대와 사망 그 자체의 본거지를 뒤흔드는 소식이었습니다.

마태의 증언에 따르면 천사는 여자들에게 "빨리 가라"고 말합니다. "빨리 가서 그의 제자들에게 이르되 그가 죽은 자 가운데서 살아나셨고 너희보다 먼저 갈릴리로 가시나니 거기서 너희가 뵈오리라"라고 말합니다. 하늘과 땅 위에 그 어떤 메시지가 십자가상의 죽음의 결과를 뒤바꿀 수 있겠습니까? 지금까지 사람의 혀로 말해진 그 어떠한 뉴스도 사망의 세력을 제거할 수 있는 능력을 지닌 유일한 능력자 되신 그분에 의해서 사망의 본거지가 강타 당했다는 선언과 동일할 수 없다고 굳게 믿습니다.

이 사건을 설명하는 데 전쟁이미지가 사용되는데 그것은 옳다고 봅니다. 신약성경은 전쟁이미지로 가득 차 있습니다. 즐겨 부르는 부활절 노래의 한 가사는 다음과 같이 말합니다. "싸움은 끝이 났고, 전쟁이 끝났도다. 생명의 승리가 이루어졌도다. … 사망의 세력이 철저히 패하였도다. 그리스도께서 사망의 군대를 내쫓으셨도다." 이런 소식을 접하면서 크게 감동되어 승리의 행군을 하지 않을 사람이 있을 수 있겠습니까? 아마 이것은 전무후무한 최대의 승리행진일 것입니다.

예수께서 십자가에서 죽으심으로써 사탄의 군대들을 물리치셨고, 원수를 완전히 내어 쫓으셨습니다. 이에 대해 골로새서는 다음과 같이 말합니다. "그가[성부 하나님께서] 정사와 권세를 벗어 버려 밝히 드러내시고 십자가로 [예수 안에서] 승리하셨느니라"(골 2:15). 이것은 결코 봄의 계절에 마음에서 일어나는 우유부단한 감상적 기분들이 아닙니다. 이것은 계시록이 다음과 같이 증언하듯이 팡파르와 드럼과 코러스의 합창들이 힘차게 울려 퍼지는 사건입니다. 196)

> 할렐루야 주 우리 하나님 곧 전능하신 이가 통치하시도다(19:6)
> 세상 나라가 우리 주와 그 그리스도의 나라가 되어 그가 세세토록 왕 노릇 하시리로다(11:15)
> 옛적에도 계셨고 지금도 계신 전능하신 주 하나님이시여, 주께서 친히 큰 권능을 잡으시고 왕 노릇 하심을 감사드리나이다(11:17)
> 이제 우리 하나님의 구원과 능력과 나라와 또 그의 그리스도의 권세가 임하였나니, 우리 형제들을 참소하던 자가 쫓겨났도다. … 그러므로 하늘과 그 가운데 거하는 자들은 즐거워하라!(12:10,12)

내가 하늘이 열린 것을 보니 보라 백마와 탄 자가 있으니 그 이름은 충신과 진실이라 그가 공의로 심판하며 싸우더라. 그 눈이 불꽃 같고 그 머리에 많은 면류관이 있고 또 이름 쓴 것이 하나가 있으니 자기밖에 아는 자가 없고, 또 그가 피 뿌린 옷을 입었는데 그 이름은 하나님의 말씀이라 칭하더라. 하늘에 있는 군대들이 희고 깨끗한 세마포를 입고 백마를 타고 그를 따르더라. 그의 입에서 이한 검이 나오니 그것으로 만국을 치겠고 친히 저희를 철장으로 다스리며 또 친히 하나님 곧 전능하신 이의 맹렬한 진노의 포도주 틀을 밟겠고, 그 옷과 그 다리에 이름 쓴 것이 있으니 만왕의 왕이요 만주의 주라 하였더라 (19:11-16).

이것은 다이너마이트 같습니다. 다시 말해 여러분들이 주위에서 보시는 채색된 유리창 속에 그려진 이 모든 사도들을 강하게 함으로써 그들이 로마 제국에 분연히 맞서고 포로로 끌려가고 잡혀 감옥에 가고 죽게 할 정도로 강력한 다이너마이트입니다. 이 사도들 때문에 2천년이 지난 지금에 와서 우리는 서로에게 "주님이 부활하셨도다! 정말로 그분은 부활하셨도다"라고 말할 수 있게 된 것입니다.

뉴 잉글랜드(New England)의 눈 내리는 이날에도 주님의 부활이 날씨에 달려있지 않다는 사실을 기억하시고 우리 모두 함께 감사하시기 바랍니다. "얼음과 눈이여, 서리와 냉기여, 주님을 찬양하라. 그분을 영원히 찬양하며 찬미할지어다."

봄은 옵니다. 봄은 반드시 옵니다. 자연의 이치 때문이 아니라 하나님이 자신의 아들을 죽음에서 일으키셨기 때문입니다. 하나님께서 이 기적을 우리의 삶 가운데, 지금 그리고 죽는 순간까지 확증하시기를 축원합니다. 그럼으로써 우리 모두가 하늘로부터 번개처럼 내려 와서 우리 마음에서 의심과 두려움의 돌을 굴려버리고 우리로 하여금 사망의 본거지로 불러들여 무덤이 비어있고 우리의 대적 사탄이 패주하였으며 생각할 수도 없고 가능하지도 않았던 일이 일어났다는 것을 우리에게 보여준 천사를 기억할 수 있게 되기를 바랍니다.

그가 부활하셨고, 우리보다 앞서 가시니 우리가 그를 볼 것입니다. 이 놀라운 메시지가 여러분에게 오늘뿐만 아니라 항상 기쁨을 주며, 우리 주 예수 그리스도의 하나님께서 영원무궁토록 찬양을 받으시기를 기원합니다.

| 부활절 주간의 화요일

예수님을 알아보기

저희와 함께 음식 잡수실 때에
떡을 가지사 축사하시고 떼어 저희에게 주시매,
저희 눈이 밝아져 그인 줄 알아보더니
예수는 저희에게 보이지 아니하시는지라.
저희가 서로 말하되 길에서 우리에게 말씀하시고
우리에게 성경을 풀어 주실 때에
우리 속에서 마음이 뜨겁지 아니하더냐 하고 …. 눅 24:30-32

    지난 한 달 동안 우리 주님 예수 그리스도에 관한 수많은 글들이 주요 신문과 잡지들에 실렸습니다. 이중 몇 가지를 갖고 나왔습니다. 이것은 TV가이드이고, 이것은 유에스 뉴스 앤드 월드 리포트(U.S. News and World Report)지 이고, 이것은 월 스트리트 저널(Wall Street Journal)이고, 이것은 뉴스 위크(News Week)지이고, 이것은 뉴욕 타임즈(New York Times)에 나온 서평입니다. 이들 속에서는 특별히 새로운 것은 별로 없고, 부활절 계절마다 실리는 것들인 양 싶습니다.

    그러나 새로운 것이 있다면 그것은 이 글들의 몇몇 글들을 주도하고 있는 폭로성의 기사입니다.[197] 최근까지만 해도 어느 누구도 대중 뉴스 매체를 통해 예수에 대해 극단적으로 회의적인 글들을 싣지는 않았습니다. 분명히 과거 60년대에도 "하나님은 죽었다"라는 사신신학과 글들이 존재했지만, 예수님 자신을 공격하는 일은 결코 없었습니다. 그러나 이제 그렇게 하는 것은 평범한 일이 되어버렸습니다.

유에스 뉴스 앤드 월드 리포트(U.S News and World Report)지에 실린 글은 예수의 이야기를 솔직하게 재진술하고 있는 듯하며, 거기에 덧붙여 예수님의 정치적 중요성에 대한 몇몇 가지의 참된 통찰들을 제시하고 있습니다. 그런데 이 글의 끝에나 가서야 여러분들은 여러분들이 읽은 글은 예수의 지위와 평판, 그리고 그분에 대한 기독교적 신앙에 대한 미묘하고도 교묘한 평가절하였다는 것을 깨닫게 됩니다. 이 글에 따르면 예수는 "수수께끼 같은 유대인 랍비"이며 그 이상도 그 이하도 아닙니다. 198)

이러한 새로운 동향은 처음에는 특별히 놀랄 만한 일 같지는 않아 보였습니다. 뉴스 미디어들은 일들이나 사건들에 대해 세속적인 시각을 갖고 있었지만, 교회는 진정한 이야기가 무엇인지를 알고 있었습니다. 혹시 그렇지 않다 해도 우리는 그렇다고 생각했었습니다.

그러나 이제는 교회에 역시 예수님에 대한 회의론이 깊이 퍼져 있지요. 어떤 모임에서는 그리스도를 하나님의 아들이요 유일한 세상의 구세주로 고백하는 것은 완전히 시대에 뒤떨어진 것으로 생각합니다. 사람들이 근본주의라고, 보수주의자라고, 비현대적이고 비합리적이며, 다른 신앙들을 포용하지 못하는 옹졸한 자라고 비난을 받게 되었으며, 계몽주의 사고에 반하는 온갖 형태의 잘못을 행하는 자라고 비난을 받게 되었습니다.

이런 시각들이 유에스 뉴스 앤드 월드 리포트지에 실린 글과 같은 기고문에서 형성되고 있습니다. 이 글은 십자가 사건을 하나의 사실로 제시하고 있습니다. 즉 예수는 "십자 처형을 받았다"라고 말하고 있습니다. 그러나 그분이 "부활하셨다"라고는 말하고 있지 않습니다. 이 글은 예수님의 제자들이 예수께서 부활하셨다고 믿었다고 말하고 있습니다. 더 정확히 말해서 제자들이 예수께서 살아나셨다고 확신케 되었다고 이야기하고 있습니다. 이글은 예수님을 따랐던 자들인 작은 핵심그룹의 제자들은 바로 이러한 믿음과 확신에 의해서 "힘을 얻게 되었다"라고 말하고 있습니다.

저는 만약 이 설교자가 이 밤 이 자리에서 "예수의 제자들은 예수께서 죽음에서 살아나셨다고 *믿게 되었습니다*" 라고 선포한다면 여러분들이 어떤 생각을 하게 될지 궁금합니다. 그렇게 말하는 것은 한 역사적 발전에 관한 하나의 흥미로운 얘기는 될지 몰라도 변화를 가져오고 세상을 뒤흔드는 소망을 제공하지는 못할 것입니다.

뉴욕 타임지에 실린 글은 부활사건에 대한 도전을 적나라하게 보여줍니다. 즉 예수의 이야기를 전통적인 형태로 솔직하게 이야기하는 것은 "무모한 모험일 수 있는데," 그 이유는 "예수의 존재를 지지할 수 있는 역사적 증거자료는 성경 그 자체 외에는 존재하지 않기" 때문이라는 것입니다.199) 이 말을 처음 듣는 사람들에게는 충격적으로 들릴지 몰라도 이 말은 절대적으로 옳은 이야기입니다. 나사렛 예수께서 죽음에서 부활한 것은 차치하고서라도 그가 이 땅에 살았던 적이 있는지의 여부는 역사적 연구를 통해서는 증명될 수 있는 일이 아닙니다.

그는 셜록 홈즈(Sherlock Homes)처럼 순전히 문학작품 나오는 인물과 같은 존재라고 주장할 수 있으며, 또한 종종 그렇게 주장되고 있습니다. 많은 사람들이 홈즈가 여전히 살아있는 진짜 사람이었던 것처럼 런던에 있는 221-B Baker Street 주소로 아직도 편지를 쓰고 있다고 합니다.

예수님도 이와 같은 경우입니까? 우리는 위대한 50일 동안에 우리가 무엇을 생각하며 어떤 뜻으로 "주께서 부활하셨도다! 그는 실로 부활하셨도다!" 라고 말하고 있는지를 스스로에게 물어볼 필요가 있습니다. 어떤 이들은 이러한 제안을 하기도 합니다. "예수의 제자들 중 몇몇 제자가 그분은 죽지 않았다고 믿었으며, 그래서 *마치 그분이 여전히 살아계신 것처럼* 그분에 관해서 말하기 시작했다"는 것입니다. 사람들이 엘비스 프레슬리에 관해 그처럼 말하는 것과 같다는 것입니다. 만약 이것이 모두 사실이라면 우리는 왜 교회에 나와 이 고생을 하는 것이지요?

몇 분 전에 우리는 누가복음의 한 본문을 같이 읽었습니다. 이 본문은 부활절 새벽 미명에 무덤에 갔던 여자들이 어떻게 해서 돌아와 제자들에게 예수의 시신이 없어졌고, 그분이 부활하셨다고 말하는 한 천사를 보았는지를 우리에게 말해주고 있습니다. 누가가 증언하는 바에 따르면 제자들은 여자들이 전한 말의 한 마디도 믿지 않았습니다. 그것은 그들에게는 하나의 쓸데없는 *공상 같은 이야기*였기 때문입니다. 〈참조: 렘브란트의 "엠마오의 제자들"〉

저는 우리들이 여기 제자들이 보여주는 불신을 잘 이해할 수 있다고 생각합니다. 불신은 부활기사의 중요한 한 부분을 이루고 있습니다. 이 주일에 우리는 모든 다른 제자들이 맹세코 주님을 보았다고 말하는데도 도마가 어떻게 주님이 부활하셨다는 것을 한사코 믿기를 거절했는지에 대한 이야기를 듣게 될 것입니다. 부활에 대한 의구심과 회의는 우리 자신의 시대에 의해서 만들어진 그 무엇이 아닙니다. 복음서 기자들은 바보들이 아니었습니다. 그들은 불신에 대해 알고 있었으며, 그러기에 불신을 그들의 복음서 이야기 가운데 싣고 있는 것입니다.

누가는 계속해서 부활절 주일 오후, 즉 여자들이 처음으로 "공상 같은 이야기"를 전했던 바로 그날 오후, 예수의 두 제자가 "예루살렘에서 11km쯤 떨어진 곳에 위치한 엠마오라 불리는 한 마을로 가고 있었다"고 기록하고 있습니다. 한 사람은 글로바라는 이름의 사람이었고 다른 한 사람의 이름을 밝혀지지 않는데, 이 둘이 걷고 있었습니다.[200] 예수의 제자들은 너무나 가난해서 타고 다닐 수 있는 짐승을 살 수 없었기에 언제나 걸어 다녔습니다.

우리는 이 두 제자에 관해서 아는 바가 전혀 없습니다. 그들은 유명하지 않았고, 열두 제자 일원이 아니었으며, 지도자들도 아니었습니다. 그들은 여러분과 저와 같이 평범하고도 흔한 제자들이었습니다. 길을 가면서 그들은 "일어났던 이 모든 된 일에 대해서 서로 이야기하고" 있었습니다. 이 짧은 장면은 놀랄 정도로 평범한 이야기이며, 특별한 점을 전혀 담고 있지 않습니다. 다시 말해 커다란 사건들이 지닌 그러한 극적인 세팅이 아니었습니다. 천사도 없었고, 빈 무덤과 같은 것도 없었습니다. 단지 평범한 슬픔 중에서 서로를 위로하며, 전에 일어난 사건들에 대해 다시 이야기하면서 마치 이런 이야기들이 자기들에게 안도의 숨을 쉬게 할 수 있을까 하는 기대 가운데, 또한 그 사건들을 이해하고 받아들이기를 진력하지만 도리어 충격과 슬픔 가운데 멍한 상태로 한데 어울려 있는 두 친구들만이 있을 뿐입니다.

그들의 단조롭고도 불안한 삶은 그들의 주인 되신 주님에 의해서 평범함을 벗어났던 삶이었었고, 그에 대해 그들은 너무도 자랑스럽고 너무도 기대에 부풀어 있었기에 주님을 따라다녔습니다. 그런데 이제 그분은 죽었을 뿐만 아니라 온 세상의 시각에 볼 때 수치와 멸시를 당하셨습니다. 십자가 처형 사건은 끔찍하고도 대단히 추악한 죽음의 방식임을 이해할 필요가 있지만, 더 중요한 점은 이 사건은 국가가 후원한 방식의 선언, 즉 한 인간이 경멸의 대상으로서 거의 비인간적일 뿐만 아니라 점잖은 방식으로 처형하기에도 걸맞지 않은 자라고 선언하는 것이었다는 점입니다.

십자가에 처형된 자들은 극도의 수치와 부끄러움의 희생자들이요, 그렇게 처형된 이후에 그들의 이름은 인간 역사로부터 완전히 씻겨지고 잊혀졌습니다. 우리는 그리스도에 앞서서 십자가에 처형된 자의 이름을 들어본 적이 없습니다. 만약 예수님의 이야기가 그의 죽음과 함께 끝이 났다면 우리는 그에 대해 아무런 이야기도 결코 들어보지 못했을 것입니다. 엠마오로 가는 길에 대한 이야기를 계속해 나가는 데에 우리는 이 점을 마음에 반드시 기억해야 합니다.

예수님의 죽음의 이러한 성격 때문에 우리는 그의 제자들이 복잡하고도 격한 감정들을 경험하고 있었을 것이라고 생각할 필요가 있습니다. 고통과 슬픔이 그들이 느꼈던 감정의 모두가 아닙니다. 분노와 배신감도 그들에게 있었을 것입니다. 아마 그들은 자신들이 기만당했고 희생되었다고 느꼈을 것입니다. 어떤 경우이든 우리가 확신할 수 있는 것은 그들을 둘러싼 자연세계는 그들의 주님이 겪었던 공적인 멸시와 십자가 처형에 대해서 어떠한 위로도 제공하지 못했다는 점입니다. 그들은 길가에서 노래하는 새들이나 새싹 돋은 밀 혹은 활짝 핀 꽃들로부터도 어떠한 희망이나 위로를 얻지 못했습니다.

부활이란 기적은 자연이나 인간 이해에서 생겨난 것이 아닙니다. 사도 바울의 말을 빌자면 "혈과 육은 하나님 나라를 유업으로 받을 수 없고 또한 썩은 것은 썩지 아니한 것을 유업으로 받지 못할 것입니다"(고전 15:50). 인간의 눈과 귀는 보고 들을 수 있지만, 하나님의 계시가 없다면 어떠한 깨달음도 이해도 있을 수 없습니다. 그러기에 "그들이 서로 이야기하며 함께 논의할 때 예수께서 가까이 이르러 저희와 동행하셨을" 때에도 그들은 기쁨에 겨워 뛰지 않았던 것입니다.

십자가에 죽으셨던 그분이 가까이 오셔서 슬픔에 쌓인 제자들과 함께 걸으시며 그들과 발걸음을 함께 하셨습니다. 그들이 주님께 간 것이 아닙니다. 주님이 그들에게 오신 것입니다. 그러나 그들은 주님을 알아보지 못했습니다. 그분만이 자신을 알아보게 하실 능력을 갖고 계십니다.

누가복음의 한 구절은 "저희의 눈이 *가려져* 그인 줄 알아보지 못하였도다"라고 기록하고 있습니다. "그들이 주님을 알아보지 않았다"라고 되어있지 않고, "저희의 눈이 *가려져 그인* 줄 알아보지 못했다"라고 되어있습니다. 여러분들이 성경을 읽으면서 수동형의 동사를 보게 될 때마다 그것은 하나님이 역사하고 계신다는 것을 의미합니다. 예수님을 드러내보이심에서 주도권은 인간의 것이 아니라 하나님의 주권이라는 뜻입니다.

그렇더라도 여전히 제자들이 이 모든 것들을 상상 속에서 만들어낸 것일까요? 예수께서 그들에게 말씀하셨습니다. "너희가 길 가면서 서로 주고받은 대화는 무엇이냐?" 철저한 고통과 절망 중에서 그들은 길 한복판에 멈춰서 고통스러운 눈으로, 이러한 질문을 하는 분을 쳐다봅니다. 저들은 "가로되 당신이 예루살렘에 우거하면서 근일 거기서 된 일을 홀로 알지 못하느뇨?" 라고 묻습니다. 그때 주님은 "무슨 일이뇨? 라고 물으십니다.

"무슨 일이뇨?" 도대체 이런 질문이 어디 있겠습니까? 제자들은 이에 대해 대답하기가 너무도 고통스러웠을 것입니다. 우리가 상상하건대 제자들의 대답은 거의 기계적으로 별 생각 없이 그리고 확신이 결여된 상태로 입에서 튀어나왔을 것입니다. 그들은 이렇게 설명했습니다. "나사렛 예수의 일이니 그는 하나님과 모든 백성 앞에서 말과 일에 능하신 선지자 거늘 우리 대제사장들과 관원들이 사형 판결에 넘겨주어 십자가에 못 박았느니라." 이들이 말한 이것들이 얼마 지나지 않아 사도들의 복음 선포의 핵심이 되었지만 이 시점에서는 이것들 중 어느 하나 그들의 마음에 명기된 것이 없습니다. 이 두 제자는 일어난 사실들은 알고 *있었지만*, 그러나 그 사실들을 *이해하지는* 못했습니다. 그들은 크나큰 미몽 가운데서 "우리는 이 사람이 이스라엘을 구속할 자라고 바랐노라"라고 말합니다.

그리고 그들은 계속해서 말하기를 자기들 중에 어떤 여자들이 미친 이야기로 자기들을 놀라게 하였으니 "이는 저희가 새벽에 무덤에 갔다가 그의 시체는 보지 못하고 와서 그가 살아나셨다 하는 천사들의 나타남을 보았다 함이라. 또 우리와 함께 한 자 중에 두어 사람이 무덤에 가 과연 여자들의 말한 바와 같음을 발견하였지만, 그러나 *예수는 보지 못하였느니라*"고 말했습니다.

여러분들은 이 제자들이 지금 둘과 하나를 서로 혼동하고 있다고 생각지 않으십니까? 만약 혈과 육이 하나님의 나라를 유업으로 받을 수 있다면 이 두 사람은 세 번째 분이 누구이신지를 알아낼 수 있었을 것입니다. 그러나 누가복음에 따르면 하나님만이 이들의 이해를 주관하고 계십니다. 깨달음은 하나님이 정하신 그 순간까지 이들에게 허락되지 않았습니다. 201)

이 밤에 지금 이 자리에 나와 있는 우리 모두는 이 두 제자와 똑같은 위치에 서 있습니다. 우리는 여자들의 증언을 이미 들었고, 빈 무덤과 천사에 관해 이미 이야기를 들었지만, *그러나 예수는 보지 못하였습니다.* 이 말씀은 우리에게 아주 크나큰 중요성을 지닙니다. 누가는 그 자리에 *있지 않았고 보지 못했던* 크리스천들을 위해서 그의 복음서를 쓰고 있는 것입니다. 저와 여러분처럼 그들은 부활하신 주님을 알지 못했고, 부활 사건이 단순히 공상 같은 이야기라고 생각하는 자들에 의해서 둘러싸여 있었습니다.

불신은 언제나 우리 곁에 놓여 있습니다. 닳고 닳은 사람들은 예수의 부활을 코웃음 칩니다. 여러분들은 아십니까? 종교적인 사람들 역시 이에 대해 의심의 눈초리를 보이고 있다는 사실 말입니다. 저를 정 못 믿겠다면 부활절 카드를 보시기 바랍니다. 빈 무덤과 부활하신 주님은 십자가에 죽으시고 부활하신 메시아와는 전혀 관계가 없는 갱신과 재생에 관한 일반화된 종교적 메시지로 둔갑되어 버렸습니다.

누가의 이야기는 계속됩니다. 예수께서 이 두 제자에게 말씀하십니다. "미련하고 선지자들의 말한 모든 것을 마음에 더디 믿는 자들이여 … 그리고 모세와 모든 선지자들로부터 시작해서 성경에서 자신에 관해 말한 모든 것들을 그들에게 풀어 말씀하시니라." 이것이 바로 모든 성경공부들의 종지부를 찍는 성경공부였습니다.

이것에 대해 깊이 생각해보시기 바랍니다. 함께 걸으시면서 부활하신 주님은 제자들에게 구약의 참된 의미를 가르치시기 시작했습니다. 구약은 모두 그분에 관한 것입니다. 즉 그분이 인류의 죄를 인해 어떻게 고난 받아 죽으셔야 했는지, 그분이 우리를 위해 자신의 사역을 어떻게 완성하시고 그의 영광 속으로 들어가셨는지를 말하고 있습니다. 성경의 참된 해석자는 예수님 자신입니다. 그분은 성경의 내용이요, 성경의 메시지이며 해석자이십니다.

이후 두 시간 동안 세 사람은 계속해서 11km를 걸어 엠마오로 갑니다. 가는 중에 하나님이시요 부활하신 그분은 참을성 있게 제자들을 이끌어 자신이 저자되고 동시에 주제되는 살아있는 하나님의 말씀으로 인도하십니다. 이 얼마나 감동적인 장면입니까! 영원토록 기억될 만한 장면일 겁니다.

이런데도 여전히 이 모든 것을 제자들이 상상해 냈다고 할 수 있을까요? 누가복음의 저자는 계속해서 말합니다. "저희의 가는 촌에 가까이 가매 예수는 더 가려 하는 것 같이 하시니, 저희가 강권하여 가로되 우리와 함께 유하사이다 때가 저물어가고 날이 이미 기울었나이다 하니"(눅 24:28-29). 그래서 주님은 그들과 함께 머물기 위해서 들어가셨습니다. 그러나 비록 이 시점에 이르러서는 확실히 두 제자가 강력하게 주님에게 끌렸음에도 불구하고 여전히 그들은 주님을 깨닫지 못하고 있습니다.

그들은 함께 여관에 들어가 식탁을 준비해서 식사를 하게 됩니다. 제자들이 주빈이었고 물론 예수님은 손님이었습니다. 유대인들의 식탁예법에 따르면 축복기도하고 떡을 떼는 것은 주빈의 역할이었습니다만 이 경우 이러한 주빈의 역할을 하는 분은 손님이신 주님이었습니다. "예수께서 저희와 함께 음식 잡수실 때에 떡을 가지사 축사하시고 떼어 저희에게 주시매, 저희 눈이 밝아져 그를 알아보았더라. 그리고 예수는 저희의 시각으로부터 사라져 버렸더라."

그들이 주님을 알아보았더라. 그렇지 않다면 그들이 이 모든 것을 상상 가운데 지어낸 것일까요? 이것이 단순히 그들의 바람들과 꿈들의 투영이었을까요? 믿음의 서클 바깥에 있는 자들은 이 질문들에 대해 결코 답할 수 없을 것입니다. 예수님은 모든 자들에게 자신을 보여주시지 않았습니다. 그분은 오직 자신의 제자들이었던 자들에게만, 그리고 후에 가서 자신이 택하신 다른 자인 사울이란 이름의 바리새인에게만 자신을 나타내 보이셨습니다. 후에 가서 사도 바울이 된 바로 그 사람보다 더 분명하게 그리고 확실하게 부활의 진리를 진술한 자는 아무도 없을 것입니다.

성경에서 부활사건에 대한 가장 초기의 기록과 설명은 고린도전서 15장에 나옵니다. 바울이 이것을 지어냈을까요? 바울과 네 명의 복음서 저자들이 무언가에 의해서 속았을까요? 초대교회 전체가 속임을 당했을까요? 엠마오로 향하는 노상의 이야기는 몇몇 사람들이 주장하듯이 제자들이 "믿게 된"일에 대한 하나의 문학적 기술일까요?

저는 지난 주 문학비평에 관한 글을 하나 읽었는데, 이 글은 세익스피어의 리처드 3세에 관한 글이었습니다. 이 글의 요지는 "역사적 인물"인 리처드 왕은 세익스피어가 그린 리처드 왕보다 덜 흥미로운 인물이라는 것이었습니다. 예수님도 이와 같은 경우인가요? 복음서 기자들은 실제적인 인물보다 더 흥미로운 예수를 만들어낸 것인가요? 예수님은 오직 책이나 무대 혹은 TV 스크린에서만이 살아계시는 것일까요? 어떤 사람들은 이렇게 말하기도 합니다. 그러나 *여러분들은* 무엇이라고 말하시겠습니까? 그분은 지금 어디에 살아계십니까?

왜 여러분들이 이 밤에 이 자리에 나오셨는지에 대해 잠시 생각해 보시기 바랍니다. 확신하건대 여러분 중에 어떤 이들은 어린 시절의 신앙을 손상시키지 않은 채 그대로 갖고 이 자리에 나와 계십니다. 또 어떤 분들은 어린 시절의 신앙에 대해 심각한 질문을 갖고 계시는 분도 있습니다. 분명한 사실은 복음서 저자나 설교자나 그 누구라도 말을 통해서 완고하고 강퍅한 불신앙의 사람을 설득시킬 수는 결코 없다는 점입니다. 부활은 정상적인 방법들을 통해서는 증명될 수 없으며, 신약저자들은 이 점을 이해하고 있는 듯합니다. 믿음은 신비로운 것입니다. 그것은 인간의 일이 아닙니다. 믿음은 주님 자신이 주신 하나의 선물입니다.

엠마오의 제자들이 예수님이 사라지신 후 서로에게 말하는 것을 들어 보시기 바랍니다. 그들은 이렇게 말했습니다. "길에서 우리에게 말씀하시고, 우리에게 성경을 풀어주실 때에 우리 속에서 마음이 뜨겁지 아니하더냐?" 이것이 모든 성경들의 종지부를 찍는 성경공부라고 우리가 어떻게 말했는지를 기억해 보시기 바랍니다. 그러나 그렇게 말하는 것은 단지 표현의 한 방식일 뿐입니다. 오히려 그것은 모든 성경공부들을 *시작하게* 하는 성경공부였습니다. 왜냐하면 주님이 성경의 저자시며, 성령은 성경의 해석자이시기 때문입니다.

21세기가 지난 오늘날에 이루어지는 성경공부도 예수님이 행하신 첫 번째 성경공부와 같은 능력을 지니고 있습니다. "모세와 모든 선지자들을 시작으로" 살아계신 주님은 "모든 성경 속에 있는 자신에 관한 것들"을 우리에게 지속적으로 설명해 주십니다. 예수님은 이 밤에 자신의 살아 있는 말씀으로 우리에게 가까이 다가오셨습니다. 그렇지 않다면 이것이 단지 설교자가 만들어낸 상상의 결과입니까? 지금까지 수십 세기에 걸친 모든 부활절 메시지들은 다름 아닌 설교자들의 미사여구들에 기초하고 있단 말입니까?

"우리는 예수는 보지 못하였도다" 그러나 "저희와 함께 음식 잡수실 때에 떡을 가지사 축사하시고, 떼어 저희에게 주시매 저희 눈이 밝아져 그인 줄 알아보더니" 잠시 이 구절에 대해 생각해 보고자 하는데, 이 단순한 몇 마디가 지닌 파급 효과는 단지 말로 다 표현할 수 없을 정도입니다. 예수님은 저들이 보는 앞에서 십자가에 달려 돌아가셨고, 무덤에 장사되었습니다. 그런데 이제 그분이 살아계시며 그들과 함께하여 떡을 떼시고 계십니다.

여러분은 잠시 전의 렘브란트의 작은 그림 하나를 기억하실 것입니다. 그림에서 보면 어느 것 하나도 우연인 듯싶은 것이 없습니다. 그 그림은 평범하고도 보잘것없는 한 방에서 식탁에 둘러앉은 세 사람에 관한 작은 그림입니다. 시중드는 하인은 물병을 들고 옆에 서 있습니다. 그 뒤 여러분은 보다 자세히 그림을 들여다보면 그 중 한명이 몸을 식탁에서 뒤로 젖히는 모습을 발견하게 됩니다. 이 모습은 세상에서 가장 단순한 동작이면서 동시에 가장 감명적인 동작입니다. 빛이 그의 얼굴에 떠오르기 시작합니다. 그는 주님을 알아보고 있습니다. 얼마나 영광스럽고도 말로 형언할 수 없는 기쁨이겠습니까? 이 얼마나 강력한 경이로움입니까! 그분은 주님 자신이셨습니다!

여기 예수님의 평범한 두 제자들에 관한 현대판 이야기 하나가 있습니다. 이 이야기의 두 제자는 당시 약 86세였던 저의 아버지와 아버지의 누님으로서 92세 되신 메리 버지니아(Mary Virginia)였습니다. 이 고모님은 중풍을 앓으신 이후 7년 동안 양로원에서 완전히 침대에 누워 지내셨습니다. 저의 아버지가 고모님을 종종 방문하셨지만 양로원으로 고모를 방문하는 일은 언제나 아버님을 매우 힘들고, 우울하게 만들었습니다. 고모님은 매우 적게 말씀하셨고, 아니면 거의 말씀하지 않으셨습니다. 그런데 어느 날 고모님은 무엇인가 말씀하셨습니다. 저의 아버지는 곧바로 집으로 돌아오셔서 말씀 나눈 것을 글로 써놓으셨습니다. 그분이 글로 써놓으셨던 쪽지를 지금도 제가 갖고 있는데, 바로 이것입니다. 그 글은 이렇게 되어있습니다.

> 메리 버지니아는 오늘 내게 말했다. "나 곧 죽게 되겠지?" 나는 그녀에게 아무런 그런 조짐을 볼 수 없으며, 그러한 일은 나와 그녀에게 "주님의 손 안에 있으며 나는 그분을 의지한다"고 말했다. 그녀는 잠시 생각한 뒤 말했다. "그래 나는 주님을 사랑해." 그리고 또 잠시 후에 그녀는 다시 말했다. "너도 주님을 사랑하지?" 나는 그렇다고 대답했다. 나는 분명히 주님을 사랑한다. 그리고 그녀는 눈을 감고 떨리는 목소리로 "나도 그렇게 생

각했다. 네가 주님을 사랑할 줄 말이야."

바로 이 순간에 여러분들이 그 양로원에 있는 문 앞을 지나가다가 이 방을 들여다보게 된다고 상상해 보시기 바랍니다. 어느 것 하나도 우연인 듯싶은 것이 없습니다. 그것은 평범하고도 보잘것없는 한 방에 있는 아주 연로한 두 노인의 모습을 담고 있는 작은 장면입니다. 저의 아버지는 이 쪽지의 맨 아래에다 이렇게 쓰셨습니다. "에피소드의 끝"이라고 말입니다. 그러나 그것은 끝이 아니었습니다. 그 순간은 저의 아버지에게 생명을 부여한 순간이었으며, 저의 남편에게, 그리고 제 자녀들과 제게 생명을 준 순간이었습니다. 주님을 사랑하는 자들에게, 끝은 시작입니다.

이 저녁에 이 엠마오에서 일어난 이야기를 다시 듣는 중에 예수님이 친히 여러분들에게 가까이 다가가십니다. 그분은 엠마오로 가는 도중에 살아계셔서 성경을 해석하시고 설명하셨던 것과 마찬가지로 분명히 이 저녁에 자신의 말씀 가운데 임재해 계십니다. 여러분의 마음이 여러분 안에서 뜨거우신가요? 여러분들은 주님을 알아보고 계신가요? 만약 그렇다면 그것은 하나님의 역사입니다. 그것은 이 밤에 우리와 함께 임재하셔서 우리에게 가까이 다가오시고 성경의 의미를 우리에게 열어주시고, 주일에 그렇게 하시듯이 자신의 식탁 주위로 우리를 불러 모으시고, 떡을 떼어 주시며, 우리게 최후의 말은 죽음이 아니라 생명이요, 심판이 아니라 자비요, 홀로 있는 쓸쓸함이 아니라 그분의 영원한 정복될 수 없는 사랑의 교제임을 보여주고 계시는 바로 그 주 예수 그리스도의 역사입니다.

할렐루야! 주님은 부활하셨습니다. 그분은 진실로 부활하셨습니다!

****

저녁 예배는 그리스도의 임재를 위한 본기도문으로 끝을 맺는데, 이 기도문은 엠마오 이야기에 기초합니다(감독교회 일반기도서, 70페이지).

주 예수여, 우리와 함께 하소서. 저녁이 다가왔고 낮이 지나갔기 때문입니다. 도중에 우리의 친구가 되어주시고 우리의 마음의 불을 환히 밝히시며 소망을 불러일으키소서. 그럼으로써 우리가 성경에 계시되어 있고 떡을 떼시는 주님의 모습을 알게 하옵소서. 주의 사랑을 인하여 이것을 우리에게 허락하옵소서.

아멘.

| 부활절 주간의 수요일

죽음의 취소

이 말씀을 하시고 큰 소리로 나사로야 나오라 부르시니,
죽은 자가 수족을 베로 동인채로 나오는데 그 얼굴은 수건에 싸였더라.
예수께서 가라사대 풀어 놓아 다니게 하라 하시니라. 요 11:43-44

아마 여러분들은 나사로를 살리시는 이야기 속에는 매우 영적이지 못한 내용이 들어있다는 점을 발견하셨을 것입니다. 친구 나사로의 무덤에 이르렀을 때 예수께서는 곁에 서있는 자들에게 무덤 입구에 있는 돌을 옮겨 놓으라고 명하셨습니다. 죽은 자의 누이인 마르다가 예수께 이르기를 "주여, 죽은 지가 나흘이 되었으매 벌써 냄새가 나나이다"라고 말했습니다. 영국 왕 제임스 스타일의 킹 제임스 역본에 따르면 "그가 악취를 풍기고 있습니다"라고 되어 있습니다.

여러분 중에 얼마나 많은 분들이 여러분의 목전에서 실제적으로 임종의 장면을 경험했는지 저는 알 수 없습니다. 아마 어느 누구도 이러한 최초의 죽음의 장면을 잊지 못할 것입니다. 저는 30대 사제 시절에 죽어가는 사람의 침상으로 심방을 와달라는 연락을 받기 전까지는 한 번도 시체를 본 적이 없었습니다. 그 남자는 그의 가족들이 둘러싸고 있는 가운데 거실에 있는 소파에 누워있었습니다. 제가 죽어가는 자를 위한 기도문

들을 읽고 있는 동안, 그는 그의 마지막 숨을 몰아 쉰 뒤 숨을 거두었습니다. 저는 그의 몸에서 일어났던 변화를 보고 충격을 받았는데 그 충격을 결코 잊을 수 없습니다. 엄청나고도 기이한 그 무엇이 그 방에 들어왔었습니다. 장의사가 도착했고 가족들은 그 방에서 나갔습니다. 저는 그대로 머물러 있었는데 누군가 거기에 있어야 할 것 같기 때문이었습니다.

장의사가 시체를 다루는 모습에 저는 두 번째로 충격을 받았습니다. 그들은 정확히 말해 거칠게 다루지는 않았지만, 분명히 직업적으로 시체를 다루었습니다. 그들은 바닥에 비닐 천을 깔아 놓고, 시체를 소파에서 들어 올려 그 천 위에 내려놓은 뒤 둘둘 말아서 가지고 나갔는데 마치 정원의 뿌리 덮개 흙을 담아 가듯이 했습니다. 20분 전에는 그 시체는 가장 조심스럽고도 가장 소중하게 다루어지고 옮겨졌던 살아있는 인간이었습니다. 그런데 이제는 가능한 한 신속하게 처리해 버려야 할 하나의 물질 정도가 되었습니다.

죽음은 무시무시한 색깔을 갖고 있습니다. 그 이후 저는 여러 번 시체를 보았습니다. 죽음은 또한 엄청나게 차가운 느낌을 가지고 있습니다. 이 사건 이후 얼마 되지 않아서 저는 저의 교회 교인 한 분으로부터 부탁 하나를 받은 적이 있습니다. 그 사람은 자기의 죽은 아내의 시신의 손가락에 반지를 끼워달라고 요청했습니다. 저는 그 전에 이와 같은 일을 해 본 적이 없었습니다. 저는 딱딱하게 굳은 시체에 대해 들어본 적은 있지만, 그것을 만져본 적은 없었습니다. 저는 전혀 준비되어 있지 않았습니다. 그 일은 단지 제가 직분을 감당하기 위해서 해야 할 일이었을 뿐이라는 뜻입니다. 아내의 손은 사람의 손 같이 느껴지지 않았습니다. 따뜻한 인간 접촉만을 소중히 여기는 자들에게 살아있는 손과 죽은 손 사이의 차이는 무시무시할 정도로 엄청납니다.

한번 시도해 보라 - 당신이 엄청나게 뻣뻣한 리벳을 움직일 수 있는지-

>한번 시도해 보라 - 당신이 강철로 된 걸쇠를 들어올릴 수 있는지-
>차가운 이마를 쓰다듬어 보라- 열이 자주 난다-
>원한다면, 생기 없는 머리카락을 일으켜 세워보라-
>금강석 같은 손가락을 움직여 보라
>어떠한 골무도 끼워지지 않을 것이다. 202)

우리가 이러한 것들에 관해 이야기할 수 있는 것은 이 부활의 한 주간 저녁에 모인 여러분에게는 하나의 찬사입니다. 여러분들은 평범한 주일 회중이 아닙니다. 제가 알기로는 여러분들은 보다 강력한 도전을 받을 준비가 되어있는 분들입니다.

이렇게 경직된 용어들로 죽음에 관해 제가 이야기하고 있는 이유는 성경이 죽음에 관해 말하고 있기 때문입니다. 죽음은 성경드라마에서 주역들 중에 하나이지요. 죽음은 어느 곳에서나 몰래 접근해 옵니다. 그리고 모든 것들을 파괴하려고 위협하고 있습니다. 203) 성경은 죽음에 대해 무뚝뚝합니다. 마르다의 말을 빌자면 "그는 죽은 지 나흘이 되었기에 썩어 냄새가 납니다"라고 죽음에 대해 말하고 있습니다.

우리보다 앞선 세대의 사람들은 죽음을 묘사하는 데에 우리만큼 그렇게 꽤 까다롭지 않았습니다. 다음 기회에 여러분들이 나사로를 일으키는 모습의 그리스나 러시아 계통의 성상을 보게 될 때 자세히 그것을 살펴보시기 바랍니다. 옆에 서 있는 자들은 그들의 코에 손수건을 갖다 대고 있는 모습을 하고 있습니다. 성경 시대의 사람들에게 죽음은 가시적이고도 냄새 맡을 수 있는 삶의 한 사실이었습니다. 실제로 한 백여 년 전 우리가 장의사를 불러서 시신을 신속하게 치워달라고 요청하기 시작하기 전까지만 해도 거의 모든 사람들에게 그러했습니다. 〈참조: Giotto의 "나사로의 부활"〉

저는 저와 이름이 같은 증조모의 성경 하나를 갖고 있습니다. 그분은 제가 20대였을 때 출산 중에 돌아가셨습니다. 그분은 오늘날 젊은 사람들은 거의 줄을 긋지 않는 구절들에 밑줄을 그으셨습니다. 예를 들어 시편 90:10이 여기에 해당됩니다. "우리의 연수가 칠십이요, 강건하면 팔십이라도, 그 연수의 자랑은 수고와 슬픔뿐이요, 신속히 가니 우리가 날아가나이다"라는 구절입니다. 19세기에는 사람들은 이런 생각들을 자연스럽고도 당연할 일들로 알고 살았습니다. 현금의 마음이 약하고 관념론적인 시대에는 그렇지 않습니다. 우리의 문화는 죽음을 관리하고 통제하려 하고 눈에서 안 보이게 하고 향수를 바르고 향을 바르며 꽃들로 가리고 치장하려는 끊임없는 시도들로 악명 높습니다만, 그러나 진실은 그대로 남아있습니다. 세 번씩이나 암과 싸웠던 한 현대 작가는 다음과 같이 토로합니다.

> 질병에 대한 심리적인 설명들을 선호하는 특이한 현대적 성향이 존재하는데 다른 것들의 경우에도 마찬가지이다. 심리화 하려는 경향은 통제력을 제공하려는 것처럼 보이지만, 그러나 죽음은 혐오스러운 신비요, 궁극적인 망동으로써 통제될 수 없는 대상이다. 204)

사도 바울은 고린도 교회 교인들에게 "혈과 육은 하나님 나라를 유업으로 받을 수 없다"고 편지했습니다(고전 15:50). 일반적인 신념과 달리 성경은 죽음을 지나서 그 이상을 나아가게 하는 어떠한 자연적인 생의 이월은 존재하지 않는다고 가르치고 있습니다. 구약은 이 점을 매우 분명히 하고 있습니다. 수천 년에 걸쳐서 이스라엘 백성들은 하나님으로부터 지속적으로 배우기를, 죽음 너머에 있는 생에 대한 어떠한 약속의 힌트 없이도 하나님을 사랑하고 경외하며 섬기는 법을 배워왔습니다. 205) 만약에 모든 크리스천들이 이런 과정을 거쳐 간다면 아마 그것은 좋은 일일 것입니다.

바울은 고린도 교회 때문에 좌절하고 있는데 그 이유는 그들이 일종의 영혼불멸을 믿고 있었기 때문입니다. 바로 이런 이유 때문에 바울은 그들에게 "썩어질 것이 썩지 아니할 것을 유업으로 받을 수 없도다"라고 말하고 있는 것입니다. 인간의 삶과 하나님의 삶 사이에는 "무한도의 질적인 차이"가 존재합니다. 206) 모든 인간은 죽음의 세력 하에 살고 있습니다. 죽음은 우리 존재의 지배적 현상입니다. 평신도 신학자인 윌리엄 스트링펠로우 (William Stringfellow)는 다음과 같이 말하고 있습니다.

> 죽음은 이 세상에서 하나님 말고는 다른 모든 세력들보다 오래 갑니다. … 죽음은 하나님을 고려하지 않는다면 분명한 존재의 의미로서 이 세상에 있는 존재가 귀속되는 모든 다른 개인적인 혹은 사회적인 실체보다 오래 갑니다. 죽음은 너무 크고 너무 공격적이며, 너무 편만해 있으며, 너무 전투적인 세력이기에 죽음에 대해서 이야기할 수 있는 유일한 적절한 방식이 있다면 그것은 우리가 하나님에 대해 말하는 방식과 유사할 정도입니다. 죽음은 이 세상 속에서 하나님인 것처럼 가장하고 있는 살아있는 세력이요 현존입니다. (후략)

죽음의 세력을 특징짓는 것이 있다면 그것은 바로 죽음이 모든 생명에 대한 주권을 갖고 있다는 생각입니다. 즉 오늘날에 와서 특이하고도 혹은 예스럽게 들리는 악마의 이름을 사용하는 것을 전적으로 적합하게 만드는 것이 있다면, 다시 말해 이렇게 엄청나게 커다란 세력인 죽음에 대해 존경할 만한 것으로 만드는 것도 죽음이 모든 생명에 대한 주권을 갖고 있다는 생각입니다. 207)

그래서 저는 이 밤에 경이와 경외감을 갖고 죽음에 대해 이야기하는 것은 하나님께 크나큰 존귀를 돌려드리는 것이라고 생각합니다. 죽음은 인간과 하나님의 "최후의 대적"입니다(고전 15:26). 플래너리 오코너(Flannery O'Conner)는 많을 일들에서 현명했는데, 특히 존 F. 케네디 대통령의 장례식에서 그녀는 한 친구에게 이렇게 편지했습니다. "케네디 대통령 부인은 역사의식과 죽음이 지닌 바에 대한 인식을 갖고 있다네."[208]

고린도 교회 교인들의 문제는 그들은 죽음이 지니고 있는 바에 대한 이해를 결여하고 있었다는 점이었습니다. 그들은 "미국 방식의 죽음"을 사랑했던 것으로 보입니다.[209] 우리와 마찬가지로 그들은 죽음을 안 보이는 뒤편에서 신속하게 처리해 버리기를 원했습니다. 그들은 영혼불멸이라는 스크린에서 순간적으로 스치는 빛 정도로 죽음을 생각하고자 했습니다. 그리스도께서 세상에 오신 것은 죽음이 이제는 그 설 자리를 잃게 되었다는 것을 의미한다고 그들은 생각했습니다. 바울은 그들의 이러한 생각을 고쳐주고자 고린도서를 쓴 것입니다. 사도 바울은 그들에게 **죽음**은 모든 것들 중에서 가장 최후의, 그리고 가장 커다란 대적이라고 말했습니다. **죽음**은 인간 존재 중에서 하나의 커다랗고도 압도적이며 최후의 실체입니다. 그래서 바울은 이처럼 말합니다. "아담 안에서 모든 자가 죽었도다"(고전 15:22).[210]

이제 우리가 전통적인 성공회의 장례 전통의식에서 멀어지고 있는 것 같아 안타깝습니다. 이것은 크나큰 손실입니다. 최근까지만 해도 기도서에 나오는 장례예식 규범이 정규적으로 사용되어 왔습니다. 이 규범서는 **죽음**이란 장엄한 실체와 세력이 지닌 것이 무엇인지를 보여주려는 의도를 갖고 있었습니다. 예배당 안에 시신을 (성찬배로 덮인 닫힌 관에 넣은 채로) 갖다 놓는 것은 우리에게 —인간적으로 말해서— 다시는 돌이킬 수 없는 그 무엇이 일어났다는 것을 상기시켜주기 위함입니다. "죽음의 세력들이 그들이 할 수 있는 최고의 악을 행했다"는 의미입니다.[211]

장례를 위한 고전적 형태의 성공회 예식은 실제로 죽음 가운데 일어난 일을 단호하게 보여준다는 점에서 성경적이고 고상하기까지 합니다.[212] 추도예배들도 점점 더 고린도교회적인 경향을 보여주며 훨씬 덜 성경적인 경향을 보이고 있는데, 그 이유는 죽음이란 세력을 전혀 고려하지 않은 채로 죽은 사람의 생만을 찬양하고 있기 때문입니다. 죽음이란 세력과 그 종국성에 대한 인식이 있기까지는 부활에 대한 참된 선포는 결코 있을 수 없습니다. 죽음은 정말로 "혐오스러운 신비요, 궁극적인 대적으로써 결코 정복되거나 통제될 수 없는 대상입니다."

슬픔과 애도에 대해 제가 아는 바에 따르면 우리가 사랑하는 사람이 죽었을 경우 그 사람의 죽음이란 사실을 우리가 바로 직시하고 그것을 바로 대하지 않는 한 우리는 건강하게 우리의 삶을 지속해 나갈 수 없습니다. 때때로 우리는 과정을 길게 하거나 혹은 뒤로 미룸으로써 결과적으로 우리가 단번에 슬픔에 압도되지 않게 할 필요가 있을 수 있습니다. 그러나 조만간 우리는 그것을 피할 수 없게 됩니다. 죽음은 해골이 연상해주듯이 추하고도 추악한 일이고, 속이고 빼앗으며 잔인하게 웃음 짓는 모욕쟁이입니다.

나사로의 이야기 속에서 우리는 예수께서 죽음이란 실체와 대면해 계신 것을 보게 됩니다. 나사로의 누이인 마르다는 "시체가 썩어 냄새가 난다"고 말합니다. 마르다는 예수께서 그의 오빠에 대해서 무언가를 할 수 있을 것이라는 사실에 대한 어렴풋한 생각을 갖고 있었던 것처럼 보입니다.

요한복음 11:22은 마르다가 "주께서 하나님께 구하는 무엇이든 하나님께서 주께 주실 것을 내가 아나이다"라고 말하고 있는 것으로 기록하고 있습니다. 그렇지만 그녀가 생각한 것은 예수께서 하실 수 있는 것은 실제로 썩어 버린 시체를 앞에 두고서 아마 "영적인" 차원에서 무언가를 하실 것이라고 생각했음이 분명합니다.

그러나 예수께서는 무덤에 가까이 다가 가셨고, 그의 마음이 크게 움직여 슬퍼하셨다고 기록되어 있습니다(11:33). 요한은 예수께서 우셨고 크게 마음 아파하셨다고 세 번씩이나 반복해서 이야기하고 있습니다. 본문 해석자들은 이것은 나사로에 대한 슬픔 그 이상이었음을 오랫동안 주목해 왔습니다. 이러한 마음의 동요는 최고의 대적인 사탄 때문에 생겨난 것입니다. 우리가 이 무서운 죽음의 공격에 그냥 고개를 숙일 수밖에 없다는 것을 아시는 하나님은 이러한 죽음을 싫어하시며 또한 우리를 불쌍히 여기신다는 점을 아들 되신 예수를 통해서 드러내 보이고 계십니다. 예수님이 마음이 크게 동요되신 것은 하나님이 목적하셨던 모든 것들의 최고의 대적인 "이 놀라울 정도의 엄청난 세력"과 한판 대결을 위해 자신의 힘을 결집시키고 계셨기 때문입니다.[213] 이것은 진실로 우주적인 결투입니다.

그러나 종국에 가서 그것은 싸움도 되지 않았습니다. 예수께서 큰소리로 부르짖으시되 "나사로야, 나오라" 하시더라. 죽은 그가 나아오되 자기 수족을 베로 동인채로 나오는데 그 얼굴은 수건에 싸였더라. 예수께서 가라사대 풀어 놓아 다니게 하라 하시니라. 〈참조: Nicholas Froment의 "나사로의 부활"〉

이 저녁에 우리가 대답해야 할 질문이 있습니다. 예수께서 "나사로야, 일어나 나오라"고 말씀하셨을 때 나사로가 다른 선택의 여지가 있었을까요? 나사로의 이야기는 신비롭습니다. 왜 다른 복음서에는 나타나 있지 않을까요? 왜 예수님의 대적들은 이러한 엄청난 예수님의 능력의 놀라운 증거에 완전히 굴복하지 않았을까요? 왜 바울이나 다른 서신서의 저자들은 이 놀라운 사건을 언급하고 있지 않을까요?

물론 우리는 그 이유를 알지는 못합니다만, 여기 바울이 다음과 같이 말하고 있는 것을 들어보시기 바랍니다. "하나님은 죽은 자를 살리시며 없는 것을 있는 것 같이 부르시느니라"(롬 4:17). 어떤 이유에서든 바울은 나사로의 이야기를 알지 못했던 것 같습니다만 죽은 자들의 부활은 그의 복음 선포의 중심과 핵심에 놓여있습니다. 혈과 육은 하나님 나라를 유업으로 받을 수 없으며, 썩을 것은 썩지 않을 것을 유업으로 받을 수 없습니다. 그러나 하나님은 존재하지 않는 것들을 존재하게 하실 수 있습니다.

　나사로가 예수님이 나오라고 말씀하셨을 때 아니라고 말할 수 있었을까요? 180도 아주 다른 각도에서 이것을 생각해 보시기 바랍니다. 죽음이 부를 때 나사로가 아니라고 말할 수 있었을까요? 수많은 사람들이 그렇게 하려고 애씁니다. 이것을 햄릿이 그의 친구 라어테스(Laertes)에게 잘 표현해 주고 있습니다. "이 잔인한 죽음이 정말 강력하게 나를 사로잡고 있다네."214)

　삶의 와중에 우리는 죽음 가운데 놓여있습니다. 우리는 흙과 같은 존재요 흙으로 돌아갈 것입니다. 215) 만약 이러한 세계질서 너머에서 오는 어떤 초자연적인 개입이 없다면 우리는 거기에서 계속 머물게 될 것입니다. 죽음의 세력보다 더 큰 능력만이 이 죽음의 강력한 사로잡음을 취소하고 극복할 수 있습니다.

　하나님의 아들이신 예수 그리스도께서 나사로의 무덤 앞에 다가가셔서 말씀하셨을 때 창조시에 들려졌던 말씀인 "빛이 있으라 하니 빛이 있더라"는 말씀과 동일한 말씀이 발하였고 들렸던 것입니다. 바로 창조시의 그 빛이 하나님의 명령에 어떤 다른 선택의 여지를 갖고 있었을까요? 그 빛이 "아니오" 라고 말할 수 있었을까요?

　요한복음을 여는 초두의 말씀에서 우리는 아주 평이하면서도 완벽한 형태로 성육하신 성자께서 어떻게 창세기의 초두에서 역사하신 창조주와 성령과 한 분이신가를 볼 수 있습니다. "태초에 말씀이 계시니라 이 말씀이 하나님과 함께 계셨으니 이 말씀은 곧 하나님이시니라. 그가 태초에 하나님과 함께 계셨고, 만물이 그로 말미암아 지은 바 되었으니 지은 것이 하나도 그가 없이는 된 것이 없느니라"(요 1:1-3). 바로 이 말씀이 죽은 자들을 일으키고 존재하지 않는 것들을 존재하게 만드는 말씀입니다. 이 말씀이 바로 "은혜와 진리가 충만하사 우리 가운데 거하신" 성육하신 말씀 바로 예수 그리스도이십니다(1:14).

우리 불쌍한 인간들은 의기양양하거나 쩔쩔매며 영혼불멸에 대한 우리의 온갖 형태의 망상들을 갖고 죽음에 도전합니다만 우리는 별 도리가 없습니다.

> … 우리의 모든 어제들은 바보들에게 지금까지
> 먼지 같은 죽음에 이르는 길들을 밝혀 주어왔도다
> 꺼져 버려다오, 꺼져 버려다오, 촛불이여!
> 삶은 단지 걸어 다니는 그림자요, 무대 위에서 뽐내며 걷고 초조해 하다
> 그리고 더 이상 들리지 않는 불쌍한 연기자일 뿐이다. [216]

그러나 이제, 하나님과 그의 아들 예수 그리스도의 사랑하는 자녀 여러분들, 다음과 같은 놀라운 소식을 들어보시기 바랍니다. 빛과 생명의 영역으로부터 내려 오셔서 사망의 왕국의 칠흑 같은 어둠을 뚫고 사망의 왕국을 침략하시고 그 왕국의 모든 보화들을 약탈하신, "오늘이나 어제나 영원토록 계시는 전능하신" 그분이 오셨습니다(계 1:8).

성령을 통해 세례 받은 너무도 소중한 그의 자녀들에게 그분은 말씀하십니다. "나는 부활이요 생명이니 나를 믿는 자는 죽어도 살 것이요, 살아서 나를 믿는 자는 영원히 죽지 아니하리라"(요 11:25-26). 그분은 알파와 오메가이시며, 다윗의 뿌리요 후손이시며, 날개를 활짝 펴시어 치료의 광선을 발하는 밝은 계명성이십니다. 놀라운 위로자, 전능하신 하나님이시며, 영원한 아버지이시고 평화의 왕이십니다. [217]

여러분들은 이분을 믿습니까?

| 부활절 주간의 목요일

우리의 통제를 벗어난

왜 너희는 죽은 자 중에서 산 자를 찾는가? 눅 24:5

어느 누구도 나사렛 예수의 부활을 본 사람은 없습니다. 2천 년 역사의 기독교 예술 중에는 예수님의 부활 사건에 대한 수많은 위대한 그림들과 모자이크, 그리고 프레스코화 등의 작품들이 존재합니다. 이 작품들은 거의 대부분 망연자실한 상태로 주저앉아 있는 로마군인들의 모습과 옆으로 치워진 무덤의 돌, 승리의 깃발과 빛의 광채 가운데 나타나신 주님의 영화로운 몸 등을 묘사하고 있습니다. 이 작품들의 어떤 것들은 훌륭한 걸작들이지만, 어떤 점에서 이것들은 우리를 잘못된 이해에 이르도록 호도하는 가능성들을 지니고 있기도 하지요.

우리는 부활 그 자체에 대한 자세한 기술을 위해서 헛되이 신약성경을 찾아 헤맵니다. 어느 누구도, 즉 베드로도 요한도 막달라 마리아도 로마군인들도 그 어떤 이도 부활 자체를 목격한 사람은 없습니다. 예수께서는 무덤을 막고 있던 돌이 옆으로 치워져 있을 때 이미 무덤에 계시지 않았습니다. 부활이 일어났던 방식은 하나의 신비로 남아있을 뿐입니다.

하나님은 부활을 이런 식으로 의도하셨습니다. 하나님은 부활이 우리의 이해 범주 안에 놓여있기를 결코 원하지 않으셨습니다. 부활은 우리의 이해 범주 밖에 놓여 있는데, 그 이유는 부활은 다른 국면의 실체로부터 오는 것이기 때문입니다.

누가복음의 저자는 이 신비에 대해 무덤의 문 앞에 서 있던 천사의 다음과 같은 선언 속에 실마리를 남겨 놓습니다. "어찌하여 너희는 산 자를 죽은 자 가운데서 찾느냐? 그는 여기 계시지 않고 살아나셨느니라." 천사의 이와 같은 꾸짖음은 수 세기에 걸쳐서 울려 퍼지고 있습니다. 이날까지 우리는 온갖 형태의 잘못된 곳에서 새 생명을 찾으면서 무정하게 진격해 오는 죽음과 해체를 정복하고자 소망하고 있습니다.

저는 그리 오래되지 않은 과거에 브라질에 관한 글 하나를 읽었는데, 그 글에는 거의 모든 부유한 브라질 여성들은 특정한 나이 대에 이르면 얼굴의 주름살 제거 수수를 한다고 합니다. 그런데 미국에서도 성형 수술은 성장 산업이 되었으며, 그 정도가 심해서 이제는 여자뿐만 아니라 남자들도 거울을 들여다보며 얼굴 주름을 이리저리 만져보게 되었습니다 (물론 저는 하루에 10번 정도 이런 일을 합니다만). 이것이 *산 자를 죽은 자 가운데서 찾는 것*이 아니면 무엇이겠습니까?

그러나 잠깐 부연 설명하자면, 저는 몇 개월 전에 성형수술에 대한 열풍이 시골지역인 뉴잉글랜드를 제외한 나라 전체에 영향을 미치고 있다고 주장하는 글 하나를 읽은 적이 있다는 것을 언급하지 않을 수 없습니다. 그 때 저는 혼자 이렇게 중얼거린 적이 있습니다. "하나님 감사합니다, 뉴잉글랜드의 시골지방은 제외라니요."[218]

보다 진지한 말씀 하나 드리겠습니다. 저는 몇 년 전에 어느 잡지의 독자투고 하나를 읽고 충격을 받은 기억이 있습니다. 그 글은 일시적 유행의 다이어트와 에어로빅, 운동기구들과 사우나에 대한 광적인 열풍에 관해 쓰인 글에 대한 투고였습니다. 투고자는 항의조로 자신의 할머니 세대의 이미지, 즉 독자의 놀라운 표현력에 따르면 "자신들의 불완전한 몸들을 받아들이고, 손자 손녀들과 지역봉사, 종교적 추구들과 영적 아름다움에 관심을 집중했던" 할머니 세대의 이미지를 회고하고 있었습니다. 제가 나이 들어가면서 참된 삶을 어디에서 발견할 것인가란 질문과 씨름하면서 이 독자투고에 대한 생생한 기억은 저에게 크나큰 도움을 주었습니다. 219)

자신의 생각과 마음을 땅에 있는 것들에 집중하는 것, 또한 산 자를 죽은 자 가운데서 찾고자 하는 인류의 일반적 경향성은 우리의 삶의 전반에 걸쳐 스며 있으며, 이것은 우리의 무의식과 의식 간에 언제나 사실입니다. 오늘날 모든 일간신문들이 이에 대한 많은 근거를 제공하지요. 지구촌 전체에 걸쳐 일고 있는 격노함과 좌절감은 도처에서 피에 굶주린 영혼들을 만들어 내고 있습니다. 우리는 사형제도에 대한 요구가 기하급수적으로 늘어나는 현상을 목격하고 있습니다. NRA 단체는 미국 인질들을 계속해서 반인륜적으로 대합니다. 우리의 감옥 시스템은 점점 더 난폭해지는 동시에 점점 더 비대해지고 있습니다.

저는 오늘 아침 텔레비전에서 전직 판사요 피의자인 강력범 솔 워치틀러(Sol Wachtler)가 출연한 대담 프로를 시청했습니다. 얼마 전 감옥에서 출옥한 이 사람은 자신의 투옥생활을 잘 이용해 자신의 주장을 펼쳤습니다. 실제로 그는 감옥제도에 대한 한 제소자의 책을 저술하기도 했는데, 여기서 그는 감옥제도의 비이성적인 혹독성과 폭력범들과 사회에 공헌을 끼치는 삶을 살 수 있는 다른 죄수들 사이를 구분 짓지 못하는 감옥제도 등에 대해 상술하고 있습니다. 220)

오늘자 뉴욕 타임지 1면에 실린 기사 하나는 나이지리아에서 자신의 아버지를 고문해 죽인 독재정권으로부터 자유를 찾아 미국에 왔으나 2년 동안이나 미국 이민국에 의해서 잔혹하게 학대를 당한 한 정치적 망명자에 대한 혐오스러운 처분과 대우에 관한 충격적인 이야기였습니다.

이런 기사야말로 온 기독교 공동체로 하여금 분노 중에 모두 궐기할 것을 요구합니다. 우리는 하나의 국민으로 모두 마땅히 가져야 할 정서가 고갈되고 메말라 가고 있다고 저는 생각합니다. 저는 이전에는 어느 누구도 폭력은 더 많은 폭력을 낳는다는 엄연한 사실을 부정한다고 말하는 사람을 들어본 적이 없었습니다. 그러나 삶에서 우리가 갖고 있는 것을 잃어버린다는 두려움은 언제나 인류 가운데 죽음으로 나아가는 움직임을 낳게 하고 있는 듯합니다. 다시 말하면 더 많은 감옥과 더 많은 사형집행, 더 많은 무기들, 더 많은 고문들, 더 많은 경찰의 잔악함 등등의 절망적 방향으로 나가고 있는 듯하다는 뜻입니다.[221] 이 모든 상황은 우리의 영혼의 상태에 대해 무엇을 시사하고 있습니까? 우리는 생명을 찾고 있지만 그러나 오직 죽음에 투자하고 있을 뿐입니다.

그렇다면 장례 산업은 어떻습니까? 소위 죽음의 산업이라 불리는 이 장례 산업은 에브린 바우(Evelyn Waugh)와 제시카 미트포드(Jessica Mitford)에 의해서 풍자적이지만 호된 질책을 받아왔지만, 공장의 기계들은 계속적으로 돌아가고 있습니다. 저는 우리 지역에서 사업하고 있는 장의사 한 명과 좋은 관계를 맺고 있는데, 이 사업은 큰 비중을 차지하고 있을 뿐만 아니라 교회가 믿고 기대하는 것들에 관한 상당한 교훈들을 주고 있다고 합니다.

만약 우리가 특별히 주의하지 않는다면 이 산업은 더 많은 계획들을 시도할 뿐만 아니라 조만간 온 사회를 요동치게 만들 것입니다. 미트포드는 최근의 한 인터뷰에서 이 장례 산업에 관한 자신의 유명한 책인, *The American Way of Death*는 한 동안 사회에 크나큰 영향력을 행사해왔지만 그러나 실상 최근 몇 해 동안 상황은 더욱 악화 일로에 있다고 전언한 바 있습니다. 제가 스크랩 해 놓는 글들 가운데 월 스트리트 저널에 실린 글 하나가 있는데 그 내용은 다음과 같습니다.

개인적으로 주문 생산된 관은 죽은 사람의 모노그램과 그 사람이 살아 생전에 속했던 유명한 클럽이나 종교단체의 문양이나 상징물이 새겨져 있는데, 이러한 관들은 멤피스에 있는 메이저 캐스켓(Major Casket)회사가 만들어서 판매한다. 이 회사가 시행한 한 심리 조사에 따르면 이러한 개인적인 상징물들이나 장식들은 유족들에게 "어떤 상황에 대한 통제의 의식, 즉 이런 상징물들이 없다면 전혀 통제할 수 없었을지도 모르는 그런 상황을 통제하고 있다는 의식을 심어주는 경향이 있다고 한다."

그렇습니다. "그렇지 않으면 전혀 통제할 수 없는 상황"이란 표현은 정말로 옳은 표현입니다. 제가 좋아하는 신문만평 중 하나인 뉴욕 타임지의 한 만평에 뉴욕 시에 있는 한 아파트 건물의 입구가 실렸습니다. 이 아파트의 문이 열려 있고, 거기에 사는 주민 한 명이 안에 그냥 서있습니다. 그는 오십 대 정도의 전문직업인 같아 보였습니다. 문 밖에 한 방문객이 서 있는데, 그는 저승사자와 같이 붉은 색깔을 한 모자 달린 긴 망토를 걸치고 있었고 손에는 낫 하나를 들고 있었습니다. 그 때 아파트 안에 있는 입주민이 다음과 같이 말합니다. "젠장, 그렇지 않아도 나는 방금 내 인생을 정리하려고 하고 있었는데."222)

삶을 정리한다고요, 죽음을 정리한다고요! 나라 전체에 걸쳐서 모든 사람들이 여기에 집착해 있습니다. 크리스천은 누군가에 의해서 도움을 받고 있는 자살에 대한 최근의 열풍에 대한 깊은 우려와 관심을 가져야 합니다. 저는 어느 날 디트로이트 공항에서 우연히 한 대화를 엿듣게 되었습니다. 키가 크고 세련된 옷을 입고 있는 한 젊은 남자가 일군의 친구들에게 말합니다. "그래, 캘리포니아에서 그 모든 사람들이 자살했다고? 그게 뭐 어쨌다는 말이냐? 누가 신경을 쓰기나 한대? 죽는 것도 그들 마음대로 아니냐?"

이 젊은이만이 이렇게 생각하는 것이 아닙니다. 최근 몇 달 사이에 (예수의 비유 가운데 나오는 인물을 따서 만든) 사마리아인이란 이름의 오랜 역사를 지닌 잘 알려진 자살예방 핫라인이 자원봉사자들을 구하는 데 어려움을 겪기 시작했다고 합니다. 이 단체를 이끌어 가는 사람들은 그 이유가 자살에 대한 사회적 인식과 태도가 변하고 있기 때문이라고 믿고 있습니다. 사람들은 자살이 그리 나쁜 것이 아니라고 믿기 시작하고 있습니다. 카보키안 부부와 데렉 험프리(Derek Humphrey) 부부는 자살을 돕는 일들을 해 왔습니다.

이 일이 도대체 무슨 가치가 있는가에 대해 저는 간단히 한 말씀드리고자 합니다. 치명적인 병과 고통 속에 있는 환자의 생명을 한시적으로 연장하다 끝내는 죽음에 이르게 되는 일에 대한 크리스천의 대응이 있다면 그것은 병을 완화시켜주고 고통을 관리하며 사랑하는 사람들이 병상에 함께 하여 위로하는 일들이라고 생각합니다. 아주 연로하신 환자가 음식물 먹기를 거부하는 경우에도 동일한 일들이 행해질 수 있다고 생각합니다.

이러한 대응들은 제가 보기에 크리스천들에게 적절해 보이는 일들이지만, 약물 과다주입이나 과다처방 혹은 비닐 백 등에 의한 죽음은 생명의 주이시고 창조자이신 하나님에게 자신들의 신뢰를 두고 있는 신앙인들이 행할 일은 아닙니다. 저는 개인적으로 저의 자녀들에게 제가 나이 많아 아주 늙어질 때 비닐 백을 들고 내게 오지 말라고 가르치고 있습니다. 욥기서는 이렇게 말하고 있습니다. "주신 자도 여호와시요 취하신 자도 여호와시오니 여호와의 이름이 찬송을 받으실지니이다"(욥 1:21).

스크랩해 놓은 죽음에 관한 글들 중에 저는 엘리자베스 큐블러-로스(Elizabeth Kübler-Ross)에 관한 글들이 많이 있습니다. 그녀는 많은 점에서 우리가 죽음에 관해 생각하는 방식을 혁명적으로 바꾼 사람입니다. 그녀의 몇몇 업적들은 대단한 가치를 지니고 있습니다.[223] 그러나 죽음에 대한 그녀의 접근방식은 다소 문제가 있는데 그것은 죽음의 엄숙함에 속한 것이 무엇인지를 바르게 인식하지 못하는 경우가 있다는 점입니다. 워싱턴 대성당에서 강연할 때 그녀는 어린 아이를 장례식에 함께 데리고 가는 것이 바람직한지에 대해 질문을 받은 적이 있습니다. 그녀는 이렇게 대답했습니다. "만약 죽음에 대해서 오케이라고 생각하는 어른과 어린 아이가 함께 동행한다면 어린 아이가 장례식에 참석하는 것은 문제가 없습니다."224)

죽음에 대해서 "오케이라고 생각하는" 것이 올바른 생각일까요? 플래너리 오코너(Flannery O'Connor)는 그렇게 생각하지 않았습니다. 그녀는 존 F. 케네디 대통령의 죽음에 대해서 이렇게 표현합니다. "존 F. 케네디 대통령의 장례식의 차가운 웅장함은 껌을 씹으며 등을 토닥거리는 어린 친구 같은 이 나라에 대한 유익한 강장제였습니다."225)

예수님은 분명 나사로의 무덤에 가까이 가셨을 때 죽음에 대해 "오케이라는 기분을 느끼지" 않으셨습니다. 요한복음 11:33에서 "예수께서 … 심령에 통분히 여기시고 민망히 여기사" 라고 기록하고 있는 것을 보면 이것을 알 수 있습니다. 제 스크랩에는 또 하나의 글이 있는데, 이 글은 암 투병 중에 있는 한 여인과 나눈 인터뷰에 관한 글입니다. 여기서 그녀는 다음과 같이 말하고 있습니다.

> 내게는 큰 소리로 면박을 주고 싶은 사람들이 있습니다. 나는 내가 암에 걸렸고, 죽음을 앞에 두고 있다는 사실을 받아들일 수 있지만 나는 이 사람들에게 이렇게 소리치고 싶습니다. "내게 입에 달콤한 말들을 그만 하세요." 나는 엄숙한 죽음에 대해 점잖은 표현이나 완곡어법을 쓰는 것에 대해 너무도 화가 납니다. 죽음은 추하고도 흉측하며 고통스러운 것입니다. 226)

얼마 전 저는 제 친구 하나가 죽기 몇 달 전에 제게 했던 이야기를 결코 잊을 수 가 없습니다. 저는 병원에 있는 그녀를 방문해서 우리는 그녀의 아름다운 소장품들 중 얼마가 도난당한 것에 대해 이야기하고 있었습니다. 그 때 그녀는 이렇게 말했습니다. "뭐 그래도, 보험을 들어놨으니까 보험으로 손실된 것을 원상회복 할 수 있지요. 모든 것들이 원상으로 회복될 수 있는 것 같습니다. 그러나 죽음만은 정녕 예외입니다. 죽음은 결코 원상태로 회복될 수 없습니다."

여인들이, 예수님이 십자가에서 죽으신 후 3일째 되는 날 아침에 예수님의 무덤으로 갔을 때 그들은 죽음이 원상태로 회복될 수 없다는 것을 알고 있었습니다. 그들은, 죽음은 그들의 통제 밖에 있다는 사실, 즉 죽음은 그들이 어떻게 할 수 있는 일이 아니라는 점을 알고 있었습니다. 그들은 향품, 즉 말하자면 시신을 위한 성형수술용품을 들고 무덤에 갔습니다. 그 이유는 그것이 그들이 시신에 대해 할 수 있다고 생각하는 전부였기 때문입니다. 이것은 관에 수놓은 장식을 대는 것과 같은 것입니다.

우리가 그러하듯이 그들은 죽은 자 가운데서 산 자를 찾고 있었습니다. 그들은 부활 자체를 보지 못했고, 또 볼 수도 없었습니다. 그 이유는 부활은 죽은 자의 영역 속에서 일어나는 것이 아니고, 현 세계 질서 너머로부터 오는 사건이었기 때문입니다. 그들은 부활 사건 자체는 보지 못했고, 후에 다른 제자들과 함께 그들이 본 바 바로 그것이 그들을 근본적으로 새롭게 바꾸어 놓았습니다. 그들이 본 바, 즉 그리스도의 부활이 그들로 하여금 태어난 이후 처음으로 올바른 방향으로 나아가게 했습니다. 생애 처음으로 그들은 썩어질 옛 세상, 즉 절망과 죽음의 세상으로부터 벗어나 새로운 세계를 바라볼 수 있게 했습니다. 이제 그들은 자신들이 죽음으로부터 돌이켜서 유일한 참되고 영원한 생명의 원천을 향해 나아갈 수 있다는 점을 알게 된 것입니다. 그들이 본 것은 부활하신 예수님 자신입니다. 그런 뒤에 그들은 이와 같은 진리를 알게 된 것입니다.

부활절에 그리고 매 주일마다 그리스도의 교회가 함께 모여 하는 일은 바로 이러한 깨달음을 축하하고 이 깨달음의 확신을 축하하고 찬양하는 일입니다. 말씀선포와 성례전을 통해 분명하게 드러나는 성경의 증언만이 우리에게 무덤에서 주님이 부활하신 사건에 대한 진리를 말해줄 수 있습니다.

이 세상의 모든 피조물들은 이 일을 할 수 없습니다. 물론 꽃들도 이 진리를 말해 줄 수 없습니다. 이 말은 우리가 꽃들을 없애자고 하는 말이 결코 아닙니다. 솔직히 말해 저는 꽃을 너무도 사랑하는 사람입니다. 만약 알타 길드(Altar Guild) 화훼농장이 이번 주 우리를 위해 이 아름다운 백합화를 생산하지 않았다면 아마 저는 크게 실망했을 것입니다. 그러나 이 꽃들과 다른 자연 현상들에 관한 진실이 있습니다. 그것은 이 모든 것들은 부활하신 주님을 찬양할 뿐이란 점입니다. 이 모든 것들은 부활하신 주님에 대해서 우리를 가르칠 수는 없고, 단지 찬양할 수 있을 뿐이란 뜻입니다. 오직 주님만이 이 일을 하실 수 있으며, 오직 그분만이 그를 섬기고 따르는 자들을 위해 이 일을 하십니다.

여러분들로 아시다시피 부활하신 주님은 오직 그를 믿는 자들에게만 나타나셨습니다(물론 하나의 커다란 예외가 있다면 그것은 다소 사람 사울의 경우입니다만 이 경우도 주님은 다음과 같이 말씀하고 계시는 듯합니다. "분명히 알라, 내가 시공간을 초월하여 이 일을 행하리니 그것은 단지 나의 주권을 나타내 보이기 위함이라"). 부활에 대한 신앙은 단순히 일반적 원리들에 기초해서 시혜되는 것이 아닙니다. 부활신앙은 죽음과 죽어가는 일의 진행과정 속에서 발견될 수 있는 것도 아닙니다. 부활신앙은 소위 말하는, 죽음에 대한 "열린 마음과 솔직함"으로부터 얻어지는 것도 아닙니다. 부활신앙은 "죽음에 대해 괜찮다는 느낌을 갖는" 사람들에게 주어지는 것이 아닙니다. 사실 부활신앙은 우리가 가게에 가서 진열된 상품을 사듯이 그렇게 우리 앞에 "진열된 상태로 놓여있는 것이" 결코 아닙니다. 부활에 대한 신앙은 우리에게 전적인 선물로 다가오는 것입니다.

앞서 저는 성형수술이나 시신을 방부 처리하는 것과 같은 다양한 인간적인 방법들을 통해서 우기가 통제할 수 없는 것들에 대한 통제력을 얻을 수 있다는 생각을 비판한 적이 있습니다. 통제가 불가능한 것들에 대한 통제력을 얻고자 하는 이러한 인간적인 기도들을 잘 드러내 보여주는 또 하나의 좋은 예가 있습니다.

저는 제가 읽었던 한 새로운 글에 관해서 제 동료인 한 정신분석가에게 물어 본 적이 있습니다. 이 글에 따르면 종교적인 사람이 비종교적인 사람들보다 죽음의 문제를 다루는 데에 더 나은데, 그 이유는 종교적 신앙이 죽음에 대한 일종의 통제 의식을 제공하기 때문이라는 것입니다. 이에 대해 어떻게 생각하는지를 제 동료에게 물었습니다.

그 동료는 잠시 동안 생각하다가 이렇게 대답했습니다. "나는 그것을 달리 표현하고자 합니다. 나는 통제력이란 관점에서 보지 않고, 힘이 있느냐 힘이 없느냐 하는 관점에서 죽음에 대해 말하기를 원합니다. 힘이 없는 상태는 분노와 실망감을 낳게 합니다. 그러나 신앙은 새로운 힘을 낳게 합니다. 부활에 대한 크리스천의 믿음과 같이, 신앙을 갖는다는 것은 무기력한 가운데서 정확히 새로운 힘을 낳게 하는 것입니다."[227]

제가 이 설명에 대해 매력을 느꼈던 것처럼 여러분들도 이 설명에 대해 고개를 끄덕이리라 확신합니다. 저는 고전적인 형태의 성공회 장례 예식서(Anglican Burial Office)에 대해 종종 생각해 봅니다. 이 예식서는 제가 항상 그렇게 생각해 왔듯이 우리 기도서 (Prayer Book) 가운데서 가장 새로운 힘을 부여하는 부분입니다.

사랑하는 성도 여러분들도 잘 알고 있듯이 우리는 그녀가 췌장암에 걸렸다는 소식을 들었습니다. 저는 오늘 오후 그녀를 보려고 그녀에게 갔습니다. 그녀는 자연스럽고 밝은 표정으로 이렇게 말했습니다. "목사님도 아시다시피 사람들이 내게 해 줄 수 있는 것은 아무것도 없습니다.

몇 개월이 되지 않아 저는 나의 창조주 되신 그분을 만나게 될 것입니다." 그녀는 은퇴 후 살아온 양로원 공동체에서 무서운 세 번째 단계로 움직여 갈 준비를 하고 있었습니다.

저는 그녀에게 이제 남은 시간 동안 어떤 것에 가장 초점을 맞추고 싶은가를 물었습니다. 그녀는 이러한 순례, 즉 다음 단계로 움직여 가는 일이 모두 끝나서 그녀가 갖고 있는 것들에 더 이상 신경을 쓰거나 다음 단계로 움직여 가는 일에 대한 구체적인 사항들에 대해 더 이상 깊이 생각지 않게 된다면 좋을 것 같다고 대답했습니다. 그녀는 눈을 깜박이며 계속해서 말했습니다. "누군가 이렇게 말한 것이 생각나는군요, 당신이 당신의 소유물들을 소유하는 것이 아니라 그것들이 당신을 소유하고 있는 것이지요." 정말로 이분은 산 자를 죽은 자 가운데서 찾을 정도로 어리석지 않은 분입니다.

저는 부활절 기간 중에 즐겨 회자되는 성경본문들 중에서 가장 위대한 성경 구절을 골로새서에서 발견하게 됩니다. 골로새서 3:1-2은 이렇게 말하고 있습니다. "그러므로 너희가 그리스도와 함께 다시 살리심을 받았으면 위엣 것을 찾으라! 거기는 그리스도께서 하나님 우편에 앉아 계시느니라. 위엣 것을 생각하고 땅엣 것을 생각지 말라."

정말 그렇습니다. "모든 것들은 원 상태로 되돌려 놓을 수 있습니다. 그러나 죽음은 결코 그렇지 않습니다"란 말이 얼마나 참된 표현인지요. 생명은 죽은 자들 가운데서 찾는다고 해서 찾아질 수 있는 것이 결코 아닙니다. 죽음은 추하고 흉물스럽고도 고통스러운 것이고, 성경적 표현으로 한다면 최후의 원수입니다(고전 15:26). 죽음은 통제될 수 있는 대상이 아닙니다. 죽음은 괜찮은 것도 아닙니다. 죽음은 오직 우리의 이 세계 질서 너머로부터 오시는 그분에 의해서만이 극복될 수 있습니다.

부활이 우리의 눈으로부터 가려져 있는 것은 결코 놀라운 일이 아닙니다. 제가 확실히 믿기는 우리의 눈은 부활장면을 결코 견디어낼 수 없었을 것입니다. 우리는 지금도 믿음으로 사는 것이지 보는 것으로 사는 것이 아닙니다.

그러나 부활의 증인들이 들려주는 소식에 따르면 그리스도께서는 죽음에 들어가셨고, 승리 가운데 되돌아 오셨습니다. 그리스도께서는 이 싸움에서 승리하셨습니다. 무덤이 그분을 가두어 둘 수 없었습니다. 우리의 찬송시들이 이 사실을 찬양하고 있습니다. 〈참조: El Greco의 "부활"〉

"자녀들이여, 우리 모두 찬양하세! 하늘의 왕이시며 영광스러운 왕께서 사망과 지옥의 권세를 이기시고 승리 가운데 살아나셨도다. 할렐루야"[228]

성경 역시 이 사실을 선포하고 있습니다. "사망이 승리 가운데 삼킨 바 되었도다! 우리 주 예수 그리스도로 말미암아 우리에게 이김을 주시는 하나님께 감사하노라"(고전 15:54, 57).

그리고 가장 겸손한 기독신앙인도 이 승리를 주창할 수 있는데, 그 이유는 최초의 부활절 날에 그분을 본 자들은 부유하고 유명한 사람들이 아니라 그분과의 관계가 여러분이나 제가 그분과 맺고 있는 관계와 동일한 관계였던 자들이기 때문입니다. 다시 말해서 그분에 대해 그들이 주창했던 것은 다름이 아니라 우리를 죽음에서 불러내어 생명으로 인도하신, 그분의 불멸의 사랑과 초월적인 능력에 대한 절대적 신뢰에 대한 주창이었기 때문입니다. 다음과 같은 아름다운 찬송시를 들어보시기 바랍니다.

저기를 보라! 우리의 형제이신, 그리스도께서
　　교수대에서부터 휘황찬란한 모습으로 오시는도다-
그분이 그의 상하신 손 안에 가져오신 것은

너와 나를 위한 생명의 삶이로다.
우리 형제 되신 좋으신 예수 그리스도께서는
　　나무 위에서 칠 흙같이 캄캄한 상처 가운데 죽으심으로써
성삼위 안에 살아 있는 광명의 세계를 우리에게 주셨도다.

　　기뻐하라! 기뻐하라! 이 복된 날의 동이 트는 이때,
　마음과 모든 이에게 기쁨이 넘쳐나기를![229]

아멘.

| 부활절 주간의 금요일

유쾌하게 되는 날

너희가 회개하고 돌이켜 너희 죄 없이 함을 받으라
이같이 하면 유쾌하게 되는 날이 주 앞으로부터 이를 것이요 행 3:19

지난 목요일 교회 사무실로 나오는 길에 저는 선물 가게를 지나친 적이 있습니다. 그 가게 창문 위에 "모든 부활절 용품 반액 세일"이라는 광고문이 붙어 있었습니다. 나중에 들러 몇 가지 선물들을 미리 사둘 생각으로 이 세일 광고를 기억해 두었습니다. 그리고 어제 그 가게에 다시 들러서 세일 중에 있는 상품들이 있는지를 물었습니다. 판매원은 변명이라도 하듯이 어깨를 움츠리며, "다 팔렸는걸요. 이제 남은 게 없습니다."라고 대답했습니다. 세상 사람들에게는 부활절이 이처럼 너무도 빨리 왔다 가버리는 듯싶었습니다. 상업주의가 판을 치는 세상에서는 부활절은 이미 끝나버렸습니다.

그러나 저는 제가 좋아하는 그리스풍의 커피하우스에 다음 주에 갈 것을 손꼽아 기다려봅니다. 왜냐하면 그곳에서 저는 크리스토스 아네스티! (Christos anesti!) 즉 "그리스도께서는 부활하셨도다!" 라고 크게 소리칠 수 있으며, 분명히 알레토스 아네스티! (Alethos anesti!) 즉 "그분은 정말로 부활하셨도다!" 라는 화답의 외침이 있을 것이기 때문이지요.

부활절은 동방교회나 서방교회 그 어느 곳에서도 끝나지 않았습니다. 사실 부활절은 이제 막 시작된 것입니다. 내일 모레는 부활절 시즌의 두 번째 주일일 뿐입니다. 만약 여러분들이 부활절 카드를 반값에 살수 있다면 그것들을 사서 보내기에 좋은 시간인데 그 이유는 오늘은 부활 후 50일이라는 위대한 오십 일(the Great Fifty Days) 중에 이제 겨우 여섯 번째 날일뿐이기 때문입니다.

'위대한 오십 일', 이것이야말로 엄청난 소식이 아닌가요? 그런데 왜 그렇게 받아들여지지 않고 있나요? '위대한 오십 일'이란 명칭은 예수께서 부활하신 부활절에서부터 성령강림의 날인 오순절 사이의 기간을 가리킵니다. 헬라어로 *pentekostos*라는 단어는 "오십 번째" 란 의미를 가집니다. 그러기에 위대한 오십 일이란 우리 주님께서 무덤에서 일어나신 그날부터 성령께서 교회 위에 내려오신 그날까지의 기간을 말합니다. 부활절 촛불은 오십 일 동안 계속 켜져 있습니다. 만약 여러분들이 부활절 달걀이나 여러분의 집에 있는 다른 장식품들을 사용한 뒤 언제 그것들을 치워야 할지 모른다면 분명히 기억하시기 바랍니다. 50일 간이 정확한 기간입니다.

이 위대한 오십일은 예수께서 부활하신 이후 땅에 계시면서 제자들에게 자신을 보이셨던 40일 간을 포함합니다. 사도 누가는 사도행전 첫 장에서 이 사실을 다음과 같이 기록하고 있습니다. "저희에게 확실한 많은 증거로 친히 사심을 나타내사 사십 일 동안 저희에게 보이시며 하나님 나라의 일을 말씀하시니라"(행 1:3). 누가는 예수님에 대해 계속해서 다음과 같이 말합니다. 사십 일이 끝났을 때 "저희 보는 데서 올리어 가시니 구름이 저를 가려 보이지 않게 되더라"(1:9). 그런 뒤 예수님 자신의 성령, 곧 약속하신 바 된 선물이요 예수께서 "세상 끝 날까지 항상 우리와 함께 계실 것"(마 28:20)이라는 점을 보증하는 "성부와 성자로부터 오는"[230] 성령을 기다리며, 확신에 찬 기대 속에서 열흘이 더 흘러갑니다. 오십 일이 되는 날, 성령이 하늘에서부터 급하고 강한 바람소리와 불의 혀 소리들과 함께 내려오셨습니다(행 2:1-4).[231] 바로 이 날 예수님을 따르는 자들이 새로운 백성이 된 것입니다. 이들이 사도들이 되었으니 단지 선생님에게 가르침을 받았던 제자들이 아니라 이제 "권능의 보좌 우편에 앉아 계신"(마 26:64) 우리 주님께 온전히 권한을 위임받고 보내진 사신들이 된 것이지요. 이 사도들은 예루살렘 거리로 뛰어 나갔으며 그 후 결코 물러서지 않았습니다. 주님께서 그들에게 약속하신 대로 그들은 "위로부터 능력을" 받았습니다(눅 24:49) 그리고 나서 그들은 "성령이 너희 위에 임하시면, 너희가 내 증인이 되리라"(행 1:8)고 예수께서 말씀하신 것을 기억하게 됩니다.

회복되고 새롭게 된 베드로의 인도함 속에 이 사도들은 사람들에게 메시아 예수, 즉 십자가에 죽으시고 부활하시고 다시 오실 그리스도의 놀라운 복된 소식을 전파하기 시작했습니다. 어느 누구도 이 복음이 마을에서 마을로 도시에서 다른 도시로, "예루살렘과 온 유다와 사마리아와 땅 끝까지"(행 1:8) 널리 전파되는 것을 막을 수 없었습니다. 많은 자들이 복음이 팽창되고 확장되어 나가는 것을 중단시키려고 했지만 복음은 결코 통제될 수 없었습니다. 복음의 능력은 그 어떠한 장애물도 방해할 수 없을 정도로 강력했습니다. 이것은 마치 예수 안에 있는 하나님의 능력이 사망의 권세보다 월등하여 죽음을 이기신 것과 같습니다.

바로 이런 점에서 위대한 오십 일에 해당되는 부활절 절기 동안에 우리는 사도행전을 봉독합니다. 그 이유는 사도행전이 우리 앞에 우리 주님이 무덤에서 부활하신 후로 이 세상 가운데서 일어났던 폭발적인 복음의 확장 이야기를 전해주고 있기 때문입니다. 부활절은 단지 시작일 뿐입니다. 여러분들은 오늘밤 이 점을 배우고 이해할 수 있는 특별한 기회를 맞게 됩니다. 예수께서는 잡히시던 날 밤 최후의 만찬 자리에서 제자들에게 그들이 그 안에, 그리고 그의 사랑 안에 거하라고 말씀하셨습니다(요 15:4-10).

여러분들은 주중인 오늘 이 자리에 나오신 것은 부활절 하루를 지키는 것으로는 충분하지 않다는 것을 알고 있기 때문입니다. 다시 말해 여러분들은 *예수님의 사랑 안에 거하기*를 원하기 때문에 이 자리에 나왔습니다. 이러한 소원 때문에 우리 모두가 한자리에 모였으며, 우리는 모두 서로 친밀하고 서로 밀접하게 연결되어 있는데, 그 이유는 우리는 예수님의 사랑이 만들어낸 한 가족의 구성원이기 때문입니다.

*예수님 안에 거한다*는 것은 그분의 말씀을 듣는다는 뜻이기도 합니다. 사도행전의 처음 몇 장에 기록되어 있듯이 우리는 어떻게 성령께서 사도들에게 할 말을 주셨는지를 보게 됩니다. 이 말은 단순히 인간의 말이 아닙니다.[232] 사도들의 말과 가르침 이면에, 그리고 이들의 말 가운데에, 그리고 이들의 말을 통해서 하나님의 능력이 나타났는데 이 능력이 이 말들 가운데 거했고 이 말들을 살아 있게 하였으며 동시에 하나님과 자신과 같은 능력의 사도들을 만들어 냈습니다. 만약 복음을 전하는 설교자들이 이 사실을 믿지 않는다면 그들은 이 설교 강단에 서 있을 이유가 전혀 없습니다.

사도행전은 당시 지중해 세계에 하나의 평범한 죄인으로 십자가에 처형되었던 한 분이 능력 가운데 무덤에서 일으킴을 받았고, 그분이 모든 인간의 주로서 자신의 통치를 시작하셨다는 사실을 널리 전파하는 설교들로 가득 차 있습니다. 그런데 이들 설교는 당시 모든 사람들에게 이 점을 주지시키고 설득하고 있습니다.[233] 이 설교들 중에서 베드로의 설교 하나는, 모든 다른 설교들이 그러하듯이 청중들의 개종을 목표로 하고 있는데 구체적으로 다음과 같은 구절이 있습니다.

> 너희가 회개하고 돌이켜 너희 죄 없이 함을 받으라 이같이 하면 유쾌하게 되는 날이 주 앞으로부터 이를 것이요(행 3:19).

여기서 '유쾌하게 되는'이란 단어는 '다과'란 단어와 같은 뜻을 지니고 있습니다. "다과"란 표현은 저에게 좀 색다르고도 복고적인 기분을 느끼게 합니다. 오늘날 우리가 말하는 방식과는 동떨어진 표현 같습니다. 우리는 '간단한 식사'라고 말하거나 '라테 한잔과 베이글 한 조각을 먹을 것'이라고 말하는 것이 보통이지요. '다과를 갖고자 합니다' 라고 말하지 않습니다.

'다과'에 대해서 생각하기 시작하자 제게 떠오른 생각은 1940년대 버지니아 주의 플랭클린(Franklin)시에서 있었던 걸스카우트 모임들에서 먹었던 오레코(Oreco) 상표의 과자와 주스입니다. 당시 영화관에서 뉴스영화와 본 영화 사이 시간에 극장에서 틀어주곤 하던 "Let's all go to the lobby" 란 CM송 하나가 떠올랐습니다(지금에 와서는 이 노래는 정말로 복고적입니다!). 당시 제가 다니던 기숙학교의 소녀들이 여교장 선생님의 응접실에서 일주일에 한 번씩 보냈던 지루하고 따분한 시간이 떠오르기도 합니다. 그 때 우리는 터무니없는 대화와 소위 말하는 "다과"를 견디어 냈습니다. 그래서 제가 과거의 기억의 편린들을 주섬주섬 더 많이 모으면 모을수록 "유쾌하게 되는 날"에는 실제보다 더 많은 것들이 존재하고 있다는 생각을 떨칠 수 없습니다.

이런 연유에서 저는 사도행전 본문에 나오는 "유쾌하게 하는" 혹은 "기분 전환의"란 표현에 대해 관심을 갖게 되었고, 그래서 저는 이 표현의 의미를 알고자 얼마간의 시간을 보냈습니다. 그리고 저는 적절한 의미를 발견해 냈습니다. 헬라어로 이 단어는 *기분전환, 안심 혹은 안도, 일시적 중단, 완화와 쉼*과 같은 것을 의미한다는 사실을 말입니다. 이 단어의 이러한 의미들을 헬라어 사전에서 찾은 일은 저에게 매우 신선한 일이었습니다.

며칠 전에 저는 현관문을 나서면서 나이든 여자 한 분이 인도를 따라 걸어가는 것을 봤는데, 그분은 매우 구부정하고도 허약한 모습이었습니다. 그분은 길가에 있던 튜립메그놀리아 나무 쪽으로 가까이 가면서 이 나무의 활짝 핀 꽃이 그녀의 시선에 들어오자 그 자리에 멈추어 서서 나무를 응시했습니다. 제가 그분의 곁을 지나칠 때 저는 그분이 혼잣말로 "참 아름답구나 정말 아름다워!"라고 읊조리는 소리를 들었습니다. 그 나무의 아름다운 광경이 그분에게는 일종의 기분전환이었으며, 안도의 숨을 내쉬는 대상이었습니다.

여러분들 중에서 젊고 건강한 사람들은 아마 자기는 이러한 종류의 것이 필요하지 않다고 생각할지도 모르겠습니다. 그런 분들에게 기분전환이란 일종의 극단적인 형태의 운동을 하는 것일 수도 있습니다. 여러분들 중에서 보다 노력형에 속하는 사람은 극도로 힘든 자신의 일의 스트레스에서 벗어나 고도의 휴식을 취하는 경우 말고는 자신이 기분전환이 필요하다는 점을 인정하고 싶어 하지 않을 겁니다. 이런 경우의 휴식은 일종의 한 차원 높은 방식의 휴식입니다.

만약 우리가 자신을 이 세상 가운데서 선도그룹에 속한 사람으로 치부하며 부단히 앞서 가는 일에만 몰두하여 분주하게 살아가는 사람이라면 우리는 이런저런 약속과 일들로 분주히 오가는 길에서 멈추어 서서 꽃이 핀 나무들을 보지는 않을 것입니다. 정말로 요사이 주목할 만한 사실은 오늘날 젊은 사람들 가운데서 유행하는 말은 "스트레스 받아 죽겠다"는 말인 듯싶습니다. 제가 젊었을 때는 이와 같은 말을 하고 산 기억이 별로 없습니다. 그러나 오늘날 사람들은 끊임없이 스트레스를 받고 살면서 동시에 지속적으로 스트레스 받아 죽겠다고 표현하고 사는 것이 유행이 되어버린 듯합니다.

사람들이 "스트레스 받아 죽겠다"라고 말할 때, 그 이면에는 "나를 좀 그냥 내버려둬. 너는 내가 얼마나 힘든지 도저히 이해하지 못할 거야. 나는 네가 누구이든 간에 네가 갖고 있는 걱정거리보다 훨씬 더 많은 걱정거리가 있단 말이야!" 라는 의미가 있습니다. 물론 종종 이렇게 말하는 자신을 발견하곤 하는 우리는 우리 자신이 인정하는 것 그 이상으로 숨을 돌릴 만한 공간과 시간이 훨씬 더 많이 필요한 자들일지 모릅니다.

어쨌든 분명한 점은 우리가 휴식의 시간을 갖게 될 때 비로소 우리는 다른 사람들의 필요를 더 많이 돌아볼 수 있게 된다는 점입니다. 여러분들 중에서 아픈 사람이나 연로하신 분들을 돌보는 분들은 기분전환이나 쉼을 가진 후에 자신이 더 많이 인내할 수 있고 더 많이 동정의 마음을 갖게 된다는 사실을 알고 계실 겁니다.

여러분들의 담임목사님은 잘 알고 계실 것입니다. 여러분들처럼 이렇게 평안해 보이고 침착해 보이는 사람들 중에서도 긴장관계가 있고 우울함이 있으며 다툼과 말 못할 고통이 있다는 사실 말입니다. 여러분들은 삶의 현실 속에 있기에 잘 아시겠지만 기분전환의 시간을 갖는다는 것은 매우 중요한 일입니다.

영국전쟁 중에 영국반도 내에 있는 모든 것들은 배급으로 지급되었으며, 생필품의 결핍이 심각했었습니다. 도자기 공장들마저도 찻잔 만드는 일을 중단해야 했습니다. 그러나 차 그 자체는 계속적으로 생산되었습니다. 그 이유는 1940년에 식품청의 장관이었던 울톤(Woolton)경이 말했듯이 "영국에서 차란 음료수 그 이상"이었기 때문이었습니다. 당시 차 한 잔은 생명 유지의 한 수단이었는데, 그것은 차 한 잔이 음료수였기 때문이 아니라 차 한 잔이 담고 있는 따뜻함과 편안함 때문에 마음을 새롭게 하고 혼을 일깨우기 때문이었습니다. 한마디로 차 한 잔은 "유쾌한 시간이요 기분전환의 순간"이었습니다.

일명 *TDNT*라고 불리는 신약신학사전은 '유쾌한' 혹은 '기분전환의'란 단어를 "한 숨을 돌리거나 혹은 물 한 잔으로 마음을 가라앉히는" 이라고 표현합니다. [234] 이러한 사전적인 정의는 제가 믿기에 우리 모두에게 시사하는 바가 매우 큽니다. 심지어 우리 중 다혈질적인 사람도 이 표현이 시사하는 바를 인정할 것입니다.

그러나 우리 삶에는 손실이나 슬픔에서 오는 우리의 고통이 너무도 크기에 냉차이든 온차이든지 차를 마시는 것으로는 마음을 가라앉히지 못할 그러한 때가 언제가 존재합니다. 심지어 꽃이 만개한 튤립메그놀리아 나무를 본다고 해도 우리의 걱정과 염려들의 깊은 상태가 완화되지 않습니다. 아마 이런 이유 때문에 인간의 걱정에 대해 잘 알고 있었던 T. S. 엘리어트는 "4월은 가장 잔인한 달"이라고 말했던 것 같습니다. [235]

이번 주 뉴욕 타임지에 글 하나가 실렸는데, 그 글은 "봄은 나를 놀라게 하고, 모든 것들이 고동치고 있으며, 더더욱 길어지는 낮 시간은 내게 단지 내가 TV를 보기 위해서 빛을 차단하는 커튼을 좀 더 일찍 쳐야한다는 것을 의미할 뿐이다"라고 시작합니다. [236] 제가 생각하기에 이 사람은 우울증으로 고통을 당하는 사람입니다. 단지 나무를 본다는 것으로는 아무런 도움이 되지 않을 겁니다. 참된 휴식의 시간은 무상한 봄의 계절보다 더 큰 그 무엇에 기초해야만 합니다. 봄은 가을로 바뀌고 다시 겨울로 바뀝니다. 그리고 다시 우울함이 찾아옵니다.

로버트 프로스트는 뉴햄프셔의 봄의 나뭇잎들의 현란함을 생각하면서, "Nothing Gold Can Stay"("차가운 그 어떤 것도 머물러 있을 수 없다네") 라는 유명한 시를 썼습니다. [237] 삶은, 우리에게 오래 지속되는 휴식은 잠깐 스쳐가는 것이 아니라 영속적인 그 무엇에 반드시 기초해야 한다고 가르치고 있습니다.

사순절과 거룩한 한 주간, 그리고 부활절 기간 중에 부르는 교회의 예배 찬양은 다름 아닌 바로 이러한 목적을 지니고 있습니다. 다시 말해서 우리로 하여금 영원한 것, 즉 영속적으로 존재하는 유일한 금과 같은 것으로 인도해가는 목적을 지니고 있습니다. 거룩한 한 주간과 위대한 50

일의 드라마는 바로 이 목적을 우리 앞에 제시하고 있는 것입니다.

성 금요일에 교회에 나오셨던 분들은 성금요일의 예배가 어떻게 진행되었는지를 잘 기억하실 것입니다. 예배당을 장식했던 예쁜 모든 부품들이 하나씩 하나씩 모두 제거된 것은 바로 우리에게 예수께서 어떻게 돌아가셨는가를 상기시키기 위한 것이었습니다. 아름다운 꽃들도 모든 예복들도 모든 초들도 모든 황동 장식들과 금란들 등의 모든 장식들이 예배당에서 치워졌습니다. 예배당은 아주 무섭고 황량해 보였습니다. 예수님의 시신처럼 옷이 벗겨지고 벌거벗은 모습이요 *뻣뻣하게 굳어있는 모습*이었습니다.

말씀드리기 죄송하지만 성금요일 예배에 참석하지 않으셨던 분은 오늘 예배당이 이러한 모습을 띠기까지 그 상태가 어떠했는지를 잘 모르실 것입니다. 그러나 오해하지 마시기 바랍니다. 부활절 백합화의 현란함과 이번 주 교회 안에 놓인 모든 다른 찬란한 장식품들은 우리의 기쁨의 근원이 아니라는 점 말입니다. 저 백합화들도 갈색으로 변하여 끝내 떨어질 것이며 그렇게 되면 우리들은 그것을 내다 버릴 것입니다. 비록 우리가 백합화를 갖다가 우리 정원에 심는다 해도 한두 해 정도는 꽃을 피우겠지만 결국은 저와 여러분처럼 사라지게 될 것입니다.

여러분들이 이 점을 바로 이해하시기 바랍니다. 즉 우리가 기분전환이 되고 상쾌한 기분을 느끼는 것은 교회가 부활절 장식들로 둘러싸여 있기 때문이 아니라는 점 말입니다. 오히려 부활절 장식들이 기분을 전환해주고 유쾌한 기분을 주는 것은 *그리스도께서 부활하셨기* 때문입니다. 비록 태풍이 휩쓸고 지나갔고 부활절 장식이 없다고 해도 *그리스도는 여전히 우리 가운데 부활하셔서 살아 계십니다.*

그러기에 주님께서 우리에게 주시기를 기뻐하는 이 유쾌하고도 상쾌한 시간은 그 자체가 끝이 아닙니다. 이 시간들은 그 자체를 넘어서서 결코 파괴되지 않을 하늘나라의 황금문들을 가리켜주고 있습니다. 얼마 전에 홀로되신 우리의 사랑하는 자매 한 분이 이번 주 우리에게 거룩한 한 주와 부활절의 예배들이 그녀에게 매우 의미 있고 감동적이었다고 말한 적이 있습니다. 심지어 그 자매의 슬픔과 외로움 속에서도, 하나님은 그 분에게 숨 돌릴 수 있는 여유와 공간을 허락하셨던 것입니다. 하나님은 지치고 피곤한 가운데 있던 그 자매를 유쾌하고 상쾌하게 하셨습니다. 하나님은 목마름을 한두 시간 채워줄 물로 그 자매를 새롭게 하신 것이 아니라 "속에서 영원한 생명에 이르도록 솟아오르는 샘물이 될"(요 4:14) 자신의 생수로 그녀를 상쾌하게 만들어 주셨습니다.

기독교 신앙에서만이 아니라 일반 영문학에서도 위대한 걸작으로 알려진 천로역정의 맨 끝에 가면 우리는 순례의 마지막 국면에 놓여있는 순례자들에 대해 읽게 됩니다. 여기서 순례자들은 수많은 어려움들을 겪었고 피곤함과 지침, 그리고 절망과 두려움 가운데 몸부림치고 있습니다. 존 번연은 이에 대해 다음과 같이 표현합니다.

> 크나큰 연무와 어둠이 그들 모두 위에 떨어졌다. … 이 땅 어디에도 들어가서 지치고 허기진 몸을 달랠 만한 여관이나 숙소 같은 곳이 하나도 없었다. … 순례자들은 더더욱 지쳐갔으며, 그들을 사랑하시는 그분에게 그들의 길을 보다 편안하게 해달라고 울부짖었다. 그리고 그들이 좀 더 앞으로 나아가자 바람이 불더니 안개를 몰아 가버렸고, 그래서 하늘이 더욱 맑아졌다.

그리스도 안에서 사랑하는 형제자매 여러분! 오늘 우리에게 주어진 약속은 주님께서 우리에게 "유쾌하고 상쾌한 날"을 주실 것이라는 점입니다. 주님께서 생수의 샘으로 우리를 시원하게 해 주실 것이고, 그의 영, 성령의 따뜻한 바람으로 우리가 가는 길을 더욱 맑게 해 주실 것입니다. 주님은 우리에게 우리가 전혀 예기치 못했던 자비의 표식들을, 그리고 놀라운 그의 은혜들을 베풀어 주실 것입니다.

그러나 잊지 마시기 바랍니다. 하나님은 여러분 자신들을 다른 사람들을 상쾌하게 하고 그들의 기분을 전환하게 하는 하나의 도구로 혹은 표식으로 사용하기를 원하신다는 사실 말입니다. 다른 사람들을 위해 행한 가장 작은 일들도 성령의 바람이 되어 그들을 달래주고 위로할 수 있는 도구가 될 수 있습니다. 이 일을 위해 여러분들이 크게 수고할 필요가 없습니다. 왜냐하면 여러분이 아니라 성령께서 그 일을 하실 것이기 때문입니다. 그러니 성령으로 하여금 상쾌한 쉼을 주시는 일을 하시도록 자리를 비워드리기 바랍니다.

어디에선가 줄을 서서 기다릴 경우 다른 사람을 여러분 앞에 설 수 있도록 배려하시기 바랍니다. 여러분과 다른 사람들에게 우정을 보여주시기 바랍니다. 버스에서 장애우들을 보게 되면 도와주기 바랍니다. 여러분의 돈의 얼마를 다른 사람을 위해 지출하시기 바랍니다. 그리스도의 종의 한 사람으로 행한 작은 일이라도 모두 다른 사람들을 위한 상쾌한 기분전환의 시간이 될 수 있습니다.

여러분도 알다시피 부활절은 끝나지 않았으며, 또한 앞으로도 결코 끝나지 않을 것입니다. 그렇다면 유쾌하게 되는 날, 곧 기분전환의 시간은 우리가 하나님의 나라에서 먹고 마시게 될 그때 갖게 될 하나님의 영원하고도 끝이 없는 잔치의 시작일 뿐입니다. 238) 이것이 우리의 미래입니다. 이 미래는 단지 미사여구로 이루어진 화려한 말 정도가 아닙니다.

사도 바울이 하나님의 약속들에 대해 이야기할 때 그는 이 약속들을 인간의 소망에 두지 않고 인간 소망 너머에 있는 소망에 그 기초를 두고 있는데, 그 이유는 이 소망은 우리 주님의 부활에 근거하고 있기 때문입니다. 그러므로 슬픔과 애씀과 고통 가운데서도 바울은 다음과 같이 말할 수 있었습니다. "내가 확신하노니 사망이나 생명이나 천사들이나 권세자들이나 현재 일이나 장래 일이나 능력이나 높음이나 깊음이나 다른 아무 피조물이라도 우리를 우리 주 그리스도 예수 안에 있는 하나님의 사랑에서 끊을 수 없으리라" (롬 8:38-39).

아멘.

7부
위대한 50일이라 불리는
부활절 계절

거기에 우리는 당신을 남겨 놓습니다.
너무도 축복된 의존 가운데, 십자가 위에 달리신 그분 위에 내려놓습니다.
그리고 거기에서 우리는 그분의 눈물로 당신을 씻기며,
거기서 그분의 상처들을 어루만지고,
그분의 무덤 가운데 당신을 평안히 내려놓습니다.
그분이 당신에게 부활을 하사하실 때까지,
그리고 그분이 당신을 위해 자신의 썩지 않을 피라는 무한한 값을 지불하고
사신 하나님의 나라에 들어가는 것을 허락하실 때까지 거기에 누워계십니다.
- 존 던

| 부활절의 두 번째 주일

비천한 주일 혹은 고상한 주일?

> 하나님이 사흘 만에 다시 살리사 나타내시되,
> 모든 백성에게 하신 것이 아니요
> 오직 미리 택하신 증인 곧 죽은 자 가운데서 일어나신 후 모시고 음식을 먹은 우리에게 하신 것이라. 행 10:40-41

　　오늘 예배를 위해 함께 모이신 성도 여러분들은 매우 특별합니다. 여러분들은 이 사실을 아십니까? 부활절 주간의 두 번째 주일에 교회에 나오는 데는 특별한 의도가 있습니다. 그 의도는 자동적이거나 자명하지 않습니다. 성목요일과 성금요일에 예배에 참석하는 사람들처럼 오늘 예배에 참석하신 분들은 그 의도를 어느 정도 알고 있는 분들이라고 생각합니다. 여러분들이 오늘 이 자리에 나오신 이유는 크리스천의 삶이란 일 년의 두 번 정도의 크고 화려한 행사들만으로 이루어진 것이 아니라는 것을 알고 있기 때문입니다. 여러분이 여기 나와 있는 이유는 어떤 이유에서든 여러분들은 한 가족의 구성원들이라는 것을 알고 있기에, 또한 이 가족의 삶과 건강에 중요한 것이 무엇인지를 여러분이 알고 있기 때문입니다. 우리가 부활절계절의 두 번째 주일인 이 즐거운 아침에 서로를 볼 수 있다는 것은 특별한 기쁨입니다.

　　그렇지만 우리는 여전히 수많은 성도들이 오늘 이 자리에 함께 참여하지 않았다는 점을 알고 있습니다. 부활절 예배에 폭발적으로 많은 분들이 참석한 이후 많은 사람들이 그 이후 예배에 참여하지 않는 것을 볼 때마다 저는 크나큰 실망감을 느낍니다. 물론 우리는 크나큰 축제인 부활절 예배에 많은 분들이 참석하는 것을 보기 원하며 만약 여러분들이 그렇게 하지 않으셨다면 아마 우리는 크게 실망했겠지요.

그러나 여전히 이렇게 예배참석률이 크게 차이 나는 일이 계속되는 것을 매년 보면서 저는 당혹감을 갖게 됩니다. 바로 이런 이유 때문에 우리는 불행히도 이 주일을 "낮은 혹은 비천한 주일"이라는 별칭으로 부릅니다. 매년 사람들은 이번 해는 정말로 수많은 성도들이 예수의 부활의 진리에 의해서 크게 감동되어 그 다음 주일이 돌아오기까지 기다릴 수 없을 정도가 되기를 바라지만, 그렇게 되는 일은 거의 없어 보입니다.

그렇게 많은 사람들이 부활절 예배에는 구름떼같이 교회에 몰려와서 예수께서 죽음에서 부활하셨다는 메시지를 듣고 부활절 성만찬에 참여하지만 그 다음 주일에는 왜 그들은 교회에 돌아오지 않는 것일까요? 만약 여러분들이 죽었다가 살아난 어떤 사람과 함께하는 저녁식사에 초대받았다고 생각해 보세요. 그리고 초대자가 여러분들을 그 다음 주에도 다시 오라고 초대한다면, 여러분들은 거기에 가기를 원하지 않으시겠습니까? 특별히 만약 여러분들이 죽음에서 부활된 새로운 삶에 참여하게 된 것을 확신했었다면 여러분들을 초대한 그 어떤 것보다 이러한 새로운 삶을 가능케 한 부활의 초청에 더 응하지 않으시겠습니까? 만약 영원한 생명을 얻은 자라면 누가 침대에 누워서 주일 TV 프로그램이나 보고 있을까요?

제가 깊이 생각해 본 바에 따르면 사람들이 부활절 이후의 주일에 교회에 돌아오지 않는 이유가 있다면 그것은 그들에게 특별한 그 무슨 일이 일어났다고 그들이 정말로 믿고 있지 않기 때문이라는 생각이 듭니다. '멋진 그 무엇이 있는 것은 사실일 거야. 유쾌하고 기분 좋은 그 무엇이 있는 것은 사실이겠지. 그러나 정말로 죽음에서의 부활과 같은 것은 아닐 거야.' 이렇게 믿고 있기 때문인 듯싶습니다.

오늘 예배의 설교 본문은 지난주에 봉독된 성경에서 온 것입니다. 부활 주일에 이 본문이 낭독되는 것을 들었을 때 저는 크게 충격을 받았습니다. 제가 보건대 이 본문은 "낮은 혹은 비천한 주일"이란 이 문제에 대해 정확히 말하고 있는 본문 같아 보입니다. 부활절의 위대한 50일 동안 우리는 사도행전에서 선택한 본문들을 읽게 됩니다. 여기 예수님의 부활 사건 이후 곧바로 베드로가 전한 설교 중 하나의 일부가 있습니다.

> 만유의 주 되신 예수 그리스도의 화평의 복음 … 곧 하나님이 나사렛 예수에게 성령과 능력을 기름붓듯 하셨으매 저가 두루 다니시며 착한 일을 행하시고 마귀에게 눌린 모든 자를 고치셨으니 이는 하나님이 함께 하셨음이라. … 그를 저희가 나무에 달아 죽였으나 하나님이 사흘 만에 다시 살리사 나타내시되 모든 백성에게 하신 것이 아니요 오직 미리 택하신 증인 곧 죽은 자 가운데서 일어나신 후 모시고 음식을 먹은 우리에게 하신 것이라(행 10:36-41).

모든 백성에게 하신 것이 아니요 오직 미리 택하신 증인 곧 죽은 자 가운데서 일어나신 후 모시고 음식을 먹은 우리에게 하신 것이라. 저는 이전에는 이 구절에 대해서 특별히 깊이 생각해 보지 않았는데, 평신도 한 분이 부활절에 이 구절을 낭독할 때 이 구절이 제 마음에 와 닿았습니다. 하나님은 부활하신 주님을 모든 사람들에게 나타내 보이신 것이 아니라 증인들로 미리 택하신 자들에게만 나타내 보이셨습니다. 저는 이 구절이 죽음에서 부활하신 예수에 관한 메시지를 들을 수 있는 기회를 가졌던 사람들의 수효와 실제로 그 메시지를 믿고 그 메시지에 자신들의 삶을 거는 사람들의 숫자상의 차이에 관련성이 있지 않을까 생각해 보았습니다.

신약의 증인들에 따르면 부활하신 주님은 어느 누구나 모든 사람들에게 자신을 나타내 보이지 않으셨습니다. 부활하신 후에 주님은 그의 제자들과 그가 죽기 전에 그를 믿었던 자들에게만 나타나셨습니다.[239] 로마 군인들도 주님께서 죽음에서 부활하시는 것을 보지 못했고, 대제사장인 가야바도 주님을 보지 못했습니다. 본디오 빌라도도 주님을 보지 못했습니다. 주님을 본 사람들은 베드로와 야고보 요한, 막달라 마리아, 그리고 우리가 대개의 경우는 이름을 알지 못하는 수백 명의 다른 제자들이었습니다.[240] 이 사실은 비록 명백한 사실이지만 예수의 부활하신 몸은 그의 이전의 육신의 몸과는 다른 종류였다는 신약의 몇몇 암시들 중 하나입니다. 그분은 그가 정하셨던 자들을 제외하고는 그 어느 누구에게도 부활하신 몸을 나타내 보여주지 않으셨습니다.

그렇다면 부활절 아침에 교회에 나와서 장식된 꽃들을 보고 아름다운 음악을 듣고 심지어 성만찬에 참여하지만 여전히 부활하신 주님을 보지 못하는 자들이 있을 수 있다는 뜻입니다.[241] 예수의 부활은 불신자들로 하여금 충격을 받아 믿음에 이르도록 하기 위해 하나님에 의해서 주어진 증거가 아닙니다. 부활은 자신을 끝내 십자가에 달려 죽도록 내어주신 메시아를 믿었기에 겪어야 만했던 충격 때문에 비틀거리는 자들의 신뢰와 신앙에 대한 신원하심이었습니다. 부활사건은 새로운 신앙을 만들어 낸다기보다는 나무에 매어 달리셨던 그분에 대해 이미 가졌던 신앙을 옳다고 확증하는 것이었습니다. 바로 이런 이유 때문에 예수께서는 자신의 *상처 부위*들을 부활하신 후 "의심하는 도마"에게 내보이셨습니다. 주님의 부활에 참여한 자들은 그분과 함께 그의 고난에 참여한 자들입니다. 부활의 약속을 유업으로 받을 자들은 그리스도의 상처들을 지닌 자들입니다. 그러기에 사도 바울은 크리스천 사도의 삶을 다음과 같이 표현하고 있습니다.

> 우리가 사방으로 에워쌈을 당하여도 싸이지 아니하며 답답한 일을 당하여도 낙심하지 아니하며, 핍박을 받아도 버린바 되지 아니하며 거꾸러뜨림을 당하여도 망하지 아니하고, 우리가 항상 예수 죽인 것을 몸에 짊어짐은 예수의 생명도 우리 몸에 나타나게 하려 함이라. 우리 산 자가 항상 예수를 위하여 죽음에 넘겨짐은 예수의 생명이 또한 우리 죽을 육체에 나타나게 하려 함이니라(고후 4:8-11).

이 구절을 다시 한 번 생각해 보면 이와 같은 구절을 읽는 것이 왜 많은 사람들이 부활절의 두 번째 주일에 교회에 돌아오지 않는지에 대한 최상의 대답일 것입니다. 아마도 사람들은 자신들에게 더 많은 것들이 요구될 것이라는 점을 인식하고 있는지 모릅니다. 어쩌면 그들의 생각이 옳은지도 모르겠습니다.

아마 여러분들도 이런 일들이 어디에서 다가올지 걱정하고 있지는 않습니까? 아마 여러분들은 도대체 왜 여러분들이 오늘 이 예배에 나왔는지를 궁금해 하기 시작할지도 모릅니다. 아마 여러분들은 여러분들이 하나님이 택하신 소수의 하나가 되기를 원하지 않을지도 모른다고 생각하고 있을지 모릅니다. 이것은 혼합되지 않은 순전한 축복 같아 보이지는 않지요?

여기 또 다른 바울의 증언이 있습니다. "내가 생각건대 하나님이 사도인 우리를 죽이기로 작정한 자같이 미말에 두셨으매 우리는 세계 곧 천사와 사람에게 구경거리가 되었노라"(고전 4:9). 바울은 로마 검투사 경기의 입장 행렬을 생각하고 있는데, 이 전통에 따르면 원형경기장에 들어가는 마지막 사람들은 죽음을 언도받은 자들이었습니다. [242] 바울은 특별히 사도들에 대해 이야기하고 있지만 확장해 보면 이것은 사도적 신앙 안에 있는 우리 모두를 지칭하고 있습니다. 그리스도는 우리 모두를 "십자가를 지고 나를 따르라"고 말씀하셨습니다(마 16:24). 부활사건은 자기희생의 길인 십자가에서 분리될 수 없습니다.

이것이 바로 고린도 교회 교인들이 갖고 있었던 문제였습니다. 그들은 모두 십자가 위로 뛰어오르기 원했습니다. 즉 그들은 자신들이 이미 영원을 성취했다고 생각했다는 뜻입니다. 이것이 바울에게는 크나큰 고민거리였습니다. 바로 이런 이유 때문에 바울은 십자가를 강조하기 위해서 강력한 단어들을 사용했던 것입니다. 그의 주요 논지들 중 하나는 우리 모두는 죄의 속박 아래 있기 때문에 인간들 사이에서는 "아무런 구별이 없다"(롬 3:22-23)는 것이지만, 바울은 심지어 여기서도 인류를 두 집단으로 나누는 데 주저하지 않습니다. "십자가의 도가 멸망하는 자들에게는 미련한 것이지만, 그러나 구원을 얻는 우리에게는 하나님의 능력이라"(고전 1:18).

다시 한 번 여기서 예수님에 관한 메시지가 정말로 그의 구속적인 삶 속으로 들어가지 못한 자들에게도 들릴 수는 있으나, *받아들여지지 않기도 한다는* 개념이 나타납니다. 십자가를 단지 하나의 종교적 현상으로 바라보는 자들에게는 십자가의 말씀과 죽음에서 부활하신 주님은 우리가 부활절 장식을 위해 사용하는 달걀이나 백합화와 비슷합니다. 즉 특별한 날과 행사를 위해서는 아름다운 것이지만, 일 년의 대부분 동안 겨울 코트처럼 옷장 속에 쌓여있기만 한다는 뜻입니다. 무엇보다도 부활절계절의 진정한 관심은 근로소득세를 신고하고, 해변가 별장을 예약하는 일들이 아니겠습니까? 죽은 자들로부터의 부활이란 일상의 삶에서 실질적으로 몰두해 있는 이들에게 아무런 상관없는 것처럼 보일 뿐입니다. 이런 점에서 예수께서는 죽은 자들로부터 일어나셨으나 대부분의 사람들은 이 사실을 인식하지 못했다는 것입니다.

다시 말해 이 사람들은 예수님의 부활을 인식하지 못했으니 오직 시간이 지나가면서 사도들이 된 예수님의 제자들이[243] 자신들의 다음과 같은 강력한 메시지로 그들을 뒤흔들기까지 이 부활을 인식하지 못했던 것입니다. 예수께서는 소위 좋은 사람들 모두에 의해서 죽임을 당하셨지만, "하나님이 사흘 만에 다시 살리어 나타내시되 모든 *백성에게 하신 것이 아니요 오직 미리 택하신 증인* 곧 죽은 자 가운데서 일어나신 후 모시고 음식을 먹은 우리에게 하신 것이라. 우리를 명하사 백성에게 전도하되 하나님이 산 자와 죽은 자의 재판장으로 정하신 자가 곧 이 사람인 것을 증거 하게 하셨느니라"(행 10:40-42).

십자가에 죽으신 메시아를 우주의 주님으로 선포하도록 하나님의 명령에 따라 택함 받은 이 남자와 여자들은 복음의 불꽃으로 너무도 밝게 타올라 온 지중해 지역이 곧바로 예수 그리스도의 이름으로 환히 빛나게 되었습니다. 비천한 일군의 제자들이 세상을 변화시키는 불굴의 전사들로 바뀐 것이 바로 예수 부활의 진리를 증명하는 가장 강력한 증거 중 하나입니다.

그러나 우리가 알다시피 모든 자들이 개종한 것은 아닙니다. 모든 자들이 믿은 것은 아닙니다. 많은 자들이 마지못해 겉으로 시늉은 했지만 우리가 아는 대로 그들의 이러한 외형적 시늉은 우리 입술로 말하는 바를 우리 삶 가운데서 드러내 보이는 것들과 같은 것이 아니었습니다. 심지어 우리가 최선을 다해 부활의 모든 증거들을 정리하고 그것을 아무리 강력하게 증명해 보인 이후에도 많은 자들이, 아니 대부분이 여전히 부활의 사건과 무관한 채로 남아 있습니다.

부활절은 대부분의 사람들에게 막연히 위안을 주는 봄의 축제 정도로 남아있습니다. 부활의 진리가 대부분의 사람들에게 너무도 위협적이라는 것이 가능할까요? "주님께서는 정말로 부활하셨습니다!"라는 메시지는 보다 오랜 시간 햇빛이 비친다는 것에 관한 하나의 즐거운 메시지 정도가 아닙니다. 그것은 우리의 존재 전부의 새로운 방향설정에 관한, 세상을 뒤집어엎는 선포입니다.

이런 식으로 여러분들이 다른 사람들과 구별되는 것이 다소 불편하게 느껴질지도 모르지만 오늘 이 아침에 이 자리에 나오신 여러분들은 하나님께서 자신의 증인되도록 이미 택정하신 자들 가운데 있는 분들이라는 강력한 가능성이 분명 존재합니다. 여러분들은 이것을 의심하거나 이에 대해 놀라워할지 모르지만 저는 여러분들이 이러한 가능성을 심각하게 받아들이시기를 권면합니다.

하나님은 진달래꽃과 히아신스, 그리고 새 봄의 의상 한 벌보다 더 많은 그 무엇을 위해 우리를 선택하셨습니다. 여러분들은 "주님께서 죽은 자 가운데서 일어나신 후 그분을 모시고 함께 음식을 먹은" 분들입니다. 여러분들은 그분과 함께 한 번 더 음식을 먹기 위해서 이 자리에 나오셨습니다. 하나님은 여러분들에게 주님을 나타내 보이셨습니다. 여러분들은 부활절 후 이 두 번째 주일에 다시 주님과 함께 하고자 이 자리로 돌아왔습니다. 무엇인가가, 누군가가 여러분들을 다시 이곳으로 이끌어 왔습니다. 이것을 좋은 소식 즉 복음으로 생각하시기 바랍니다. 왜냐하면 구원을 얻는 자들에게는 그리스도의 복음이 하나님의 능력이기 때문입니다.

하나님의 능력입니다! 바로 이 능력이 초대교회의 제자들 위에 내려왔습니다. 이것을 누가복음은 이렇게 말하고 있습니다. "너희는 *위로부터 능력을 입히울 때까지 이 성에 유하라*"(눅 24:49). 부활절의 위대한 50일은 오순절에 이르러 강력한 결론에 달합니다. 이날은 성령께서 불의 혀 가운데 제자들 위해 내려오셨던 바로 그날입니다. 언제나 오순절은 많은 사람들에게 부활절보다 더 멀리 떨어져 있고 보다 더 당혹스럽게 하는 날처럼 보입니다. 대부분의 우리는, 방언은 말할 것도 없이 불의 혀에 대해 아는 바가 없습니다. 그러나 그것을 이렇게 생각하시기 바랍니다. 성령은 기독교 신앙과 삶의 엔진입니다. 성령은 지엽적인 변변찮은 일군의 사람들을 세상을 변화시키는 능력자들로 변화시켰던 연료이고 마력이며 폭발력으로 이해하시기 바랍니다.

여러분도 그렇게 생각할지 모르지만 사도행전은 베드로와 바울(바울은 성령을 받기 전이나 후나 변변찮은 사람 그 훨씬 이상이었습니다만)이라는 두 명의 영웅적 인물을 지니고 있습니다. 그렇지만 이렇게 말하는 것은 인간적인 등장인물들의 관점에서 말하는 것입니다. 베드로와 바울, 그리고 남자든 여자든244) 모든 다른 크리스천들의 이면에서 사도행전 전반에 걸쳐 역사했던 두 동력은 성령과 예수님의 이름이었습니다. 245) 사도행전에 나오는 가장 기억에 남는 장면 중 하나는 베드로와 요한이 성전 미문에서 구걸하는 앉은뱅이에게 다가간 장면입니다. 성경본문에 따르면 베드로는 그 사람에게 시선을 맞추고 다음과 같이 말했습니다.

> 은과 금은 내게 없거니와 내게 있는 것으로 네게 주노니 곧 나사렛 예수 그리스도의 이름으로 걸으라 하고 오른손을 잡아 일으키니 발과 발목이 곧 힘을 얻고 뛰어 서서 걸으며 그들과 함께 성전으로 들어가면서 걷기도 하고 뛰기도 하며 하나님을 찬미하니라 (행 3:6-8).

여러분들은 혹시 이 사건이 믿기에 너무 억지스럽다고 생각할지 모르겠습니다. 저 역시 그렇게 생각하는데 단 한 번의 예외적 사건이 있었습니다. 한 번은 제가 아직 매우 어리고 경험이 없던 사제 시절에 한 젊은 여성을 심방하라는 요청을 받은 적이 있었습니다. 그 여성은 아이비리그의 한 대학을 막 졸업한 여자로서 심한 관절염을 앓고 있었습니다. 그녀와 그녀의 가족을 전에 만난 적도 없던 저는 어떻게 해야 할지 전혀 알 길이 없었습니다. 제가 그 집에 도착했을 때 그녀는 뒤 마당에 휠체어에 홀로 앉아 있었습니다. 그 때는 제 목회상 첫 번째 심방이었으니 여러분들은 제가 얼마나 마음이 불편했으며, 그녀와 함께 대화할 때 무엇이라고 말해야 할지, 어떻게 대해야 할지에 대해 아는 바가 거의 없었다는 것을 상상할 수 있으리라 생각합니다.

그렇지만 제 마음의 한 구석에는 우리의 작은 딸 아이가 생명에 지장이 있는 여러 가지 위험한 질병들을 갖고 태어났을 때 우리가 가졌었던 경험이 살아있었습니다. 우리 교회의 신부 세 분 모두가 병원에 계속 다녀갔고, 때때로 하루에 두 번씩이나 병원에 심방했는데, 그러나 그들은 한 번도 우리와 함께 딸 아이에 대해 기도하지는 않았습니다. 이 점을 기억한 저는 그 젊은 여성의 무릎 위에 손을 얹고 더듬더듬 예수님께 그녀를 고쳐달라고 간구했습니다.

예수께서 그녀를 고쳐주셨습니다. 그녀는 몇 주안에 휠체어에서 일어났으며, 이십 몇 년이 지난 지금까지 그녀에게 한 번도 재발이 없었습니다. 저는 이 이야기를 전에 한 번도 누구에게 한 적이 없습니다. 아마 앞으로도 하지 않을 것입니다. 그리고 그 사건은 지금도 여전히 저를 놀라게 만듭니다. 246) 그와 같은 일은 그 후 저의 목회사역에 더 이상 일어나지는 않았습니다.

그러나 또 모를 일입니다. 여러분들도 알다시피 그것은 제게 달려있는 것이 아닙니다. 여러분에게 달려있는 것도 아닙니다. 그러한 기적을 행하는 분은 자기의 기쁘신 뜻대로 주권적인 자유 가운데 행하시는 삼위일체이신 주님이십니다. 성령의 능력과 예수님의 이름이 여러분들이 결코 생각하지 못하는 방식들로 여러분 안에서, 그리고 여러분을 통해서 역사하실 수 있습니다.

저는 왜 감독교회 교인들이, 예수님의 이름을 사용하는 것이 촌스러운 일이라고 생각하는지, 다시 말해 단지 지방의 보잘 것 없는 특정한 사람들만이 하는 일이라고 생각하는지 이해할 수 없습니다. 간단히 말하자면 "그런 한심한 생각은 이제 극복하시기 바랍니다!" 왜냐하면 사도행전에서 우리는 다음과 같은 말씀을 들을 수 있기 때문입니다.

> 베드로가 성령이 충만하여 가로되 백성의 관원과 장로들아, 만일 병인에게 행한 착한 일에 대하여 이 사람이 어떻게 구원을 얻었느냐고 오늘 우리

에게 질문하면 너희와 모든 이스라엘 백성들은 알라 너희가 십자가에 못 박고 하나님이 죽은 자 가운데서 살리신 나사렛 예수 그리스도의 이름으로 이 사람이 건강하게 되어 너희 앞에 섰느니라. … 다른 이로서는 구원을 얻을 수 없나니 천하 인간에 구원을 얻을 만한 다른 이름을 우리에게 주신 일이 없음이니라 하였더라(행 4:8-12).

사랑하는 하나님의 백성, 여러분! 여러분들이 오늘 이 자리에 예배하기 위해 나오기로 결정했을 때 여러분들이 알았든지 몰랐든지 예수 그리스도의 성령께서 여러분들을 이끌어 주셨습니다. 그러나 그에 대한 회답으로 여러분들이 그분을 위해 무엇을 해야만 하는가에 대해 걱정하면서 찡그린 얼굴로 이 자리를 떠나지 마시기 바랍니다. 그것은 결코 좋은 소식, 즉 복음이 아닙니다.

주님은 여러분들을 위해 그분이 갖고 계신 바를 여러분들에게 보여주실 것입니다. 그분은 이미 여러분들이 따라 걸어갈 수 있는 좋은 일들을 준비해 놓으셨습니다.[247] 그분이 여러분들을 선택하셨습니다. 여러분들은 그분의 증인들입니다. 바로 이런 식으로 복음이 전파되는 것입니다.

뉴욕에 있는 메디슨 에비뉴(Madison Avenue) 장로교회의 사랑하는 목회자인 데이비드 리드(David H. C. Read) 목사는 그의 교인들에게 다음과 같이 말한 바 있습니다. "내가 예수님의 부활을 믿는 이유 중 하나는 나의 어머니가 내게 말씀하셨기 때문입니다. 이날까지도 나의 믿음이 지닌 강력한 요소는 내게 말씀했던 분들의 수효와 그분들의 인격입니다."

오늘날 여러분들은 이런 인격의 소유자들입니다. 그러나 그 이유는 여러분들이 덕의 귀감이어서가 아니라 여러분들은 "주께서 부활하신 후에 그분과 함께 먹은 자"들이기 때문입니다. 여러분의 자녀들에게 말씀하십시오, 여러분의 손자 손녀들에게 말씀하십시오. 여러분의 친구들에게 말씀하십시오. 복된 소식을 특별히 고통당하는 자들에게 들려주시기 바랍니다. 그 이유는 그렇게 함으로 여러분들은 그분의 십자가를 지게 될 것이기 때문입니다. 그것이 쉽지 않음을 알고 있습니다. 그러나 비록 여러분들이 말의 실수가 있다하더라도 말씀을 들려주시기 바랍니다. 성령께서 여러분의 말 가운데 계실 것입니다. 하나님은 제 3일에 예수님을 일으키셨습니다. 그분은 지금 살아계십니다. 그분은 지금 이 순간에 우리와 함께 여기에 계십니다. 이것이 바로 위로부터 오는 능력입니다. 성부 하나님과 성자 하나님, 성령 하나님께 영원토록 찬송과 영광이 있기를 기원합니다.

아멘.

| 부활절의 세 번째 주일

내가 맛본 것은 나 자신이었습니다

(뉴욕의 Greenwich Village에 있는 성요셉 로마–가톨릭 교회에서 행한 설교임)
세 번째 가라사대 요한의 아들 시몬아 네가 나를 사랑하느냐 하시니
주께서 세 번째 네가 나를 사랑하느냐 하시므로
베드로가 근심하여 가로되
주여 모든 것을 아시오매 내가 주를 사랑하는 줄을 주께서 아시나이다.
예수께서 가라사대 내 양을 먹이라 요 21:17

8년 전에 저는 이 교회에서 설교해달라는 초청을 받은 적이 있는데, 저는 지금도 그때를 저의 목회사역에서 제가 누렸던 크나큰 특권들 중에 하나로 생각하고 있습니다. 다시 여러분을 만나 뵙게 되어 대단히 감사합니다. 저는 이 교회의 모든 교우들과 이 교회와 관련된 모든 것들에 대해 크나큰 존경심을 갖고 있습니다.

더욱이 비록 개신교와 가톨릭 교회 사이에 몇몇 심각한 신학적 이슈들이 분명히 놓여있긴 하지만, 그럼에도 불구하고 저는 1993년 이 강단에서 말씀드린 바를 다시 반복해 말씀드립니다. 우리 개신교 교인들은 여러분들에게 깊이 감사해야 할 많은 이유들을 갖고 있다는 말씀 말입니다. 여러분의 전망과 시각, 그리고 교인 수와 중앙 집중화 된 리더십 등은 지구촌 속에서 분명한 목소리와 그 위치를 보여주는데, 우리 개신교도들은 이 모든 것들을 부러워할 뿐입니다. [248] 여러분들은 가난한 자들

과 압제당하는 자들, 그리고 힘없고 소외된 자들을 대신해 이 목소리를 두려움 없이 사용해 왔습니다.

지난 번 제가 여기에 왔던 이래로 동티모르(East Timor)의 벨로(Belo) 주교는 노벨평화상을 수상하셨습니다. 제가 여기에 왔던 이후로 멕시코의 산 크리스토발(San Cristobal)의 주교는 뉴욕 타임지에 그 모습이 실린 적이 있는데, 그분은 "일상적으로 학대받거나 무시당하는" 가난한 인도사람들에 대한 그의 "정열적인 평등주의 메시지" 때문에 그를 증오하는 정부 저격수들로부터 자신을 보호하기 위해서 헬멧을 쓰고 있는 모습이었습니다.[249] 제가 여기에 왔던 이래로 오클라호마 시 폭탄테러 사건의 희생자의 한 명의 아버지로서 독실한 가톨릭 신자인 버드 웰즈(Bud Welch)씨는 사형 제도를 반대하여 나라 전체를 돌고 있었는데, 두 주에 한 번씩 폭탄테러범 중의 한 사람인 티모디 맥베이(Timothy McVeigh)의 아버지에게 전화를 걸고 있습니다. 또한 제가 여기에 왔던 이래로 교황 바오로 2세는 예루살렘을 방문했으며, 세계는 이 연로하신 교황께서 서쪽 벽으로 통하는 열린 광장을 힘겹게 통과하는 모습을 지켜봤는데, 그분은 서쪽 벽 부근에서 돌들 사이에 난 틈 사이에다 고백과 간청의 기도 쪽지를 집어넣기도 했습니다. 그의 교황 직위는 크리스천과 유대인의 화해를 향한 가장 중요한 서막을 연 자로 오랫동안 기억될 것입니다.

다음의 주제가 지난 두 주간에 걸쳐 매우 크게 화제가 되었습니다. 만약 여러분들이 도시를 떠나있었거나 아니면 잠시 동안 세상사에 귀를 막고 있었다면 제가 화제가 되었던 일을 말씀드리겠습니다. New York Knicks에 글을 기고하기로 되어 있는 한 유태계 기자가 운동선수인 찰리 워드(Charlie Ward)가 이끄는 그룹성경공부에 참석했었다고 합니다.[250] 운동선수들은 그 기자와 친했었고, 그의 유대교에 관심을 갖고 있었기에 워드가 그 기자에게 왜 유대인들이 예수를 죽였는가를 물었을 때 그것은 그 기자에게 크나큰 충격이었습니다. 이것이 소동을 일으켰습니다. 지난 화요일 아침, 돈 이무스(Don Imus)라는 라디오 프로그램 전체가 이 주제에 초점을 맞추었습니다. 찰리 워드는 좋게, 잘, 그리고 세세히 사과를 했습니다만 그에 대한 반발의 강도는 이 이슈가 앞으로 한동안 전면적인 핵심적 논쟁으로 떠오를 것을 암시하고 있습니다.

유태인 대학살 때문에 우리는 우리가 한때 성경을 읽었던 방식과 동일한 방식으로 성경을 더 이상 읽지 않고 있습니다.[251] 예를 들어 오늘 예배를 위해 정해진 본문인 사도행전의 일부를 생각해 보시기 바랍니다. 사도 베드로가 산헤드린이란 유대 공회 앞에 서서 말합니다. "너희가 나무에 달아 죽인 예수를 우리 조상의 하나님이 살리셨도다"(행 5:30). 제가 생각하기에 이 말씀은 유대공회가 예수를 죽였다라고 말하고 있음이 분명합니다. 우리가 오늘 봉독하고 있는 사도행전과 요한복음은 "유대인들"에 대한 부정적인 진술들에 특별히 관심을 쏟고 있는데, 이러한 점 때문에 시간이 흘러가면서 유대인들이 그리스도의 죽음에 전적인 잘못이 있다는 개념이 생겨난 것입니다. 정말로 인간적인 바람에서 말하자면 누가와 요한이 이런 식으로 유대인들을 묘사하지 않았으면 하는 생각이 들기도 합니다. 이러한 부정적 진술들에 대한 만족스러운 설명이나 해결책이 없어 보이는 것도 사실입니다. 그럼에도 불구하고 기독교회는 이러한 잘못을 여러 면에서 해결하고자 하는데, 예를 들면 예수님 자신이 유대인이었고, 모든 제자들 역시 유대인이었으며, 십자가처형은 전적으로 로마 전통의 처형방식이었고, 침 뱉고 매질하고 모욕하는 일들이 모두 로마 군사들에 의해서 행해졌다는 사실을 상기시키는 일입니다.

여전히 보다 중요한 사실은 보다 광의적인 측면의 신학적인 천명들이 이루어질 수 있다는 점입니다. 여러 세기에 걸쳐서 많은 성경학자들은, 예수는 교회와 그리고 국가에 의해서 종교적 권력자들과 그리고 세속 권력자들에 의해서 죽임을 당했다는 점을 강조해왔는데 이 점이 말하려는 바는 모든 사람들이 예수를 용납하지 않았다는 점입니다. 이런 주장이 특별히 유대인들에게 주어진 모든 비난의 흔적들을 제거할 수 있었으면 좋았을 것이라는 바람이 있습니다.

그러나 가장 중요한 사실은 예수께서는 한 사람 한 사람 우리 모두의 죄를 위해 죽으셨다는 심오한 신학적 진리입니다. 여러분들의 가톨릭 전통과 마찬가지로 우리 감독교회의 전통에서도 우리는 종려주일에 수난기사를 극화하여 표현해 낭독하는데, 특별히 회중들은 당시 무리의 역할을 하게 됩니다. 우리 모두가 "그를 십자가에 못 박으라"라고 소리칩니다. 교회에 잘 나오는 우리 모든 좋은 크리스천들이 "그의 피를 우리와 우리 후손에게 돌리소서!" 라고 크게 외칩니다. 누가 예수를 죽였습니까? 죄인인 우리 모두가 그분을 죽였습니다. 우리는 지속적으로 단순히 그렇게 말해야 할 것입니다. 또한 그 사실을 분명히 기억해야 할 것입니다. 그래서 예수의 죽음과 관련한 이러한 끔찍한 오해들이 더 이상 일어나지 않도록 해야 합니다.

이제 이러한 영광스러운 부활절 계절의 아침으로 돌아와 요한복음에 나오는 본문을 생각해 보기로 하겠습니다. 오늘의 이야기는 예수께서 부활하신 후 며칠이 지나 일어난 일입니다. 제자들은 충격 속에 빠져 있었음이 분명합니다. 부활하신 주님께서는 여기에 나타나셨다가 또 저기에 나타나셨다가, 또 어느 곳에서도 모습을 보이지 않으셨다가, 이제는 다락방에, 또 한때는 해변에 모습을 나타내셨습니다. 그러나 승천하시기 전 40일 동안의 이러한 예수님의 행적에 제자들은 낙담해 있었습니다. 다음번에는 그분이 어디에 자신의 모습을 보이실지 아무도 알 수 없었기 때문입니다.

부활사건 이후의 40일간은 제자들에게는 숨 막히는 긴 터널을 나온 후 들이마시는 순수한 산소와 같았을 것입니다. 베드로가, 이제 나는 이곳을 떠나야겠어! "나는 고기 잡으러 가노라"(요 21:3) 라고 말한 것은 이상할 것이 하나도 없습니다. 기억하시기 바랍니다. 일찍이 정확히 똑같은 장소에서 "주여 나를 떠나소서! 나는 죄인이로소이다"(눅 5:8) 라고 말한 자가 바로 베드로라는 사실 말입니다. 만약 부활에 대한 그 어떠한 증거가 필요했다면, 분명히 베드로는 그것을 우리에게 전한 바 있습니다. 인간이 행할 수 있는 최악의 실수 중 하나를 하나님의 아들이신 예수님 이외에 유일하게 베드로가 행한 것입니다.

우리는 여기서 잠깐 멈추어 이에 대해 생각해 볼 필요가 있습니다. 부활사건이 일어나자 그 후에 예수님의 시신을 훔쳐갔다는 것에 대한 수많은 보고서들이 작성되었습니다. 친구를 배반하는 것은 가장 큰 잘못 중 하나라고 생각되었습니다. 특별히 두 가지의 상황이 이에 대한 최근의 생각을 불러일으키는데, 하나는 경찰서를 둘러싸고 있는 소위 "침묵의 청색 담"이고, 다른 하나는 콜롬바인(Columbine) 고등학교 현상입니다. 물론 여러분들도 아시다시피 어떤 점에서든 경찰을 기소한다는 것은 매우 어려운 일인데, 그것은 동료를 배반하는 것은 공식적이지는 않지만 그래도 거의 절대적인 금기사항이기 때문입니다. 마찬가지로 학생들 간에 친구를 배반한다는 것은 너무도 가증스러운 일로 여겨졌기에 고등학교 선생님들이 학생들을 설득해서 의심스러운 대화들을 보고하게끔 하는 것은 어려운 일이었습니다.

배반에 대한 이런 사례들과 경향들을 계속적으로 확대해석해 보면 베드로의 잘못에 대한 이해를 할 수 있을 것입니다. 여러분들은 모든 제자들 중에서 가장 직선적인 베드로를 기억하실 것입니다. 그의 성격과 인격은 성경에 아주 분명하게 드러나 있습니다. 그는 자신의 가족 가운데서 칭찬 받는 아이였음이 분명합니다. 그가 말하는 한마디 한마디의 형태가 너무도 귀엽고 사랑스러워 말로 다 표현할 수 없는 자녀였을 것입니다. 그는 그의 마음에 떠오른 무엇이든 불쑥 말해버리는, 그야말로 좋든 나쁘든 말하기 전에 생각하는 자처럼 결코 보이지 않습니다.

예를 들어 최후의 만찬에서 주님께서 모든 제자들이 자신을 버릴 것이라고 예언하셨습니다. 베드로는 주님께 선언합니다. "가로되 다 주를 버릴지라도 나는 언제든지 버리지 않겠나이다. 예수께서 가라사대 내가 진실로 네게 이르노니 오늘 밤 닭 울기 전에 네가 세 번 나를 부인하리라. 베드로가 가로되 내가 주와 함께 죽을지언정 주를 부인하지 않겠나이다" (마 26:33-35).

뒤이어 바로 그 날 밤에 실제로 일어난 일에 비추어 볼 때 베드로가 이러한 말들을 했다는 것을 기억한다는 것은 정말로 큰 충격입니다. 성경은 계속해서 예수께서 잡히신 후 베드로는 먼 거리에서 대제사장의 뜰에까지 따라갔다고 기록하고 있습니다. 모든 복음서들이 베드로는 세 번씩이나 자신이 예수님의 친구가 아닌지 질문 받았고, 그는 엄숙히 그 사실을 부인했다고 말하고 있습니다. 마태는, 세 번째 베드로가 맹세하고 그리스도를 열렬히 저주하고 부인했다고 기록하고 있습니다. 자신의 예외적인 충절을 열렬히 천명한 후 불과 몇 시간이 안 되어 베드로는 예수께서 예언하신 대로 반역자가 되었습니다.

그렇다면 우리는 주님께서 무덤에서 부활하셨을 때에 베드로의 기분을 상상하실 수 있지 않겠습니까? 복음서들의 기록은 베드로의 마음에 기쁨이 충일했음을 시사하고 있습니다만 반면 그의 기쁨은 엄청난 두려움과 한데 섞여 있었음이 분명합니다. 그가 어떻게 죄책과 수치를 벗어날 수 있었겠습니까? 분명히 수치라는 표현이 아마 여기에 맞는 표현일 것입니다. 베드로는, 예수께서는 그가 알고 있었듯이 친절하신 구세주였기에 주님께서는 자신을 용서하셨다고 이해했음은 분명하지만 어떻게 그가 얼굴을 다시 들 수 있었겠습니까? 베드로가 디베랴 바닷가에서 그가 염치도 없이 부끄럽게 부인했던 사랑과 신뢰의 주님과 함께 그분이 친히 마련하신 생선과 떡으로 만든 아침을 들기가 어려웠음을 우리는 쉽게 생각해 볼 수 있습니다. 베드로는 음식이 목에 걸렸을 것입니다. 제러드 맨리 홉킨스(Gerard Manley Hopkins)는 자신의 소네트의 한 시행에서 이 점을 아주 잘 묘사하고 있습니다.

> … 하나님의 가장 깊은 말씀이
> 나로 하여금 쓴맛을 맛보게 하셨으니
> 내가 맛본 것은 나 자신이었도다. 252)

아침을 마친 후 예수님은 베드로에게 얼굴을 돌리시며 예수께서 그물을 수선하던 베드로를 맨 처음 부르셨을 때 사용하셨던 형태의 이름을 사용해서 베드로에게 말을 건네셨습니다. "요한의 아들, 시몬아, 네가 이들보다 더 나를 사랑하느냐?"253) "이들보다 더"란 말은 두세 가지 정도의 다른 의미로 해석될 수 있지만 많은 주석가들은 일찍이 앞에서 베드로가 "이 모든 다른 자들이 주를 버릴지라도 나는 언제든지 버리지 않겠나이다." 라고 말한 항변 속에서 그 의미를 찾았습니다. 254) 예수께서 "네가 이들보다 더 나를 사랑하느냐?"라고 말씀하셨을 때, 그것은 그가 다른 사람들보다 더 사랑한다는 베드로의 자랑을 재현하고 있는 것입니다.

그런데 베드로는 단순히 "예, 주님, 내가 주를 사랑하는 줄 주께서 아시나이다"라고 대답합니다. 베드로의 이 대답은 정직한 것이 분명합니다. 예레미야 선지자가 지적하고 있듯이 인간은 때때로 비겁할 수 있고, 때때로 사악할 수 있으며, 때때로 다급하게 부패해 있을 수(렘 17:9)도 있습니다만 마음이 주께로 향하기만 한다면 그것은 주님의 구원이 역사하고 있다는 표식입니다. 베드로가 이러한 돌이킴을 보였을 때 주님은 그에게 응답하셨습니다. "내 양을 먹이라."

잠시 후 예수께서 다시 그에게 "요한의 아들, 시몬아, 네가 나를 사랑하느냐?"라고 물으셨을 때, 베드로는 "예, 주님, 그러하외다. 내가 주를 사랑하는 줄 주께서 아시나이다."라고 대답했습니다. 이에 대해 주님은 "내 양을 치라."고 말씀하셨습니다.

그리고 나서 세 번째 예수께서 베드로에게 말씀하셨습니다. "요한의 아들 시몬아, 네가 나를 사랑하느냐?" 이번에는 베드로가 크게 근심했다고 성경은 말하고 있습니다. 우리는 성경에서 어떤 한 개인의 내적인 기분들이나 감정들에 대해 말하는 경우를 거의 들어 본적이 없기에 이러한 진술은 놀라운 진술입니다. 베드로가 그 이상 무엇이라고 말할 수 있었겠습니까? 그가 근심 중에 대답한 것이 주님의 마음에 깊이 아로새겨졌음이 분명한데, 그 이유는 주님이 또다시 네 번째로 묻지 않았기 때문입니다. 255)

세 번째이자 마지막 대화는 이렇게 되어있습니다. "주께서 세 번째 네가 나를 사랑하느냐 하시므로 베드로가 근심하여 가로되 주여 모든 것을 아시오매 내가 주를 사랑하는 줄을 주께서 아시나이다." 그리고 예수께서 말씀하셨습니다. "내 양을 먹이라." 여러분도 아시다시피 베드로는 용서받았을 뿐만 아니라 그는 이제 완전히 새로워졌습니다.

사도 바울의 표현을 빌자면 베드로는 의롭다 칭함을 받았습니다. 그 역시 죽음에서 부활된 것입니다. 그는 새롭게 지음 받은 자로 우리에게 나아옵니다. 그는 이제 예수 그리스도의 생명을 다른 이들에게 전해주어야 할 사명이 주어졌습니다. 그에게는 임무가 주어졌습니다. 예수께서는 요한복음 10:11에서 자신에 대해 사용하신 용어와 동일한 용어를 사용해서, 즉 "나는 선한 목자라. 선한 목자는 양떼를 위해 자신의 목숨을 내어 놓느니라"라는 의미에서 기독교 공동체의 목회적 미래를 베드로에게 위탁하셨습니다. 베드로의 사도 직분은 예수님 자신의 직분과 같은 것입니다. 256)

그렇다면 이제 우리는 우리를 부활하신 주님이신 예수 그리스도의 새롭게 하시는 능력 너머로 추락시키는 그렇게 잔악한 죄악도, 그렇게 끝없는 수치도, 그렇게 뿌리 깊은 잘못도 존재하지 않는다는 점을 알게 되었습니다. 세상은 이러한 사실을 믿는 것에 대해 우리를 조소하고 비웃습니다.

특별히 가톨릭 성도들은 제가 말씀드릴 필요도 없이 끊임없이 비난을 받고 있습니다. 피터 스타인펠스(Peter Steinfels)는 이에 대해 자주 뉴욕 타임지에 글을 기고하고 있습니다. 마침 그가 이 자리에 우리와 함께 있음에 감사드립니다. 그는 지난 주 기고한 한 글에서 이렇게 말한 바 있습니다. "불신앙과 궁극적인 불경건한 언어적 수사가 미국 문화의 중요한 곳곳에서 별다른 이의 없이 널리 받아들여지고 있습니다." 이것은 뉴욕 시에 있는 예술과 문학, 그리고 지적인 서클들의 경우에 특별히 그러합니다.

그러나 저는 한 존경받는 문화비평가인, 다니엘 멘델손(Daniel Mendelsohn)이 기고한 글 중에서 놀라운 글을 우연히 발견하게 되었습니다. 그는 부르스 파일러(Bruce Feiler)라는 한 유대인이 저술한 *Walking the Bible*이라는 신간을 서평하고 있었는데, 이 유대인 작가는 토라(모세오경)에 나오는 모든 지역들을 친히 걸어서 방문하기로 작정한 사람이었습니다.[257] 멘델손은 이 책을 읽기를 열망해왔는데, 그 이유는 "많은 비종교적인 사람들처럼 나도 종교적 진리에 설득 당하고자 하는 숨겨진, 그러나 끊임없는 소원을 갖고 있기" 때문이었다고 합니다.[258]

저는 이 말에 놀랐습니다. 그것은 마치 신선한 공기를 들이마시는 것과 같은 기분이 아니겠습니까? 그러나 무엇이 진정으로 그를 설득할 수 있었겠습니까? 유대인 대학살 사건 이후 무엇이 진정으로 유대인들을 설득하여 기독교를 진지하게 받아들이도록 할 수 있겠습니까? 무엇이 저널리스트들과 예술가들, 그리고 대학교수들을 설득할 수 있겠습니까?

최종적으로 분석해보면 그 어떤 것도 사람들을 설득시킬 수 없습니다. 오직 새롭게 변화되어 그리스도와 같은 삶, 즉 복음 전파를 생생하게 예증해 줄 수 있는 그러한 삶만이 설득력이 있습니다. 바로 이러한 삶이 베드로와 바울의 능력이었습니다. 바로 이것이 처음에는 오클라호마시티

폭탄테러범인 티모디 맥베이를 "잡것"이라고 부르고 싶었다고 말한 바 있는 버드 웰츠의 능력입니다. 뒤이어 웰츠는 탕자에 대해 예수께서 사용하신 용어들과 동일한 용어들을 사용해서 이렇게 말하고 있습니다. "나는 자신으로 돌아왔습니다. 보복은 당신을 치료하는 것이 아니라 도리어 병들고 죽게 만듭니다."[259] 나라 전체에 걸쳐서 기자들이 맥베이의 상황을 신문에 싣고 있습니다. 누가 그 기자이 그리스도의 진리를 생각하도록 이끌고 있습니까? 피의 복복을 요구하는 사람들입니까? 아니면 맥베이가 처형되던 날 철야하며 불을 밝히던 테레 호테(Terre Haute)의 프라비던스(Providence) 수녀원의 수녀들입니까?

요안 슬로빅(Joan Slobig)수녀는 최근 시사주간지 타임지의 한 글에서 다음과 같이 말하고 있습니다. "여러분들은 분명하고도 일관된 입장을 취해야 할 것입니다. 만약 생명이 신성하다면 우리는 어떠한 상황에서도 생명을 취할 권리를 갖고 있지 않습니다."[260] 이 모든 것들이 우리 자신들을 넘어서서 "세상 죄를 지고 가는 하나님의 어린양"(요 1:29)이신 그리스도께로 향하게 하는 예들이 아니겠습니까?

문제는 여기에 있습니다. 여러분들과 저는 자신들을 "하나님의 가장 깊은 경륜의 말씀"의 중재인으로 보고 있느냐 하는 점입니다. 그렇습니까? 그렇지 않으면 여러분들은 여러분 자신들을 맛보고 즐기십니까? 베드로와 홉킨스 신부, 그리고 이 아침에 말씀을 전하는 이 사람과 같이 여러분들은 여러분 자신들에 대한 맛과 즐김이 쓰다는 사실을 알고 계십니까?

성 요셉 성당의 성도 여러분, 잘 들으시기 바랍니다. 만약 여러분들이 그 쓴 맛을 알고 있다면 그것은 여러분들이 이미 여러분들을 위해 죽으신 그분의 손 안에 안전하게 놓여있기 때문입니다. 여러분이 만약 구세주 예수의 사랑을 이미 알지 못했다면 여러분은 여러분 자신들을 그렇게 분명히 볼 수 없었을 것입니다. 여러분은 이미 주님의 부활하신 삶 가운데 연합되어 있습니다. 이것이 바로 우리로 하여금 우리의 고통과 슬픔, 우리의 수치와 부끄러움, 우리의 죄와 부패로부터 분연히 일어나서 그리스도 예수 안에 있는 새로운 피조물로 나아갈 수 있게 하는 힘과 용기를 부여합니다.

"요한의 아들, 시몬아 네가 나를 사랑하느냐?" 바로 이 순간에 살아 계신 말씀되신 그분의 능력을 통해서 우리 주님은 여러분들에게 이러한 질문을 하고 계십니다. 그분은 여러분들이 지금까지 좋은 사람이었는지를 묻지 않으십니다. 그분은 여러분들이 지금까지 명령들을 지켜 살아왔는지 묻지 않으십니다. 그분은 여러분들이 얼마나 많은 신용을 쌓고 살아왔는지를 묻고 있지 않습니다. 그분은 단지 *네가 나를 사랑하느냐?* 라고 묻고 계십니다. 오늘 이 자리에 나와 계신 분 중에서 온 마음을 다해 "주여, *내가 주를 사랑하는 줄 주께서 아시나이다.*" 라고 답할 수 없는 사람은 아마도 없을 것입니다. 이제 앞으로 나오셔서 여러분들을 위한 그분의 희생이 지금과 영원토록 완전하며 온전하다는 절대적 확신 가운데 그의 성만찬에 참여하시기 바랍니다.

아멘.

| 2000년 부활절 계절의 네 번째 주일

그 어떤 다른 곳으로부터 오는 평화

> 율법이 시온에서부터 나올 것이요
> 여호와의 말씀이 예루살렘에서부터 나올 것임이라. …
> 무리가 그 칼을 쳐서 보습을 만들고 창을 쳐서 낫을 만들 것이며,
> 이 나라와 저 나라가 다시는 칼을 들고 서로 치지 아니하며
> 다시는 전쟁을 연습하지 아니하리라. 미 4:2-3

    오늘의 예배를 위해 정해진 본문 중 하나는 미가서의 한 본문입니다. "율법이 시온에서부터 나올 것이요 여호와의 말씀이 예루살렘에서부터 나올 것임이라." 이 구절은 그리스도의 탄생 전 수 세기 전에 기록된 말씀입니다. 2천 500여 년이 지난 지금에 와서 분명해진 사실은 기독교인들이든 유대인들이든 이슬람교도이든 거의 세계 평화의 실제적인 원천과 같은 예루살렘에 대한 그들의 모든 소망들은 종교적인 백일몽과 같은 것임이 드러났다는 점입니다. 세상에서 그 어떤 곳도 예루살렘만큼 분쟁을 일으킨 곳이 없으며 논쟁의 대상이 된 곳이 없습니다. 모든 이들의 태도들도 회복의 가능성이 없을 정도로 경직되어 있어 보입니다. [261]

    그러나 인간 공동체 속에서 잘못된 것들을 찾기 위해 중동 지역이란 먼 지역으로 시선을 돌릴 필요가 없습니다. 몇 주간 저는 사우스 캐롤라이나에 다녀온 적이 있습니다. 몇 일 전, *The State* 신문은 전면에 큰 기사

와 총천연색의 그림을 실었습니다. 262) 전통적인 공동체 가치들과 새로운 발전 양상 사이의 고전적인 대립 속에서 리치랜드(Richland)시는 오래된 저소득층의 마을 세 개 지역에서 주된 개발 계획 하나를 인가하기 위한 투표를 실시했습니다. 263) 백년 가까이나 된 솜 제조공장들이 고급스러운 콘도미니엄과 사무실, 그리고 쇼핑센터와 미술관들로 바뀔 것입니다. 이 계획은 그 지역의 주민들이 소중히 여기고 있는 사회구조를 파괴시킬 것을 두려워하는 지역주민들의 맹렬한 감정적 반대 때문에 일 년 동안 중단되어 왔습니다.

한 사람은 이렇게 말했습니다. "온 이웃이 이에 대해 난리입니다. 저는 이 계획안이 우리 공동체에 가져온 일들에 대해 정말로 가슴 아프게 생각합니다. 우리는 언제나 하나였는데, 이제 우리는 서로에 대해 반목하고 대립하는 여러 집단들로 나뉘고 있습니다." 다른 한편 개발 찬성 측의 대변인은 "발전"에 반대해 온 사람들이 언제나 있어왔으며, 반대에도 불구하고 "앞으로 나아갈" 시간이 되었다고 말했습니다.

이 기사가 전해지는 시점에서 일군의 티베트 불교승려들이 이 사건 속의 연기자들이 되었습니다. 투표시 이 승려들은 이후에는 대단지로 전환될 것이라고 기대하는 미술관들 중 한 곳이 후원한 4일 간의 샌드 페인팅 프로젝트를 마치고 있었습니다. 절정에 다다른 4일째 되는 날, 오래된 티베트 관습에 따라서 모든 삶의 덧없음을 나타내주는 예식으로 복잡한 샌드 페인팅이 부수어지고, 고도의 예식과 의식을 통해 남아있는 모래들은 콩가리(Congaree) 강으로 쏟아 부어졌습니다. 신문의 전면에 나온 커다란 총천연색 사진이 이 장면들을 보여주었습니다. 그런데 사진의 표제는 "승려들이 변화의 시기에 치유를 제공하고 있음: 만다라 (달걀 모양의 모래 페인팅임)의 치유 에너지들을 온 세상으로 퍼뜨리기 위해서 모래가 강으로 쏟아부어졌다"라고 되어 있었습니다. 미술관 주인과 프로젝트 후원자인 잭 거스트너(Jack Gerstner)는 한 기자에게 승려들의 방문은 우연이 아니고 리치랜드 시에서 진행되고 있는 투표에서 어떤 역할을 했을 것으로 보인다고 말했습니다. 이런 점에서 치유 에너지들이 상업적인 이해와 관심을 충족시킨 셈이 되었습니다.

티베트 불교를 낭만적으로 묘사하는 일은 오늘날 미국에서 이루어진 보다 흥미로운 현상들 중 하나입니다. 제가 나라 전체를 돌아다니면서 티베트 승려와 샌드 페인팅이 도처에 깔려 있으며, 심지어 교회 안에도 있는 것을 보았습니다. 치유 에너지들에 대해 많은 말들이 있습니다. 그러나 이 티베트 예식이, 제안된 개발계획이 너무도 많은 것들을 없애버리게 될 공동체를 치유하기 위해서 정확히 무엇을 할 것 같습니까? 그리고 이 치유는 어디서 오는 것입니까?

여기 불교승려들에 대한 또 하나의 이야기가 있는데, 저는 이 이야기를 뉴욕 타임지에서 2주 전에 읽었습니다. 이야기의 배경은 캄보디아였습니다. 악명 높은 독재자 크메르 루즈의 통치는 도덕적인 황무지를 만들어냈고, 여기서는 사실상 정의란 한 조각도 존재하지 않습니다. "린치만이 횡행하고 있을 뿐입니다." 혐의자라고 생각되는 자들은 많은 사람들이 지켜보는 가운데 길거리에서 맞아 죽습니다.

프놈펜(Phnom Penh)에 사는 올리버 데 버논(Oliver de Bernon)이라는 프랑스 역사학자는 약속이 있어 길을 걷고 있는데 린치를 당하는 사람들을 우연히 보게 되었습니다. 그는 두려움과 분노에 사로잡혀서 감당할 수 없을 정도로 전율하기 시작했으나, 본능적으로 그는 그의 두려움을 이기고 야만적인 린치와 폭행을 중단시키기 위해서 뛰어들었습니다. 옆에서 지켜보았던 한 저널리스트는 "한 결연한 외국인의 모습을 보고 사람들이 주춤해서 물러섰다"고 전하고 있습니다. 데 버논씨는 마침내 구급차가 도착하기까지 무려 두 시간 동안 무의식상태에 있는 희생자를 바라보며 서 있었습니다.

데 버논씨가 후에 한 기자에게 당시의 상황에 대해 이야기할 때 그는 자신을 가장 크게 화나게 만들었던 것은 린치와 폭행 그 자체가 아니라 그 사건을 처음부터 피동적으로 지켜보면서도 그를 구하기 위해 아무런 조치도 취하지 않았던 10여 명의 경찰들 때문이었다고 말했습니다. 그를 가장 괴롭게 했던 것은 오렌지색의 승복을 입고 있는 일군의 불교승려들의 행동이었습니다. 이 승려들은 린치와 폭행에 적극적으로 가담하지는 않았지만 이 프랑스 사람이 쓰러져 있는 사람을 막고 서 있었을 때에도 그들은 돕지 않았을 뿐만 아니라 웃고 "낄낄댔으며" 마치 데 버논씨가 정신 나간 사람인 듯 그를 향해 손가락질을 했습니다. 어쨌든 이것이 뉴스 기사가 전하는 그의 증언입니다. 264)

저는 지금 불교신자들이나 티베트승려들에 대해서 어떤 특정한 점을 지적하려고 이런 이야기들을 하고 있는 것이 아닙니다. 265) 우리 모두는 그리스도의 이름이란 미명하에 수세기에 걸쳐서 행해진 수많은 잔악상들에 대해 알고 있습니다. 우리 모두는 다른 사람들이 유대인들이나 흑인들 혹은 동성애자들을 공격할 때 옆에서 우두커니 서 있었던 크리스천들에 대해서도 알고 있습니다. 말하려는 요지는 불교도들에 관한 것이 아닙니다. 그것은 모든 문화와 종교들에 깊이 배어 있는 인간의 죄에 관한 것입니다.

또 다른 최근의 타임지에 기고된 한 글은 인도의 다람살라(Dharamsala)에 망명 중인 티베트 공동체의 지도자들 몇몇은, 웃음을 머금고 이상적으로 묘사된 "영적인" 티베트인을 찾아서 그곳을 방문하는 모든 미국인들에 대해서 점점 식상해 있다고 전하고 있습니다. 266) 미국인들은 감상적인 경향이 있어서 순진무구함과 같은 것이 존재한다고 생각합니다만 모든 위대한 저자들이 알고 우리에게 보여주었듯이 그런 것은 존재하지 않습니다. 저는 플래너리 오코너(Flannery O'Conner)를 생각하게 되는데 그는 감상적인 것을 타락의 실체를 이해하지 못하고서 미숙하게도 서둘러 순진무구함을 믿는 것이라고 정의내린 바 있습니다. 267) 아담과 이브의 이야기는 진화론과는 아무런 관계가 없고, 모든 인간이 하나의 예외도 없이 모두 관련되어 있는 창조주에 대한 시원의 반역과 관련이 있습니다. 외부의 도움이 없다면 인간은 끊임없는 전쟁으로부터 스스로 벗어날 수 없습니다.

이제 저는 여러분들에게 부활절 계절을 맞아 성만찬의 성찬서식을 읽어 드릴텐데, 이 서식은 몇 분 지나서 성찬식을 집전하는 사제가 대 감사기도를 시작하게 될 때 여러분들이 듣게 될 본문이기도 합니다. 이 서식이 지닌 구체성과 인간 역사에서 지금까지 실제로 일어났던 일들에 대한 이 서문의 가르침을 주목하시기 바랍니다.

첫째로, 우리는 "하늘과 땅의 창조주이신 전능하신 아버지시여, 주께 감사드림은 올바른 일이요, 선하고 즐거운 일입니다"라고 말합니다. 그리고 계속해서 우리는 다음과 같이 말합니다.

> 그러나 주로 우리는 당신의 아들이신 우리 주 예수 그리스도의 영광스러운 부활에 대해 주님을 찬양합니다. 이는 그분은 참된 유월절 양으로서 우리를 위해 희생당하셨으며, 세상의 죄를 담당하셨기 때문입니다. 그분의 죽음을 통해 주님은 죽음을 정복하셨고, 다시 부활하심으로써 그분은 우리에게 영원한 생명을 주셨습니다.

여기 이 놀라운 천명들은 우리의 기도서 가운데 깊이 배어 있습니다. 하나님의 아들은 참된 유월절 어린양으로서 그의 희생적 죽음이 아담의 죄를 없이했습니다. 죽음을 겪으심으로써 그리스도는 죽음을 이기셨고, 그의 부활을 통해 우리에게 승리를 가져다 주셨습니다. 우리는 이러한 놀라운 일들을 너무 자주 말함으로써 그 결과 아마도 우리는 이 일들이 얼마나 경이로운 것인지를 잊어버리기도 합니다. 복음의 약속은 세상이 나아가는 경로가 자기-멸망에서 우리 자신들을 구원하기 위해서 하나님이 간섭하신 사건을 통해 결정적으로 바뀌었다는 점입니다. 이것이 바로 "치료 에너지들"과 근본적으로 다른 점입니다.

부활하신 주님께서 제자들에게 반복적으로 말씀하십니다. *평강이 있을지어다.* 구약선지자들도 하나님의 샬롬, 즉 평강에 대해 말했습니다. 사도 바울은 인간의 이해를 초월하는 평강에 대해 말하고 있습니다(빌 4:7). 평강이란 이 주제는 구약과 신약 전반에 걸쳐 널리 퍼져있지만 우리는 이것이 단지 감상적인 것인지를 스스로 물어보아야 할 것입니다.

칼이 보습으로 만들어지고 창이 낫으로 만들어진다는 미가의 은유적 표현들은 잘 알려져 있지만 때때로 이 은유들은 하나의 조롱처럼 들립니다. "이 나라와 저 나라가 다시는 칼을 들고 서로 치지 아니하며 다시는 전쟁을 연습하지 아니하리라"는 말씀도 인간 본성을 고려할 때 하나의 공상처럼 들리시나요? 사람들이 전쟁을 좋아하는 것에 대해 많은 주장들이 제기되어 왔습니다. 물론 사람들은 또한 전쟁을 싫어합니다.

그러나 보다 정직하게 말해서 사람들은 전쟁을 또한 좋아한다는 점을 인정할 수밖에 없습니다. 많은 군사 전문가들이 전하는 바에 따르면 전쟁시에 그 어떤 종류보다 더욱 강렬한 형태의 남성적인 깊은 유대관계가 존재한다는 것입니다.[268] 프레드릭스버그 (Fredricksburg)의 격렬한 전쟁 한가운데서 이루어진 한 보병 부대의 명령을 지켜보면서 로버트 리 (Robert E. Lee)는 제임스 롱스트리(James Longstreet)장군에게 얼굴을 돌리면서 이렇게 말했다고 합니다. "전투가 아주 격렬해지고 있는데, 그거 정말 볼만합니다!"[269]

저는 종종 소방서에 앉아서 비상경보를 기다리는 소방관들을 생각해봅니다. 아마 그것은 상당히 지겨울 것입니다. 비상경보가 울리면 아드레날린이 급증하는 모습이 아주 장관일 것이라고 상상해봅니다.[270] 많은 사람들이 그 소동과 소요를 찾아 밖으로 나아갑니다. 그들은 스카이다이빙하고 번지점프하고 암벽등반하고 협곡타기를 하고 래프팅을 합니다. 아마도 정말로 평화는 우리가 원하는 것이 아닐지 모릅니다. 아마도 평화는 지루할지 모릅니다. 아마도 "그리스도의 평강"은 그리 설득력 있는 것이 아닐지 모릅니다.

그러나 평화와 평강에 대해 다른 식으로 생각해 보시기 바랍니다. 어떻게 전쟁이 창조적 활동을 중단시키고, 가정생활을 파탄시키며, 유망한 젊은이들을 죽이고 있는지를 생각해 보시기 바랍니다. 어떻게 폭격이 생명과 건물들을 빼앗아 가는지, 또한 되돌릴 수 없는 책들과 예술품들, 사진들, 서신들과 과학적 업적들을 파괴시키는지를 생각해 보시기 바랍니다.

진짜 인간이 되기 위해서 우리가 필요한 것은 외견상 모순되는 두 가지 일처럼 보입니다. 우리는 아드레날린이 급증하는 것, 즉 구출과 성공 그리고 승리에 대한 거의 심미적인 전율을 원합니다, 그러나 폭력과 파괴가 없는 가운데 말입니다. 우리는 남성적인 유대관계를 원합니다, 단 살육이 없는 가운데서 말입니다.

이런 생각들은 저에게 성경이 말하는 평강과 평화는 대립이 부재한 것과는 아주 다른 그 무엇이라는 점을 시사해주고 있습니다. 무엇보다도 대립과 갈등은 진정한 생산성을 위해 필요합니다. 대부분의 위대한 예술 작품과 문학작품, 대부분의 과학적인 획기적 발견들, 그리고 대부분의 모든 인간적 업적들은 엄청난 시도에서 생겨난 것이며, 어떤 목표를 향해 대단히 열심히 일한 사람들은 모두 다 자신이 행한 일에 대한 보상이 나타나기 시작할 때 그가 느끼는 행복감을 잘 알고 있습니다. 세상 속에는 보다 더 짜릿한 전율이 존재하지 않습니다.

성경이 말하는 평화는 이 점과 연결되어 있습니다. 미가 선지자는 "각 사람이 자기 포도나무 아래와 자기 무화과나무 아래 앉을 것이라"고 예언하고 있습니다(미 4:4). 이 구절이 보여주는 이미지는 모든 사람이 자신이 수고한 바에 대한 열매들을 즐기는 일에서 볼 수 있듯이 수고한 일에 대한 보상이 주어지는 것을 말하고 있습니다. 하나님의 나라에서는 창조적 행위가 거리낌 없이 흘러날 것이고, 행복감과 희열이 결코 끊이지 않을 것입니다.

전도서는 이에 관해 상당한 통찰을 제시합니다. 우리는 전도서에서 "사람이 … 수고하는 가운데서 심령으로 낙을 누리게 하는 것보다 나은 것이 없도다"라는 말씀을 듣게 됩니다(전 2:24). 그러나 타락한 인간의 본성 때문에 일들이 이런 식으로 이루어지지는 않습니다.

전도서 저자는 계속해서 말합니다. "내가 해 아래서 나의 수고한 모든 수고를 싫어하노니 이는 내 뒤를 이을 자에게 그 모든 수고를 남겨야 하기 때문이라"(2:18). 전도서 기자는 그가 행한 모든 위대한 일들에서 기쁨을 얻지 못하고 있습니다. 또한 그는 이렇게 말합니다. "내가 또 본즉 사람이 모든 수고와 여러 가지 교묘한 일로 인하여 이웃에게 시기를 받는도다. … 해 아래서 하는 일이 내게 괴로움이요 다 헛되어 바람을 잡으려는 것임이로다"(4:4; 2:17).

전도서가 지닌 문학적 아름다움 때문에 여러분들이 전도서가 지닌 중요성을 오해하지 않도록 조심하시기 바랍니다. 전도서는 성경 중 놀라운 책 중 하나인데, 그 이유는 전도서는 우리에게 삶의 실망스러운 것들에 대한 냉혹하리만큼 냉정한 그림을 보여주고 있기 때문입니다. 되풀이하여 우리는 허무와 무의미라는 끊임없는 순환 속에서 살아갑니다. 우리말로 하자면 똑같은 오래됨이요, 동일한 오래됨입니다. 동일한 오랜 전쟁들이요, 똑같은 오랜 탐욕이요, 똑같은 오랜 어리석음만이 있을 뿐입니다.

우리가 이러한 모습을 심각하게 다룰 필요가 있습니다. 이런 모습은 미가가 예언한 약속들과 대조를 이룹니다. 칼이 보습이 되고, 창이 낫이 된다는 미가의 예언들은 유엔본부에 있는 한 벽에 새겨져 있지만, 오늘 이 아침에 여러분들이 보시다시피 300명 이상 되는 유엔 "평화유지"군들이 시에라 레오네(Sierra Leone)에 있는 반군들에게 인질로 잡혀 있습니다. 여전히 이전과 같고 여전히 똑같은 오래됨만이 있을 뿐입니다.

그렇다면 우리가 하나님의 평화에 대해 말할 때 도대체 그것은 무엇을 의미할까요? 예수께서 "평강이 너희에게 있을지어다!"라고 말씀하셨을 때 예수님은 무엇을 의미하셨을까요? 여러분들이 원하신다면 여러분들은 기독교 계통이든 불교 계통이든 수많은 수도원이나 절로 은둔해 들어갈 수 있을 것입니다. 그러나 솔직한 수도승들이라면 분명히 인정하듯이 평화스러운 정적의 커튼 이면에서는 여느 다른 곳에서 마찬가지의 협잡과 경쟁이 존재합니다. 그렇다면 어떻게 하나님의 평화는 강으로 쏟아부어진 모래보다 더 오래 지속되는 그런 평화일 수 있을까요?

이런 가능성은 다음과 같은 것들에 달려 있습니다. 즉 하나님이 누구이시며, 예수가 누구이신가에 달려 있으며, 또한 성경의 증언이 사실인가의 여부에 달려 있습니다. 오늘의 복음서 낭독은 누가복음 24장 48절에서 끝나지만 만약 우리가 계속해서 49절을 읽어간다면 우리는 오순절에 대한 약속을 발견하게 됩니다. 49절을 들어보시기 바랍니다. "볼지어다. 내가 내 아버지의 약속하신 것을 너희에게 보내리니 너희는 위로부터 능력을 입히울 때까지 이 성에 유하라."

*위로부터 오는 능력*이란 말씀을 잠시 생각해 보고자 합니다. 이 구절을 몇몇 성경해석자들이 하듯이 그렇게 문자적으로 해석하지 않기를 바랍니다. 사도들과 복음서 기자들은 비유적 표현이 무엇인지를 알고 있었습니다. 그들은 "위로부터 오는 능력"을 2층으로 이루어진 우주의 상층부로부터 오는 능력이라고 결코 의도하지 않았습니다. 이것은 하나의 은유적 표현입니다. 이것은 또 하나의 세계, 또 하나의 영역, 또 하나의 존재 질서로부터 오는 능력을 의미합니다.

우리의 세계 질서 안에서는 평화에 대한 소망이 결코 존재하지 않습니다. 무엇인가가 이 순환적 체계를 깨뜨려야 합니다. 수 세기 동안 이스라엘의 선지자들은 이러한 획기적 전환을 예언했습니다. 하나님이 결정적으로 개입하셔서 쇠락하는 세상을 바꾸어 놓으실 한때가 다가올 것이라는 약속입니다.

모든 현상들에도 불구하고, 역사는 분명한 계획과 목적을 갖고 있다고 선지자들은 가르쳤습니다. 역사는 하나님 나라의 최종적 나타나심을 향해 움직여 나가고 있으며, 이 나라에서는 결코 더 이상의 전쟁 연습이 없을 것이라는 점입니다. 신약의 메시지는 선지자들에 의해서 오랫동안 예언되어 온 이러한 최종적 역사 개입이 예수 그리스도의 십자가 사건과 부활을 통해 시작되었다는 것입니다.

오래 전 신약학자인 오스카 쿨만에 의해 주창된 유명한 유비로 말하자면, 십자가와 부활사건은 D-데이와 같습니다. 교두보가 확보되었고 적들은 도주하기 시작했으며 전쟁은 곧 승리로 끝이 날 것입니다. 나니아(Narnia)의 작은 동물들이 *The Lion, The Witch and the Wardrobe*란 작품 속에서 말하듯이 "아슬란(Aslan)이 드디어 상륙했습니다." 여전히 싸워야 할 무서운 전투들이 있지만 전쟁의 끝은 의심의 여지가 없습니다.

이 전쟁에서 우리의 무기는 성경적 의미의 무기들입니다. 감상적인 기분은 이들 무기 중 하나가 아닙니다. 어떤 형태이든 종교적 순진무구함에 대한 믿음도 이러한 무기가 아닙니다. 거룩한 백성과 거룩한 지역들을 발견하려는 순례 행렬들은 인격적인 결함을 지닌 설교자들로 이어지며, 또한 총잡이가 들어와 예배드리는 자들을 살육하는 그러한 교회들로 이어지게 됩니다.

이 세상에는 샹그릴라(Shangri-La)와 같은 유토피아는 없습니다. 새 예루살렘에 대한 약속은 이 세상에서 실망과 좌절 없는 삶을 의미하지 않습니다. 옛 도시인 예루살렘에 대한 교황의 최근 방문은 하나의 좋은 사례입니다. 뉴스 보도에 따르면 그가 방문한 주간 동안에는 일종의 평화가 내려온 듯 했다고 합니다. 그러나 그가 그곳을 떠난 지 몇 시간이 안 되어 이전의 적대감들과 반목들이 다시 고개를 들었고, 마치 교황이 언제 거기에 왔었느냐 싶었다고 합니다.

그러나 늙고 연약해 보이고 허리 굽은 모습이지만 교황의 예루살렘 방문은 하나의 메시지를 전해주었습니다. 그는 주님을 위해서 교두보를 확보했던 것입니다. 그는 적들에게 그 교두보를 양보하지 않았습니다. 비록 약해보일지라도 교황은 우리의 오랜 증오와 반목들에 대한 그리스도의 궁극적 승리를 구현한 것입니다.

주님을 위한 여러분들의 교두보는 무엇입니까? 여러분 각자는 모두 하나의 교두보를 갖고 있으며, 회중으로서의 여러분은 하나 이상의 교두보를 갖고 있습니다. 그 교두보가 감옥 선교일 수도 있고, 혹은 자녀들을 크리스천으로 키우는 것일 수도 있고, 정직하고 공정한 사업을 하는 것일 수도 있습니다. 또한 그 교두보가 멀리 벨리제(Belize)에 있을 수도 있고, 가까이 엠마오 하우스(Emmaus House)에 있을 수도 있습니다. 그것이 아픈 이웃을 돕는 일일 수도 있고, 은혜 속에서 암을 견디어 내는 일일 수도 있습니다.

크든 작든 그것이 무엇이든 간에 여러분들이 주님을 신뢰할 그때, 여러분의 교두보는 강에 쏟아 부어진 모래가 아닙니다. 외부에서 오는 도움이 없는 인간의 행위들은 "헛되고, 바람을 잡는 것"과 같습니다. 그러나 우리는 *이러한 도움이 없는 사람들이 아닙니다*. 하나님의 평강은 세상이 주는 평강과 같지 않습니다. 그 평강은 또 다른 원천으로부터 오는 평강입니다. 하나님 안에서 우리의 수고는 의미 있고 목적이 있으며 오래 지속되는데, 그 이유는 그분이 우리에게 *위로부터* 오는 능력을 주시기 때문입니다.

이 점을 믿는 것이 세상 속에서 근본적인 차이를 가져옵니다. 마틴 루터 킹 목사님은 감옥에서 이 사실을 믿었습니다. 나치에 의해서 교수형을 당한 디트리히 본 회퍼는 그의 죽음이 헛되지 않았음을 알고 있었습니다. 우리의 친구 서든너 윌 캄벨(Southerner Will Campbell)은 비밀결사단체인 KKK에게 복음의 화신 역할을 지속적으로 하는 반면에 이 모든 수십 년의 시민권 운동을 통한 그리스도의 승리를 분명히 확신해왔습니다.

이 시대와 또 다른 시대의 가장 인상적인 크리스천들 중 하나는 남아프리카의 투투 주교입니다. 그분은 40년 이상의 고난과 처절한 싸움 중에도 *위로부터* 오는 능력을 믿고 살았습니다. 그는 여러분과 제가 감히 상상할 수도 없는 그러한 유혹과 시련 그리고 압박 속에서도 흔들리지 않고 굳건히 믿음을 지켰습니다. 이 모든 것들 중에서도 그는 불굴의 정신을 잃지 않았습니다. 그는 하나님의 미래, 즉 "위에 있고 자유로운 예루살렘"(갈 4:26)을 신뢰했습니다. 바로 이것이 투투 주교가 기독교인들의 싸움의 의미에 대해 말한 바입니다. 그는 "나는 성경책의 끝을 다 읽었습니다. 우리가 승리할 것입니다!"라고 말하고 있습니다.

> 율법이 시온에서부터 나올 것이요 여호와의 말씀이 예루살렘에서부터 나올 것임이라. … 무리가 그 칼을 쳐서 보습을 만들고 창을 쳐서 낫을 만들 것이며, 이 나라와 저 나라가 다시는 칼을 들고 서로 치지 아니하며 다시는 전쟁을 연습하지 아니하리라. … 만군의 여호와의 입이 이같이 말씀하셨느니라.

아멘.

| 부활절 계절

반드시 그렇지는 않습니다

> 그리스도께서 다시 사신 것이 없으면
> 너희의 믿음도 헛되고 너희가 여전히 죄 가운데 있을 것이요. …
> 그러나 이제 그리스도께서 죽은 자 가운데서 다시 살아 잠자는 자들의 첫 열매가 되셨도다.
> 사망이 사람으로 말미암았으니 죽은 자의 부활도 사람으로 말미암는도다.
> 아담 안에서 모든 사람이 죽은 것같이 그리스도 안에서 모든 사람이 삶을 얻으리라. 고전 15:17, 20-22

여기 *The Bible Unearthed*라는 책에 대한 서평의 글이 있습니다.[271] 두 명의 선도적인 고고학자가 쓴 이 책은 성경의 땅들에서 출토된 최근의 발견물들과 이것들이 성경 해석에 대해 갖고 있는 의미들에 대한 책입니다. 이 책의 서평은 여러 해 동안 저의 신학교에서 가르쳤던 대단히 존경받는 한 구약 학자가 썼습니다.

그분의 서평을 읽으면서 저는 제가 신학교에서 공부하던 시절 이래로 많은 것들이 변했다는 사실을 상기하게 됐습니다. 제가 처음 신학을 공부하기 시작했을 무렵인 1950년대와 60년대에 우리는 고고학적 발견에 대한 뉴스 기사를 접하면서 계속적으로 신나했습니다. 고고학자들이 더 많은 것들을 찾아내면 낼수록 그들의 발견들은 성경이 증언하는 아브라함, 모세, 여호수아, 다윗과 같은 조상들의 이야기들을 더더욱 확증해주었다고 배웠습니다.

이제 40년이 지난 지금에 와서는 상황이 완전히 바뀌었습니다. 성경을 헐뜯는 자들이 크게 좋아하겠지만, 구약의 앞부분에 나오는 이야기들은 역사적으로 믿을 만하다고 증명될 수 없다는 것입니다. 출애굽은 성경에서 기록된 대로 그렇게 일어나지 않았다는 것입니다. 가나안 정복은 그렇게 신속하게 이루어진 것이 아니라고 합니다. 위대한 왕 솔로몬은 아마도 한 지역의 촌장이었을 것이라고 합니다.272)

이 서평에 따르면, *The Bible Unearthed*의 저자들은 히브리 성경에 대해 크나큰 존경심을 보이지만 그것은 "기적적인 계시가 아니라 인간의 상상력이 만들어낸 놀라운 산물"이라고 그들은 믿고 있습니다. 이 모든 것들은 저에게 거쉬윈(Gershwin)의 노래 하나를 상기시켜줍니다. "당신이 성경에서 읽게 되는 것들, 그것은 꼭 그렇지는 않습니다."

이제 신약으로 넘어가 봅시다. 오늘 설교 본문은 고린도에 있는 교인들에게 사도 바울이 써서 보낸 고린도전서 15장입니다. 바울은 이 서신에서 어떤 점에서 대단히 커다란 주장을 펼치고 있습니다. 다시 말하면 놀랍고도 믿을 수 없는 것들을 천명하고 있습니다. 여러분들의 이해를 돕고자 15장 전체를 살펴보고자 합니다.

바울은 고린도교회 교인들에 대해 크게 걱정하고 있었습니다. 그들이 진리와 생명의 길로부터 떠나 표류하고 있었기 때문입니다. 바울은 그들에게 복음의 진리로 되돌아오라고 요청하고 있습니다. 이런 점에서 바울은 고린도전서 15장을 다음과 같이 시작하고 있습니다. "형제들아 내가 너희에게 전한 복음을 너희로 알게 하노니 이는 너희가 받은 것이요 또 그 가운데 선 것이라 너희가 만일 나의 전한 그 말을 굳게 지키고 헛되이 믿지 아니하였으면 이로 말미암아 구원을 얻으리라" (1-2절).

고린도전서 내에서 절정을 이루는 동시에 그가 기록한 서신서들 중에서 가장 강력한 구절 중에 하나이기도 한 15장에서 바울은 "고린도 교인들이여, 이것이 바로 그 복음이다"라고 말하고 있습니다. 그 복음이 바로 이것이며, 그 외에 그 어떤 것도 복음이 아니라고 말합니다. "내가 너희에게 복된 소식이라고 선포하고 있는 것은, 너희가 그것을 내어버리지 않는 한, 세상의 구원 바로 그것"이라고 바울은 말합니다. 모든 것, 정말로 모든 것들은 바울이 고린도 교인들에게 진리하고 말했는가 말하지 않았는가에 달려있다는 뜻입니다.

그 다음 두세 문장에 걸쳐서 바울은 그가 가는 곳곳마다 전했던 크리스천 메시지를 요약하고 있습니다. 이 메시지는 무엇일까요? 여러분들은 이 메시지를 세 문장으로 요약할 수 있으시겠어요? 어떻게 요약을 하시겠어요?

여기 바울이 세 문장으로 요약하는 것을 들어보시기 바랍니다. "내가 받은 것을 먼저 너희에게 전하였노니, 즉 이는 성경대로 그리스도께서 우리 죄를 위하여 죽으시고, 장사 지낸바 되었다가 성경대로 사흘 만에 다시 살아 나사 게바에게 그리고 후에 열 두 제자와 사도들에게 보이셨으며"(고전 15:3-5).

우리는 이 복음 메시지의 요약에 대해 몇 가지 점을 주목할 필요가 있습니다. 첫 번째로 여러분들은 바울이 종교적인 개념들이나 영감적인 이야기들 혹은 "영적인" 교훈을 주고 있지 않다는 점을 볼 수 있을 겁니다. 바울은 단순히 *무언가* 일어났다 라고 선언하고 있습니다. 그는 이 일어난 일을 다음과 같이 네 문장으로 기술하고 있습니다.

> 예수 그리스도께서 죽으셨도다. [273]
> 그는 죽었고 장사지낸 바 되었다.
> 삼일 째 되는 날 그는 죽은 자들로부터 살아나셨다.
> 그는 그의 제자들에게 나타나 보이셨다.

바로 이것이 지중해 세계를 개종하게 했고 변화시켰던 메시지이고, 여전히 지금도 전 세계에 걸쳐서 새로운 크리스천들을 낳게 하는 메시지입니다. 이 메시지는 일반적인 종교적 원리들의 모음집이 아닙니다. 이 메시지는 다시 말하지만 *실제로 일어났던 사건들*에 대한 선포였으며 또한 글로 묘사할 수 있는 사건들에 대한 선포였습니다. "그리스도는 죽으셨다. 그리스도는 땅에 묻혔다. 그리스도는 죽은 자들로부터 살아나셨다. 그리스도는 살아있는 모습으로 그의 제자들에게 나타나 보이셨다."

주목해야 할 두 번째 사실은 바울이 두 번씩이나 "성경대로"라고 말하고 있다는 점입니다. 한 구절 내에서 바울은 두 번씩이나 이 표현을 반복하고 있습니다. 분명히 이 표현은 바울에게 매우 중요했던 것으로 보입니다. 바울은 예수 그리스도와 구약의 하나님과의 연관관계를 확고하게 해두기를 원하고 있습니다. 바울은 아브라함과 이삭, 그리고 야곱의 하나님이 예수 그리스도의 아버지 되시는 바로 그 하나님임을 우리가 알기를 원하고 있으며, 또한 모든 것들이 처음부터 계획된 것임을 알기를 원하고 있습니다.

또한 바울은 성경은 신뢰할 수 있다는 점을 분명히 생각하고 있는 것 같습니다. 다윗과 솔로몬이 노래와 이야기 가운데 살아 있는 바로 그 위대한 통치자가 아니었는가 하는 것은 여기서 바울의 주된 요점이 아닙니다. 여기서의 요점은 하나님이 이들 가운데 역사하셨으며, 또한 이스라엘의 모든 역사 가운데 "권능의 손과 활짝 펼친 팔로"274) 역사하셨다는 점입니다.

이제 우리는 얼마 전에 여러분들이 들은 바 있는 본문의 한 부분으로 돌아가 생각해 보고자 합니다. 이 본문은 잘 알려져 있습니다만 저는 여러분들이 이 구절이 담고 있는 비타협적인 특성 혹은 이것 아니면 저것이라는 명령의 특성을, 다시 말해 행하라 그렇지 않으면 멸망하리라는 특성을 인지하셨는지 궁금합니다. 다시 한 번 이 본문을 분명한 몇 개의 단위로 나누어 다음과 같이 제시하고자 합니다.

만약 죽은 자들의 부활이 없다면, 그리스도는 다시 살아나지 않았을 것이다. 만약 그리스도께서 다시 살아나시지 않았다면, 사도들의 선포는 헛된 것이라. 만약 그리스도가 다시 살아나시지 않았다면, 너희의 믿음은 무용하며, 너희는 여전히 너희 죄 가운데 있을 것이라.

사도 바울이 교회 역사 전반에 걸쳐서 언제나 바르게 이해되어왔던 것은 아닙니다. 바울이 살아 있던 당시에도 그는 언제나 논쟁 거리였고, 이해하기가 쉽지 않았던 대상이었으며 이것은 오늘날에도 마찬가지입니다. 그러나 바울을 정말 잘 이해하는 사람들에게 그의 중요성은 전혀 의심의 여지가 없습니다.

우리가 분명히 기억해야 할 사실은, 바울 서신서들이 네 개의 복음서들보다 앞서 쓰였다는 점입니다. 바울이 없었다면 예수 그리스도에 대한 소식이 당시 유대 지방을 넘어서 결코 온 지역으로 퍼져 나가 긍정적으로 받아들여지지 않았을 것입니다. 바울이 없었다면 기독교는 유대교 내에 있는 하나의 종파로 머물러 있었을 것이고, 결국에는 다시 유대교로 재흡수될 수밖에 없었을 것입니다.[275] 바울이 없었다면 이방인들에게 복음이 결코 전해지지 않았을 것이고, 그 것은 여러분들과 저도 복음을 결코 듣지 못했을 것이라는 뜻입니다. 더욱 중요한 사실은, 바울이 없었다면 예수의 생애의 사건들이 지금 갖고 있는 결정적인 신학적 의미와 구조가 없었을 것이라는 점입니다. 그렇다면 바울 서신서들이 신약에서 그 어떤 저자의 저작보다 더 많은 부분을 차지하고 있다는 것은 결코 우연이 아닙니다.

그러기에 바울이, "만약 그리스도가 다시 사시지 않았다면 우리의 선포가 헛된 것이라" 라고 이야기할 때 우리는 똑바로 앉아서 그의 말에 관심을 집중해야 하는 것입니다. 바울은 예수께서 부활하신 후 단지 20년 후에 이 말씀으로 기록하고 있습니다. 그렇다면 바울이 들려주는 이 이야기에 대해 도전할 수 있는 사람이 여전히 주위에 많이 살아 있었다는 뜻입니다. 실제로 어떤 이들은 바울에게 도전을 하기도 했지만, *하나님이 예수를 죽은 자들로부터 일으키셨다는 점에 대해서는* 그 누구도 의문을 제기하지 않았습니다. 모든 초대교회 교인들은 이 중심적 증언에 대해서는 모두 동의하고 있었습니다.

바울의 갈라디아서에는 대단히 흥미로운 구절이 있습니다. 이 구절은 바울이 자신의 사도권에 대해 명시적으로 변호하는 구절입니다. 이 구절을 여러분들에게 봉독해 드리려고 합니다. 바라기는 여러분들이 이 구절 속에 나타난 바울의 뜨거운 열정을 느낄 수 있기를 바랍니다.

> 형제들아 내가 너희에게 알게 하노니 내가 전한 복음이 사람의 뜻을 따라 된 것이 아니라 이는 내가 사람에게서 받은 것도 아니요 배운 것도 아니요 오직 예수 그리스도의 계시로 말미암은 것이라. 내가 이전에 유대교에 있을 때에 행한 일을 너희가 들었거니와 하나님의 교회를 심히 핍박하여 잔해하고, 내가 내 동족 중 여러 연갑자보다 유대교를 지나치게 믿어 내 조상의 유전에 대하여 더욱 열심이 있었으나, 그러나 내 어머니의 태로부터 나를 택정하시고 은혜로 나를 부르신 이가 그 아들을 이방에 전하기 위하여 그를 내 속에 나타내시기를 기뻐하실 때에 내가 곧 혈육과 의논하지 아니하고, 또 나보다 먼저 사도 된 자들을 만나려고 예루살렘으로 가지 아니하고 오직 아라비아로 갔다가 다시 다메섹으로 돌아갔노라(갈 1:11-17).

이 구절 뒤에 바울은 다음과 같은 탄성을 첨가합니다. "보라 내가 너희에게 쓰는 것은 하나님 앞에서 거짓말이 아니로라!"(갈 1:20) 이상의 놀라운 본문을 통해서 바울은 갈라디아 교회 공동체 내에서 도전받고 있는 자신의 사도적 정체성을 변호하고자 진력하고 있습니다.

그가 자신을 변호하는 것은 자신을 위해서가 아니라 복음의 진리를 위한 것이었습니다. 바울은 자신이 선포하고 있는 하나님의 복음은 "인간의 상상력이 만들어낸 눈부신 아이디어"가 결코 아니라 "기적적인 계시"라고 명백하게, 그리고 강력하게 말하고 있습니다. 바울은 이 복음을 베드로나 야고보, 요한 혹은 막달라 마리아, 아니면 그 다른 어떤 사람에게서 배운 것이 아니었습니다. 바울은 이 복음을 십자가에 죽으시고 다시 사신 예수 그리스도, 그분 자신께로부터 배운 것입니다. 고린도전서의 본문으로 돌아가 보면 여기서 바울이 이 문제를 어떻게 말하고 있는가를 알 수 있게 됩니다.

> [모든 제자들에게 나타나신 후에] 마지막으로 만삭되지 못하여 난 자 같은 내게도 보이셨느니라. 나는 사도 중에 지극히 작은 자라 내가 하나님의 교회를 핍박하였으므로 사도라 칭함을 받기에 감당치 못할 자로라. 그러나 나의 나 된 것은 하나님의 은혜로 된 것이니 내게 주신 그의 은혜가 헛되지 아니하여 내가 모든 사도보다 더 많이 수고하였으나 내가 아니요 오직 나와 함께하신 하나님의 은혜로라 (고전 15:8-10).

여러분도 알다시피 바울의 이야기는 정말로 하나님의 이야기입니다. 바로 이런 이유 때문에 바울에 관해 쓰인 최고의 베스트셀러 중 하나의 책의 부제가 *하나님의 승리(The Triumph of God)*라고 되어있는 것 같습니다.276) 사도 바울은 갈라디아서에서 그가 처음 자신의 놀라운 개종 사건을 뒤따르는 장면에 대해 알게 되었을 때 그를 만난 자들이 *"나를 인하여 하나님께 영광을 돌렸다"*고 기록하고 있습니다(갈 1:24). 다시 말해서 그들은 바울의 천재적인 상상력에 대해 바울을 찬양한 것이 아니라 하나님의 기적적인 계시에 대해 하나님을 찬양했다는 뜻입니다.

그러나 이제 좀 더 현실적인 면을 생각해 보고자 합니다. 설교 초두에서 말씀드린 책의 서평 중에 표현된 견해가 이제 *교회 내에서* 매우 폭넓게 받아들여지고 있어서 그 결과 제방 가운데에 난 구멍 하나를 틀어막는 것조차 엄청난 일이 되고 말았습니다.

주도적인 교단들에 속한 교인들 중에서 성경 읽기가 급격하게 감소해 왔습니다. 자녀들이 성경 이야기들을 잘 알기를 원하는 부모님들은 밤을 새워 일을 해야 하는 형편이고, 반면에 오늘날 대부분의 아이들은 동물들로 가득 찬 방주 이야기와 관련된 노아라는 이름 정도는 알고 있지만 그 이외의 성경 인물에 대해서는 아는 바가 없는 반면에, 40여 개에 달하는 포켓몬의 등장인물들에 대해서는 이름까지를 모두 외우고 있을 정도입니다.

이 점은 정말로 크나큰 도전이 아닐 수 없습니다. 담임 목사가 아니라 잠시 왔다 가는 설교자가 할 수 있는 일은 한계가 있습니다. 부모들과 조부모님들, 교사들과 교역자 분들 등 교회에 속한 모든 성도 여러분들은 모든 책임을 함께 나누어져야 합니다. 그러나 모든 설교가 또한 성경 본문에 대한 모든 강해 시간이 성경을 인간의 상상력이 만들어낸 것으로 간주하는 현금의 행태에 대해 결정타를 날릴 수 있는 아주 소중한 기회입니다.

바울 사도의 이야기를 다시 들어보시기 바랍니다. "내가 받은 것을 먼저 너희에게 전하였노니, 즉 이는 성경대로 그리스도께서 우리 죄를 위하여 죽으시고, 장사 지낸 바 되었다가 성경대로 사흘 만에 다시 살아 나셨느니라." 여러분에게는 이 말이 자신의 상상력에 깊이 빠져 있는 어떤 한 사람의 이야기처럼 들립니까? 그렇지 않으면 이 사람이 보고하고 있는 것이 무형의 종교적 개념들이 아니라 역사 속에 일어났던 일들 중에서 가장 중요한 사건을 보고하고 있는 것이라고 생각합니까?

저는 최근에 뉴욕에서 있었던 쿡 킴벌(Cook Kimball)이란 이름의 58세 된 한 남자의 장례식에 참석한 적이 있습니다. 쿡은 제가 만났던 크리스천 중에서 가장 신실한 사람 중 하나였습니다. 그는 신자였을 뿐만 아니라 그리스도의 참된 제자로서 매일매일 그리스도를 따르는 자로 살았던 사람입니다. 그는 여러 해 동안 건강이 좋지 않았으며 신장이식 수술을 기다려왔습니다. 그러나 끝내 그는 신장을 이식받지 못하고 죽었습니다. 그의 죽음은 교회에 엄청난 충격을 주었는데, 그 이유는 그가 여러 면에서 교회의 사명을 감당하는 데에 지칠 줄 모르는 불굴의 사람이었기 때문이었습니다. 자연스럽게 장례예식 동안에 크나큰 애곡이 있었습니다. 제가 도착했을 때 모든 사람들은 죽음 전에 일어났던 기이한 일에 대해 서로 이야기하고 있었는데, 그것은 마치 쿡이 죽음에 대한 어떤 예감을 갖고 있었던 것 같은 일이었습니다.

2주 전 주일에 사도 바울의 서신서 중에서 부활에 관한 성경 구절의 일부를 읽도록 규정되어 있었는데, 쿡이 그날 예배의 안내를 맡도록 되어 있었습니다. 아마 그는 교회에 일찍이 나왔던 것 같습니다. 그 이유가 무엇이었든 그는 교회에서 많은 시간을 보냈던 것 같습니다. 그는 주일 예배시 다양한 일들을 하기로 정해져 있는 사람들의 명단을 집어든 뒤에 안내자 명단에서 자신의 이름을 두 줄로 그어 삭제했습니다. 그런 뒤에 두 번째 성경봉독을 하기로 되어 있었던 사람의 이름을 지우고 거기에 대신 자신의 이름을 넣고, 이 사람의 이름을 안내자 명단으로 옮겨 놓았습니다. 그리고 드디어 그 날이 와서 쿡 킴벌은 그가 죽기 6일 전 예배시에 교회에서 부활에 관한 성경구절을 봉독하게 된 것입니다.

그러나 이것이 전부가 아닙니다. 그는 자신의 장례식 때 이 구절을 봉독했다는 사실입니다. 사실인즉, 그날 주일 예배가 녹음되었고, 쿡씨가 봉독한 성경 구절도 녹음되었습니다. 그리고 장례식장에서 쿡씨의 성경봉독 녹음을 재생하게 된 것입니다. 그의 성경봉독은 훌륭했는데, 언제나 자신이 봉독하는 성경구절 그 자체에 의해 깊이 감동되어 읽었기 때문입니다. 정작 장례예식에서 두 번째 성경봉독 시간이 다가 왔을 때 우리는 명료하고도 강력한 그의 목소리를 들을 수 있었습니다. 그가 봉독한 구절은 다음과 같습니다.

> 그리스도께서 죽은 자 가운데서 다시 살아나셨다 전파되었거늘 너희 중에서 어떤 이들은 어찌하여 죽은 자 가운데서 부활이 없다 하느냐? 그러나 만일 죽은 자의 부활이 없으면 그리스도도 다시 살지 못하셨으리라. 그리스도께서 만일 다시 살지 못하셨으면 우리의 전파하는 것도 헛것이요 또 너희 믿음도 헛것이라. … 만일 죽은 자가 다시 사는 것이 없으면 그리스도도 다시 사신 것이 없었을 터이요 그리스도께서 다시 사신 것이 없으면 너희의 믿음도 헛되고 너희가 여전히 죄 가운데 있을 것이요. … 만일 그리스도 안에서 우리의 바라는 것이 다만 이 생뿐이면 모든 사람 가운데 우리가 더욱 불쌍한 자라. 그러나 이제 그리스도께서 죽은 자 가운데서 다시 살아 잠자는 자들의 첫 열매가 되셨도다. 사망이 사람으로 말미암았으니 죽은 자의 부활도 사람으로 말미암는도다. 아담 안에서 모든 사람이 죽은것 같이 그리스도 안에서 모든 사람이 삶을 얻으리라.

사랑하는 성도 여러분, 쿡 킴벌 씨는 그 날 아침 하나님의 말씀을 선포했습니다. 바울이 2천 년 전에 선포한 그 말씀을 말입니다. 우리도 지금 여러분들에게 오늘 이 말씀을 선포하고 있습니다. 돌이킬 수 없는 죽음이 반전된 것입니다. 죽음의 돌이킬 수 없음이 마침내 극복되었습니다. 죽음이 가져온 결과들이 취소되고 말소되었습니다. 우리는 이제 이 사실을 믿음으로 볼 수 있습니다. 부활의 날에 우리는 죽음을 마주하여 직면하여 보게 될 것입니다.

그러나 잊지 마시기 바랍니다. 꼭 *반드시* 그런 것은 아니라는 점 말입니다. 꼭 그렇지만은 않은 이유는, 우리가 그것이 그렇지 않기를 바라거나 그것이 그렇지 않다고 생각해서가 아닙니다. 또한 그것이 그렇지 않아야 할 필요가 우리에게 있기 때문도 아닙니다. 그것이 그렇지 않은 것은 인간의 모든 가능성에 반해서 그렇지 않은 것입니다. 그리고 인간의 모든 기대에 반해서, 또한 인간이 상상할 수 있는 모든 것들에 반해서 그렇지 않은 것입니다. 그렇지 않은 것은 오직 우리를 무덤 가운데 내어 버리지 않으셨던 우리 하나님의 기적적인 개입 때문입니다.

"내가 나의 구속주가 살아계심을 알고 있으니 … 이는 이제 그리스도께서 죽은 자들로부터 살아나사 잠자는 자들의 첫 열매가 되셨음이라. … 우리 주 예수 그리스도를 통해 우리에게 승리를 주신 하나님께 감사를 드릴지어다."[277]

아멘.

| 부활절 절기

기쁨에 이르는 숨겨진 길

> 주께서 생명의 길로 내게 보이시리니
> 주의 앞에는 기쁨이 충만하고 주의 우편에는 영원한 즐거움이 있나이다 시 16:11
> 내가 온 것은 양으로 생명을 얻게 하고 더 풍성히 얻게 하려는 것이라 요 10:10

버지니아 주에 있는 제 고향, 프랭클린(Franklin)에는 저에게 많은 것을 의미하는 공동묘지 하나가 있습니다. 많은 묘비에 성경구절이 새겨져 있는데 그 구절들이 언제나 제게는 크나큰 소망과 위로를 줍니다. 저의 조부모님의 묘비에는 "주 앞에는 기쁨이 충만하도다"라는 구절이 새겨져 있습니다. 이 구절이 성경 어디에 나오는지 여러분들은 아실지 모르겠는데, 이 구절은 우리가 잠시 전에 함께 봉독했던 시편 16편 11절에 나옵니다. "주께서 생명의 길로 내게 보이시리니 주의 앞에는 기쁨이 충만하고 주의 우편에는 영원한 즐거움이 있나이다" 시편의 이 말씀은 예수 그리스도에게 자신의 신뢰를 두는 모든 자들에게 깊은 의미를 지닙니다.

이 교구에 속한 분들로서 지난 월요일 신문의 1면을 보신 분은 모두 총천연색 사진 하나를 보셨으리라 생각하는데, 그 사진은 의미심장한 상징성을 지니고 있습니다. 그 사진 속의 가족에게 허락을 받고 그것에 대해 말하고자 합니다. 여기 이 사진을 보시기 바랍니다. 아버지, 어머니, 그리고 딸이 찬송을 부르고 있고, 이들 위에는 부활의 천사가 있습니다. 사진 속에 보이는 이 아름다운 티파니 창문은 크리스천 신앙의 이야기 가운데 나오는 중요한 순간을 묘사하고 있습니다. 이 순간이 없었다면 교회가 존재하지 않았을 것이고, 세례도, 죽음에 대한 승리도 없었을 것입니다. 정말로 이 순간이 없었다면 예수의 이야기도 존재하지 않았을 것입니다. 그 이유는 유래가 없고 상상을 초월하는 이 순간이 없었다면 나사렛 예수께서는 로마제국 시대에 십자가 처형을 통해 죽임 당한 모든 다른 사람들과 같은 존재가 되었을 것입니다. 다시 말해 그분은 완전히 잊힌 존재가 되었을 것이고, 우리 역시 그분에 대해 아무것도 듣지 못했을 것이라는 뜻입니다. 이 창문은 바로 이 순간, 즉 빈 무덤 옆에 서있던 천사가 여인들에게 *"그는 여기 계시지 않고 살아나셨다"*라고 말했던 순간을 그려주고 있습니다.

이 부활절 메시지가 죽을 수밖에 없던 자들의 귓가에 떨어졌습니다. 게리슨 케일러(Garrison Keillor)씨는 보스톤의 탱글우드(Tanglewood)에서 바로 그 마지막 날을 우리에게 회상시켜주었습니다. 케일러 씨는 이렇게 노래했습니다. "여러분들이여, 할 수 있을 그 때 장미꽃 봉오리들을 부지런히 모아들이세요. 왜냐하면 곧 여러분들은 사라져 버릴 것이기 때문입니다." 오늘 이 자리에 나와 계신 모든 분들은, "생애 중에 죽음에 처한 우리"라고 일반 기도서가 말하고 있듯이[278] 사망의 음침한 골짜기에 살고 있습니다. 저는 지난 주 저의 사랑하는 손녀딸의 고양이가 아무런 이유 없이 갑자기 죽게 되었을 때 그 어린 손녀딸에게 이 표현을 언급할 기회를 가진 바 있습니다.

그러나 여러분 모두가 알고 있듯이 이 사진에 나오는 가족은 우리 대부분이 거의 상상할 수 없는 그런 엄청난 일련의 재난과 고통을 겪어 왔습니다. 처음에는 화재로, 그 다음에는 치명적인 사고로 큰 딸이 죽었고,

이제는 무서운 질병에 걸렸습니다. 이 신문 기사를 쓴 기자는 여러분의 교구목사님이 하신 말씀을 인용하여 다음과 같이 전하고 있습니다. 이 한 가정에 임한 이러한 연속적인 시련과 재난을 통해 자기 자신(교구 목사)의 믿음이 연단을 받고 있습니다. 이 목사님이 이렇게 말했다는 것은 참 옳다고 생각합니다.

성경은 불평과 탄식의 기도들로 가득 차 있습니다. 이러한 기도 가운데 성도들은 하나님이 자신들을 버렸다고 하나님께 탄식을 토로했던 것입니다. 예를 들어 시편 102편의 말씀을 생각할 수 있습니다. "내가 밤을 지새우며 신음하나이다. 내가 재를 양식 같이 먹으며 나의 마심에는 눈물을 섞었사오니 이는 주의 분과 노를 인함이라 주께서 나를 들어 던지셨나이다." 시편 42편은 이렇게 말하고 있습니다. "사람들이 종일 나더러 하는 말이 네 하나님이 어디 있느뇨? 하니 내 눈물이 주야로 내 음식이 되었도다." 시편 44편은 이렇게 말합니다. "주여 일어나소서! 어찌하여 주무시나이까! 우리를 영영히 버리지 마소서. 어찌하여 주의 얼굴을 가리시고 우리 고난과 압제를 잊으시나이까? 우리 영혼은 진토에 구푸리고 우리 몸은 땅에 붙었나이다."

이것들은 적은 예에 불과합니다. 동일한 맥락에서 우리는 수 없는 불평과 탄식의 기도들의 예들을 나열할 수 있습니다. 어찌 보면 정말로 성경 전체를 탄식의 노래라고 이름 붙일 수 있습니다. 여기 하나님의 말씀 그 자체 가운데서 우리는 수없는 의구심과 불평을 토로해 낼 수 있는 근거를 갖고 있는 셈입니다. 또한 옛날 이스라엘 백성들이 그랬던 것처럼 하나님에 대해 의문을 제기하고, 하나님께 도전하며, 우리의 불행을 그분의 면전에 내어 놓을 수 있는 근거를 지니고 있는 것입니다.

이러한 구절들이 성경에 있다는 것에 대해 우리는 감사해야 할 것입니다. 우리는 우리에게 모순처럼 보이는 징후가 나타날 그 때, 움츠러드는 그러한 감성적이고 가냘프며 연약한 믿음을 갖고 있는 것이 아닙니다. 우리의 믿음은 실제의 삶을 위한, 실제적인 어려움을 위한, 그리고 실질적인 고통을 위한 믿음입니다.

그러나 매우 중요한 사실을 주목하시기 바랍니다. 시편은 분명 개인적인 탄식과 의구심의 목소리를 발합니다. 그러나 시편은 공동체 가운데서 크게 낭송되고 기도하도록 쓰인 것입니다. 시편에 나오는 화자 혹은 노래하는 자는 공동체의 교제에서 벗어나 개인적인 분노와 쓰라림을 토로하는 방향으로 나아가지 않았습니다. 하나님의 언약 백성들에게 환란과 시련은 언제나 공동체적인 성격을 지닙니다.

사도 바울이 그의 서신서 공동체 중 하나에게 보낸 편지 중에서 말하고 있듯이 "만일 한 지체가 고통을 받으면 모든 지체도 함께 고통을 받고 한 지체가 영광을 얻으면 모든 지체도 함께 즐거워하는 것입니다"(고전 12:26). [279] 시편 기자가 자신의 어려움을 하나님께 토로해 낼 때 그의 공동체의 회중들은 "네가 받은 복을 세어보라" 혹은 "너는 더 큰 믿음이 필요해"라든지 아니면 "좀더 긍정적으로 생각하시오"라고 말하지 않았습니다. 회중들과 목자들은 모두 고난당하는 자와 함께 하나님께 불평과 원망을 토로하며 함께 질문했던 것입니다. 회중은 다음과 같은 노래에 함께 참여했습니다. "나의 영혼이 어려움으로 가득하며 나의 생명은 음부에 가까웠나이다. … 여호와여 어찌하여 나를 버리시며 어찌하여 주의 얼굴을 내게 숨기시나이까?" (시편 88).

우리가 우리의 삶에 대해 더 많은 것을 알면 알수록, 우리가 삶의 좌절과 슬픔을 더 많이 경험하면 할수록, 우리가 일들이 우리가 바라는 대로 그렇게 이루어지지 않는다는 사실을 더 많이 배우면 배울수록 성경은 우리에게 더 많은 것들을 제공해 줄 것입니다. 성경의 인물들은 스테인드 글래스(stained glass) 인물들이 아닙니다. 그들도 우리와 같은 사람입니다. 그들도 우리와 같이 혈과 육의 사람들입니다. 그들도 하나님으로부터 벗어나서 악한 자들과 어울리고 뒤에서 사람들을 칼로 찌르는 자들입니다. 그들도 불평하고 논쟁하며 속이고 간음을 행하며 거짓을 말합니다. 그들도 고난을 당하며, 전쟁에서 패하기도 하고, 질병에 쓰러지기도 하고, 압제자들에 의해서 탈취를 당합니다. 그들의 자녀들이 죽었으며, 그들의 집이 파괴되기도 했습니다. 황충이 그들의 곡식들을 먹어치우기도 했습니다.

그러나 여기에 중요한 핵심적 사실이 놓여있습니다. 이 모든 것들이 하나님이 보시는 가운데, 그리고 하나님의 신실하심 가운데 일어난다는 점입니다. 바로 이런 이유 때문에 우리는 종종 동일한 시편 내에서 외견상 모순 되어 보이는 두 요소들을 만나게 됩니다.

시편 40편에 보면, "비록 나는 가난하고 궁핍하오나 주께서는 나를 귀히 여기시오니" 라고 되어있습니다. 또 시편 38편에는 "내 허리가 불타는 고통으로 가득하며, 내 살에 성한 곳이 없나이다. 내가 피곤하고 심히 상하였으며 … [그러나] 주여 나의 모든 소원이 주의 앞에 있사오니, 오 나의 주 하나님이여, 내게 응답하소서." 어떻게 이러한 시편들이 동시에 절망과 소망으로 가득 찰 수 있겠습니까? 이것이 소위 말하는 "인간 정신의 승리"인가요?

절대 그렇지 않습니다. 성경적 신앙의 중심적인 진리 중 하나는 인간 정신은 그냥 홀로 내버려 둘 경우 자기-파멸에 이른다는 점입니다. 성경에 나오는 인물들은 "나는 나의 정신의 지배자이다. 나는 나의 운명의 선장이다"라고 말하지 않았습니다. 예, 그렇습니다. 우리들은 "내가 내 방식으로 그것을 했다"라고 말하지 않습니다. 우리는 우리 자신의 힘을 의지해 교만스럽게 우리의 머리를 꼿꼿이 세우지 않습니다. 대신 우리는 시편 기자와 마찬가지로 "오! 주여, 주는 나의 방패시요, 주는 나의 영광이시며, 나의 머리를 높이 드는 분이시로다" 라고 말합니다.

저는 지난달 고등학교 동창회에 참석한 적이 있었습니다. 열 개 반에 속했던 총 250명 중에서 그 어떤 사람보다 주목을 받았던 한 명의 특별한 사람이 있었습니다. 그녀의 이름은 낸시(Nancy)였는데, 잠시 그녀의 이야기를 하지요.

십 년 전에 그녀는 유방암에 걸렸고 이혼도 했습니다. 그녀에게 일어난 그 다음 일은 그녀가 두 번에 걸쳐서 중풍에 걸려 시력을 거의 다 잃었고 오른쪽 팔은 마비가 되었다는 사실입니다. 그 뒤에 또 다른 심각한 형태의 피부암이 생겨서 그녀의 피부가 빨갛게 되었습니다. 마지막으로 넉 달 전에 그녀는 넘어져서 목이 부러졌습니다. 63세의 나이에 그녀는 이제 양로원에서 살고 있습니다.

그러나 그녀의 아들과 며느리의 도움을 받아 그녀는 동창회 모임에 나왔는데, 아름다운 옷을 입고 있었고, 그녀의 모습은 그 자리에 나온 어떤 동창생보다도 훌륭했습니다. 모든 사람들이 그녀에 대해 완전히 압도되었고 그녀를 경이로워 했습니다. 동창생들은 군데군데 테이블에 둘러앉아서 그녀에 매료되어 그녀의 이야기를 듣고 있었습니다. 자연스럽게 사람들은 그녀의 용기에 대해 그녀를 칭찬하기 시작했습니다.

그러나 그녀는 사람들이 말하는 용기 같은 것은 전혀 갖고 있어 보이지 않았습니다. 저는 사람들에 대해 낸시가 열정적으로 응답했던 대답을 결코 잊을 수가 없습니다. 그녀는 정확히 이렇게 답했습니다. "나는 용기를 갖고 있지 않아! 나는 용기를 갖고 있지 않다고! 나는 용기를 갖고 있는 것이 아니야. 다만 내가 갖고 있는 모든 것은 하나님께로부터 온 선물이지!" 테이블에 있던 우리 모두는 우리 가운데 범상치 않은 그 무엇이 그 자리에 함께 임재해 있었다는 것을 느낄 수 있었습니다. 바로 이 사람이 극한적인 역경 중에 있으면서도 하나님을 찬양했던 사람입니다.

저는 시편 75편을 생각해 보았습니다. "너희 뿔을 높이 들지 말며 교만한 목으로 말하지 말지어다. … 오직 판단하시는 분은 하나님이시라. 오직 그가 이를 낮추시고 저를 높이시느니라. … 그러나 나는 영원히 기뻐할 것이요, 야곱의 하나님을 영원히 찬양하리라."

시편 16편의 말씀을 다시 생각해 봅시다. "주께서 생명의 길로 내게 보이시리니 주의 앞에는 기쁨이 충만하고 주의 우편에는 영원한 즐거움이 있나이다." 이 말씀이 진실입니까? 아니면 삶에 있는 다른 것들과 같이 그냥 지나쳐 흘러가는 그러한 희망적인 생각일 뿐입니까? 여러분은 실제의 삶이 이러한 말씀에 반하는 경우에 어떻게 이 말씀을 믿을 수 있겠습니까?

이제 신약으로 넘어가 보기 바랍니다. 요한복음 10장을 펴보시면 여러분들은 선한 목자로서 말씀하시는 우리 주님의 말씀을 들을 수 있습니다. "도적이 오는 것은 도적질하고 죽이고 멸망시키려는 것뿐이요 내가 온 것은 양으로 생명을 얻게 하고 더 풍성히 얻게 하려는 것이라." *풍성한 생명*이란 표현은 2천 년 동안 크리스천의 사고 세계를 사로잡아왔습니다. "주의 앞에는 *기쁨이 충만합니다*!"란 이 말씀을 여러분은 신뢰할 수 있겠습니까?

예수 그리스도 안에서 하나님이 우리를 위해 행하신 바에 대한 이야기는 너무도 엄청나기에 충만함이나 풍성함 이란 단어들에서 단지 힌트 정도만을 얻을 수 있을 정도입니다. 바울이 에베소서에서 많이 사용하고 있는 또 하나의 힌트는 "부요함"(헬라어로 *ploutos*임)이란 단어입니다.[280] 이 서신서에서 바울은 "그의 영광스러운 기업의 부요함"에 대해(1:18), "하나님의 은혜의 측량할 수 없는 부요함"에 대해(2:7), 그리고 "그리스도의 헤아릴 수 없는 부요함"에 대해(3:8) 황홀하게 말하고 있습니다. 이 구절들은 말로 표현할 수 없는 것을 말로 이야기할 수 있는 바울의 최선의 시도들입니다. 하나님은 우리에게 자신의 무한한 부요함을 풍성히 약속해 주셨는데, 그 이유는 우리가 그것을 받을 자격이 있기 때문이 아니라 하나님 자신의 무한하고도 측량할 수 없는 사랑을 인하여 우리에게 이 부요함을 주시는 것이 하나님의 목적이었기 때문입니다.

그러나 교회가 전하고 말하는 바가 얼마나 기이하고도 이상한 이야기입니까! 하나님은 부요함의 형태로 혹은 부와 세상적인 힘 가운데 이 세상에 오시지 않았다는 이야기 말입니다. 사도 바울은 이 점을 다음과 같이 표현하고 있습니다. "우리 주 예수 그리스도의 은혜를 너희가 알거니와 부요하신 자로서 너희를 위하여 가난하게 되심은 그의 가난함을 인하여 너희로 부요케 하려 하심이니라"(고후 8:9).

이것이 역설이 아니고 무엇인가요? 하나님의 부요함이 우리에게는 숨겨진 방식으로 알려져 있습니다. 우리로 하여금 부요하게 하기 위해서 그분은 가난해지셨습니다. 우리의 머리를 높이 들어올리기 위해서 그분은 자신을 낮추셨습니다. 우리에게 풍성한 삶을 주시기 위해서 그분은 "악과 사망에 자신을 내어주셨습니다."281) 이 모든 일을 행하심으로써 그분은 우리를 위해서 하나님 앞에서 인간이 되시는 길을 택하셨습니다. 다시 말해서 성부 하나님께는 순종하고 복종하셨습니다. 그러나 원수인 죄와 사망 앞에서는 결코 머리 숙이지 않으셨다는 뜻입니다.

"주의 앞에는 기쁨이 충만하나이다. … 내가 온 것은 생명을 얻게 하고 더 풍성히 얻게 하려 함이라. … 나는 부활이요 생명이라 [주님이 말씀하십니다]. 나를 믿는 자는 죽어도 살 것이요, 무릇 살아서 믿는 자는 영원히 죽지 아니하리라." 이 말씀들 중에는 우리가 이해할 수 없는 것이 많이 있습니다. 이 말씀들은 미래에 관한 약속들인가요, 아니면 이미 현재에도 진리가 되는 말씀들인가요? 이에 대한 대답은 양자 모두입니다.

시편 저자가 *"주의 앞에는 기쁨이 충만하나이다"* 라고 노래했을 때 그는 하나님을 예배하는 바로 그 순간 그 자리에서의 충만을 의미했습니다. 고대 이스라엘인들이 예배드리기 위해서 성전에 들어갔을 때 그 자체가 기쁨의 충만이었습니다. 우리 감독교회 교인들은 이 점을 온전히 이해하지는 못합니다. 우리는 우리의 주일 예배가 속히 끝나서 항상 그렇게 말하듯이 "빨리 우리 일상으로 돌아가야지"라고 말하고 싶어 하지요.

그러나 이 점에 있어서 우리는 무언가 소중한 것을 빼앗긴 것이 있습니다. 뉴스위크지의 종교담당 편집인인 케네트 우드워드(Kenneth

Woodward)는 아프리카의 기독교에 관해서 글을 쓰라는 임무를 받고 나이지리아에서 주일 아침 예배를 드리고자 교회를 향하고 있었습니다. 그때 자동차가 그만 고장이나 길에 서게 되었습니다. 그때 그는 동료 기자들에게 "빨리 자동차 정비사를 불러 오는 게 낫겠어. 왜냐하면 일단 그 정비사가 교회에 가버리게 되면 그는 하루 종일 교회에 있게 될 테니까 말일세."라고 말했습니다. 282)

저의 고향에 있는 아프리칸-아메리칸 크리스천들처럼 아프리카의 크리스천들도 분명히 우리가 함께 모여 하나님께 기도하고 찬양할 때 기쁨의 충만함이 심지어 지금 여기서도 하나님 앞에서 발견된다는 점을 알고 있습니다.

그러나 지금 바로 이 순간 우리의 기도 가운데 있는 수많은 고통당하는 사람들은 이 생에서의 고통이 너무도 크기에 "기쁨의 충만"이란 말이 그들에게는 다름 아닌 단지 조롱처럼 들릴 수도 있습니다. 바로 이런 이유 때문에 기독교 공동체가 꼭 필요한 것입니다. 우리가 기도할 수 없을 때 우리의 공동체가 우리를 위해 기도합니다. 우리가 소망이 없을 때 공동체가 우리를 위해 소망을 부여잡고 있습니다. 우리의 고통이 감당할 수 없을 정도로 클 때 공동체가 조용한 증언 속에 우리 곁에서 함께 있습니다. 이생의 고통과 눈물이란 관점에서 볼 경우 우리는 이 기쁨의 충만함을 단지 약속의 형태로만 경험할 수 있을 뿐입니다. 이 충만함은 여전히 미래적이지만, 그러나 분명히 올 것입니다. 우리는 지금 현재로는 이 충만함을 오직 믿음을 통해서만 알 수 있습니다.

그러나 "오직" 믿음을 통해서만 알 수 있는 것은 아닙니다. 그 이유는 바울이 로마서 5:1-5에서 이야기하고 있듯이 "우리가 발을 딛고 서 있는" 믿음과 은혜는 우리에게 우리가 필요한 힘을 주고 있기 때문입니다. "환난은 인내를, 인내는 연단을, 연단은 소망을 이루는 줄 앎이로다. 소망이 우리를 부끄럽게 아니함은 우리에게 주신 성령으로 말미암아 하나님의 사랑이 우리 마음에 부은바 됨이니라."

　바로 이런 이유 때문에 예배당 뒤편에 부활절 창문을 갖고 있는 것입니다. 즉 하나님을 신뢰하는 자들을 위해 미래에 놓여 있는 것을 우리 자신들에게 상기시키기 위함입니다. 크리스천의 소망은 우리를 부끄럽게 하거나 실망시키지 않는 이유는 이 소망이 예수 부활에 그 뿌리를 두고 있고 거기에 근거하고 있기 때문이며, 성령의 선물에 의해서 보장되고 있기 때문입니다. 풍성한 삶에 대한 약속과 영광에 대한 소망, 그리고 충만한 기쁨에 대한 보장은 모두 예수를 죽은 자들로부터 일으키셨고, 우리도 그와 함께 일으킴을 받을 것이라고 약속하신 그분 바로 하나님의 위대한 일에 대한 우리의 회상과 기억 속에 놓여있습니다.

　우리는 미래에 대해 그분을 신뢰합니다. 그 이유는 우리의 현재의 삶 가운데서 우리가 부활의 메시지, 곧 "주님이 부활하셨습니다! 정말로 주님이 살아나셨습니다! 할렐루야!"라는 기쁜 소식을 새롭게 듣고 있기 때문입니다. 그러므로 우리 모두 함께 하나님을 찬양합시다. 오늘의 시편을 8절부터 함께 낭송함으로써 하나님께 영광을 돌릴 수 있기 바랍니다.

　　　내가 여호와를 항상 내 앞에 모심이여
　　　　　그가 내 우편에 계시므로 내가 요동치 아니하리로다.
　　　이러므로 내 마음이 기쁘고 내 영이 즐거워하며
　　　　　내 육체도 안전히 거하리니
　　　이는 내 영혼을 음부에 버리지 아니하시며
　　　　　주의 거룩한 자로 썩지 않게 하실 것임이니이다
　　　주께서 생명의 길로 내게 보이시리니
　　　　　주의 앞에는 기쁨이 충만하고
　　　　　주의 우편에는 영원한 즐거움이 있나이다

　　　　　　　　　　　　　　　　　　　　　　　　아멘.

미주

미주

1) Kenneth Leech, We Preach Christ Crucified (Cambridge, Mass. : Cowley, 1994), 88.
2) 사복음서 모두 고난과 죽음에 대한 세 번에 걸친 예수 자신의 장엄한 예언이 나타난다. 소위 말하는 마가복음의 메시아 비밀은 예수의 죽음의 순간, 즉 예수의 정체성이 로마 백부장에게 온전히 알려지는 순간까지 유지되고 있다(뒤에 나오는 설교문인 "새로운 세계질서"를 보라). 요한복음은 구체적으로 예수의 수난을 향해 움직여 나가는 방식으로 구성되어 있으며, 그 전환점은 예수께서 이전에 "나의 때가 아직 이르지 않았다"라고 말씀하신 것에 반해 그의 생애 중 처음으로 "나의 때가 이르렀다"라고 말씀하시게 되는 요한복음 12장이다.
3) 더 잘 알려진 다른 언급은 나사로의 무덤에서 이루어진 요11:35의 말씀이다 ("예수께서 우셨더라"). 이 책에 실려 있는 "죽음의 취소"란 제목의 설교를 참조하라.
4) 1998년 미국 알칸사스 주의 Jonesboro시에 있는 한 학교 교실에서 두 젊은 학생이 총기 난사 사건을 일으켜 미국 전역을 놀라게 했던 일이 있다.
5) 실질적으로 이 예레미야 애가의 본문은 "나의 슬픔"이라고 되어있지만 기독교 전통은 언제나 이 구절이 예를 지칭한다고 생각해왔기에 이 구절은 "그의 슬픔"이란 의미로 불린다. 특히 찰스 젠넨스(Charles Jennens)가 부르는 헨델의 메시아에 나오는 유명한 리브레토에서 그렇게 불린다.
6) 요한 계시록에 나오는 일곱 교회에 대한 편지 중에 여러 번 반복해서 나오는 동일한 의미의 후렴구들을 참고하라.
7) 제임스 몽고메리(James Montgomery {1771-1854})가 지은 찬송가 171장 (감독교회 찬송집, 1982).

8) David Brooks, "The Organization Kid," *Atlantic Monthly*, April 2001, 40-54.
9) 역사를 주전(Before Christ)과 주후(*Anno Domini*, '우리 주님의 해'란 의미)로 나눈다는 것이 바로 이러한 크리스천의 확신을 보여주는 것이다. 연도에 대한 이러한 방식의 계수는 얼마 전부터 서력기원전(B.C.E/ Before the Common Era)과 서력기원 혹은 서기(Common Era)로 바뀌어 가고 있다. 이러한 새로운 계수 방식은 몇몇 크리스천들로 하여금 우리가 진정으로 믿는 것이 도대체 무엇인가를 새롭게 생각하게 만들고 있다.
10) 10년이 지난 후 이 설교를 출판하고자 준비하면서 나는 이러한 생각이 지속적으로 옳다는 데 충격을 받았다. 새로운 천년을 위해 설교문의 제목을 갱신할 필요를 전혀 느끼지 못했다는 뜻이다. 하버드 대학의 대학교회 목사님이신 피터 고메스(Peter Gomes) 교수는 새로운 2천 년의 중요성에 대해 질문 받았을 때, 새로운 2천년이 아무런 중요성이 없다고 생각한다고 대답했다. "나는 동일한 옛 사람들이 동일한 옛 일들에 의해 좌지우지 될 것이라고 생각한다." 아마 그럴 것이다.
11) 바로 이런 이유 때문에 마가복음에서 바로 이 순간 로마 백부장은 "정말로 이 사람은 하나님의 아들이었다" 라고 고백하고 있는 것이다. 마가의 특별한 강조점이 이 설교 중에서 내가 제시하고 있는 여러 이유들로 인해 교회에 중요한 의미를 지닌다. 마태는 상당한 정도로 마가의 서술을 따르고 있다. 수난기사에 대한 누가와 요한의 서술은 아주 다르다. 우리의 이러한 네 복음서 저자의 다양한 시각을 통해서 수난기사의 보다 온전한 의미를 깨닫게 된다. 이 책에 실린 "영광의 시간"이라는 제목의 성금요일 설교에서 요한의 시각이 다루어진다.
12) 리베리아로 향하는 수잔을 배웅하면서 나는 내가 살아있는 그녀를 다시 볼 것 같지 않다는 생각을 한 적이 있다. 그러나 주님께서는 수잔을 위해 아직도 나타내 보여주지 않으신 새로운 선교 비전들을 갖고 계셨다. 리베리아에 있는 동안 수잔 레크론은 동료 선교사인 데이비드 콥리(David Copley)를 만나서 결혼하게 되었다. 이 설교를 작성하는 이 시점에 그들은 버지니아 신학교에서 목사가 되기 위해서 공부하고 있다. 지난 십 년간 그들이 겪었던 어려

움들을 다 헤아릴 수는 없지만, 어려움 중에서도 그들이 지녔던 굳건한 믿음과 불굴의 정신은 많은 사람들에게 지속적으로 믿음의 원천이 되고 있다.

13) Howell Raines, ed., *My Soul is Rested* (New York: Penguin, 1983), 56.
14) 인종 차별정책의 몰락과 넬슨 만델라 대통령의 취임 시기에 대한 투투 주교의 증언은 필자의 책 *The Bible and the New York Times*에 나오는 "Ascension Day in Pretoria"를 보라.
15) 이것이 이들의 실제 이름은 아니지만 많은 독자들은 이들이 누구인지를 알 것이다.
16) Craig Horowitz, "Divided We Stand," *New York*, 9 April 2001.
17) 핵심인 이유는 이 이야기의 중요 부분이 이야기의 지리적이고도 역사적인 특정성, 즉 기독교를 여타 다른 종교와 구분 짓는 특정한 성격이라는 점에서 그렇다. 그러나 그렇지 않은 이유는 비록 그런 일이 없기를 간절히 바라지만 수소폭탄이 성지 예루살렘에 떨어진다면 이 이야기는 세상의 현재와 미래에 대한 살아있는, 그리고 구원적인 동일한 중요성을 갖고 있을 것이란 점에서 그렇다.
18) "기록된 바 아브라함이 두 아들이 있으니 하나는 계집종에게서, 하나는 자유하는 여자에게서 났다 하였으니 … 이것은 비유라. 이 여자들은 두 언약이라. 하나는 시내산으로부터 종을 낳은 자니 곧 하갈이라. 이 하갈은 아라비아에 있는 시내산으로 지금 있는 예루살렘과 같은 데니 저가 그 자녀들로 더불어 종노릇하고, 오직 위에 있는 예루살렘은 자유자니 곧 우리의 어머니라" (갈 4:22-26). 우리는 동일한 이 편지에서 바울이 "너희는 유대인이나 헬라인이나 종이나 자유자나 남자나 여자 없이 다 그리스도 예수 안에서 하나이니라" (3:28) 라고 선언하고 있음을 기억할 필요가 있다.
19) Jennie E. Hussey, *New Songs of Praise and Power*, 1921.
20) 예수께서 십자가에 죽으신 예루살렘 내의 장소는 두 가지 성경적 이름을 갖고 있다. 하나는 갈보리이고, 다른 하나는 골고다이다. 갈보리는 막15:22에 대한 라틴어 성경인 벌게이트 번역본에서 온 라틴어로 "해골의 장소"를 의미한다(마가의 헬라어 단어 kranion은 라틴어로 calvaria라 함). 골고다는 "해골"에 대한 아람어와 그리스어의 헬라적 음역이다(마27:33; 막15:22; 요

19:17). 이 장소가 왜 이렇게 불렸는지 알려진 바 없으며, 이곳이 어디였는지도 구체적으로 알 길이 없다. 단지 알 수 있는 것은 이곳이 예루살렘 성 외곽을 둘러쌓고 있는 성곽 바깥에 놓여 있었다는 점 정도이다. 초기 크리스천들이 예수의 유물들이나 그의 십자가 처형과 부활이 일어났던 장소에 대한 기억을 보존하는 일에 아무런 관심을 보이지 않았다는 것은 의미심장한 일이다. 이런 일에 대한 집착이 생겨나게 된 것은 주후 4세 무렵이다. 초기 크리스천들에게 정작 중요했던 것은 성령을 통한 예수님의 살아계신 임재였다. 분명히 이 점은 우리가 여기서 배워야 할 점이다.

21) C. S. Lewis, *Perelandra*, 2nd vol. in the "space trilogy" (New York: Macmillan, 1965), 111.

22) Patricia Lee Brown, "Preserving the Birthplaces of the Atomic Bomb," *The New York Times*, 7 April 2001.

23) 마을의 모든 사람들이, 유대인들을 제외하고는 모두 나왔다. 바로 여기에 슬픈 역사가 존재하는데, 그 이유는 유럽에서 거룩한 한 주는 유대인들에 대한 박해의 시간이었기 때문이다. 이 주간의 설교자들은 이 박해에 대해 가르칠 특별한 책임을 갖고 있었으며, 애석하게도 많은 크리스천들은 무엇이 문제인가에 대해 무지한 상태로 있었다.

24) 우리는 예수께서 예루살렘에 들어가셨을 당시 어떤 일이 벌어졌는지에 관해 정말로 아는 것이 별로 없는데, 그 이유는 복음서 기자들은 이야기를 구성하면서 구약으로부터 온 의미들과 사실들을 너무도 밀접하게 혼합시킴으로써 결국 우리는 사실들과 사실들에 대한 해석을 구분할 수 없게 되었기 때문이다. 그러나 사실들을 오늘 우리에게 살아있는 실체로 만드는 것은 다름 아닌 바로 이 해석이다. 엄밀히 말하자면 그 안에 구약 예언들이 혼재되어 담겨져 있는 해석이다.

25) 이 말은 과장일지도 모르지만 마태는 다른 중요한 순간들과 마찬가지로 이 사건은 수동태를 사용할 정도로 중요하다고 믿고 있다. "흔들렸다"란 표현의 의미하는 바는 외부의 어떤 실행자가 역사했다, 즉 하나님이 사건 가운데 역사했다는 뜻이다.

26) 찬송가 156장 (*Episcopal Hymnal* 1982), Henry Hart Milman (1791-

1868) 작사.

27) 요한 칼빈의 저서인 *Harmony of the Gospels*의 자세한 설명을 여기에 인용할 필요가 있다: "당나귀는 누군가로부터 빌려왔으며, 안장이 없었기에 제자들은 자신들의 겉옷을 당나귀 위에 얹어 놓을 수밖에 없었는데 (마21:7), 이것은 비천하고 부끄러운 가난함의 표식이었다. 예수께서는 커다란 시종들에 의해서 수종을 받고 계신다고 나는 생각한다. 그러나 어떤 종류의 시종들이었을까? 이웃 마을에서 급하게 모여든 사람들로 이루어진 시종들이었다. 요란하고 기쁨에 찬 환영의 소리들이 들리지만, 어디에서부터 오는 소리들일까? 가장 가난한 자들로부터 오는 소리들이요, 천대받는 군중들에 속한 자들로부터 오는 소리들이었다. 혹자는 예수님이 의도적으로 자신을 모든 사람들의 조소의 대상이 되게 하셨다고 생각할 지도 모르겠다. …" *Calvin's Commentaries* 16 (Grand Rapids: Baker, 1984), 447.

28) 누가는 또 다른 신학적인 목적을 마음에 두었는데, 이 점은 불과 몇 십 년이 지난 후 Justin Martyr가 누가의 구절("아버지여, 당신께 나의 영혼을 의탁하나이다")을 죽음을 대하는 크리스천들이 배워야 할 하나의 모범으로 인용할 때 아주 잘 표현되고 있다; Raymond E. Brown, *The Death of the Messiah* (New York: Doubleday, 1994), 1068-69를 보라. 제 4복음서의 저자는 십자가에서 예수께서 하신 말씀들에 대한 아주 다른 전승을 갖고 있었던 것으로 보인다.

29) 버려짐에 대한 울부짖음을 순화하기 위한 하나의 유사한 시도에 따르면 예수께서는 단순히 시편 22편 전체를 크게 말씀하고 있었다고 생각한다. 물론 예수께서는 이 시편을 암기하셨음에 분명하지만, 복음서 저자들은 시편 22편의 첫 절만을 부각시키려는 의도가 있었음이 확실하다. 이 울부짖음의 말씀이 두 복음서에서 인용되고 있는 유일한 말씀이기에, 그리고 이 울부짖음이 너무도 충격적이기에 예수님의 말씀은 특별히 역사적 사실성을 지닌 진정한 말씀으로 간주되어 마땅하다.

30) 갈라디아서를 주석하면서 쇠렌 키에르케고르는 이 스캔들과 소크라테스에 대한 플라톤의 묘사들을 대조함으로써 이 스캔들에 대한 자신의 견해를 표명하고 있다: 소크라테스는 참된 이상을 소유하고 있지 않았으며, 그렇다고 죄

에 대한 어떠한 개념도 갖고 있지 않았다. 그의 구원은 십자가에 처형되는 하나님도 필요로 하지 않았다: 그러므로 그의 삶의 슬로건은 갈라디아 6:14이 말하고 있는 "세상이 나에 대해 십자가에 처형되고 나는 세상에 대해 그러하다"가 될 수 없는 것이다. 그러므로 소크라테스는 세상의 어리석음에 대한 자신의 우월성을 보여줄 뿐인 아이러니를 유지했던 것이다. 그러나 크리스천에게 아이러니는 충분하지 않으며, 또한 구원은 하나님이 십자가에 못박힌다는 것을 의미한다는 끔찍한 진리에 대해 결코 답을 하지 않는다. *The Journals of Søren Kierkegaard* (New York: Oxford University Press, 1938), 403, entry 1122.

31) 하나님이 허락하신다면 언젠가 그녀는 더 잘 알려질 날이 있을 것이다. 그녀는 수녀 테레사와 도로시 데이(Dorothy Day) 혹은 여러분들이 말할 수 있는 그 밖의 어떤 인물과도 비견될 수 있을 정도의 크리스천 영웅이다. 그녀는 영예스러운 호칭이요 존경의 표식인 "데이 여사"라고 항상 불린다.

32) Charles Marsh의 *God's Long Summer: Stories of Faith and Civil Rights* (Princeton: Princeton University Press, 1997) 22에서 인용됨. 거의 문맹에 가까우며, 천대받는 소작인이었던 이 여인의 연설이 그가 어린 시절 교회에서 배웠던 킹 제임스 성경 번역본의 구절을 사용함으로써 ("그들은 그들이 행하는 바를 알지 못한다") 수사적인 힘을 보여주고 있음을 주목하라.

33) TRC의 모든 멤버들은 자신들이 하는 일 때문에 대가를 치러야 했다. 다시 말해 자신들의 사랑하는 이들이 어떻게 고문을 당해 죽어갔는가를 설명하는 가족들의 이야기를 수년 동안 계속해서 듣는다는 것은 멤버 모두에게 참기 어려운 조종(death toll)이었다. Barbara Brown Taylor는 모든 멤버들이 이런저런 점에서 모두 병들었다고 전하고 있다(투투 주교는 암으로 투병 중이다).

34) Desmond Tutu, *No Future Without Forgiveness* (New York: Doubleday, 1999), 270-72. 한 곳에서 나는 단어들은 바꾸지 않았지만 문장들의 순서를 재배치하였다. 이 인용문은 원래 설교 속에서 사용했던 인용문보다 더 길다. 내가 느끼는 바로는 독자들이 교회 회중석에 앉아 있는 회중들보다 더 많은 것을 배우고 받아들일 수 있을 것이라 생각된다.

35) the National Association of Evangelicals의 진술임.

36) 이 말이 반-로마 가톨릭적 이라고 혹시 생각하는 독자가 있다면 이 책에 실린 부활절 절기 섹션에 있는 "내가 맛본 것은 나 자신이었습니다"라는 설교문을 읽기까지 판단을 유보하기 바란다.
37) 잔다르크의 삶과 특히 "예수여, 예수여" 하는 그녀의 울부짖음에 깊이 감동되지 않는다는 것은 불가능하다. 이 말에는 결코 모독하려는 의도는 나타나지 않는다; 그녀는 나의 영웅 중 하나이다. 단지 여기서 나는 다른 점을 지적하고 있는데, 이 점은 Jane Grey 여사의 예를 통해 예증될 수 있다. Grey여사는 잔다르크가 1세기 앞서서 19살의 나이로 죽었던 것에 비해 두 살 어린 17살 되던 해인 1544년에 단두대의 이슬로 사라졌다. Jane Grey는 고전 교육을 받았고, 그녀의 놀라운 능력으로 많은 사람들을 놀라게 했다. 그녀는 프로테스탄트 교도로서 자신의 개인지도 선생이었던 John Aylmer에게서 헬라어와 히브리어로 성경을 배웠으며, 이로 인해 그녀는 진정한 의미의 신학자가 되었다. Paul F. M. Zahl, *Five Women of the English Reformation* (Grand Rapids: Wm. B. Eerdmans, 2001)을 보라. 여기서 내가 제시하는 두 번째 요지는 크리스천 신앙은 그 자체가 해방운동들의 모판 역할을 해왔으며, 이 운동들은 특권층에 있던 Janes 뿐만 아니라 촌부인 잔다르크에 대한 교육과 같은 것들로 이어졌다는 점이다.
38) 1988-89년에 사람들을 화나게 만들었던 영화가 바로 이 영화였다. 매년마다 다른 일들이 사람들을 화나게 한다. 대소변으로 얼룩진 마리아상들과 십자가상들, St. John the Divine 성당 안에 십자가 상 위에 있는 여성 형태들을 들 수 있다. 이런 논쟁거리들의 잦은 출현을 보면서 지금은 15분의 감흥거리들을 이제 자연스럽게 중단하고, 우리의 모든 에너지를 그리스도의 사역의 참된 의미에 진력할 수 있도록 해야 한다.
39) Marina Warner, *Joan of Arc: The Image of Female Heroism* (New York: Knopf, 1981), 268에서 인용함.
40) 예수님에 대한 가장 초기의 독립된 언급들이 요세푸스와 같은 역사가들로부터 전해지는데, 이 요세푸스는 예수께서 죽으신 후 40년이 넘어서 책을 쓰면서도 예수님에 대한 우리의 기존 지식에 아무것도 더한 것이 없다.
41) 나는 소위 영지주의 복음서들이 기록된 때는 후대라고 생각한다. 비록 수정

론자들에 의해서 크게 사랑받는 도마복음에 얼마간의 초기 예수 전승들이 포함되어 있지만, 도마복음서를 역사적 문헌이라고 볼 수는 없다. 사실은 우리는 "역사적 예수"를 알 길이 없으며, 오직 "살아계신 그리스도"에 대해서만 알 뿐이다. Luke Johnson이 말하는 대로 "복음서 기자들의 신앙적 시각(faith perspective)은 문제가 아니라 바로 요점이다." Johnson은 아이러니한 다소 절제된 톤 그 이상으로 다음과 같이 첨언한다: "역사가에게 복음서들이 지닌 신앙적 시각은 신약 성경의 역사적 성격을 평가하는 데에 저자의 상당한 정도의 편견이 고려되어야 한다는 것을 의미한다." 정말로 그렇다(Luke Timothy Johnson, *The Real Jesus* {San Francisco: Harper-SanFrancisco, 1996}, 88).

42) 이 칭호는 남성과 여성이란 성적 구분에 민감한 번역자들에게 얼마간의 어려움을 주고 있다. "인간 같은 자"(Human One)라는 표현이 몇 해 전에 제안된 바 있으나 성경학자들의 비판으로 곧 사라져 버렸다.

43) 독일 학자인 오스카 쿨만은 오래 전에 하나의 좋은 유비관계를 제시한 바 있는데, 이 유비는 지금도 도움이 된다: 십자가와 부활의 사건은 D-Day요, 그리스도의 재림 사건은 V-E(Victiory in Europe) Day이다. 여기서 중요한 점은 이 사이에는 여전히 치러야 할 많은 위험한 전투들이 존재하며, 많은 사람들이 죽을지도 모른다는 점이다. 그러나 승리는 확고부동하며, 뒤따르는 전투들도 이러한 확신 가운데 나아가 가능하다면 기쁨 가운데 치러야 한다는 점이 또한 중요하다. 이 점과 관련해 우리는 특별히 남아프리카 공화국의 데스몬드 투투 주교를 생각할 수 있을 것이다.

44) 오리겐과 Gregory of Nyssa, 그리고 다른 사람들이 있다. 그러나 이들의 동시대인들 중 어떤 이들은 이러한 사상을 반박했는데, 이들 중에는 John of Damascus와 Cyril of Alexandria가 있다. 마귀에게 지불된 대속물이란 개념은 1천년 대에 들어서면서 Anselm과 Abelard에 의해서 결정적으로 일소되었다.

45) Vincent Taylor, *The Gospel According to St. Mark* (London: Macmillan, 1952), 446. 그가 오십 세에 쓴 헬라어 본문에 대한 Taylor의 주석은 모든 면에서 고전적 가치를 보여 준다.

46) Vincent Taylor의 표현으로써 다른 사람들에 의해서 종종 인용된다.
47) "우리가 결코 우리 자신을 속량하지 못하며, 우리의 생명을 위한 대가를 하나님께 속전으로 드리지도 못할 것은, 우리의 생명에 대한 대속물이 너무 크기에 우리는 결코 생명을 위해 내야할 충분한 대속물을 얻지 못하게 될 것이기 때문이라" (시편 49:7-8).
48) 우리는 대속물이란 주제와 전쟁 이미저리가 초기 세대 가운데서 얼마나 현저했는가를 쉽게 볼 수 있을텐데 특별히 Venantius Honorius Fortunatus의 거룩한 한 주 찬송집(540년 혹은 600년경의 저작임)을 살펴봄으로써 이것이 현저하게 나타난다는 것을 알 수 있을 것이다. 다음의 예를 보라.

> 왕의 깃발들이 앞으로 나가고, 십자가는 신비로운 빛 가운데 앞을 비추니 바로 이 십자가 상에서 그분을 통해 우리의 육체가 지음을 받았고,
> 동일한 이 육체 가운데 우리의 대속물이 지불되었도다. - 찬송 162, Episcopal Hymnal 1982, 라틴어를 번역함.

49) C. S. Lewis, *The Lion, The Witch and the Wardrobe*.
50) Flannery O'Connor, *Mystery and Manners* (New York: Farrar, Straus & Giroux, 1969), 118.
51) George Hunsinger의 한 최근 저작이 *Disruptive Grace* (Grand Rapids: Wm. B. Eerdmans, 2000)라는 적절한 제목으로 출판되었다.
52) 간략하게 말하자면 이러한 역사는 다소 과장되어 표현된 바가 없지 않다. 선지서들 전반에 걸쳐, 그리고 초기 묵시론적 시기에 이르기까지 퍼져 있었던 메시아 대망사상의 발전은 그 자체로도 참으로 놀라운 주제이다.
53) 내가 생각하기에는 사람들은 더 나은 효과를 위해 더 큰 이슈들을 사용하려고 할지도 모른다. 예를 들어 다른 사람이 자기와 비슷하고 자신에 대해 협조적이라 생각하면 다른 사람에 대해 "관용적인" 태도를 취하는 것은 아주 쉬운 일이다. 그러나 만약 어떤 다른 사람이 자신의 입장과 다른 차이점을 크게 강조하고자 한다면 ―그것이 극보수 이슬람교도이든, 경건과 유대인이든, 여호와 증인이든 간에 관계없이― 솔직한 우리의 반응은 판단적인 생각이 우리의 정신세계 속으로 은밀히 스며들어 온다는 점이다. 나는 이 설교문에서 비교적 사소한 이슈인 "경배 음악"(praise music)의 문제를 언급하는데, 그 이

유는 회중이 이와 관련된 이슈를 잘 알고 있을 것이라고 생각하기 때문이다.
54) 우리는 실질적으로 말라기라는 이름을 가진 사람이 있었는지에 대해 알 길이 없다. 그 이유는 말라기란 "나의 메신저"란 의미를 띠고 있기 때문이다. 그러나 말라기서의 저자에 대한 관심과 그의 활동 시기(주전 500-450년)는 쉽게 규명될 수 있다. 말라기는 정해진 주의 날의 도래와 그 성취를 너무도 분명히 미리 지적해주고 있다는 점에서 구약에 대한 가장 적합한 결론의 역할을 한다. 유대인의 히브리 성경(Tanakh)은 다르게 배열되어 있는데, 예를 들면 예언서들이 중간에 있고, 성문서들이 끝에 놓여있다.
55) 오늘날의 많은 성경해석 일반적 경향은 이 구절을 레위지파 계열의 제사장 그룹과 선지자 계열의 제자그룹 사이에 있었던 권력투쟁의 관점에서 해석하려는 것이다. 외견상으로 볼 때 말라기가 속한 그룹이 이 투쟁에서 승리했던 것 같다. 이러한 해석이 이 구절의 의미를 옳게 드러내 주는지에 대해서는 독자들이 판단하기 바란다.
56) "예수의 행동은 단순히 한 유대 개혁가의 행동이 아니다. 그것은 메시아의 출현의 한 표식이다." (Edwyn C. Hoskyns, *The Fourth Gospel*, 2nd ed. {London: Faber & Faber, 1947}, 194.)
57) 이 문장에서 '**내가…이다**'를 대문자로 나타냄에 있어서, 나는 옳다고 생각되는 얼마간의 자유로움을 느낀다. 요한복음에서 예수님의 *ego eimi* (I am) 어록들은 요한복음 전반에 걸쳐서 여러 군데에서 전략적으로 나타남으로써 그리스도의 메시아적 권위와 아버지 하나님과의 일체성을 강조하고 있다. 특별히 요한복음 18:5-8을 볼 필요가 있는데, 여기서 예수님은 최후의 순간이 가까운 시점에서 이 짧은 네 구절 속에서 세 번씩이나 *ego eimi*라는 표현을 사용하신다. 이 표현은 "나는 스스로 있는 자" (I AM WHO I AM)/(출3:14)란 하나님의 이름에서 연유하고 있다.
58) Alexander Maclaren, *Expositions of Holy Scripture* (Grand Rapids: Wm. B. Eerdmans, 1959), 7:41.
59) 예를 들어 렘 23:1-4; 50:6-19; 겔34; 슥10-13장을 보라.
60) 전쟁 깃발과 함께 있는 *Agnus Dei*는 승리뿐만 아니라 악에 대한 계속적인 교전상태를 상징한다. 깃발과 함께 누워있는 어린양은 전쟁 후에 가지는 충

분한 휴식을 시사한다. (종종 인봉된) 어떤 책 위에 서있거나 혹은 앉아 있는 어린양은 요한 계시록 5:6과 5:12, 6:1을 연상시킨다: "일찍이 죽임 당하신 … 어린 양이 인봉을 떼기에 합당하시도다. … 내가 보매 어린 양이 일곱 인중에 하나를 떼시니 …"

61) 이 모든 것들은 레위기서에 기술된다.

62) 여기서 의미하는 바는 "갈대숲의 바다"(Sea of Reeds)라는 일반적 동의가 있지만, 이 이야기를 전하는 일이 수 세기에 걸쳐서 수사적인 장엄함을 너무도 크게 발전시켜 왔다. 뿐만 아니라 압제받는 공동체의 삶들 속에 의미와 소망을 너무도 크게 불어 넣어 왔기에 이제 와서 이러한 명칭으로 홍해를 바꾼다는 것은 생각할 수도 없는 일이다.

63) Cecil B. DeMille의 영화 '십계 (*The Ten Commandments*)'의 대부분을 지금에 와서는 웃으면서 즐길 수 있게 되었지만, 그러나 여전히 힘을 갖고 있는 한 장면이 있다면 그것은 애굽을 떠나기 위해 준비하는 이스라엘의 백성들에 대한 묘사이다.

64) 출애굽 사건과 이 사건이 십자가와 부활에 대해 갖는 관계에 대한 보다 자세한 설명을 위해서 필자의 저작인 *Help My Unbelief*에 나오는 "A Way Out of No Way"를 보라.

65) 유대 크리스천들은 이 모든 것들을 그들의 출생반점이나 그들의 고기와 음료로 알고 있었을 것이다. 반면 이방 크리스천들은 세례받기 위해 준비하는 입문자의 신분으로 이에 대해 배웠을 것이기 때문에 이것을 잘 알고 있었을 것으로 생각된다.

66) 이 마지막 표현은 감독교회 일반기도서에 나오는 성찬식 기도 B에 나오는 표현이다.

67) 비록 증명할 수는 없지만 사람들은 종종 이렇게 말한다: 요한복음은 유월절 전날 밤에 행해진 최후의 만찬을 묘사하고 있는데, 그 이유는 사도 요한은 매년 유월절에 어린양을 잡아 제물로 드리는 연례 예식의 바로 그 순간에 예수께서 죽는다는 것을 보여줌으로써 유월절 어린양으로서의 예수의 정체성을 강조하기 원했다는 것이다. 다른 세 복음서들은 최후의 만찬을 유월절의 첫날밤 축제라고 규명하고 있다. 오늘날 상당한 정도의 성경학자들은 요한복

음서의 순서가 역사적인 순서일 확률이 대단히 높다고 생각하고 있는데, 이러한 생각은 최근 들어 많은 사람들로 하여금 성 목요일에 유월절의 첫날밤 축제를 여는 교회들의 적절성에 대해 의문시 하게 만들었다(비록 좋은 의도들로 의문시 한 것은 아니지만). 요한복음의 순서와 관련한 논쟁에 대한 간략한 요약은 Rudolf Schnackenburg, *The Gospel according to St. John* (New York: Crossroad, 1982), 3:34를 보라.

68) "At the Lamb's high feast we sing"이라는 제목의 부활절 찬송이 지닌 대단히 적절한 다음의 가사를 주목하라.

> 어린양의 높은 축일에 우리는 우리의 승리의 왕께 찬양을 드리나이다.
> 유월절 양의 피가 뿌려진 그곳에, 사망의 어두운 천사가 자신의 칼을 집어넣는다네. 이스라엘의 무리들이 승리 가운데 대적을 몰사시킨 파도를 지나가네. 하늘 높은 곳에서 오신 위대한 희생자시여, 지옥의 무서운 세력들이 당신 아래 꿇어 있나이다. 주는 싸움에서 승리하셨으며, 주는 우리에게 생명과 빛을 주셨나이다. - 찬송 174장, Episcopal Hymnal 1982/ - 1632년 판 라틴 찬송집의 가사를 Robert Campbell(1814-1864)이 번역함 -

69) 아주 엄격하게 정확히 말하자면 *ephapax*는 히브리서에서 세 번 나타나는데 (7:27; 9:12; 10:10) 이에 대한 인상을 말하자면 강한 강조를 위해 반복된다는 것이다. "once and for all" ("단번에")이란 단어는 대부분의 영어성경들에서 네 번 나타나는데, 그 이유는 동일한 개념이 9:26에서도 매우 분명히 나타나기 때문이다.

70) 이 책이 출판될 즈음에 르완다에서 가장 최근의 예를 찾게 되었다. 이 나라에서 천주교와 영국성공회의 신부들과 신자들이 재판에 회부되었으며, 이들 중 어떤 사람들은 이미 형이 언도되기도 했다.

71) "여기 하나님의 어린 양이 있도다" 라는 NRSV의 번역은 평범하고도 진부하여 여운과 공명이 없다.

72) 이것은 클린턴 대통령이 그의 임기를 얼마 안 남기고 행한 사면에 대해 많은 사람들이 비판한 것을 가리킨다.

73) 이 마지막 문장은 논쟁의 대상이다. 필자는 가장 폭넓게 동의되는 독법을 제시하고 있는데, 이 독법이 가장 합리적인 것 같다.

74) Edwyn C. Hoskyns, *The Fourth Gospel*, 2nd ed. (London: Faber & Faber, 1947), 446.

75) C. K. Barrett, The Gospel According to St. John (New York: Macmillan, 1955), 363.

76) Raymond E. Brown, *The Gospel According to St. John XIII-XXI*, Anchor Bible 29A (Garden City, N.Y.: Doubleday, 1970), 551.

77) 베드로에 대한 이러한 일련의 통찰력은 부분적으로 요한복음에 대한 William Temple의 묵상들에서 연유한다.

78) 바로 이 구절에서 우리는 세족식(Maundy) 목요일이란 이름을 얻게 된다.

79) 사도 바울은 그리스도 안에 있는 하나님의 사랑에 대해 말할 때 자주 이 표현, 즉 "얼마나 더 많이"라는 표현을 사용한다. 또한 다음에 나오는 예수님의 말씀을 주목해 보라: "너희 중에 아비 된 자 누가 아들이 생선을 달라 하면 생선 대신에 뱀을 주며, 알을 달라 하면 전갈을 주겠느냐? 너희가 악할지라도 좋은 것을 자식에게 줄줄 알거든 *얼마나 더 많이* 너희 천부께서 구하는 자에게 성령을 주시지 않겠느냐?" (눅11:1-13)

80) 이 "대속물"이란 말씀에 대해 수많은 글들이 쓰였다. 보다 자세한 설명은 앞에 나오는 설교문인 "The King's Ransom" (왕의 대속물)을 보라.

81) 마지막 두 문장은 누가복음의 초기 사본들에는 들어있지 않지만, 이 두 문장은 주후 2세기 경부터 교회에 알려지게 되었고, 또한 예수의 수난에 대한 1세기 전승을 반영하고 있다. 대 연도기도서(the Great Litany)에서 우리는 "선하신 주여, 주의 고난과 피 맺힌 땀으로 우리를 구원 하소서" 라고 기도한다.

82) Babara Brown Taylor는 자신의 성금요일 설교들 중 하나에 나오는 놀라운 강해에서 이렇게 말한 적이 있다: 버려짐에 대한 울부짖음으로 절정에 다다르게 되는, 하나님에 의한 외견상의 유기는 실질적으로 겟세마네 동산에서 시작되었다(*Home by Another Way* {Cambridge, Mas.: Cowley, 1997}, 81-85).

83) Nicholson Baker의 중편소설인 *The Everlasting Story of Nory* (New York: Random House, 1998)에서 주인공인 작은 미국 소녀가 그녀의 가족이 살고 있는 마을을 위압적으로 내려다보고 있는 대성당에 대해 다음과 같

이 깊이 생각한다: "보통 대성당은 십자가상의 형태로 배열되는데, 그 이유는 예수께서 십자가에서 죽으셨기 때문이다. '그러나 왜 그랬을까?' Nory는 때때로 궁금해 한다. '사람들은 예수께서 죽으신 그 끔직한 방식에 대해 관심을 집중해야만 하는 걸까?'"

84) 혹시 누가 다윗이 이 시편을 쓰지 않았다고 주장한다 해도 상관없지만, 이 시편을 다윗의 저작으로 돌리는 전통적인 견해에는 크나큰 지혜와 적절성 존재한다.

85) 필자가 마치 3절이 1절 앞에 오는 것처럼 만들고 있지만, 그렇게 함에 있어서 필자는 바울의 논지를 왜곡시켰다고는 생각하지 않는다. 그 이유는 바울은 동일한 사상들을 여러 번 다른 말들을 통해 반복하고 있기 때문이다.

86) 이 점에서 삼위일체의 신학을 이해할 필요가 있다. 이것은 희생양 된 아들을 징벌하시는 그러한 잔인한 아버지를 말하고 있는 것이 아니다. 오히려 성부 하나님과 성자 하나님이 함께 일을 하고 계신 것이다. 또 하나의 거룩한 한 주의 찬송가사가 이 점을 잘 보여주고 있다.

>
> 갈보리 산의 눈물어린 등정
>
> 거기서 그분의 발아래 엎드리어 경배하며
>
> 기적의 시간을 되새기세
>
> 완성된 하나님 자신의 희생을
>
> - 찬송 171 (Episcopal *Hymnal* 1982), "Go to Dark Gethemane,"/ - James Mongomery (1771-1854) 작사 -

예수님의 죽음은 하나님 자신의 희생이다. 우리가 예수님을 볼 때 우리는 하나님을 보는 것이다(비록 우리가 그분을 성자 하나님으로 보는 것이 분명하긴 하지만). 바울이 말하듯이, "하나님은 그리스도 안에 계셔서 세상을 자기와 화목하게 하셨다" (고후 5:19).

87) Hymn 313 (Episcopal *Hymnal* 1982), John Brownlle(1859-1925) 작사.

88) 전승에 따르면 예수님의 제자인 베드로와 안드레가 십자가에 처형되었다고 한다. 그러나 그렇다 해도 (물론 이것이 어떤 식으로든 증명될 수는 없지만), 이들은 또 다른 의미에서 이상의 주장을 증명해 보이는 제외적인 경우들이다.

89) 흠정역본의 구절이 헨델의 오라토리오 '메시아'를 통해 우리에게 익숙하다:

"우리는 다 양 같아서 그릇 행하여 각기 제 길로 갔도다."

90) In Retrospect: *The Tragedy and Lessons of Vietnam* (New York: Times Books, 1995). Mr. McNamra는 베트남 전쟁 동안에 있었던 자신의 공모와 계략을 고백한 바 있다.

91) 찔러 죽이는 처형 방식이 어쩌면 십자가 처형에 가장 가까울 수 있지만, 이 끔찍한 처형 방식도 다음과 같은 점에서 십자가 처형과 다르다: 전자의 처형 방식은 오랜 세월 동안 모든 계층과 지위의 사람들에 행해져 온 반면에 십자가 처형은 비-로마인들, 특히 노예들에게 적용되었다는 사실이다.

92) 이 모든 것들에 대한 좋은 지침서로, Martin Hengel의 *Crucifixion in the Ancient World and the Folly of the Message of the Cross* (Phiadelphia: Fortress, 1977)를 참고하라.

93) 정확히 말하자면 우리는 요한복음이 이 끔찍함에 대해 침묵하고 있는 것은 사도요한이 다소 다른 신학적 관심과 초점을 갖고 있기 때문이라는 점을 주목할 필요가 있다. 요한복음에 나오는 예수님의 최후의 말씀들(소위 가상 칠언)은 미래의 기독교 공동체를 향해 주어진다. "빛이 미리 십자가 처형 사건이란 어둠 가운데 비춰지고, 그 뒤 그 충격성이 점점 줄어간다. 그러므로 요한복음의 예수 수난은 예수의 승리의 이야기요, 예수의 사역의 성취의 이야기이다" (Rudolf Schnackenburg, *The Gospel according to St. John* 3:4). 이 주제들은 이 책의 다른 부분에서 다루어진다. 여기서 필자의 주된 관심은 공관복음서들과 바울의 서신서들, 그리고 히브리서에 있다.

94) 이 말은 앞에 나온 "하나님의 어린양"이란 설교를 되풀이하는 것 같지만, 그렇지 않다. 동일한 주제들에 대한 다른 방식의 접근들은 단순한 반복이 아니라 묵상하는 마음으로 읽게 될 경우 보다 확장된 설명과 보다 강화된 설명이 될 수 있다는 것이 필자의 바람이다.

95) *Episcopal Book of Common Prayer*, Holy Eucharist, Rite One.

96) "요한이 옥에서 그리스도의 하신 일을 듣고 제자들을 보내어 예수께 묻되, '오실 그이가 당신입니까? 아니면 우리가 다른 이를 기다리오리이까?'" (마11:2-3)

97) 평범한 십자가 상인 Christus Rex Cross를, 즉 왕의 그리스도 형상을 지닌 십

자가 상을 선호하는 적합한 신학적 이유들이 존재한다. 그러나 여기서 이슈는 이것이 아니다. 이 여인은 자신의 삶의 모든 면에서 그 어떠한 끔찍스러움도 결코 느끼기를 원치 않고 있는 것이다.

98) 이 점은 앞으로도 여러 번 반복될 것인데, 그 이유는 이 점의 중요성과 이에 대한 오해의 뿌리 깊은 성격 때문에 그렇다.

99) 여기 Anselm of Canterbury의 글을 인용하고자 하는데, 그는 만약 우리가 십자가를 일종의 보상 혹은 만족으로 이해하지 않는다면, "여러분은 여전히 죄의 심각성 혹은 중대함을 고려치 않고 있는 것이다"(*nondum considerasti quanti ponderis peccatum sit*)라고 말하고 있다.

100) Diogenes Allen은 George Herbert의 시인 "The Agony"에 대해 설명하면서 다음과 같이 쓰고 있다: "Herbert는 만약 당신들이 죄가 무엇인지를 알기를 원한다면 십자가에 달린 그분을 바라보라고 우리에게 말한다."("Jesus and Human Experience," in *The Truth about Jesus*, ed. Donald Armstrong [Grand Rapids: Wm. B. Eerdmans, 1998], 154).

101) 예를 들면 다음과 같은 사람들을 들 수 있다: John Lewis, James Bevel, James Farmer, Fannie Lou Hamer, Hoesa Williams, Fred Shuttlesworth, Andrew Young과 그 밖의 수많은 사람들. Howard 대학의 신학 교수인 Kelly Brown Douglas는 기독교 신학 발전에 끼친 루터 킹 박사의 중요한 영향에 대해 말한 바 있다. Douglas 교수는 루터 킹 목사는 위험스러울 정도로 자기-도취에 빠져 있는 미국 교회로 하여금 십자가-중심적이고, 왕국-중심적인 살아있는 신앙으로 나아가게 했다고 지적하고 있다.

102) 헬라어로 *arrabon*(고후 1:22; 5:5; 엡 1:14)은 보증금, 보증, 첫 번째 불입금, 계약금 등을 의미한다.

103) 우리가 종종 말하는 *Gloria Patria*란 말은 해석이 필요하다. "찬송과 영광이 성부, 성자, 성령에게 창세로부터 지금까지, 그리고 영원토록 함께 있을지어다, 아멘"이란 축복송은 모든 것들이 언제나 영원토록 동일하게 머물러 있을 것을 뜻하지 않는다. 성경 전체의 증언에 따르면 하나님은 완전히 새로운 그 무엇을 행하실 것이다(특히 이사야 40-55장을 참조하라). 이 책 앞에 실린 "새로운 세계질서"를 보라.

104) 찬송가 551 (Episcopal *Hymnal* 1982), 이전에는 "Rise Up, Ye Men of God" 이었지만 새롭게 "Rise Up, Ye Saints of God"이라고 개정된 찬송이며, William Pierson Merrill (1867-1954)이 작사하였다.

105) Black Sash는 인종차별에 대해 반대하는 남아프리카의 백인 여성들의 단체이다. 1980년에 엘 살바도르에서 Salvadoran Natinal Guard의 소속된 자들에 의해서 미국 수녀들인, Maura Clark, Ita Ford, Dorothy Kazel과 평신도 사역자인 Jean Donovan 등이 유괴되어 강간을 당하고 죽임을 당했다. 시간이 흘러감에 따라서 이전 미국 국무성의 주장과 달리 이들은 자비의 수녀들로서 폭력적인 역모의 주창자들이 아니었음이 밝혀졌다. 특별히 Ita Ford의 가족은 수십 년에 걸쳐서 사회정의와 인권 향상에 열정적으로 헌신해왔다. Ford 가문의 후세들은 이것을 자신들의 숙모였던 Ita Ford로부터 물려받은 "가장 소중한 선물"로 보고 있다. David Gonzalez, "Kin of Nun Slain in 1980 Keep Faith in a Cause," *The New York Times*, 6 November 2000을 보라.

106) 갈 3:10-14은 1983년 일반 예배예식 성서(Common Lectionary)나 1992년 개정판 일반 예배예식 성서에도 *전혀* 들어 있지 않았다.

107) 영어로 이 단어를 표현하는 가장 좋은 번역은 *rectification* 즉 교정 혹은 수정이지만, 그러나 이 표현은 너무도 혼란스럽기에 성금요일에 이에 대해 다룬다는 것은 적절치 않다. 그래서 보다 친숙한 표현인 칭의를 그대로 사용하고자 한다.

108) 이 생각은 사도 바울에 관한 자신의 다양한 책들 중에서 J. Christiaan Beker가 제시하고 있는데, 그의 설명은 이제 고전적 위치를 차지하고 있다.

109) 내가 "유대인들"이란 표현 대신에 "종교적인 사람들"이라고 말하는 이유는 우리가 오늘날의 관점에서 이해하는 종족상의 유대인들에 대해 말하고 있는 것이 아니라는 점을 분명히 하기 위한 목적에서이다. 칼 바르트는 자신의 로마서 주석과 그 외의 다른 곳에서 신약의 "유대인들"은 오늘날로 하면 좋은 종교적인 사람이나 혹은 도덕적인 사람들, 즉 자신의 의로움에 신뢰를 두고 있는 사람들로 이해할 수 있다는 점을 우리에게 잘 보여준 바 있다.

110) 찬송가 685장 (Episcopal *Hymnal* 1982), Augustus Toplady, 1776년

작사.
111) 여기서 나는 죽음과 죄를 대문자로 표기하는데, 그 이유는 세력들로서의 이것들의 신분 혹은 이것들의 실체를 강조하기 위함이다. 죽음과 죄를 세력들로 보는 것은 신약 여러 곳에서 반복적으로 나타나고 있다.
112) J. Gordon Davies, *Holy Week: A Short History* (Richmond: John Knox, 1963), 47.
113) 이 유명한 말은 Mary McCarthy의 집에서 있었던 저녁 만찬석상에서 이루어졌다. Miss McCarthy는 후에 이 사건에 대해서 글을 쓰면서 특별히 Miss O'Connor가 전한 사건의 전말에 동조하면서도 만찬의 여주인으로서 그녀는 그 시점까지 완전히 입을 다물고 있었던 그녀의 손님과 함께 나눌 공동의 관심사를 찾으려고 시도하고 있었다는 점을 부연한다. 가톨릭 신자였던 Mary McCarthy가, 성찬식은 하나의 상징이라고 제안했을 때 Flannery O'Connor 자신은 매우 떨리는 목소리로, "글쎄요, 만약 그게 단지 상징이라면, 그것을 없애버리는 것이 낫겠군요." 라고 대답했다고 전하고 있다. 이 사건은 Miss O'Connor의 편지들 중 하나에 재미있고도 자세히 상술되어 있다. *The Habit of Being* (New York: Farrar, Straus & Giroux, 1979) 124-25를 보라.
114) 찬송가 164 (Episcopal *Hymnal* 1982), Peter Abelard (1079-1142) 작사.
115) 바울은 이 표현을 고전4:13에서 사용하고 있다. 바울은 이 표현을 통해서 사도들의 선교사역의 어려움들을 가리키지만, 이 표현이 무엇을 가리키든지 분명한 점은 이것이 십자가와 연결되어 있다는 점이다.
116) 중요한 이 구절은 바로 앞에 나온 일곱 개의 묵상들 가운데서도 언급된 바 있지만, 여기서와 동일한 방식으로 인용되지는 않았다.
117) "다른 사람들을 위한 분"이란 표현은 나치의 손에 의해서 순교를 당한 Dietrich Bonhoeffer와 연관된 표현이다.
118) 이 말은 영국 종교개혁 중에 Thomas Cranmer에 의해서 쓰였거나, 아니면 모아진 구절로써 감독교회의 1928년도판 기도서에 보존되어 있다. 이 구절은 젊은 세대들에 의해서는 잘 기억되지 않지만, 이 말은 즐겨 사용하던 사람들에 의해서 매우 크게 애용되며 또한 매우 사랑받는 표현이다.

119) 찬송가 158 (Episcopal *Hymnal* 1982), 5절, Johan Heerman (1585-1647) 작사.
120) 삼 년이 지나 이 설교가 편집되던 무렵에도 필자는 여전히 부활절을 위해 바오밥 카드를 산다. 이 카드들은 백인들의 카드보다 분명히 더 많은 감성적인 호소력을 지닌다.
121) *New York Times*는 간신히 9·11 세계무역센터 테러에서 살아남은 한 여인의 이야기를 전하고 있다. 맨발로 북쪽을 향해서 재와 먼지를 뒤집어 쓴 채 콜록거리며 울면서 비틀거리고 있을 때, 한 낯선 사람이 플라스틱 물 컵 하나를 주었는데 이 여자는 그녀의 남은 평생 이 컵을 보존할 계획임을 밝히며, "이 컵은 너무도 큰 의미를 지니고 있지요" 라고 말했다.
122) 여기서 필자는 이 조각상에 대해 완전히 부정적이라고 할 의도는 없다. 필자가 생각하기에 호수길만이 이 조각상이 어울리는 적합한 장소가 아니라고 충분히 주장할 수 있다. 이 시각에서 볼 때 필자는 필자의 주장을 관철하기 위해서 설교적인 값싼 탄환을 장전하고 있다고 비난받을 수도 있을 것이다. 어쨌든 몇 년이 지나서 이 문제가 신문에 발표되었고, 이에 대해 항의하는 사람이 있건 없건 간에 그 조각상은 여전히 거기에 서 있었다.
123) 보다 더 자세한 표현은 Cranmer의 일반기도서에 나온다. 여기서 인용된 구절은 이전 구판에 실린 구절로 오늘날 감독교회 내에서 많이 사용되지 않지만, 이 구절이 주는 더 큰 공명과 메아리는 새판 기도서에 나오는 표현보다 더 시의적절하다. 지난 10년 간 *Devices and Desires*란 제목의 두 책이 출판된 바 있다.
124) 또 다시 이 표현은 1929년도 판 기도서에서 나온 것인데, 이 기도서는 다시 1549년과 1662년판 기도서들의 개정판이다. 현재 통용되는 성결을 위한 모음집 (The Collect for Purity)은 17세기부터 사용되는 것이다.
125) 찬송가 168장 (Episcopal *Hymnal* 1982), Paul Gerhardt (1607-1676)작사.
126) 이 설교문은 1999년에 쓰였는데 이 해는 세르비아계의 독재자, Slobadan Miloservic(슬로보단 밀로세빅)이 알바니아 종족의 코소보인 들을 "쓸어버리려는" 계획을 실행하려는 일을 중단시키고자 하는 목적으로 나토가 그곳

에 폭격을 가하던 해였다.
127) 찬송 158장(Episcopal *Hymnal* 1982), 처음 세 절, Johann Heermann (1585-1647) 작사.
128) "Solus ad victimam," by Kenneth Leighton (1968); *Anthmes for Choirs* I (London: Oxford University Press, 1973).
129) 이 본문은 앞에 나온 "일곱 개의 묵상들" 중에서도 강해된 바 있지만, 거기서는 다른 방식으로 설명되었다. 이 본문과 같이 심오한 뜻을 갖고 있는 성경 구절들은 다중적인 해석을 불러일으킨다.
130) 필자는 이 점을 여러 차례에 걸쳐서 강조해왔는데, 그 이유는 오늘날 이 점을 근거로 하여 십자가의 신학에 대해서 통렬히 공격하는 비판이 있어왔기 때문이다. 특별히 여권주의에 대한 관심을 갖고 있는 신학자들이 비판해왔다. 그러나 주목할 점은 복음주의 진영의 19세기의 몇몇 해석들은 잘못된 인상을 주었다는 점이 오늘날 널리 인식되고 있다는 점이다. 우리는 이러한 잘못을 향후 다시 반복하지 않도록 조심해야 한다. 삼위일체의 신학이 우리의 지표가 되어야 한다.
131) 이러한 예증의 친숙한 한 예를 들면 다음과 같다. 한 남자가 직업을 갖고 있었는데, 그의 일은 철길의 다리를 올렸다 내렸다 하는 일이었다. 어느 날 그는 승객을 가득 실은 열차가 가까이 다가오고 있는 중에 자신의 어린 아들이 다리 위의 기계 옆에서 놀고 있는 모습을 보게 된다. 곤욕스러운 아버지는 다리를 내림으로 끝내 자신의 아들은 기차에 치어 죽게 되었고, 아무것도 모르는 승객들은 웃으며 손을 흔들고 있다는 이야기이다. 내 생각으로는, 이 이야기는 예수님의 십자가처형을 예증하기 위해 사용되어서는 안 되는데, 그 이유는 이 이야기가 성부 하나님만이 이 가운데 역사하고 있다는 그릇된 생각을 강화시키고 있기 때문이다.
132) 찬송가 160(Episcopal *Hymnal* 1982), William J. Sparrow-Simpson (1860-1952) 작사.
133) 부활절 기간 중에 폭격 중지는 물론 성공하지 못했다. 이 책이 편집되는 중이던 삼 년 뒤에, 미국에서 널리 퍼진 주도적 의식은 'Maldeleine의 전쟁'(국무장관인 Madeleine Albright의 이름을 따옴)은 승리였다는 것이다. 내부

로부터 이 상황을 철저히 잘 알고 있는 의식 있는 관찰자들은 (예를 들면, Misha Glenny) 이에 대해 확신하지 못한다. 밀로세비치는 분명 무너졌지만, 그 여파는 수많은 사람들에게 깊은 상처와 불행을 가져왔으며, 알바니아계의 사람들은 다양한 방식으로 세리비아인들에 대한 보복을 가했다. 2001년에 보다 직접적인 중요성을 지닌 사건은 아프카니스탄에 대한 폭격과 이슬람 교도들의 기도일인 라마단 중에 폭격 중지의 문제였는데, 특히 이 폭격 중지에 대해 많은 논의는 되었으나 미국에 의해서 결코 진지하게 고려된 바는 없었다. 모든 사람들이 동의하고 있는 듯 했던 것은 향후 수 십 년 안에 정보-수집과, "지상의 신병들," 언어 기술들, 우리에게 거의 익숙지 않은 문화들에 대한 깊은 이해 등등에 대한 커다란 진보가 일어날 것이라는 점이었다. 다시 말해 미국 소외가 끝이 나고 함께 공조하는 일에 대한 새로운 헌신이 일어날 것이라는 점이다.

134) 예배적 상황에서 너무 많은 정보들을 담으려 한다는 것은 가능하지 않고 또한 추천할 만하지도 않다. 필자가 "복음서 기자들"이라고 말했을 때, 필자는 제 4복음서는 전반에 걸쳐서 예수님을 하나의 정복자로 제시하는 데에 다른 복음서들과 다르다는 점을 잘 인식하고 있다. 그러나 주목할 점은 요한은 예수님이 제자들의 발을 씻기는 일, 즉 노예에게나 부여된 불유쾌한 일을 묘사하고 있는 유일한 복음서 저자라는 점이다. 이 일에 대한 베드로의 반응 ("내 발을 결코 씻기지 못하리라")은 자신의 선생님이 노예의 부끄러운 모습을 띠고 있는 것을 본 제자가 보일 수 있는 반응과 매우 흡사한 유형의 반응이다. 이러한 베드로의 반응은 그 다음 날 어떤 일이 그에게 일어날 것인가에 대한 하나의 암시이기도 하다(이 책 앞에 나오는 설교인 "주여, 내 발만이 아니라"를 보라). 요한은 또한 예수를 조롱하고 그의 얼굴을 "손바닥으로" 때리는 장면(요19:3)을 크게 부각해 묘사하고 있다.

135) 필자는 주전 5세기 경의 이사야가 하나님의 메시아의 십자가 처형에 대해 의식적으로 쓰고 있다는 것을 암시하고 있는 것은 아니다. 이사야 53장에 나오는 "고난 받는 종"에 관한 이 유명한 구절에 대한 다른 방식들의 이해가 존재한다. 그러나 이미 앞에서 주목한 바 있듯이 이 구절은 언제나 성령 안에서 이루어진 하나의 예언으로 교회에 의해서 이해되어 왔으며, 그러기에 거

룩한 한 주의 전통적인 본문이 되어왔다.

136) 본 저자의 저서인 *Help My Unbelief*에 나오는 "Nothing Virtual Tonight"를 보라.

137) 이 주의 *TV가이드*에 나오는 글 하나가 "종교"와 "영성"을 구분 짓는다. 필자가 아는 한, 이러한 구별은 차이점이 없는 구별일 뿐이다. 이 둘 모두가 기독교적이지 않은데, 그 이유는 이 둘 모두가 그 핵심에 십자가가 없기 때문이다.

138) 수정주의 학자들(이들 중 몇몇 사람들은 예수 세미나[Jesus Seminar]의 회원들임)과 성경의 증언과 전통에 굳게 서 있는 사람들 사이의 논쟁은 아직도 끝나지 않았지만, 이 논쟁이 점점 더 지루하고 싫증난다고 생각하는 사람이 많이 있다. 만약 이 논쟁이 주목할 만한 성취의 부수적 결과로 나타난다면 이 논쟁이 공적으로 알려진다고 해서 잘못된 것은 없을 것이다. 그러나 소위 "예수 세미나"라고 불리는 일에 대해 온 세상이 다 알고 있는 내용에 따르면 여기에 속한 학자들의 많은 사람들이 지닌 동기를 의심하지 않을 수 없게 한다. 학문의 자랑스럽고도 감사한 결정체이기도 한 필자는 이 논쟁에 대해 분명히 비소를 던지지는 않는다. 그러나 많은 사람들이 주목하는 대로 수정주의 학자들 중 오직 소수의 사람들만이 지역 교회의 예배에 지속적으로 참여하고 관여하고 있다는 점은 시사하는 바가 크다. "예수 전쟁"에 관한 읽을 만하면서도 신선한 설명은 Luke Timothy Johnson의 *The Real Jesus: The Misguided Quest for the Historical Jesus and the Truth of the Traditional Gospels* (HaperSanFrancisco, 1996)를 보라.

139) 9·11 테러 이후 죄와 악이 단순히 테러 집단에만 국한되지 않는다는 것을 항상 인식하는 것이 중요하다. 죄와 악에 대한 싸움은 크리스천들 가운데서도 행해지고 있는데, 그 이유는 하나님은 우리 각 사람 속에서 "옛 아담"을 뿌리 뽑으셔야 하기 때문이다.

140) *The Crucified God*은 Jürgen Moltmann의 중요한 저술명이다(New York: Harper & Row, 1974).

141) 빌레몬서는 예외인데, 이 서신은 바울이 그의 친구에게 보낸 사적인 편지이다.

142) 찬송가 208 (Episcopal *Hymnal* 1982), "The Strife Is O'er," Francis Pott

(1832-1909)가 라틴어를 번역함.
143) 아마 불가해한 존재가 된, 북동쪽 지역에 사는 독자들에 대한 노트임: 뉴잉글랜드 지역 밖에 있는 많은 미국 대학들에서 "Tri Delt" (Delta Delta Delta)는 엘리트 그룹의 여학생 클럽으로 간주된다.
144) *New York*, 30회 기념판, 6 April 1990.
145) Paul Sevier Minear, *The Golgotha Earthquake: Three Witnesses* (Cleveland: Pilgrim, 1995).
146) "새 시대" (New Age/ 뉴 에이지)란 용어 사용을 피하는 것이 좋을 듯한데, 그 이유는 우리가 오늘날 모든 사람들이 도처에서 듣게 되는 널리 유행되고 있는 절충적인 유형의 영성운동인 뉴 에이지 운동에 관해 말하고 있는 것이 아님을 분명히 하기 위해서이다. 여기서 필자는 "다가올 세대"를 말하고 있다. 이 책에서 필자는 앞서 이것을 "새로운 세계질서" (종려 주일 설교 섹션)라고 칭한 바 있다.
147) 여기서 필자가 "사도 요한은 말하고 있다"라고 이야기 할 때에는 전통적인 입장을 따르고 있는 것이다. 다시 말해 이 말은 소위 말하는 요한 문헌의 전부를 한 사람이 기록했다고 필자가 믿고 있다는 것을 의미하지는 않는다.
148) 이 설교를 할 당시 Newt Gingrich는 여전히 하원의 국회의장으로서 상당한 양의 미래지향적인 이야기들에 크게 탐닉하고 있었다. 그러나 미래에 대한 그의 사고들 가운데 자신이 앞으로 몰락할 것이란 점이 담겨져 있지 않았다는 것이 이제 와서 보니 얼마나 아이러니 한 일인가.
149) "East Coker," in *Four Quartets*.
150) "사랑하는 자들아 우리가 지금은 하나님의 자녀라 장래에 어떻게 될 것은 아직 나타나지 아니하였으나 그가 나타내심이 되면 우리가 그와 같을 줄을 아는 것은 그의 계신 그대로 볼 것을 인함이니" (요일 3:2).
151) 찬송가 158장(Episcopal Hymnal 1982), Johann Heermann 작사. 필자는 이 점을 이 설교집에서 여러 차례 지적하고 있다는 사실을 잘 알고 있다. 이 점을 여러 차례 지적하는 이유는 이 점이 너무 중요하기 때문에 기회가 있을 때마다 가르쳐야 하기 때문이다. 대단히 많은 크리스천들이 "유대인들"에 대한 신약의 언급을 오해하는 일이 얼마나 위험한 것인가를 여전히 인식

하지 못하고 있다.

152) Flannery O'Connor, *The Habit of Being* (New York: Farrar, Straus & Giroux, 1979), 360.

153) Kenneth Woodward, "Rethinking the Resurrection," *Newsweek*, 8 April 1996, 60-70.

154) *Newsweek*, 27 March 2000.

155) Jacques Ellul, *The Politics of God and the Politics of Man* (Grand Rapids: Wm. B. Eerdmans, 1972).

156) 또한 기독교는 오늘날 어떤 사람들이 주장하는 대로 기독교-이전 시기의 캘트인들의 영성의 쌍둥이로 나타난 것도 아니다. 반면 참된 캘트인들의 기독교는 삼위일체 신학에 대한 특별한 강조로 두드러지며 동시에 소중하기도 하다 (찬송가 "St. Patrick's Breastplate"를 보라).

157) "힌트들과 시사점들"이란 표현은 Stephen Sykee의 훌륭한 소책자인 *The Story of Atonement* (London: Darton, Longman and Todd, 1997)에서 인용한 것이다. 이 책이 "Trinity and Truth" 시리즈에 속한 한 권의 책이었다는 점은 주목할 만하다.

158) 가장 악한 본능들은 2001년 6월에 Timothy McVeigh가 Terrt Haute에서 티셔츠 세일에 맞추어 처형되었을 때 이러한 행태에서 분명히 드러났다. 심지어 사형집행의 지지자들도, 비록 그들은 놀라지 않았어야 했음에도 불구하고 그들도 티셔츠 세일에 맞추어진 사형집행에 대해 놀라워했다.

159) 이러한 통찰력에 대해 필자는 유명한 역사가인 Peter Brown에게 크게 의존하고 있다.

160) Peter Steinfels, "Beliefs," Column, The New York Times, 3/19/99.

161) 찬송가 158장 (Episcopal Hymnal 1982), Johann Heermann 작사.

162) W. H. Auden, "Christmas 1940," The Collected Poetry of W. H. Auden (New York: Random House, 1940), 118-20.

163) Jürgen Moltmann, The Crucified God (New York: Harper & Row, 1974), 7.

164) "The Three Signs on Calvary."을 보라.

165) Roger Cohen, "In a Town 'Cleansed' of Muslims, Serb Church Will Crown the Deed," The New York Times, 7 March 1994.

166) "The Judge Judged in Our Place"는 Karl Barth의 Church Dogmatics, IV/2에 나오는 한 chapter의 이름이다.

167) 찬송가 662장 (Episcopal Hymnal 1982), Henry Francis Lyte (1793-1847) 작사.

168) The Wall Street Journal (15 October 2001)은 American 항공사와 United 항공사의 집행부와 항공통제소에 있는 사람들에게 9·11 테러 당일의 아침이 어떠했는지를 보여주는 이야기를 실었다. 이 테러 공격 후 3일이 지나 United 항공의 사장인 Andy Studdert는 옛 친구에게 동정의 전화를 받았다. 그 친구는 "어린 친구, 어떻게 지내나?"라고 물었고, 이에 대해 Studdert는 "이제 내게는 어린 것이라고는 전혀 남아 있지 않네"라고 답했다.

169) The New York Times Op Ed column, 29 September 2001.

170) The Wall Street Journal, 21 September 2001.

171) Jennifer Steinhauer, "A Symbol of Faith Marks a City's Hallowed Ground," The New York Times, 5 October 2001.

172) John Calvin, Harmony of the Gospels.

173) "See amid the winter's snow," by John Gross (arr. David Willcocks), On Christmas Night, The Choir of King's College, Cambridge.

174) 우리의 주연은 이제 끝이 나고
구름으로 수놓은 타워들과 아름다운 궁전들,
장엄한 성전들, 위대한 지구 그 자체가,
정말, 이 땅의 기업인 이 모든 것들이 사라져 버릴 것이다.
(Shakespear, The Tempest, Act IV, Scene I)

175) New York Times, 3 October 2001.

176) 1998년, 웨스트민스터 사원은 건물 주 전면 앞에 이전에는 비어 있던 공간에서 12개의 조각물들을 내어 놓았다. 이 조각물들은 12세기 크리스천 순교자들의 조각물로써 이들 순교자들은 전 세계의 모든 나라들로부터 온 남녀 순교자들이다.

177) 리사는 자신의 남편이 죽은 후 한 달이 조금 지난 시기인 2001년 10월17일에, Newark에서 샌프란시스코 까지 비행기를 타고 감으로써 온 세상에 다시 한 번 절대 굴하지 않는 용기를 구현해 보였다. 이러한 놀라운 상징적 행동 가운데 리사는 남편 토드가 9·11 테러 당일 아침에 택했던 비행 일정과 동일한 비행 일정을 택했다. 샌프란시스코에 있으면서 그녀는 남편 토드가 그날 만나기로 약속해 놓았던 비즈니스 상대역들을 만났다.

178) Shaila K. Dewan, "Beyond Calamity, Death Goes On," New York Times, 17 October 2001.

179) 찬송가 665장 (Episcopal Hymnal 1982), Joachim Neander (1650-1680)를 따라서 Robert Seymour Bridges 작사.

180) Orpheus는 이런 관행을 옳다 증명하는 예외적 경우이다.

181) 놀라운 통찰력 가운데, 영화 쉰들러 리스트 (영화가 아니라 책)의 원작자인 Thomas Keneally는 다음과 같이 다양한 용어들을 사용하여 나치의 죽음 캠프를 묘사하고 있는데, 이 용어들은 이 캠프를 하나의 실제적인 영역으로 시사하고 있다: "혹성 아우슈비츠," "무시무시한 왕국," "아우슈비츠 공국," "커다란 공동묘지와 폐허의 도시" (New York: Simon & Schuster, 1982).

182) 전에는 많은 성경번역본들이 베드로와 사랑하는 제자가 달려가는 모습과 함께 그림을 담고 있었다. 여러분은 이러한 그림으로부터 화가가 이 두 사람이 이미 상상할 수 없는 그 무엇을 상상하고 있다고 우리로 하여금 생각하도록 의도하고 있다는 것을 알 수 있을 것이다. 그러나 성경 본문 속에는 이와 같은 것이 전혀 시사되고 있지 않다.

183) 잘 개어진 옷에 대한 다른 설명들도 있다. 라디오 방송국 채널인 WJMJ (Hartford)에서 한 가톨릭 신부는 예수님이 친히 옷을 잘 개어서 뒤에 놓고 나가셨다고 말한 바 있다. 어떤 경우이든 사랑하는 제자로 하여금 감히 생각할 수도 없는 일을 확신하게 했던 것은 예수님의 옷을 보는 순간이었다.

184) 예수께서 "그는"이라고 말씀하셨을 때, 예수님은 여자에게 말씀하고 있었다. 이 경우 이 표현은 남성과 여성으로서의 인간을 가리키는 것이 아니라 개체적인 인간을 가리킨다. 남성과 여성 모두로서의 인간을 의도하고 있는 헬라어의 "그" (he)를 일반 대명사인 "자"(one)로 바꾼다는 것은 매우 이상

하게 보인다.
185) 본 저자의 책인 *The Bible and The New York Times*에 나오는 "Strange Ending, Unthinkable Beginning" 이라는 제목의 설교를 참고하라.
186) R. E. Brown은 다음과 같이 설명한다: "복음서 저자 자신들이 예수의 몸이 무덤에 남아 있지 않고 일으켜져 영광에 이르렀다고 생각했다는 데에는 의심의 여지가 없다. (복음서 이야기들에 있는 모든 다른 점들)에도 불구하고 그 저변에 흐르고 있는 것은 무덤이 부활절 아침에 비어 있었다는 네 복음서들이 확고부동하게 증언하고 있는 전승이다. … 나는 성경의 증거는 베드로와 바울이 전파한 것은 부활하신 주님과 무덤 가운데서 썩지 않고 부활하신 몸을 가지신 주님이었다는 사실을 가리키고 있다고 믿는다. 신약 증거 속에는 그 어떤 크리스천도 예수의 몸이 무덤에서 썩어가고 있다고 생각했다는 한 점의 힌트도 결코 존재하지 않는다. 무덤에 놓여있던 예수의 몸이 일으켜져 영광에 이르게 됨에 따라 결국 그 몸이 더 이상 무덤에 남아 있거나 땅 속에서 썩지 않게 되었는가? 이 질문에 대해 나는 성경적 증거에 따라서 긍정적으로 답하고자 한다." (*The Gospel According to John XIII-XXI*, 967, 978).
187) 무덤에 있던 옷을 보관했다는 그 어떤 사람에 대해서도 전혀 언급이 없음에 주목할 필요가 있다. 이 혁신적인 부활 사건은 뒤따르는 시기들의 환경, 즉 참 십자가(True Cross) 유물들과 튜린의 성의(Shroud of Turin)를 보존하고 있다고 주장하던 시기의 환경과는 전혀 다른 환경 가운데서 일어났다. 신약 크리스천들에게 이것들은 아무런 중요성을 갖지 않는다. 중요한 것은 주님의 살아계신 임재였다.
188) 바로 이런 이유 때문에 기독교 공동체의 삶이 그렇게 중요한 것이다. 그리스도의 사랑은 이제 우리 자신의 구체적인 돌봄과 관심, 그리고 다른 사람들에 대한 사랑을 통해서 중재된다. 이와 다른 그 어떤 유형의 돌봄과 사랑도 존재할 수 없다.
189) 신학적인 호기심을 갖고 있는 사람들은 더 많이 알기를 원할 것이다. 영혼불멸 사상과 부활 사이에 놓여있는 중대한 이슈가 있다면 그것은 영혼불멸 사상은 인간에게는 이미 신적인 속성을 소유하고 있는 그 어떤 구조적인 측

면(보통 사람의 "영혼" 혹은 "혼"이라고 불리는 측면)이 존재하고 있다고 상정한다는 데 있다. 이러한 생각은 두 가지 점에서 오류를 지닌다: 첫째로 이러한 생각은 히브리적 사고(성경적 인간론은 인간을 정신과 육체의 합일로 묘사한다)가 아니라 헬라적 사고인 육체와 영혼의 분리를 주장하고 있기 때문이다. 둘째로, 이 사상은 우리의 어떤 부분이 존재하는데 이 부분은 죽음에 내어 줄 필요가 없다거나 혹은 철저한 신뢰 가운데 죽은 자를 다시 살리시는 능력을 홀로 갖고 계신 하나님에게도 내어 줄 필요가 없다고 가르치고 있기 때문이다.

190) 이것은 라빈의 17살 난 손녀의 놀라운 조사였다. 그녀의 조사는 *The New York Times*, 17 November 1995에 영어로 번역되어 전문이 실려 있다. 여기 중요한 부분을 실어본다: "할아버지, 당신은 캠프 전면에 놓인 불의 기둥이었는데, 이제 우리는 어둠 속에 이 캠프에 홀로 남아 있습니다. 우리는 너무 춥고, 너무 슬퍼요. … 저보다 더 위대하고 큰 분들이 이미 할아버지께 조문을 드렸습니다. 그러나 그들을 포함한 그 어떤 이도 저게 가졌던 기쁨, 즉 당신의 따스하고 부드러운 손길이 주는 감촉을 느끼고, 우리를 위해 남겨진 당신의 따뜻한 포옹을 고마워하고, 우리에게 언제나 너무도 많은 것을 말해 주었던 당신의 조용한 미소를 볼 수 있는 기쁨을 갖지 못했을 겁니다. 이제 이 미소는 더 이상 볼 수 없군요. 이 미소는 무덤에 당신과 함께 싸늘하게 놓여 있을 뿐입니다." 이 조사는 몸으로 함께 임재하는 것이 결코 그 다른 것으로 대치될 수 없음을 보여주는 거의 완벽에 가까운 환기이다.

191) 2001년, Philip Roth에 의해서 *The Dying Animal*이란 책이 출판되었다 (Boston: Houghton Mifflin). 이 책 외에 그 어떤 문헌에 만약 몸과 영혼의 합일에 대한 이처럼 강력한 묘사가 있다면, 그 문헌이 어떤 것인지 알고 싶을 정도이다. 책의 권두언은 Edna O'Brien이 썼는데, Edna는 "몸은 두뇌만큼이나 많은 삶의 이야기들을 담고 있다"고 쓰고 있다. 또 하나의 놀라운 예는 Flannery O'Connor의 단편소설의 하나인 "Parker's Back" 이다. 이 수상집 중 한 글에서 Flannery는 이렇게 말한다: "후에 미국에서 종교라는 것이 증발해 버리게 된 중요한 전기가 되었던 사건인, 1832년의 (Ralph Waldo) Emerson의 결정, 즉 만약 빵과 포도주가 성찬식에서 제거되지 않

는 한 성찬식에 참석하지 않을 것이라는 결정이 이루어졌을 때, 다시 말해 물질적인 사실이 영적인 실체와 분리되는 그 때, 신앙의 해체는 사실상 피할 수 없게 된다" (*Mystery and Manners*, 161-62).

192) 이 달은 "Heaven's Gate" 종파의 멤버들이, Hale-Bopp 혜성 뒤에 숨어 있는 우주선 하나가 막 나타나려 한다고 상상하면서 모두 함께 자살을 기도한 달이다.

193) "저희가 베드로와 요한이 담대히 말함을 보고, 또한 그 본래 학문 없는 범인이었다는 것을 알게 되었을 때 그들은 의아해 했고, 또 그 전에 이들이 예수와 함께 있었던 사실을 인식케 되었더라" (행4:13).

194) "그리고 여자들"이란 표현과 관련해서 이전에 영어 번역본에서 유니아스(롬 16:7)로 지칭되던 사람이 실제로는 '유니아'라는 이름의 여자라는 사실이 지금 받아들여지고 있다. 헬라어는 여자를 시사하지만, 초기 번역본들은 여자 사도가 존재할 수 있다고 생각하지 않았던 것 같다. 루디아는 빌립보에 있는 자신의 가정 교회의 지도자였던 것으로 보이며(행16:40), 유오디아와 순두게는 빌립보 교회의 중요한 지도자였음을 우리가 알고 있는데, 그 이유는 바울이 "그들은 [저 부녀들]은 복음에 나와 함께 힘쓰던 자들" 이라고 기록하고 있기 때문이다 (빌4:3).

195) 케네디 대통령이 암살당했던 때에 그의 부인인 재클린 케네디 여사가 한 말이다. 케네디 부인에 대한 훨씬 더 긍정적인 평가를 위해서는 뒤에 나오는 설교문인 "The Undoing of Death" (죽음의 취소)에 나오는 참고문헌을 참조하라.

196) 요한 계시록은 Revised Common Lectionary의 Cycle C에 있는 부활절 절기 중에 읽히도록 되어있다.

197) Newsweek story, 27 March 2000은 항상 그렇듯이 예외적이다. 이 글은 이 잡지의 오랜 종교 편집인인 Kenneth L. Woodward가 썼다. 필자는 이 책 저자 서문에서 그에 대한 필자 자신의 깊은 사의를 피력하고 있다.

198) Jeffrey L. Sheler, "Why Did He Die?" *U. S News and World Report*, 24 April 2000, 50-55.

199) 출처는 예수에 관한 Thomas Cahill의 책인, *Desire of the Everlasting*

Hills: *The World Before and After Jesus* (New York: Nan A. Talese, 1999)에 대한 서평이다.

200) 이들 중에 한 명은 여자였을 가능성이 있는데, 그 이유는 여자들도 비록 복음서들 내에서는 12제자의 일원으로서 제시되지는 않지만, 분명히 예수의 일원의 일부였기 때문이다(바울이 자신의 서신들에서, 복음서들보다 훨씬 더 많이 지도적 위치에 있는 여자들을 열거하고 있다는 점은 주목할 만하다).

201) "당신 옆에서 항상 함께 걷고 있는 세 번째 분은 누구인가" T. S. Eliot, "The Waste Land."

202) Emily Dickinson, poem #187: *The Complete Poems of Emily Dickinson* (Boston: Little, Brown, 1951), 88.

203) 이 점은 특별히 시편에 경우 사실이다. 시편 저자가 죽음의 공포를 극복할 때 죽음 너머에 있는 삶에 대한 소망을 통해서가 아니라 단순히 하나님을 찬양함으로 또한 하나님의 보다 원대한 목적들에 안심함으로 이 공포를 극복한다는 점은 주목할 만하다.

204) Susan Sontag, *Illness as Metaphor* (New York: Farrar, Straus & Giroux, 1977), 55.

205) 죽은 자들의 부활에 대한 가르침과 함께 이러한 힌트들이 포로 이후 시기 말기 즈음에 나타나기 시작하여 (두 개의 유일한 정경적인 예는 사26:19과 단 12:2을 보라) 예수의 지상 사역 전 수 십 년 동안 일반화 되었다. 크리스천들은 욥 19:25-27("내가 나의 구속주가 살아계심을 아노니")을 부활에 대한 소망의 한 확언으로 항상 이해해 왔지만, 원래의 문맥 속에서 이 구절의 참된 의미는 애매모호하다.

206) Søren Kiekegaard의 말임.

207) William Stringfellow, *Count It All Joy* (Grand Rapids: Wm. B. Eerdmans, 1967), 52, 89.

208) *The Habit of Being*, 552.

209) Jessica Mitford의 저작인 *The American Way of Death* (New York: Simon and Schuster, 1963)는 장례 산업을 신랄하게 비평적으로 평가하는

책이다. 이 책이 출판된 후 몇 년 동안 이 책은 장례 산업의 감언이설과 마케팅 행태에 대한 저항을 강화시켰지만, Ms. Mitford가 죽기 전에 한 인터뷰에서 Mitford는 장례 산업의 문제가 더더욱 악화되었다고 한숨지었다.
210) 필자가 특별히 하나의 세력으로서의 죽음의 성격이나 지위에 관심을 집중하고자 할 때는 죽음을 대문자로 표기해왔다.
211) 찬송가 208, "The Strife Is O'er" (Episcopal *Hymnal* 1982).
212) 수많은 영국 성공회 교인들에게 최근 몇 해 중 가장 실망스러운 예전적 실패 혹은 실수는 웨스트민스터 사원에서 있었던 웨일즈의 공주인 Diana의 장례식이었다. 사실상 죽은 자의 장례를 위한 전통적인 순서 중 그 어떤 것도 남아 있는 것이 없었기 때문이다. 즉 전 세계적으로 25억의 시청자들은 그들이 보통의 세속적인 장례식에서는 볼 수 없는 새로운 그 무엇을 이 장례식에서 전혀 찾아 볼 수 없었다. 이 장례식에서 행해진, 전통적인 예식으로 남아있는 몇몇 관행들 중 하나는 예식을 시작하는 송가로 합창단이 Henry Purcell의 장송곡을 부른 것이다. 이 음악은 비록 최고의 영국 소년합창단 스타일로 아름답게 불렸지만 유감스럽게도 이 노래의 가사들을 이미 깊이 알고 있지 못했던 사람들에게는 거의 알아들을 수 없는 노래였다("주님, 당신은 우리 마음의 비밀들을 알고 계시며, 모든 죽음의 고통 때문에 우리가 고통을 받아 당신으로부터 떨어져 나가지 않게 하소서"). 이 장례식이 후 몇 주가 지나서 필자는 좋은 기회를 잃어버린 것에 대해 가슴 아파하며 글 하나를 썼고, 이 글을 지지하는 거의 75통 이상의 편지를 받았는데, 이것은 이전에 쓴 그 어떤 글에 대한 지지의 편지보다 더 많은 숫자였다. 분명히 이러한 현상은 많은 사람들이 전통적인 영국 국교회의 장례 예식을 동경하고 있다는 점을 시사해 준다.
213) "[예수께서는] 금욕주의적 결의를 갖은 상태에서 죽음을 매우 자연스러운 전환으로 본 것은 아니지만, 예수는 죽음을 하나님이 뜻하신 것이 아닌 끔찍한 그 무엇, 즉 바울의 표현을 빌자면 최후의 대적으로 보았다"; Oscar Cullmann, *The Christology of the New Testament* (Phiadelphia: Westminster, 1959), 96.
214) Shakespeare, *Hamlet*, act 5, scene 2, line 345.

215) 재의 수요일에 행해지는 재를 부과하는 예식에 대한 전통적인 표현들임.
216) Shakespeare, *Macbeth*, act 5, scene 5, lines 22-26.
217) 계 1:8; 22:16; 말 4:2; 사 9:6; 그리고 예수께서 마르다에게 하신 마지막 질문은 요11:26에 나온다.
218) 이 설교가 시골 지역인 뉴잉글랜드에서 전해졌다는 점이 설교를 읽어 감에 따라 분명해 질 것이다. 이 설교를 한 후 오래지 않아 누구라도 기대했듯이 지역 신문에 나온 한 용모이야기가 그 지역에 성형수술의 도래를 포고하고 있었다.
219) 2001년의 9·11 테러 사건 이후의 관점에서 볼 때 분명히 필자는 이 단락을 다소 다르게 썼어야 할지도 모른다. 그러나 뉴욕 타임즈 신문에 실린 글 하나는 9·11 테러 이래로 성형 수술의 수가 증가했다는 데 주목하고 있다 ("When Times Got Tough, Some Go for Plastic Surgery," SundayStyles section, 21 October 2001). 한 의사는 환자들이 즉각적인 만족감을 찾고 있다고 전하고 있다; "사람들은 순간에 좀 더 살기를 원한다." 우리가 여전히 모든 잘못된 장소들에서 삶을 찾고 있다는 많은 다른 표식들이 존재해왔다.
220) 지금까지 존경받아온 이 Westchester County (NY)의 판사가 그의 이전 연인을 억압적으로 스토킹하고 위험한 희롱을 했다고 유죄판결을 받았을 때 모든 사람들이 놀랐다. Sol Wachtler, After the Madness: A Judge's Own Prison Memoir (New York: Random House, 1997).
221) 2001년 9·11 테러 이후 아프카니스탄에 대한 폭격이 시작되었을 때 Peter Steinfels는 뉴욕 타임즈 "Beliefs" 칼럼 란에다 실제로 폭력은 때때로 폭력을 중단시킨다는 글을 썼다. 그는 "정의로운 전쟁" 전승이란 관점에서 특별히 세계 제 2차 대전에 대해 생각하고 있었다. 9·11테러의 여파 속에서 사람들이 논쟁하기를 좋아한다는 것은 더 이상 핵심이 아니다. 그럼에도 불구하고 전쟁의 참담한 결과들은 "악한" 자들만 아니라 "착한" 자들에게도 영향을 미친다. 많은 점잖은 사람들이 전쟁 중에는 냉담하고도 심지어 잔인한 자로 바뀌어간다. 예를 들어 태평양 전쟁에 참여했던 미국인들에 대한 끔찍한 묘사들을 볼 필요가 있는데, 이것들은 "The Hardest War," by John

Gregory Dunne, The New York Review of Books, 20 December 2001에 나온다.

222) Cartoon by Robert Mankoff, The New Yorker, 4 May 1987, 107.

223) Kübler-Ross의 저작에 대해 상당한 양의 비평적 글들이 특히 보다 후에 가서 쏟아져 나왔음을 주목할 필요가 있다. 예를 들면 "Is Acceptance a Denial of Death? Another Look at Kübler-Ross," by Ray Branson in the Christian Century, 7 May 1975, 464-68를 보라. Kübler-Ross의 책인 To Live Until We Say Goodbye에 대한 서평에서 Rachel Mark는 큐블러의 메시지는 "크나큰 오해의 가능성이" 있으며, 회피의 언어를 사용하고 있다고 적고 있다. 또한 Rachel Mark는 "Dr. Kübler-Ross는 죽음의 존재를 부정함으로써 무시무시한 죽음과 싸움을 하고 있다"고 주장한다 (Wall Street Journal, 3 January 1979).

224) 이 글에서 인용되고 있는 보다 자세한 내용들에는 Kübler-Ross 자신의 표현, 즉 어린이는 죽음이 충격적이라고 생각하는 사람과 동행해서는 안 된다는 표현이 있다.

225) The Habit of Being, 552.

226) Deirdre Carmody, "Two Lives, One Fact: Terminal Cancer," The New York Times, 12 April 1976.

227) 필자는 이 친구의 말을 그대로 받아 적었기 때문에 거의 이 친구가 말한 그대로를 인용하고 있다고 생각한다.

228) 찬송가 203 (Episcopal Hymnal 1982), "O sons and daughters, let us sing," 원래 Jean Tisserand (15세기)가 작사했고, 후에 John Mason Neale (1816-1866)가 번역한 곡임.

229) 찬송가 196 (Episcopal Hymnal 1982), "Look there! the Christ, our Brother, comes," John Bennett(1920년경)가 작사함.

230) 니케아 신조에서 인용한 표현임.

231) 이 50일에 대한 전통적인 지칭은 누가복음과 사도행전에서 연유되었다. 항상 그렇듯 색다른 요한복음은 예수께서 부활절 날 저녁에 성령을 부여하시는 것으로 묘사하고 있다.

232) Amos Wilder는 자신의 특별한 저작인, Early Christian Rhetoric (Cambridge, Mass.: Harvard University Press, 1971)에서 새로운 형태의 스피치가 다시 말해 "언어 사건"이 어떻게 사도들의 그리스도 설교를 통해서 세상에 들어왔는지를 보여주고 있다. 여기에 이 새로운 일을 나타내기 위해서 Willder가 사용하고 있는 표현들 중 몇 가지를 제시하고자 한다: "역사의 중심점," "세계를 변화시키는, 갈등과 죽음과 영광의 거래," "지금까지 이해되어 온 바로서의 인류의 이야기의 근본적인 반전." Wilder의 책은 설교자들에게 매우 큰 격려를 주는 글이다. 또 하나의 예를 들자면 "우리가 설교를 통해 전파된 성경 본문들을 듣고 있자면 … 우리는 모든 운명과 폭정들을 궁극적으로 섬멸시키고 승리하는 바로 그 최후의 말씀이신 예수의 굳건한 약속을 듣게 된다"라는 그의 진술이다.

233) 사도행전에 나오는 설교들에 대해서는 큰 논쟁이 있는데, 그 이유는 이 설교들이 우리가 바울 자신의 보다 초기의 서신서들을 통해 직접적으로 듣고 아는 바울의 설교들과 특별히 중요한 점들에서 다르기 때문이다. 이 차이점들은 보다 자세한 연구를 위해서 중요하며, 또한 의미 있는 것들이다 —물론 사람들은 바울 서신서들이 보여주는 바울을 사도행전이 보여주는 바울보다 선호하려는 것이 분명하다— 그러나 교회 강단에서 이러한 차이점을 논한다는 것은 불필요한 일이다. 사도행전은 그 자체의 놀라운 기여를 하고 있음을 주목할 필요가 있다.

234) Eduard Schweizer, "ἀναψύχω" in Theological Dictionary of the New Testament, ed. Gerhard Kittel and Gerhard Friedrich (Grand Rapids: Wm. B. Eerdmans, 1974), 9:663-64.

235) Chaucer의 Canterbury Tales의 처음 구절을 패러디 하고 있는 "The Waste Land"의 첫 구절임.

236) The New York Times, 1-7 April 1991.

237) Robert Frost, New Hampshire (New York: Henry Holt, 1923), 84.

238) "너희는 나의 모든 시험 중에 항상 나와 함께 한 자들인즉 내 아버지께서 나라를 내게 맡기신 것 같이 나도 너희에게 맡겨 너희로 내 나라에 있어 내 상에서 먹고 마시며 또는 보좌에 앉아 이스라엘 열 두 지파를 다스리게 하려

하노라" (눅22:28-30).
239) 이 책 앞에서 우리가 이미 주목한 바 있듯이 이에 대한 하나의 예외사항이 존재하는데 그것은 물론 바울의 경우로 그는 지상의 삶 가운데 계셨던 그 예수는 알지 못했으며, 그가 다메섹으로 가는 길에 부활하신 그리스도를 만나게 되었을 때 그는 새로운 기독교 운동을 핍박하는 과정 중에 있었다("내가 예수 우리 주를 보지 못하였느냐?" 바울은 그의 사도성을 의문시하는 자들에게 이처럼 진지하게 묻고 있다; 고전9:1). 이러한 하나의 예증적인 예외는 우리에게 하나님의 자유에 대해 말하고 있다. 즉 그가 기뻐하시는 자 누구에게나 자신을 계시하실 수 있는 그러한 하나님에 대해 말하고 있는 것이다.
240) "그 후에 예수께서는 오백여 형제에게 일시에 보이셨나니" (고전15:6).
241) 성찬식에서 사용되던 보다 오래된 형태의 예식 용어들이 시사하는 바가 크다: "이것을 받아먹고, 그리스도께서 여러분들을 위해 죽으셨음을 기억하시오; 여러분의 마음속에서 믿음과 감사드림으로써 예수님이 자라나게 하십시오." 이 표현들은 대단히 조심스럽게 쓰였는데 그 목적은 예수를 받아들인다는 것은 결코 권리로 우리의 것이 되는 것이 아님을 보이기 위해서다. 예수를 받아들이는 것은 받아들이는 자 편에서 신뢰의 행위를 요구한다. 정말로 단순히 일단의 신뢰 혹은 믿음의 행위가 아니라 우리 존재 전체를 지속적으로 그분에게 드릴 것을 요구한다. 위에서 방금 인용된 표현은 일반 기도서에 나오는 예식집행 대한 Thomas Cranmer의 표현들에 대한 "쯔빙글리식의" 후반부인데, 이 표현들은 기억이란 개념을 강조하고 있다. 이에 반해 전반부는 보다 "가톨릭적"이다 ("여러분을 위해 주어진 우리 주 예수 그리스도의 몸"). 이 두 형태들이 1559년의 기도서에 한데로 통합되었는데 그렇게 함으로써 보다 훌륭한 조화를 이루고 있다(대단히 영국 성공회적이라고 혹자는 말할 수도 있을 것이다!).
242) 대안적으로 바울은 로마의 승리의 행렬, 즉 전쟁에서 승리한 장군들에 의해서 장엄한 행렬이 선도되며 맨 끝에는 전쟁의 포로들이 뒤따르는 승전 예식 행렬을 생각하고 있을지도 모른다. 어떤 경우이든 바울이 말하고자 하는 요점은 동일하다. 예를 들어 Gordon D. Fee, *The First Epistle to the*

Corinthians, New International Commentary on the New Testament (Grand Rapids: Wm. B. Eerdmans, 1987), 174-75를 보라.
243) 제자란 가르침을 받는 자, 즉 주인의 발 앞에 앉아 있는 자이다. 사도("보내진 자"라는 뜻의 헬라어 apostolos임)는 사명을 주어 파견하는 분의 위임받은 (모든 권위를 부여받은) 전권대사로서 보내지도록 명령을 받은 자이다.
244) 사도행전에 나오는 위대한 여성들을 보다 잘 이해하기 위해서 본인의 저서인 Help My Unbelief에 나오는 "Lydia: The First Christian in Europe"을 보라.
245) 성경 이야기들을 사랑하는 사람들에게 런던에 있는 가장 가치 있는 장면 중 하나는 Victoria and Albert Museum에 있는 라파엘 카툰들의 전당으로써 이 카툰들은 사도행전에 나오는 장면들을 보여주고 있다.
246) 필자는 정말로 아무에게도 이것을 말하지 않았다. 이번이 그 사건 이후 처음으로 말하는 경우이다. 이런 종류의 이야기들은 극히 조심해서 해야 되는데, 그렇지 않으면 우리는 성령을 시험하게 될 것이기 때문이다.
247) "우리는 그의 만드신 바라. 그리스도 예수 안에서 선한 일을 위하여 지으심을 받은 자니, 이 일은 하나님이 전에 예비하사 우리로 그 가운데서 행하게 하려 하심이니라" (엡2:10). 감독교회의 일반 기도서에 있는 성찬식 후의 감사드림 섹션에서 이 구절은 다음과 같이 의역되어 있다: "하늘의 아버지시여, 우리는 겸손히 주께 간구합니다. 주의 은혜로 우리를 도우사 우리로 하여금 이 거룩한 교제 안에 지속적으로 거하게 하시며, 주님께서 우리로 하여금 걸어 갈수 있도록 예비하셨던 모든 선한 일들을 행할 수 있게 하옵소서."
248) 많은 감독교회 교인들은 오늘날 영국국교회주의의 프로테스탄트 뿌리를 거부하고 있지만, 필자는 이것은 크나큰 잘못이라고 생각한다. 반어적인 이야기이지만 지난 9·11 테러 사건 이후 이슬람에 대한 일종의 종교개혁을 요구하는 수많은 목소리들이 들리는데, 바로 이 시점은 감독교회가 종교개혁으로 되돌아가고 있는 바로 그 시점이었다.
249) Julia Preston, "Helmet instead of a Miter for the Bishop of Chiapas," The New York Times, 16 June 1998.
250) Eric Konigsberg, "Marcus Canby Was Nobody to Play With," The New

York Times Magazine, 22 April 2001, 70-75.
251) "대학살"(Holocaust)은 "번제"(burnt offering)을 의미한다. 대학살이 어떤 점에서 희생 제사였다는 제안이 수많은 사람들에게 반감을 사고 있다. "Shoah"는 단순히 "재앙"(catastrophe)을 의미한다.
252) Gerard Manley Hopkins, "I wake and feel the fell of dark, not day," *Poems*, ed. Robert Bridges (London: Humphrey Milford, 1918), no. 45.
253) 예수께서 왜 "요한의 아들, 시몬아"라고 베드로를 부르셨는지에 대해 많은 학문적 논쟁이 있어왔다. 이 표현은 베드로와 어느 정도 거리를 두려는 듯한 인상을 주는데, 마치 예수께서 베드로를 시험해 보려는 것과 같은 의도이다. 또 한 가지, 예수께서는 처음 베드로를 자신의 제자로 부르셨을 때 그를 "요한의 아들 시몬"이라고 부르셨던 것을 상기시키고 있다고 보는 것도 역시 타당한 해석이다. 마태복음에서는 베드로의 아버지의 이름이 요나로 되어있다.
254) 분명히, 베드로는 이 말을 마태복음에서는 하고 있는 데 반해서 요한복음에서는 이 말을 한 것으로 나타나지 않는다. 그러므로 엄격히 말해서 우리는 이 점에 크게 비중을 둘 수 없는 것이다. 그럼에도 불구하고 베드로의 이 말은 영감된 의도의 연결점이 있다.
255) 예수께서 하신 이 세 번의 질문은 이전에 베드로가 세 번 예수를 부인한 것과 일맥상통한다는 일반적인 동의가 있다.
256) 이 말은 후대의 로마-가톨릭적인 의미에서 말하는 교황직을 암시하는 것이 아니다. 그러나 분명히 베드로는 신약 전체가 증언하듯이 교회의 매우 이른 시기부터 우위를 점했던 것이 확실하다. 제 4복음서의 영웅은 사랑하는 제자이지만, 심지어 요한공동체에서도 베드로의 중요성은 너무도 본질적이었기에 결국 베드로는 사랑하는 제자와 동일한 위치에 있었다. 다양한 배경을 지닌 학자들로 이루어진 한 위원회에서 만들어진 훌륭한 저서인, *Peter in the New Testament*, ed. Raymond E. Brown, Karl P. Donfried, and John Reumann (Minneapolis: Augsburg; New York: Paulist, 1973)을 보라.
257) Bruce Feiler, *Walking the Bible: A Journey by Land through the Five*

Books of Moses (New York: Morrow, 2001).

258) Daniel Mendelsohn, "Holy Schtick," New York Magazine, 16 April 2001.

259) Claudia Smith Brinson, "Death Penalty Foe Says Death Can't Heal," The State (Columbia, SC), 9 October 2000.

260) Sara Rimer는 The New York Times에 사형제도에 대한 이슈들을 싣고 있다. 이것은 2001년 4월 19일자에 실린 그녀에 글에서 온 것이다.

261) 좀 더 자세히 말하자면 세계 평화는 이스라엘과 팔레스타인 사이의 갈등이 해결되기까지는 결코 가능하지 않을 것이라는 점이 점점 더 분명해지고 있다. 9·11 테러 사건과 그 여파는 부시 행정부에게 이 점을 더욱 분명히 했는데, 이 부시 정권은 거의 한밤에 이전에 취하던 입장이었던 분리주의 입장을 수정한다는 표식들을 보여주기 시작했다. 문자적인 지정학적 형태의 예루살렘의 평화를 위한 기도가 크리스천들에게 우선된 과제로 남아있다.

262) The State (Columbia, SC), 26 April 2000.

263) 실제로 이 투표는 카운티 의회의 위원회에서 이루어졌지만, 간단히 설명하기 위해서 필자는 보다 자세한 내용들은 강단에 갖고 올라갔던 설교원고에서 제외시켰다. 이 계획에 대한 최종적 승인은 2000년 7월로 계획이 잡혀있었다.

264) Seth Mydans, "Cambodia's Latest Plague: Lynch Law," The New York Times, 13 April 2000.

265) 많은 독자들이 이것을 솔직하지 못한 것이라고 생각할 수도 있음을 필자는 인식한다. 그러나 필자가 티벳 불교를 종종 언급하는 데에는 몇 가지 이유가 있다: (1) 필자는 지금까지 티벳에 대해 대단한 관심을 가져왔다; (2) 필자는 기독교를 제외하고 다른 그 어떤 종교보다도 티벳 불교에 관해 더 많이 알고 있다; (3) 티벳 불교는 미국에서 최근에 매우 가시적으로 현존하고 있으며, 이 불교에 대한 지속적인 낭만적 평가는 정말로 새로운 국면으로 발전하고 있다.

266) Steven Kinzer, "As the World Heals, Tibet's Exiles Feel Forsaken," The New York Times, 24 June 1999. 티벳에 대한 서구의 감상적인 평가에 대해 보다 자세한 설명은 Orville Schell, Virtual Tibet: Searching for

Shangri-La from the Himalayas to Hollywood (New York: Metropolitan, 2000); and Donald S. Lopez, *Prisoners of Shangri-La: Tibetan Buddhism and the West* (Chicago: University of Chicago Press, 1998)를 보라.

267) *Mystery and Manner*, 147-48.
268) 인류학자인 Lionel Tiger는 이 점에 관해 글을 썼던 많은 사람들 중에 단지 한 명일 뿐이다.
269) Douglas Southall Freeman, *R. E. Lee: A Biography* (New York: Scriber's 1934), 2:462.
270) 소방수들은 9·11 테러 사건 이후 광범위한 인터뷰를 했는데, 그들은 종종 행동하기를 좋아하는 자신들에 대해 이야기했다.
271) Israel Finkelstein and Neil A. Silberman, The Bible Unearthed: Archaeology's New Vision of Ancient Isra*el and the Origin of Its Sacred Texts* (New York: Free Press, 2001). Review by Phyliis Trible, The New York Times Book Review, 4 February 2001.
272) 그러나 이러한 "최소주의자" (소극적 자세를 신봉하는 자들/ minimalist) 경향에 대한 강력한 반대의 목소리들이 존재한다는 것을 주목할 필요가 있다. 예를 들어 William G. Dever, *What Did the Biblical Writers Know and When Did They Know It? What Archaeology Can Tell us about the Reality of Ancient Israel* (Grand Rapids: Wm. B. Eerdmans, 2001)을 보라.
273) 특정한 이 설교에서 단순화하기 위해 필자는 "우리의 죄를 위해 죽었다"라는 표현을 생략해 왔지만, 우리는 이것은 바울 설교의 핵심에 놓여 있다는 점과 예외 없이 모든 설교들의 적법한 주제임을 결코 잊어서는 안 된다. 우리는 이러한 분명한 사실을 거룩한 주간의 설교 섹션에서 볼 수 있었다.
274) 하나님의 강력한 행위를 나타내는 구약의 한 표현임.
275) 이것을 말할 때에 우리가 인식하는 바는 기독교와 유대교의 관계와 연관된 대단히 복잡한 문제들이 존재한다는 점과 이 문제들에서 파생하는 무시무시한 후유증이 존재한다는 사실이다. 그러나 그것은 다른 곳에서 보다 자

세하게 다루어져야 할 토픽이다. 관심 있는 독자들은 Jews and Christians: Getting Our Stories Straight, by Rabbi Michael Goldberg (Philadelphia: Trinity Press International, 1991)를 보라.

276) J. Christiaan Beker, Paul the Apostle: The Triumph of God in Life and Thought (Philadelphia: Fortress, 1980).

277) 욥기서의 구절과 고린도전서의 구절을 한데 모은 것임. 이것은 G. F. Handel의 Messiah의 가사와 같은 경우이다.

278) The Burial of the Dead, Rite One. 이것은 보다 오래된 라틴 찬송가사를 Thomas Cranmer가 번역한 것이다. Martin Luther와 Miles Coverdale역시 이 찬송가를 장례예식에 사용하기 위해서 번역했다. Marion J. Hatchett, Commentary on the American Prayer Book (New York: Seabury, 1981), 485를 보라.

279) 이 설교가 목적하는 바들을 위해서 필자는 두 절의 순서를 바꾸어 놓았다.

280) 아마도 바울이 에베소서를 쓰지 않았을 것이다. 그러나 신학자인 Paul L. Lehmann은 "비록 그가 쓰지 않았다 해도 그는 썼어야만 했다"라고 말하곤 했다.

281) 감독교회의 일반 기도서에서 나오는 표현임.

282) Kenneth L. Wooward, "The Changing Face of the Church," Newsweek, 16 April 2001, 46-52.

부록

삽화 설명

제 1 부

종려주일의 눈물

• 삽화: 렘브란트의 "십자가 처형"

이 그림은 "내가 주를 십자가에 못 박았다"라고 이름 붙일 수 있을 것입니다. 렘브란트는 십자가에 못 박는 일에 참여한 자로 자신을 그림 속에 투영하고 있는데, 이러한 묘사는 이 일에 대한 자신의 책임을 철저히 인식하고 있다는 것을 웅변적으로 증언하는 것입니다. 이것은 "그를 십자가에 못 박으라"는 소리를 외치게 되는, 종려주일의 예배자들의 역할에 비견될 수 있습니다.

19세기의 미국의 크리스천들은 상당한 정도의 경건한 감상적 정서에서 렘브란트를 존경했으며, 이로 인해 그에 대한 성인전이 생겨나게 되었습니다. 이에 대한 반작용과 교정적 차원에서 뒤이은 20세기 예술사가들은 이 현상의 실상을 폭로하며, 렘브란트는 보통의 다른 예술가들처럼 권력자와 후원자들에 의해 크게 영향을 받았던 인물이며, 아마도 독실한 크리스천이 전혀 아니었다는 점을 보여주려 했습니다. 그러나 중도적 입장에서 볼 때에 이 그림이 보여주는 심오한 영적 통찰력이 개인의 철저한 헌신과 상관없는 그 어떤 다른 곳으로부터 왔을 것이란 점은 가당치 않아 보입니다.

• 삽화: Durer (뒤러)의 "그리스도의 예루살렘 입성"

뒤러의 Small Woodcut Passion이란 작품집에 나오는 이 목판화는 승리의 입성의 대표적 양상들을 전형적으로 보여주고 있는데, 특히 제왕적인 그리스도의 모습과 그가 타고 있는 작은 당나귀의 기이함 사이의 대조를 극명하게 보여주고 있습니다. 특별히 발이 거의 땅에 끌리고 있는 모습이 매우 인상적이지요.

우리를 갈보리로 인도하소서
• 삽화: 로비스 고린토(Lovis Corinth)의 "Large Martyrdom"

보기에도 너무도 끔찍하고 잔인한 이 그림은 십자가 처형이 지닌 형언할 수 없는 잔악함에 대한 극명한 표현기법 때문에 그 가치를 지닙니다. 바로 이것이 십자가 처형에 대한 생생한 표현이고, 이것이 바로 이 형벌을 실행하기 위해서 필요로 하는 인간 타락상과 비인간성의 깊이를 보여주는 것이지요.

바보들의 행렬
• 삽화: Thessaloniki의 "Ephitaphois"와 Giotto의
  "Detail from Pieta(Lamentation)"

이 두 그림은 하나님의 아들의 십자가상의 죽음이 지닌 상상할 수 없는 참혹함에 대한 강력한 느낌을 전달하고 있습니다. 그러나 이 두 그림은 효과에서는 서로 다릅니다. Thessaloniki 그림의 천사들의 초상은 성스럽고 고양된 모습인 반면 Giotto가 보여주는 천사들은 인간의 모습을 띄고 있고, 특별히 우리 정서에 훨씬 직접적으로 와 닿습니다. 이탈리아 르네상스가 가져온 이러한 기법상의 혁명적 변화는 Cimabue에 의해서 시작되었고 Giotto의 천재성에 의해서 무르익었는데, 이 새로운 기법은 예술사에서 가장 중요한 발전 중 하나입니다. 그럼에도 불구하고 비잔틴 양식의 초상들은 그 자체로 특정 기간 동안 점증적으로 칭송을 받았습니다.

제 2 부

메시아가 그의 성전에 오시다
• 삽화: 렘브란트의 "성전에서 돈 바꾸는 자들을 내어 쫓으시는 그리스도"

렘브란트는 그가 항상 보여주는 놀라운 현실주의 기법으로 예수께서 성전에 들어가셔서 행동하심으로 생겨난 혼란과 소동을 묘사하고 있습니다. 그림의 아랫부분에서의 모든 움직임들이 모두 왼쪽을 향해 쏠려 있음을 주목하십시오. 이 움직임은 무게중심에 서 있는 그리스도께서 채찍을 휘두르시며 그 앞에 놓여 있는 모든 것들을 쓸어버리시며 화면을 성큼 걸어가심에 따라 생겨난 것입니다. 또한 테이블이 뒤엎어지는 바로 그 장면도 볼 수 있고, 특히 개들이 짖어대고 통들이 나뒹굴고 사람들이 앉았던 자리에서 이리저리 허둥대며 내어 쫓기고, 송아지가 놀라서 땅에 쓰러져 있는 사람들을 밟고 지나가는 장면들이 아주 인상적이지요. 그러나 이러한 아수라장의 장면 윗부분에 보면 종교지도자들이 자신들의 높은 자리에서 내려다보고 있는데, 그들이 보여주는 냉정한 우월감의 태도는 더욱 굳어져 무자비한 적의로 바뀌어갑니다. 우리는 만약 그들 중 어떤 사람이 전에는 예수에게 적대감을 갖지 않았더라도 이제 후로는 그렇게 될 것이라고 쉽게 상상해 낼 수 있지요. "그로 하여금 조금 더 이러한 소동을 부리게 놔두세. 아마 내일이면 얘기가 크게 달라질 걸세"라고 그들이 생각하고 있는 모습을 보여줍니다.

하나님의 어린양
• 삽화: Matthias Grunewald의 "Isenheim Altarpiece"에 나오는 십자가 장면

이 걸작품은 극단적이고도 끔찍한 전율과 공포가 뜨거운 종교적 경건과 헌신과 하나의 특이한 조화를 이루고 있다는 평판을 듣고 있습니다. 심지어 아주 형식적인 면으로만 이야기해도 이 그림은 여러 면에서 매우 독특합니다. 인물들의 경우 그들이 서 있는 위치와 관련된 인물들의 크기가 의도적으로 왜곡됨으로써 그 결과 현저하고도 극심한 고통 속에 있는 예수의 모습이 크게 확대될 뿐만 아니라

고뇌하는 막달라 마리아보다 오히려 그림을 보는 사람에게 더 가까이 예수께서 매어달려 있는 것처럼 보이기까지 합니다. 어머니 마리아의 모습도 매우 특이합니다. 비록 창백한 얼굴을 하고 있지만, 젊고 아리따우며 머리부터 발까지 아주 하얀 면사포를 입고 있는 그녀와 예수의 사랑하는 제자의 모습은 만약 오른편에 서 있는 세례요한의 놀라운 독창적인 모습이 없었다면 그림의 균형을 깨뜨릴 수 있게 만들었을 것입니다. 세례요한의 모습이 확대되어 십자가상의 예수와 조화를 이루고 있으며, 그가 서 있는 위치는 화폭의 가장자리이고, 예수를 가리키고 있는 그의 손가락 역시 크게 확대되어 있습니다. 예언의 책을 들고 있는 세례요한은 요한복음에 나오는 구절인 "그는 흥해야 하며 나는 쇠하여야 하리라"고 말하고 있습니다. 많은 기독교 설교자들은 자신들의 사명을 이러한 세례요한의 말과 같이 항상 관심을 자신들로부터 십자가에 달리신 그분에게 향하도록 하는 것으로 생각해 왔습니다. 하나님의 어린양이 요한을 동반하고 있고, 성만찬의 거룩한 잔 가운데 자신의 피를 쏟아 부으면서, 우리로 하여금 십자가상에서 우리가 보고 있는 괴로운 고통은 세상 죄를 담당하는 고통임을 확실히 깨닫게 해주고 있습니다.

제 3 부

주여, 내 발만 아니라
• 삽화: Fra Angelico의 "최후의 만찬"

최후의 만찬에 대한 이 평온한 묘사는 예수님이 친히 행하셨던 원래의 만찬의 분위기를 다시 그려내려는 시도를 하지 않습니다. 오히려 이 그림은 보는 사람에게, 즉 주님께서는 "그가 잡히시던 밤에" 자신의 제자들과 떡을 떼어 주실 때처럼 그를 신뢰하는 자들에게 떡을 직접 나누어주고 계신다고 믿는 자들에게, 경이감과 헌신된 마음을 불러일으키려는 의도를 갖고 있습니다.

• 삽화: Dirck Bouts의 "주님의 최후만찬"

　이 그림은 패널화로써 벨기에의 루방에 있는 성베드로 성당의 제단 뒤쪽 장식 중에서 가장 중심적인 장식입니다. 그림 속에서 성만찬에 참여하는 자들이 떡과 잔을 받으면서 나타내는 모습은 마치 그리스도께서 최초의 성찬식에서 그의 제자들에게 떡과 포도주를 주셨던 것처럼 그들이 그리스도와 친히 함께 자리하고 있었다는 느낌을 줄 정도로 감동적입니다.

수치의 밤, 영광의 밤
• 삽화: Daniele Crespi의 "최후의 만찬"

　이 걸작품은 자신의 만찬 가운데서도 홀로 고립되어 있는 예수의 모습을 보여주는 데에 특별히 탁월합니다. 제자들은 다양한 정도의 자기-타산적인 당혹감 속에서 서로서로에게 얼굴을 돌리고 있습니다("그게 나인가?"). 자신의 머리를 예수에게 기대고 있는 사랑하는 제자마저도 자신의 고독한 최후 속으로 점점 물러서시는 예수에 대해서 어리벙벙하고도 둔감한 반응을 보이고 있습니다. 특히 두 얼굴이 우리의 관심을 끕니다. 자신의 앞에 놓여있는 일에 대해 생각하시며 앉아계신 그리스도의 얼굴과 자신의 의도와 계획들을 확언하듯이 그림을 보는 사람들을 바로 보고자 얼굴을 돌리는 유다의 얼굴이지요. 그림 윗부분에 있는 두루마리는 시편의 한 구절인 "사람들이 천사들의 떡을 먹었도다"란 구절을 보여주고 있습니다.

주님이 베드로를 바라보셨습니다

- 삽화: Lorenzo Ghiberti의 "최후의 만찬"
 (Florence의 세례당의 청동제 문들에 있는 패널화임)

일련의 패널 위에 그리스도의 생애를 그린 Ghiberti의 이 위대한 문들은 제한된 공간을 사용해 훌륭한 결과를 보여줍니다. 여기서 그는 아주 밀집해 있는 제자들의 모습을 보여줌으로써 예수와의 교제에서 서로서로에 대해 제자들이 갖고 있는 아주 밀접한 관계가 강조되고, 그렇게 함으로써 후에 이루어질 주님에 대한 그들의 배반과 버림에 대해서 보다 큰 통렬함을 부여하고 있습니다.

- 삽화: "최후의 심판" (Naumburg 대성당에 있는 돌조각 작품임)

이 활기 넘치는 최후의 만찬 그림은 제자들이 매우 맛있게 음식을 먹고 있는 장면을 보여줍니다. 그러나 (실제보다 더 나이 들어 보이는) 가롯 유다는 가운데 놓여있는 접시에 빵을 담그면서 식탁보를 꽉 움켜쥠으로써 자신의 불안한 마음을 보여주고 있지요.

제 4 부

바지가 벗겨진 그분

- 삽화: Andrea Mantegna의 "갈보리"

5세기의 이탈리아 화가인 만테그나(Mantegna)는 거대한 성곽으로 혐오스러운 처형의 장소에서 철저히 구분되어 있는 성전동산(Temple Mount)을 마치 도달할 수 없는 하늘처럼 먼 배경으로 사용하여, 특별히 "예루살렘 성곽 밖에 있는" 골고다를 묘사하고 있습니다. 골고다는 십자가에 처형된 자들을 정기적으로 신속히 처리하기 위해 고안된 자연스러운 장소로 보입니다. 그림의 왼쪽에 해골들이 쌓여있는 것과 십자가를 고정시키기 위해서 특별히 고안된 바닥 위에 있는 구멍 난 부분들을 주목해서 보십시오. 만테그나는 역사적인 세부 사항들에 대한 그의 깊은 관심 때문에 이름이 나 있으며, 특별히 건축물과 의상들에 대한 묘사로 유명합니다. 로마 제국의 효율적인 통치가 여기 가장 잔인한 형태의 모습 속에 잘 나타나 있지요. 그림의 오른쪽에 있는 일군의 로마 군인들에게 십자가처형은 또 다른 하루의 일과일 뿐이며, 그들은 제국의 강대한 위용으로 장식된 눈부신 군인들로 묘사되고 있습니다. 그들이 관심 없이 이리저리 주변을 어슬렁거리는 모습은 왼편에 있는 예수의 연약한 친구들의 고통과 아주 잘 대조를 이루고 있습니다. 비록 만테그나가 오늘날의 사고방식으로 사고할 수는 없었겠지만, 이 그림은 압제받는 자들에 대해 권력을 휘두르는 압제자들에 대한 놀라운 묘사이지요.

십자가에 처형된 인물들은 공중에 확대 묘사되어 있습니다. 한 강도는 고뇌하고 있고, 다른 강도는 곤욕스러워하고 있지만, 그러나 이미 죽은 예수는 온 우주를 자신의 고초 당한 팔로 감싸 보입니다. "내가 땅에서 들리면 모든 사람을 내게로 이끌겠노라"(요12:32).

속죄의 염소와 희생제사

• 삽화: 차트레스 대성당(Chartres Chathedral)의 12세기 유리창에 있는 십자가

자신들의 작품들은 멀리서 보아야 한다는 것을 알고 있었던 차트레스 대성당의 거장들은 이와 같은 강력한 형태들을 통해 그들이 전하려던 메시지를 전할 수 있었습니다. 그리스도의 축 늘어진 머리와 비틀어진 흉부는 그리스도께서 아주 높이 있다는 인상을 주는데, 특히 동정녀와 사랑하는 제자의 모습과 행동 때문에 더욱 그렇습니다.

평범한 범죄자
• 삽화: Graham Sutherland의 "십자가처형"

제 2차 세계대전 이후의 많은 다른 미술가들처럼 서덜랜드는 모든 성스러운 장식들을 제거해 버림으로써 십자가에 처형된 주님이, 이름 없이 고문당해 죽어간 모든 희생자들과 하나됨을 묘사하고 있습니다.

저주받은 메시아
• 삽화: 렘브란트의 "십자가 위에 그리스도"와 Francesco Goya의 "십자가처형"

14세기와 15세기에 화가들은 보통 십자가 장면을 정교한 배경과 등장인물의 현저한 묘사를 통해 그려냈습니다. 서로 다른 화가들에 의해서 표현된 보다 후대의 이 두 작품들은 "나의 하나님, 나의 하나님 어찌하여 나를 버리시나이까?"라는 고뇌에 찬 울부짖는 순간의 우리 주님의 모습을 묘사하고 있습니다.

찢어진 마음
• 삽화: 렘브란트의 "십자가에서 내려지는 예수"

예수의 수난과 죽음에 대한 그 어떤 다른 이미지도 최종적인 종착지인 무덤 속으로 들어가는 것과 인간적인 모든 소망들의 죽음을 보다 더 직접적으로 전달하지 못합니다. 예수님의 시신을 내리기 위해서 사용된 긴 천과 왼편 위쪽에서부터 시작되는 긴 사선은 아래로 이어져 뉘우침이 없는 얼굴을 한 일군의 사람들을 지나 횃불로 환히 밝혀진 한 손 부분에서 잠시 중단됩니다. 그러다가 다시 어슴푸레한 얼굴들과 모습들로 둘러싸인 어둠 속으로 이어지는데, 바로 이 마지막 부분에서 무덤이 예수의 시신을 기다리고 있습니다. 정말 우리는 이 장면을 '음부로 내려감'이라고 부를 수 있을 것입니다.

멸시를 받아 싫어버린 바 된 메시아
• 삽화: Jean Poyet의 "갈보리에 이르는 길"

빛깔 처리된 한 사본에 실려 있는 이 그림은 그리스도의 수난을 놀라울 정도의 감성적 깊이를 갖고 예증해 보여주고 있습니다. 그 어떤 이미지도 예수의 철저한 소외와 굴욕을 보다 더 효과적으로 묘사해주지 못합니다. 예수는 (마치 그가 도망가거나 반항할 수 있는 무슨 수단이라도 갖고 있는 양) 결박된 채로 앉아서 고문형틀이 준비되는 동안 철저히 홀로 원수들에 의해서 둘러싸인 채로 기다리고 있습니다.

• 삽화: Matthias Grunewald의 "십자가를 지신 그리스도(Christ Carrying the Cross)"

이 화가는 예수께서 그의 수난을 견디어 내시면서 받으신 모욕과 수치의 메스꺼운 비인간적인 면들을 매우 세세히 강조하고 있습니다. 그리스도를 고문하는 자들의 일그러진 얼굴 표정들과 폭력적인 행동들은 인간타락에 대한 하나의 강력한 인식을 전달하고 있습니다.

저주와 대속
• 삽화: 마크 샤갈의 "White Crucifixion"

제 2차 세계대전 이래로 기독교회는 불행하게도 뒤늦은 인식을 갖게 되었습니다. 즉 기독교회는 오랜 세월에 걸쳐서 많은 크리스천들이 예수님이 유대인이었다는 사실을 알지 못했거나 혹은 일부러 이러한 기본적인 사실을 회피하고 무시해 왔다는 점을 인식하게 된 것입니다. Chagall이 1939년도에 그린 이 그림은 이에 대한 하나의 교정책입니다. 기도할 때에 두르는 숄을 허리에 두르는 천으로 입고 계신 그리스도의 모습은 1930년대에 유럽 전반에 걸쳐서 유대인들이 겪었던 고통을 생생하게 보여주고 있습니다.

정오의 어둠
• 삽화: 유진 델라크로익스의 "십자가 처형(The Crucifixion)"

    이 그림은 성경의 수난 기사들이 강조하고 있는 우주적 동요를 잘 전달하고 있습니다. 그림의 오른편에 있는 로마병사는 옆구리를 창에 찔리신 그분에게서 뒷걸음질을 치려고 뛰어 오르는 말을 통제하려고 애쓰는 모습을 보이고 있습니다. 광풍이 불어와 그리스도의 하체를 감싸고 있는 광목과 막달라의 머리카락을 세차게 때리고 있는 모습이 보입니다. 이러한 광풍은 그림의 오른쪽에 서있는 성모 마리아를 두르고 있는 겉옷을 동시에 휘감아 그녀를 쓰러뜨리고 있습니다. 또한 십자가에 둘러선 모든 이들을 향해 폭풍이 빠르게 접근해 오고 있으며 어두운 구름들이 바람을 타고서 가까이 서 있는 자들 쪽으로 몰려오고 있습니다. 그리스도의 머리는 그림자로 뒤덮여 있고, 십자가는 화면상 앞쪽으로 매우 가깝게 서 있기 때문에 그림을 보는 우리 자신들도 막달라 마리아처럼 이 사건에, 그리고 이 사건 현장 속에 둘러싸인 것 같은 기분을 느끼게 됩니다.

열린 무덤들
• 삽화: "음부의 문을 발로 걷어차 열고 계시는 그리스도"

    특이한 이미지를 담고 있는 이 그림은 사망과 지옥의 문을 거의 경멸적으로 걷어차고 계시는 권위적인 그리스도를 보여주고 있는데, 이것은 마치 내가 이제 너를 얼마나 쉽게 이길 수 있는가! 라고 말하고 있는 듯합니다. 그러나 그리스도께서는 죄 값을 이미 지불하셨으니, 곧 그의 발에 남아있는 못 자국입니다.

- 삽화: Andrea Mantegna의 "지옥의 고초라고 불리기도 하는,
  중간상태로 내려감"

만테그나는 이 장면을 여러 번에 걸쳐서 그렸습니다. 각 그림들은 모두 지휘자의 모습을 띄는 부활하신 그리스도를 담고 있는데, 뒤편에서 구약의 죽은 성도들을 불러내시면서 승리의 깃발을 들고 계시는 모습입니다. 놀랍도록 감동적인 이 그림은 음부의 문 앞에 서 계신 구세주를 보면서 너무도 기뻐하는 구약족장의 모습을 그려주고 있는 만테그나의 많은 그림 중 유일한 그림입니다. 아담과 하와는 왼쪽에 자리하고 있는데, 그들은 경이감 속에서 무서워 꼼짝 못하고 서 있습니다 (이들 사이에 가운데에 있는 자는 누구인지 분명하지 않습니다). 아담은 오랫동안 보지 못했던 하늘을 놀라운 표정으로 바라보고 있는 반면 하와는 한줄기의 강한 바람이 부활한 족장이 걸치고 있는 겉옷을 휘날리게 하는 가운데 주님을 향해 팔을 내어 미는 상황에서 기도하는 마음으로 음부를 응시하고 있습니다. 그림 오른쪽에 서 있는 족장도 동일하게 흥분된 환영의 자세로 움직이고 있는 모습이 매우 인상적입니다.

위대한 교환

- 삽화: Peter Paul Rubens의 "십자가로부터 내려지는 예수"와
  Max Beckmann의 "십자가로부터 내려지는 예수"

르우벤의 출중한 그림은 육중하고도 근육질로 이루어진 그리스도의 모습을 보여주는데, 이러한 육중한 모습의 그리스도를 십자가에서 내리는 일은 강력하게 짜인 여러 사람들의 격렬한 움직임을 필요로 하고 있습니다. 그림의 구도는 렘브란트의 동일한 주제의 그림에서와 같이 보는 사람의 시선을 무덤으로 향하게 하지는 않지만, 그렇게 특별히 슬픈 얼굴을 하지 않는 아름다운 두 여인의 얼굴로 향하도록 하고 있습니다. 조악스럽지만 아름다운 모습의 요한 사도는 사다리 위에 조심스럽게 버티고 서 있으면서 특유의 남성적인 부드러움으로 예수의 시신을 받아들이고 있습니다. 연민과 따뜻함을 가득 담고 있는, 대단히 인간적인 이 그림은 부활의 씨앗이 인류 안에 놓여 있음을 시사하고 있습니다. 그러나 이러한 묘사

는 세계대전이란 문맥에 놓여있는 황량하고 차디찬 20세기의 그리스도의 시신에 대한 그림들과는 아주 상이하고도 이질적이지요.

예수의 십자가 처형 장면에 대한 수많은 20세기의 작품들과 마찬가지로, 세계 1차 대전 중에 완성된 Beckmann의 현대적 작품은 고문에 의해서 이루어진 죽음이 지닌 추함과 무의미함을 냉혹하게 묘사하고 있습니다. 딱딱하게 굳어 있는 예수의 시신은 인간의 소망이나 도움을 넘어선 상태로 묘사되어 있습니다.

제 5 부

죽음의 왕국의 한밤중
• 삽화: Matthias Grünewald의 "부활"(Isenheim Altar에 있는 패널화)

이 눈부신 그림은 일찍이 앞에서 본 바 있는 십자가 처형 장면과 가장 큰 대조를 보여주고 있는 듯합니다. 그리스도가 한 밤중에 무덤에서 솟아 오르셔서 자신의 광채 나는 변모된 얼굴에서부터 흘러나오는 눈부신 황금빛의 빛에 둘러싸여 있습니다. 그리스도께서 입으신 옷은 솟아오르는 힘과 함께 그분 주위에 크게 굽이치고 높이 솟아 오르고 있습니다. 군병들은 뒤로 나가 자빠져있고, 속수무책으로 넘어져 있습니다. 부활하신 그리스도의 피부는 안에서부터 환히 밝게 빛나고 있습니다. 이러한 모습은 그룬발트의 십자가에 달린 예수의 그림이 보여줄 수 있는 가장 처절한 모습의 고문당하고 찢겨진 몸, 그리고 썩어 악취난 시신과 극단적인 대조를 보여줍니다.

제 6 부

가능성 너머에

• 삽화: Piero della Francesca의 "부활"

알도스 헉슬리(Aldous Huxley)는 이 놀라운 걸작품을 "세계에서 가장 위대한 그림"이라고 했습니다. 피에로의 그림에 나오는 인물들이 지닌, 특별히 조각과 같은 특성이 이 그림에서 아주 잘 나타나 있습니다. 볼륨과 질감을 만들어내는 데에 그가 보여주는 전형적인 기교가 그리스도의 단일한 인물묘사 속에서 잘 나타나는데, 특별히 무덤에서 나오는 그의 모습은 실질적인 공간을 점유하고 있는 엄청난 물질적 실체로 보입니다. 그러나 이와 대조적으로 부활하신 주님의 얼굴은 초월적인 그 무엇을 전해주고 있는데, 마치 말로 표현할 수 없는 시련과 고통을 통과한 뒤 이제 또 다른 존재 질서에 속해 계신 모습을 하고 있습니다. 사실 그분은 다른 존재 질서 가운데 속해 계십니다.

왼쪽에 보이는 자연은 메말라 있고 황량해 보이지만, 오른쪽에 있는 나무들은 잎을 내고 있지요. 잠자는 군병들은 이해하지 못하는 인간, 즉 영생이란 선물을 전혀 알지 못하는 인간의 모습을 시사하고 있습니다.

예수님을 알아보기

• 삽화: 렘브란트의 "엠마오의 제자들"(1628-29년 작품과 1648년 작품)

렘브란트의 이 두 그림은 소박한 세팅과 주님의 부활 후 나타나신 모습을 동시에 강조하고 있습니다. 이 두 장면은 모두 주님께서 떡을 떼시는 상황에서 고요함과 적막함을 배경으로 하고 있습니다. 그럼에도 불구하고 1628-29년의 작품은 렘브란트가 그린 그림 중에서 가장 극적인 장면들을 지닌 그림 중 하나입니다. 이 그림은 특별한 목적을 위해 빛을 사용하는 그의 유명한 기법을 보여주고 있지요. 누가복음의 본문이 시사하고 있듯이 이날은 밤이었고, 어둠이 짙게 깔린 상태였습니다. 왼쪽 배경에는 한 하인이 양초 옆에서 일하고 있는데, 그는 옆에서 벌어지고 있는 일에 전혀 개의치 않는 모습입니다. 전면에서는 그리스도의 옆모습이 보이지 않는 촛불의 광채에 의해서 검은 윤곽이 뚜렷이 드러나고 있지요. 그림을 보는 사람의 시선은 먼저 그리스도의 검은 윤곽 부분에 쏠린 뒤 중앙에 있는 제자의 환한 얼굴 부분으로 옮겨집니다. 그리고 그 뒤 다시 떡을 떼시면서 자신의 신분이 드러나게 되는 그리스도의 모습과 얼굴 표정과 손동작으로 이야기의 전부를 말하고 있는 제자의 막 피어오르는 모습 사이에서 이루어지는 교감에 시선이 가게 되지요. 그리스도의 그림자 속에 가려져 거의 보이지 않는 또 다른 제자는 이미 주님을 알아채고서 의자에서 쓰러지듯 내려앉아 그리스도의 무릎 앞에 넘어져 있습니다.

1648년의 그림은 좀 더 잘 알려진 작품입니다. 여기서 역시 그리스도를 알아보는 순간이 포착되고 있지만, 극적효과는 강조되지 않습니다. 그렇게 함으로써 이 그림에 대한 관심이 맨 처음에는 예수의 표현할 수 없는 얼굴 표정, 즉 눈에 자신의 수난 이야기를 담고 있는 듯한 예수의 얼굴 표정에 철저하게 집중하게 되지요. 그 이후에야 비로소 매우 미묘한 동작을 취하고 있는 제자들에게 관심이 쏠리게 됩니다. 맨 왼쪽에 있는 제자는 손을 들고 있고, 보다 두드러진 모습의 오른쪽에 있는 제자는 그에게 계시가 임해서 식탁에서 몸을 막 떼기 시작하는 모습을 보이고 있지요. 첫 번째 그림에서와 마찬가지로 부활 이전에는 예수님을 알지 못했던 하인은 그의 목전에서 벌어지고 있는 일이 무엇인지를 전혀 알지 못하고 있는 모습입니다.

죽음의 취소
• 삽화: Giotto의 "나사로의 부활"(자세한 그림)

600년이 지난 지금에 와서도 천부적인 위대함을 여전히 유지하고 있는 초기 르네상스 화가인 지오토는 가장 단순한 방식으로 예수의 장엄함을 묘사해 낼 수 있는 능력을 지니고 있습니다. 즉 강력한 구성과 굳게 경직된 얼굴 표정, 그리고 강력한 행동들입니다. 무늬 없는 단색의 파란색만을 배경으로 하여 현저하게 두드러진, 강한 표상의 주님의 얼굴은 심지어 멀리서 보는 사람들마저도 충격을 줄 정도로 그렇게 고안되어 있는데(이 프레스코 벽화는 채플 벽면에 높이 걸려 있다), 여기서 주님은 나사로에게 죽음의 성채로부터 나오라는 명령을 하고 있습니다. 왼쪽에 있는 두 제자의 모습은 예수께서 방금 어떤 속임수를 행하신 듯 그렇게 다급해하거나 감탄사를 발하지 않지만, 장엄한 경이감과 놀람, 심지어 두려움을 보여주고 있는데, 이것은 마치 그들이 전에는 한 번도 상상하지 못한 어떤 힘의 임재 가운데 그들이 놓여있다는 것을 알고 있는 것처럼 보입니다.

• 삽화: Nicholas Froment의 "나사로의 부활"

세 조각으로 이루어진 작품 중 중앙 판화에 속하는 이 작품은 나사로가 일어나는 것을 보여주고 있습니다. 특별히 예수께서 "그를 둘러싸고 있던 것들을 풀어줘서 그를 자유롭게 하라"고 말씀하시자 일어나 앉는 모습을 보여주고 있습니다. 왼쪽에 있는 마르다는 나사로가 다시 살아난 후 이제는 더 이상 썩은 냄새를 풍기지 않는다는 것을 알고 난 뒤 코를 가리고 있었던 손수건을 내려놓고 있습니다. 오른쪽에 있는 기부자 역시 행동하는 모습으로 그려져 있습니다.

우리의 통제를 벗어난
• 삽화: El Greco의 "부활"

밝게, 그리고 길게 처리된 엘 그레코의 인물묘사는 이 그림이 의도하는 바를 극대화하고 있음을 보여줍니다. 변화하신 하늘의 그리스도는 주변의 모든 소용돌이와 그가 입었던 의복, 그리고 그의 옆에서 부풀어 오른 깃발들을 모두 뒤로 하고 하늘 높이 솟아오르고 있습니다. 특히 부풀어 오른 깃발의 모습은 마치 성령의 바람으로 가득 채워진 듯한 분위기를 자아냅니다. 로마 군인들은 다양한 형태의 무기력함 속에서 그리스도의 승천에 반응하고 있습니다. 어떤 군인은 땅 바닥에 주저 앉아버렸고, 어떤 이는 검과 창을 갖고 그리스도의 승천을 막으려는 헛된 시도를 하고 있습니다. 그리스도는 결코 넘볼 수 없는, 또한 만져질 수 없는 대상으로 묘사되고 있습니다. 즉 땅 위에 그 어느 것도 그분을 이제 해할 수 없다는 뜻입니다. 승천하시는 그리스도의 눈길과 자세를 보면 그리스도의 생명이 이제 결정적으로 그 자신의 것, 즉 그를 사랑하는 모든 자들에게 값없이 주어질 수 있게 된 자신의 생명이라고 말하고 있는 듯합니다.

삽화출처

Rembrandt Harmensz van Rijn (1606-1669), The Raising of the Cross, ca. 1632. Alte Pinakothek, Munich.

Albrecht Dürer (1471-1528), Christ's Entry into Jerusalem. 1509/1510. Woodcut. National Gallery of Art, Washington, DC. Rosenwald Collection.

Lovis Corinth, The Large Martyrdom. !907. Oil on canvas. 251×190 cm. Museum Ostdeutsche Galerie, Regensburg.

Ephitaphios of Thessaloniki, showing the angels grieving over the death of Christ. Byzantine, 14th century. Gold, silver, and silk threads. Werner Forman Archive/Byzantine Museum, Athens. Credit: Art Resource, NY.

Giotto di Bondone, detail from Pieta (Lamentation). Scrovegni Chapel, Padua, Italy. Credit: Alinari/Art Resource, NY.

Rembrandt Harmensz van Rijn (1660-1669), Christ Driving the Money Changers from the Temple. Etching. The Metropolitan Museum of Art. Gift of Felix M. Warrenbufg and his family, 1941. (41.1.49)

Matthias Grünewald, Crucifixion scene, Isenheim Altarpiece (closed), ca. 1512-16. Musee d'Unterlinden, Colmar, France. Credit: Giraudon/Art Resource, NY.

Fra Angelico, The Last Supper. From the Armadio degli Argenti. Museo di San Marco, Florence, Italy. Credit: Nicolo Orsi Battagl ini/Art Resource, NY.

Daniele Crespi (1560-1630), Last Supper. Pinacoteca di Brera, Milan, Italy. Credit: Scala/ Art Resource, NY.

Andrea Mantegna (1431-1506), Calvary; central panel of the predella for the main altar for San Zeno in Verona, ordered by the proto-notary Gregorio Correr. Wood, 76×96cm. Louvres, Dept. des Peintures, Paris, France. Photograph

ⓒ Erich lessing. Credit: Art Resource, NY.

Crucifixion. Stained-glass window, ca. 1150, Chartres Cathedral.

Graham Sutherland, Crucifixion. Oil on board. 1946. Private collection.

Rembrandt Harmensz van Rijn (1606-1669), Christ on the Cross. Le Mas d'Agenais France.

Francisco Goya (1746-1828), Crucifixion. Oil on canva. 1780. Prado, Madrid. Credit: Art Resource, NY.

Rembrandt can Rijn (1606-1669), Descent from the Cross. Engraving. 1654/ Musee du Petit Palais, Paris, France. Credit: Giraudon/Art Resource, NY.

Jean Poyet (fl. 1450-1500), Road to Calvary, from the "Missal of Guillaume Lallemant." The Pierpont Morgan Library/Art Resource, NY.

Matthias Grünewald, Christ Carrying the Cross, ca. 1526. Kunsthalle Karlsruhe.

Marc Chagall, WhiteCrucifixion. 1959. Oil on canvas. Art Institute of Chicago.

Eugene Delacroix, The Crucifixion. 1855. National Gallery, London.

Christ Knocking Open the Door of Hades. Altar carving, 1500. Nicolaikirche, Kalkar/Niederrhein.

Andrea Mantegna, Descent into Limbo. Metropolitan Museum of New York.

Peter Paul Rubens, Triptych, Descent from the Cross. Cathedral, Antwerp, Belgium. Credit: Scala/Art Resource, NY.

Max Beckmann, The Descent from the Cross. 1917. Oil on canvas, 59 1/2×10 3/4inches (151.2×128.9cm.). The Museum of Modern Art, New York. Curt Valentin Bequest. Photograph ⓒ The Museum of Modern Art, New York.

Matthias Grünewald (1460-1528), The Resurrection, a panel from the Isenheim Altar. Limewood, ca. 1515. 260×650cm. Mussed d'Unterlinden, Colmar, France. Photograph ⓒ Erich Lessing. Credit: Art Resource, NY.

Piero dell Francesca, Resurrection. Pinacoteca Comunale, Sansepolcro, Italy. Credit: Scala/Art Resource, NY.

Rembrandt Harmensz van Rijn (1606-1669), The Disciples at Emmaus. Oil on canvas. 1628-29. Paris, Mus. Jacquemart Andre. Credit: Giraudon /Art Resource, NY.

Rembrandt Harmensz van Rijn (1606-1669), The Disciples at Emmaus. Oil on wood. 1648. 68×65cm. Louvre, Dept. des Peintures, Paris, France. Photograph ⓒ Erich Lessing. Credit: Art Resource, NY.

Giotto di Bondone (1266-1336), detail from Resurrection of Lazarus. Fresco. Scrovegni Chapel, Padua, Italy. Credit: Scala/Art Resource, NY.

Nicholas Froment (1430-1486), detail from Triptych with Resurrection of Lazarus. Uffizi, Florence, Italy. Credit: Alinari/Art Resource, NY.

El Greco (1541-1614), Resurrection. Museo del Prado, Madrid, Spain. Credit: Giraoudon/Art Resource, NY.